कबीर
के
मैनेजमेंट सूत्र

कबीर के मैनेजमेंट सूत्र

गुरुचरण सिंह गांधी

प्रकाशक

प्रभात प्रकाशन प्रा. लि.

4/19 आसफ अली रोड, नई दिल्ली–110002

फोन : 011–23289777 • हेल्पलाइन नं. : 7827007777

इ–मेल : prabhatbooks@gmail.com ❖ वेब ठिकाना : www.prabhatbooks.com

संस्करण

2025

मूल्य

पाँच सौ रुपए

अनुवाद

महेंद्र नारायण सिंह यादव

मुद्रक

श्री साई प्रिंटर्स, साहिबाबाद

———— ★ ————

KABEER KE MANAGEMENT SOOTRA
by Gurucharan Singh Gandhi
(Hindi Translation of 'Kabeer in Korporates')

Published by **PRABHAT PRAKASHAN PVT. LTD.**
4/19 Asaf Ali Road, New Delhi-110002
by arrangement with Leadstart Publishing Pvt. Ltd.

ISBN 978-93-5266-368-2

₹500.00

कबीर को
मेरा हाथ थामने के लिए,
जब चीजें अनियंत्रित हो रही थीं।
गुरुबानी, **कीरत** और **अनु** को
जिनके साथ बिताए समय ने इस पुस्तक को दिशा दी।
अर्जुन गांधी को
जिसे यह देखने के लिए जीवित रहना चाहिए था।
और अंततः **झिंकपानी** को
माता-पिता को, और सबको
जहाँ यह सब शुरू हुआ।

परिचय

'कबीर के मैनेजमेंट सूत्र' ऐसी अनेक मुश्किलों को दूर करती है, जिनका सामना आज के जमाने के कर्मचारी करते हैं। ऐसी मुश्किलें कबीर का उपयोग, जो काम करने की जगह पर मची खींचतान और उठापटक के कारण पैदा होती हैं। इस पुस्तक में व्यावहारिक ज्ञान के प्रतीक के रूप में किया गया है, जो दर्शन को कर्म के साथ और सिद्धांत को व्यवहार के साथ संतुलित करता है। इसके लिए वही कालातीत ज्ञान की मदद लेता है, जिसका उपयोग सैकड़ों वर्ष पहले मनुष्य की चिंता को दूर करने के लिए किया गया था। इन पन्नों में कबीर के शब्दों को खास तौर पर कॉरपोरेट कर्मचारियों की मदद के लिए प्रस्तुत किया गया, ताकि वे अपने संघर्षपूर्ण जीवन को आसान बना सकें और चीजों को इस हद तक सरल रूप दे सकें, जिससे कि उनका अपने अस्तित्व पर नियंत्रण हो सके।

यह पुस्तक उन पेशेवर लोगों के लिए है, जो सिर्फ जिम्मेदारियों पर ध्यान केंद्रित कर अपनी 'अक्षमता के स्तर' तक पहुँच गए हैं, जबकि अपने साथियों, अधीनस्थों और अन्य टीमों के सदस्यों के साथ सार्थक संबंध बनाने के लिए जूझते रहते हैं। दूसरी तरफ यह पुस्तक नई पीढ़ी के मैनेजरों के लिए है, जो बिजनेस स्कूलों से पास होकर आते हैं और जिन्हें मॉडलों और सिद्धांतों की तो शिक्षा दी गई होती है; लेकिन यह नहीं बताया जाता कि लोगों, स्थितियों और हालातों से कैसे जुड़ें ? वे यह सीख चुके हैं कि जीवन जब किस्मत के लेख पर चलती है, तब क्या करना है। किंतु कबीर हमें यह सिखाते हैं कि जब जीवन घुमावदार गेंद फेंकती है, तब क्या करना है।

हर कर्मचारी सफल होना चाहता है। आजकल सफलता की ही बातें हर तरफ हो रही हैं। सफलता से किसी का प्रयास सार्थक होता है। महत्त्वाकांक्षा, क्षमता, योग्यता, रवैया, मनोदशा और इस तरह की बातें ऐसी हैं, जिन पर लोग इस

उम्मीद के साथ महारत हासिल करते हैं कि वे सफलता के लिए आवश्यक और पर्याप्त कारण हैं। यदि आधुनिक कर्मचारी एक तरफ सफलता के पीछे भागता है, तो दूसरी तरफ उसे काम की जगह पर तनाव से लड़ना पड़ता है। पहले की तुलना में आज की तारीख में कर्मचारी सबसे ज्यादा थक जाते हैं, तबाही की कगार पर आकर लड़खड़ाते हैं और तनाव संबंधी बीमारियों से जूझते हैं।

काम की जगह पर बुद्धिमानी के ऐसे अनेक स्रोत हैं, जिन्हें प्रकाशित किया गया है। उनमें से अधिकांश पश्चिमी जगत् की सोच पर आधारित हैं और अब पूर्वी धारणाओं पर तेजी से आधारित हो रही हैं। फिर भी एक फासला अभी रह गया है। या तो बुद्धि बहुत तर्कसंगत और तकनीकी हो गई है, जो सबकुछ को 10 चरणवाले मार्गदर्शन में बाँट देती है या कुछ ज्यादा ही सैद्धांतिक और पांडित्य से भरी है। दर्शन और नलसाजी के बीच के नाजुक संतुलन का अभाव है। यह गाइड हमें न सिर्फ यह बताती है कि चीजों को किस खास तरीके से किया जाए, बल्कि यह भी बताती है कि कैसे किया जाए। कबीर इस खालीपन को बड़ी आसानी से भर देते हैं। वे सिद्धांत और व्यवहार की दुनिया को एक कर देते हैं।

मध्यकालीन भक्तिकाल के संत कबीर आज भी जनता की आवाज हैं, जो सरल रूपकों में बात करते हैं और सबसे बड़ी बात है कि आपको सक्रिय बनने की प्रेरणा देते हैं। अपने जीवनकाल में उन्होंने फिजूल के कर्मकांडों का विरोध किया, व्यवस्था को चुनौती दी, यथास्थिति को ललकारा और समाज में बौद्धिक पुनर्जागरण का मार्ग प्रशस्त किया। उनका सांसारिक ज्ञान, व्यंग्यपूर्ण हाजिर जवाबी और मार्मिक अंतर्दृष्टि और कुछ नहीं, बल्कि दैनिक जीवन की एक पुस्तिका के समान है।

कबीर का चित्रण करनेवाली यह पुस्तक आधुनिक युग के कर्मचारियों के लिए एक मार्गदर्शक है, जो आक्रोश तथा चुनौतियों से परदा उठाती है तथा निजी और सामूहिक मुद्दों और समस्याओं पर अंतर्ज्ञान और समाधान उपलब्ध कराती है। इसके अनेक कारण हैं कि डॉक्टर ने जैसा परामर्श दिया था कॉरपोरेट कर्मचारियों के लिए, कबीर बिल्कुल वैसे ही हैं।

पहला, इससे पहले कि व्यक्ति अपने आस-पास के संसार पर सवाल खड़ा करे, कबीर उससे सवाल पूछते हैं। वह व्यक्ति उसकी अनभिज्ञता और उसकी चाल का परदाफाश करते हैं, ताकि उसे रोने-धोने और शिकायत का मौका न मिले।

दूसरा, कबीर हल नहीं सुझाते, सिर्फ प्रश्न पूछते हैं। वे व्यक्ति से वयस्कों जैसा व्यवहार करते हैं, जिसकी अपनी एक सोच होती है। वे उपदेश नहीं देते, न ही धर्माधिकारी बनते हैं। वे विचार रखते हैं, जिस पर सोचा जा सके।

तीसरा, कबीर सरल हैं। वे सिद्धांतों और मनगढ़ंत बातों के पीछे नहीं छिपते। वे सरल, सरस और तथ्यों की बात करते हैं।

चौथा, कबीर दुविधाओं के खेल में माहिर हैं। वे जीवन की दुविधाओं को बताते हैं और एक अंतर्ज्ञान देते हैं, जिनसे उन्हें दूर किया जा सकता है।

आखिर में, मैंने ऐसे अनेक विषयों पर बात की, जो आज के आधुनिक युग के कर्मचारियों के लिए प्रासंगिक हैं—ध्यान, कर्मठता, मार्गदर्शक कैसे बनें, कैसे अच्छी तरह सीखें और सफलता, विफलता व तनाव से कैसे निपटें।

मैंने पाठक को कबीर के खजानों तक पहुँचाने का प्रयास न केवल उनके दोहे के अनुवाद से किया है, बल्कि उनकी व्याख्या आज के जमाने और आधुनिक युग के कर्मचारियों के हिसाब की है। आशा करता हूँ कि यह पुस्तक उन लोगों के लिए कबीर को फिर से जिंदा करेगी, जो उन्हें कभी नहीं पढ़ते या अतीत में थोड़ा-बहुत पढ़कर भूल चुके हैं।

आभार

मैंने हमेशा कल्पना की थी कि पुस्तक लिखना प्यार में पड़ने की तरह सहज और अद्‌भुत होता है। दोनों ही मामलों में मैंने जाना कि मैं बहुत गलत था। जैसे ही मैंने इस पुस्तक पर काम करना शुरू किया, मुझे एहसास हुआ कि मैं लिखने के लिए केवल प्रेरणा पर निर्भर नहीं रह सकता। मुझे तब भी लिखना था, जब मेरा मन नहीं होता था। ऐसे बहुत से लोग हैं, जिनसे मैंने अपना सपना साझा किया और खूब प्रोत्साहन भी पाया। बहुत से लोगों ने कई प्रकार से इन तीन सालों में मेरी मदद की। यह अंक पूरा करने में तीन वर्ष लग गए। मैं उनका जिक्र बिना किसी निश्चित क्रम के करता हूँ।

मुझे मेरी जिंदगी में कई प्रभावशाली व्यक्तियों को शुक्रिया अदा करना चाहिए, जिनके आचरण और शब्द मुझे याद आते रहे। जैसे-जैसे मैं कबीर को खोजता रहा, मेरे दादा अर्जुन सिंह; बी-स्कूल के मेरे कोर्स निर्देशक आशुतोष भूपटकर; हिम्मत सिंह, एक अद्‌भुत इनसान और कई वर्षों से मेरे बॉस, सुशांतो मुखर्जी।

परिवर्तन प्रबंधन पाठ्‌यक्रम के मेरे साथियों ने मेरा मनोबल तब भी बनाए रखा, जब चीजें बिखरती दिखीं। वासु, अतुल, अरिंदम, हेमंत, कोमल लेस्ली, योगी, अजय, राजेश, एस. डेविड और कर्नल पैट को बहुत-बहुत धन्यवाद।

झिंकपानी, झारखंड में एक छोटा सा गाँव, जहाँ मैं बड़ा हुआ, वहाँ मेरे परिवार दोस्तों और जीवन के साफ एवं बिना हड़बड़ी के उस तरीके ने, जिसने कबीर को अनुभव करना आसान बनाया। धन्यवाद, झिंकपानी।

मैंने यह भी पाया कि जब कोई पुस्तक लिखता है तो उसके परिवार को सबसे बड़ी कीमत चुकानी होती है। धन्यवाद गुरबानी, कीरत और अनु। आशा है, आप इस पुस्तक को अपने त्याग के अनुरूप मूल्यवान् पाएँगे।

अनुक्रम

परिचय 7

आभार 11

1. एक अच्छे नेता का प्रमाण 15
2. नेतृत्व और साहस 23
3. नेताओं के गुण 31
4. समानुभूति और नेतृत्व 45
5. किताबी नेता 53
6. छद्म नेता 59
7. आपकी संगत 69
8. कार्य, क्षमता और पहचान 84
9. सच्ची लगन की प्रकृति 99
10. लगन आपके साथ क्या करती है 107
11. समर्पण 114
12. फोकस 121
13. कोच 129
14. एक अच्छा कोच क्या कर सकता है ? 137
15. सही कोच 145
16. अच्छा कोच–बुरा कोच 150
17. अच्छा छात्र/शिक्षार्थी/प्रशिक्षु कैसे बनें ? 158

18. आलोचक को आमंत्रण 168

19. गुण 182

20. अहंकार और आत्म-जागरूकता 195

21. विचार की समग्रता और स्थिरता 216

22. कार्यस्थल पर विवेक 226

23. जीवन का ज्ञान 246

उत्तरचिंतन 255

एक अच्छे नेता का प्रमाण

किरण रावत एक एफ.एम.सी.जी. कंपनी में जोनल सेल्स प्रमुख हैं। इस वक्त उनके पेशेवर जीवन में काफी कुछ चल रहा है। सरकार ने उनके उत्पाद वर्ग में नए नियम लागू किए हैं, जिनके कारण बिक्री पर बुरा असर पड़ रहा है। उनके अधीन काम करनेवाले दस एरिया मैनेजरों में से दो ने इस्तीफा दे दिया है और अंदरखाने में इस तरह की बातें चल रही हैं कि तीन और भी हैं, जो बाहर नई नौकरी की तलाश कर रहे हैं। पिछले कुछ वर्षों में उनकी टीम के व्यवसाय लाने की रफ्तार धीमी पड़ती जा रही है, जिसमें निश्चितता, निर्देशन, टीम में जुझारूपन और सामान्य प्रेरणा की स्थिति बेहद खराब नजर आई। नौकरी छोड़ते समय दो एरिया मैनेजरों ने अपने इंटरव्यू में बताया कि नए नियमों के कारण उन्हें स्पष्टता को लेकर और दुविधा की स्थिति के चलते भारी परेशानी झेलनी पड़ी।

अपने वरिष्ठ अधिकारियों के साथ होनेवाली आंतरिक बैठक लगातार तनावपूर्ण होती जा रही थी, क्योंकि किरण पर इस बात को लेकर हमले तेज होते जा रहे थे कि वे गिरावट के बावजूद सुधार के कदम नहीं उठा रहे थे। बिक्री में गिरावट को देखते हुए उन पर तत्काल कोई कदम उठाने का भारी दबाव बनाया गया, जबकि उनका दृढ विश्वास है कि अभी बेवकूफी भरे कदम उठाने का वक्त नहीं है, बल्कि मौलिक सुधार की आवश्यकता है। किरण असंतुष्ट अधीनस्थों और व्याकुल सुपरवाइजरों के बीच बुरी तरह फँस चुके थे। इससे पहले उनके पीछे पड़े बिना ही वे पहल करते थे और उन्हें तार्किक नतीजे पर भी पहुँचाया था। वे जब भी रणनीति पर समीक्षा की बैठकों के बाद लौटकर आते तो उनकी टीम को समझ नहीं आता कि आखिर किरण रावत को क्या करना चाहिए?

क्या कबीर का ज्ञान उनके काम आ सकता है?

हीरा पाया पारखी, घन मह दिन्हा आन।
चोट सही फुटा नहीं, तब पाई पहचान॥

हीरे की पहचान तब होती है, जब उस पर हथौड़े से चोट की जाती है। चोट करने पर जब वह नहीं टूटता, तभी पता चलता है कि वह हीरा है।

(घन–हथौड़ा)

नेतृत्व करनेवाले की पहचान मुश्किल वक्त में ही होती है। क्षेत्र कोई भी हो, व्यवसाय, राजनीति या समाज सेवा वे ही अपनी पहचान बनाए रख पाते हैं, जिन्होंने किसी संकट पर विजय पाई है और अपने पीछे एक विरासत छोड़ गए हैं। विपत्ति आश्चर्य के साथ ही नेताओं को भी समान रूप से सामने लाती है।

द्वितीय विश्व युद्ध ने विंस्टन चर्चिल को सामने ला खड़ा किया, भारतीय स्वतंत्रता संग्राम ने महात्मा गांधी को, रंगभेद ने नेल्सन मंडेला को उभारा, वहीं भारत में आपातकाल के दौरान राजनेताओं की एक पूरी पीढ़ी सामने आई, जबकि काले लोगों के अधिकारियों की लड़ाई ने मार्टिन लूथर किंग को पहचान दिलाई। संकट का सिर्फ एक सुनहरा पहलू होता है, निश्चित तौर पर यह एक नेता को सामने लाती है, जो दर्द, यातना और अराजकता के बीच उभरता है और नेतृत्व प्रदान करता है। इसलिए ही कहा जाता है—'किसी संकट को यों ही जाने मत दो।'

कॉरपोरेशनों की कहानी भी इससे जुदा नहीं है। व्यवसाय से जुड़ी कहानियाँ उन कारोबारी हस्तियों के साथ ही सामने आई हैं, जिन्होंने एक के बाद एक संघर्ष का मुकाबला किया और किंवदंती बन गए। अंबानी का कुनबा आर्थिक नियंत्रणों को पीछे छोड़कर आगे बढ़ा। रतन टाटा ने निस्तेज टाटा ग्रुप को एक विशालकाय संगठन में बदल दिया। के.वी. कामथ ने सुस्त आई.सी.सी.आई. को एक प्रकार का वित्तीय सुपरपावर बना दिया और ऐसी ही कई कहानियाँ हैं। हर संगठन का अपना ही एक इतिहास होता है, कहानियाँ और अपने हीरो होते हैं, जिन्होंने अकसर मुश्किलों और संकटों को दूर कर अपना कॅरियर बनाया है। यह कहा जा सकता है कि उन्होंने मौत के मुँह में जाकर वापसी की है।

संगठनात्मक पिरामिड की चोटी पर पहुँचनेवाले कुछ लोगों पर किया गया अध्ययन दिखाता है कि यह सफलता, कौशल और क्षमता की कहानियाँ ही नहीं, बल्कि उनकी कठोर प्रतिज्ञा को भी बताता है। आधुनिक कॉरपोरेशन कर्मचारियों की दमखम की परीक्षा लेते हैं। अधिकांश आज नहीं तो कल दबावों के आगे दम

तोड़ देते हैं। लेकिन कुछ डटे रहते हैं और उस कहानी को सुनाने के लिए बच जाते हैं। वास्तव में नेता वही होते हैं।

'फायर' (आग) एक रूपक है, जिसका उपयोग संगठनों में छोटी विपत्तियों के लिए किया जाता है, जो आए दिन आती रहती हैं। नेता 'आग' से होकर ऐसे गुजरते हैं, जैसे पार्क में टहल रहे हों। उनकी मनोदेशा ऐसी होती है कि वे आग के रूप में यानी इस रूप में नहीं देखते, जिससे भय हो। इसकी बजाय वे आग को उन अवसरों के तौर पर देखते हैं, जिनमें वे अपनी क्षमता को साबित कर सकें। एक ऐसी समय सीमा, जिसे पूरा करना लगभग असंभव है, एक गतिरोध, एक समस्या, जो सबको पागल बना देती है, एक सफलता जो छकाती रहती है, एक अफरा-तफरी की स्थिति, जो सबका जीना मुश्किल कर देती है, एक संकट जो जाने का नाम नहीं लेता, ये ऐसी अनेक आगों में से एक हैं, जो कर्मचारियों के हर दिन के जीवन की स्थिति को बताती हैं। जब ऐसी आग बुझ जाती है, तब उनमें से हीरो निकलकर सामने आते हैं। संगठनात्मक किंवदंतियाँ ऐसी ही कहानियों से बनती हैं।

शीशा हथौड़े की चोट से टूट जाता है, लेकिन स्टील को उसकी मदद से ढाला जाता है। नेतृत्व का अर्थ है कि हम संकट से कैसे निपटते हैं और दबाव में हमारा व्यवहार कैसा रहता है। नेता और भेड़ चाल चलनेवालों के बीच अंतर असाधारण परिस्थितियों में ही होता है। अगली बार जब कार्यस्थल पर संकट आए और हमारे ऊपर प्रभाव जमाने लगे, तब याद रखिएगा कि उससे कैसे निपटना है, क्योंकि संगठन में सबकी निगाहें आप पर होंगी। नेता, सहयोगी और अधीनस्थ, सब हमें देखते हैं। वे जो देखते हैं और याद रखते हैं, उनसे ही हमारी साख बनती है।

समभाव, यानी मुश्किल वक्त से शांति और शिष्टता के साथ निपटना नेतृत्व का अभिन्न अंग होता है और बही-खाते को नियमित रखने जितना ही महत्त्वपूर्ण होता है। बी. स्कूल हमें बही-खाते, मार्केट शेयर और आर्थिक अनुपात का प्रबंधन सिखाते हैं, लेकिन मुसीबत में शांत और शिष्ट बने रहने के लिए हमें कबीर की जरूरत पड़ती है।

सुब्रतो बागची की किताब, 'द प्रोफेशनल' में उद्धृत एक अंश बताता है कि प्रबंधन विकास की नई पहल के तहत पूरी टीम को एक बस में भरकर ले जाया गया। रास्ते में गुस्साए ग्रामीण द्वारा बस पर एक नकली हमले का इंतजाम किया गया। यह देखा गया कि जिन लोगों ने संकट का हल निकालने का प्रयास किया, उनमें बस में सवार सबसे सीनियर शामिल नहीं थे और यह भी दिलचस्प है कि वे कुछ वर्षों में दूसरों के मुकाबले ऊँचे पद पर पहुँच गए थे। असाधारण परिस्थितियों में ही सच्चे नेता सामने आते हैं।

तोल बराबर घूघची, मोल बराबर नाहि।
मेरा तरा पटतरा, दीजे आगी माहि॥
सोना जहाँ आग में तपकर चमक उठेगा, वहीं घोंघा जल जाएगा।

कुछ तो नाम मात्र के नेता होते हैं और कुछ 'नेता' ऐसे होते हैं, जिनके 'नेतृत्व' को लेकर हर तरफ चर्चा होती है। पारंपरिक तौर पर सूचना सत्ता का स्रोत होती है और इस कारण नेतृत्व की पहचान कराती है। लंबे समय तक जिन लोगों के पास सूचना हुआ करती थी, उन्हें शक्तिशाली माना जाता था और वे नेतृत्व सँभालनेवाले पदों पर थे। फिर ज्ञान और कोश के रूप में सूचना को लागू किया जाना सबसे अधिक महत्त्वपूर्ण हो गया। सूचना को बस जमा करना ही काफी नहीं था, इसका व्यावहारिक इस्तेमाल भी जरूरी था। चारों तरफ देखिए और इस चरण के प्रभाव पर गौर कीजिए। अधिक शिक्षा, अधिक कोर्स, अधिक किताबें, अधिक ट्यूटोरियल और अधिक रिसर्च आसानी से उपलब्ध है। सब दावा करते हैं कि इनसे कौशल, ज्ञान या ऐसी सोच पैदा होगी, जिससे साधारण कर्मचारी नेतृत्व सँभालने के काबिल बन जाएगा। चूँकि इस प्रकार के स्रोत अच्छी तरह से लोकतांत्रिक व्यवस्थावाले हैं और जो कोई फीस अदा करे, उसके लिए उपलब्ध हैं। इस कारण नेताओं के बीच अंतर कम होता जा रहा है। किंतु दूरगामी, अनुकरणीय और अनोखा अंतर ज्ञान पर आधारित होता है। ज्ञान मतलब वह जो तब काम आता है, जब प्राप्त जानकारी पर्याप्त नहीं होती।

जानकारी से रोजाना की समस्याएँ सुलझाने में मदद मिलती है, लेकिन ज्ञान नई-नई समस्याओं को हल करता है। यह वैसा ही है, जैसे किसी फिल्म या पावर पॉइंट प्रेजेंटेशन से जंगल के बारे में आपने सारी जानकारी ले ली और जंगल में चले गए। जंगल में सिर्फ हमारी मूल प्रवृत्ति और हमारा ज्ञान ही काम आता है। नेतृत्व ऐसा ही होता है। यह पढ़ने, अवधारणाओं को जानने और रिसर्च में सहायक होता है, लेकिन वह सफलता की गारंटी नहीं देता। उसके लिए ज्ञान आवश्यक होता है।

संगठनों में नेतृत्व के स्थानों तक पहुँचने के लिए कड़ी जंग होती है। महत्त्वाकांक्षा की हदें अकसर एक-दूसरे से टकराती हैं और कुछ मामले में बात फैसले तक आ जाती है। समान योग्यता, जरूरी अनुभव और क्षमताओंवाले एक ही टीम के साथियों के बीच अकसर एक ही पद के लिए संघर्ष होता है। किसी नेता की असली पहचान तब होती है, जब उसे आग से होकर गुजारा जाता है।

यह तभी संभव होता है, जब समान दिखनेवाले उम्मीदवारों का सामना किसी संकट से कराया जाता है, जिससे वास्तविक अंतर का पता चलता है। सच्चे नेता की पहचान मनोवृत्ति, मनोदशा, शिष्टता, समभाव, सम्मान और राजनीति जैसे अप्रत्यक्ष गुणों से होती है। इनमें से किसी की भी माप जाँच उपकरणों से नहीं की जा सकती है और वे तभी सामने आते हैं, जब हालात मुश्किल हो जाते हैं।

सोने का मोल आग में तपने पर ही पता चलता है। अगर कबीर पर विश्वास है तो अगली बार जब आप नेतृत्व की आकांक्षा के बीच संकट का सामना करें, तो आपको लोगों से सम्मानजनक व्यवहार करना चाहिए, न्यायवादी और विनम्र होना चाहिए, राजनीति का पालन करना चाहिए और संकटों तथा दुविधाओं को अपने ऊपर हावी नहीं होने देना चाहिए। यही सच्चा अंतर है।

समर्थित और प्रदर्शित गुणों के बीच एक अंतर होता है। प्रत्येक नेता को यह लगता है कि उसके पास कुछ गुण हैं, जिनका दावा वह इंटरव्यू और सार्वजनिक संबोधनों में करता है। फिर कुछ गुण ऐसे होते हैं, जिनका वह सच में प्रदर्शन करता है। संकट की घड़ी में दिख जाता है कि क्या ये गुण सचमुच वही हैं। समय जब ठीक नहीं होता, तब नेता अपना सही रूप दिखाता है, चाहे वह विनम्र रहे, दूसरों की बातों का सम्मान करे, उन्हें सशक्त करे, जिम्मेदारी सौंपे, सुने और आम राय बनाए, आग और संकट में सब सामने आ जाता है।

ब्राह्मण गुरु है जगत् का, संतन का गुरु नाहि।
अरुझि परुझि के मर गए, चारों वेदो माहि॥

ज्ञान भले ही जगत् का गुरु हो, लेकिन बुद्धिमान का नहीं हो पाता, क्योंकि वह अपनी किताबों में ही उलझ-पुलझकर रह जाता है।

नेतृत्व का अर्थ है, ढाँचागत ज्ञान से आगे जाना। डिजिटल तकनीक ने जानकारी को सहेजने की दिशा में अभूतपूर्व काम किया है। अत्यधिक जानकारी, संरचना, मॉडल और दस कदमवाले मार्गदर्शकों के साथ दिक्कत यह है कि वे ज्ञान को खाँचे के बंधनों में बाँध देते हैं। एक नया मॉडल हमें पहले के मॉडल से छुटकारा दिला देता है, फिर नए में बाँध देता है। यह नेतृत्व के लिए एक जाल के जैसा है।

हम जब समाधान को सहेजते हैं, कौशल का सृजन करते हैं, तब उसे जड़ बना देते हैं। यह स्थिर हो जाता है, जैसे जमा हुआ जल हो, जिसमें बहाव न होने के कारण ताजगी नहीं रह जाती है। जब जानकारी सहेजने का काम वास्तविक

कारणों पर आधारित नहीं होता, तब बदलती परिस्थितियाँ दूरदर्शिता में कैद होकर रह जाती हैं। ये हमें बताती हैं कि जो हुआ, उसके बाद क्या हुआ। इस कारण एक किताब या केस स्टडी, जो निर्णय लेने का ज्ञान देती है, वह वास्तविकता के करीब का एक अंदाजा हो सकती है, लेकिन वास्तविकता नहीं हो सकती। वास्तविक संसार में, बदलती परिस्थितियाँ अपने हिसाब से चलती हैं। वे अनुमानित ढंग से नहीं होती हैं। नेतृत्व दौड़ते घोड़े से किसी गतिमान लक्ष्य को निशाना बनाने के जैसा होता है।

पढ़ें और रिसर्च भी करें, लेकिन एक बात जान लें कि सच्चे कर्णधार स्थापित ज्ञान, विद्यमान प्रक्रियाओं और मौजूदा ज्ञान के गुलाम नहीं होते। अच्छे लीडर हद से ज्यादा विश्लेषण के भरोसे नहीं रहते, स्वयं सिद्ध तथ्यों, परिकल्पनाओं और सिद्धांतों के जाल में नहीं फँसते। सच्चे अगुवा किताबों से कहीं आगे चलते हैं। हम जब उफान में घिरे होते हैं, तब सिद्धांतों, निर्देशों और नियमावलियों के लिए समय नहीं रहता। सच्चे नेता ज्ञान के कैदी नहीं होते। वे कल्पना और सहज प्रवृत्ति के सौदागर होते हैं।

जाति न पूछो साधु की, पूछ लिजिए ज्ञान।
मोल करो तलवार का, पड़ी रहन दो म्यान॥

संत की जाति नहीं पूछनी चाहिए, उसका ज्ञान पूछना चाहिए। ठीक उसी तरह से जैसे कि महत्त्व तलवार का होता है, उसकी म्यान का नहीं।

नेता सिर्फ क्षमता के आधार पर प्रतिभा का चुनाव करते हैं। यह बात यहाँ उतनी ही स्पष्ट है जितना कि सूरज, लेकिन लागू करते समय यह बात हमेशा भुला दी जाती है। इसके कई कारण हैं। पहला वह, जिसे 'प्रभावमंडल प्रभाव' कहते हैं, यानी क्षमता के अलावा भी कुछ ऐसा, जो निर्णय पर हावी हो जाता है। इसके कुछ उदाहरण शैक्षणिक व्युत्पत्ति और/या पुराना अनुभव हो सकते हैं। प्रमुख संस्थानों/संगठनों से निकले लोग प्रमुख पहचान लेकर आते हैं और शायद ऐसा सही भी है। हालाँकि आँकड़ों के लिहाज से बात करें, तो नामी-गिरामी संस्थान से आनेवाले हर उस व्यक्ति की तुलना में दर्जन भर सचमुच में प्रतिभावान और सक्षम लोग होते हैं, लेकिन उनके साथ किसी बड़े संस्थान का नाम नहीं जुड़ा होता। अच्छे नेता लकीर के फकीर नहीं होते। वे संस्थान के महत्त्व को मानते हैं, लेकिन वास्तविक प्रतिभा और क्षमता की समीक्षा करते समय अपने फैसले को प्रभावित नहीं करने देते हैं।

और फिर अच्छे संवाद और चिकनी-चुपड़ी बातों का अपना ही प्रभामंडल वाला प्रभाव होता है। सिर्फ इस कारण से कि कोई अच्छी बातें करता है या अच्छे कपड़े पहनता है, यह नहीं कहा जा सकता कि उसके अंदर ज्ञान की भी गहराई है। एक अच्छा लीडर इनसे कहीं आगे जाता है और उस व्यक्ति का आकलन उसके आंतरिक मूल्यों के आधार पर करता है। इसका मतलब अच्छी बातचीत करने या अच्छे कपड़े पहनने को छोटा दिखाना नहीं है, बल्कि यह बताना है कि काम की जगह पर अच्छा करने के लिए इनके अलावा भी कुछ चाहिए। अच्छे लीडर आंतरिक मूल्यों का मोल समझते हैं।

प्रभामंडल के प्रभाव के अलावा नेतृत्व करनेवालों को इस बात के लिए सचेत रहना पड़ता है कि अवचेतन मन में भी कहीं वे क्षेत्रीय, भाषाई या धार्मिक समानताओं के आधार पर भेदभाव न करें। एक 'ओल्ड ब्वॉएज क्लब' भी होता है, जिसमें बैकग्राउंड से या कंपनियों से आनेवालों को तरजीह मिलती है।

संगठनों में कौशल और क्षमता को लेकर अकसर होनेवाली बातचीत से बरसों पहले कबीर ने हमें सिखाया था कि उसे कैसे चुनें, जो सच में ज्ञानी है। उन्होंने हम से कहा था कि ज्ञानी की पहचान सिर्फ उसके ज्ञान से करनी चाहिए। इससे फर्क नहीं पड़ता कि तलवार किस म्यान में है, मायने यह रखता है कि वह कितनी धारदार है। ज्ञान को परखने के लिए जाति, संप्रदाय और धर्म उतने ही तुच्छ हैं, जितना कि वह म्यान जो तलवार की धार का अंदाजा बिल्कुल भी नहीं दे पाती है।

नेतृत्व करनेवालों को प्रतिभा का चयन करते समय कठोर रूप से निष्पक्ष होना चाहिए और अपने फैसले पर बाहरी पहलुओं का प्रभाव नहीं पड़ने देना चाहिए। कुछ भेदभावों की चर्चा की गई है, उनके अलावा मातहती, समानता और एकरूपता भी शामिल हैं। कुछ लोग उन्हें ही चुनते हैं, जो उनकी आज्ञा का पालन करते हैं और उनके पीछे-पीछे चलते हैं, कभी उनसे सवाल और तर्क नहीं करते। अन्य अपने ही जैसे लोगों को चुनते हैं। यदि नेता तार्किक और विश्लेषण करनेवाले हैं तो वे उन्हें चुनते हैं, जो मन के बाएँ हिस्से से चलते हैं, यानी रेखीय और विश्लेषण करनेवाले होते हैं। यदि वे भावुक या रचनात्मक हैं तो वे उन्हें चुनते हैं, जो मस्तिष्क के दाहिने हिस्से से चलते हैं, यानी रचनात्मक और भावुक होते हैं। उन्हें यह एहसास नहीं होता कि वे अपने ही खोदे गड्ढे में गिर रहे हैं। क्लोन का संग्रह बनने की बजाय वह टीम बेहतर होती है, जिसमें क्षमताएँ एक-दूसरे की पूरक होती हैं।

एक अच्छे नेता के प्रमाण

प्रमुख सबक

1. लीडर संकट की घड़ी को बेकार नहीं जाने देते, वे इसका इस्तेमाल अपने फायदे के लिए करते हैं।
2. प्रत्येक प्रतिकूल परिस्थिति एक नेता को जन्म देती है।
3. नेता ज्ञान के कैदी नहीं होते, वे कल्पना के सौदागर होते हैं।
4. नेता अपने पक्षपातों को नियंत्रण में रखते हैं।

□

नेतृत्व और साहस

सूरा के मैदान में, कायर फंदा आय।
ना भाजै न लड़ि सकै, मन-ही-मन पछिताय॥

बहादुरी के मैदान में कायर व्यक्ति फँसकर रह जाता है। वह न तो भाग पाता है, न ही लड़ पाता है, और इस तरह से वह मन-ही-मन में पछताता रहता है।

नेतृत्व साहस का दूसरा नाम है। एक विशेष स्तर के बाद कौशल, ज्ञान और क्षमता नेताओं और भेड़ चाल चलनेवालों के बीच अंतर नहीं कर पाते। ज्ञान और कौशल का महत्त्व समाप्त हो जाता है। तो फिर अंतर किन बातों से होता है ? दो बातों से सबसे पहले अप्रत्यक्ष संवेदनशीलता, जैसे शिष्टता, धैर्य, दुविधा में सहिष्णुता, अटल रहना, मूल्यों के प्रति सजग आदि। दूसरा साहस। साहस का अर्थ है, खुद आगे आना और एक निर्णय लेकर अपनी स्थिति को स्पष्ट करना। कुछ लोग पहले करते हैं, फिर सोचते हैं, अन्य बहुत देर तक सोचते हैं; लेकिन कुछ करते नहीं हैं। साहस का अर्थ है, निर्णय लेना और फिर उसके परिणामों का डटकर मुकाबला करना। आए दिन नेतृत्व का दबाव बनाए रखना व्यर्थ और उबाऊ हो सकता है। रणनीति ऐसी हो, जिसमें अनेक विकल्पों में से एक रास्ते को चुना जाए, जब कई लक्ष्य हों, तब एक की ओर बढ़ा जाए। रणनीति का मतलब है, किसी विशेष तरीके से कुछ करने के एक विकल्प को चुनना। किंतु यह कुछ नहीं करने को चुनना भी होता है। इस विकल्प के लिए साहस की आवश्यकता होती है। चलिए, एक उदाहरण लेते हैं। किसी उत्पादन पर निर्णय के लिए साहस चाहिए, क्योंकि ग्राहक उससे खुश नहीं भी हो सकते हैं। उत्पाद को किसी विशेष प्रकार से बनाने के फैसले के लिए साहस चाहिए, क्योंकि वह सबसे प्रभावी तरीका नहीं भी हो सकता है। उस उत्पाद को तैयार करने के लिए किसी खास टीम को जिम्मेदारी सौंपने के लिए भी साहस चाहिए, क्योंकि उत्पादों और प्रक्रियाओं से कहीं अधिक लोगों में विफलता देखी

जाती है। स्पर्धा में टिके रहने के लिए भी साहस चाहिए। उससे बाहर निकलने के लिए भी साहस चाहिए। किसी व्यक्ति को बहाल करने के लिए एक बड़ा भरोसा करना पड़ता है। किसी को निकालने के लिए साहस की आवश्यकता पड़ती है। टीमों और क्रियाकलापों में कोताही पर बात करने के लिए साहस चाहिए। प्रतिक्रिया देने के लिए साहस चाहिए। चीजों को बदलने के लिए साहस चाहिए। प्रतिक्रिया प्राप्त करने के लिए साहस चाहिए। चीजों को उसी रूप में रहने देने के लिए साहस चाहिए, जिसमें वे हैं। उन्हें बदलने के लिए साहस चाहिए। असहमति के लिए साहस आवश्यक है। अभिव्यक्ति के लिए साहस आवश्यक है। अड़ंगे डालने के लिए साहस चाहिए। संक्षेप में, साहस लीडर का दूसरा नाम है।

नेता भेदभाव नहीं कर सकते, अधिक सूचना और स्पष्टता के चलते देरी या लंबे समय तक प्रतीक्षा नहीं कर सकते। वे पूर्ण सूचना के आने का इंतजार भी नहीं कर सकते। प्रबंधन का मतलब है, अधूरी सूचना के साथ फैसले करना, सीखना और आगे बढ़ते हुए उनमें सुधार करना। अगर घर से निकलने से पहले हम सारी ट्रैफिक लाइट के हरा होने का इंतजार करेंगे तो कभी घर से बाहर नहीं निकल सकेंगे।

इस प्रकार कबीर ने कहा कि नेतृत्व का खेल कमजोर दिलवालों, डरपोक और अनिश्चित लोगों के लिए नहीं है। अगुवाई करनेवाला परिस्थिति का सामना करता है, उससे भिड़ जाता है, सारी संभव सूचना जुटाता है, लेकिन फैसले करने में कभी नहीं हिचकिचाता है।

प्रतिष्ठित टाटा ग्रुप ने एक लाख रुपए की कीमतवाली कार बनाने का फैसला किया। आशंका जतानेवाले हँस रहे थे, न कहनेवाले दबी हँसी हँस रहे थे। मगर तमाम मुश्किलों के बावजूद 2009 में नैनो सामने आई। यह साहस की ही बात थी कि लागत, तकनीक, परिस्थिति और विश्वास की चुनौतियों को पार किया जा सका। यह साहस की ही बात थी कि परंपरा से बँधे टाटा ग्रुप में आत्मविश्वास का नया संचार हुआ, जिसने अंतरराष्ट्रीय स्तर पर खरीदारी की एक मुहिम शुरू कर दी।

महिंद्रा ऐंड महिंद्रा एक ऑटोमोबाइल एसेंबली कंपनी थी और उस ग्रुप की पहचान खेती के उपकरण बनानेवाली कंपनी के तौर पर कहीं ज्यादा थी। स्कॉर्पियो के साथ जब उसने यूटिलिटी व्हीकल बाजार में उतारने का फैसला किया, तब कई लोग कंपनी की सफलता को लेकर आशंका जता रहे थे। किंतु उसके नेतृत्व के पास कुछ ऐसा था, जिसे आशंका जतानेवालों ने संज्ञान में नहीं लिया था, वह साहस, जिसने उसे कामयाब बनाया। स्कॉर्पियो को जबरदस्त सफलता मिली और महिंद्रा ऐंड महिंद्रा ने अपना एक और सफल मॉडल जारी किया, XUV 500, जो काफी लोकप्रिय हुआ।

संगठनों के भीतर अधिकांश चर्चा इस प्रकार कामयाबी तक नहीं पहुँचती है। उनमें छोटी-छोटी बातें होती हैं, लेकिन वहाँ भी साहस चाहिए होता है। आखिर कोई अपने विचार कैसे व्यक्त करे, जब यह निश्चित होता है कि कुछ लोगों को वह नाराज करेगा या निहित स्वार्थवालों को विरोधी बना देगा? आखिर कैसे कोई गैर-राजनीतिक, निष्पक्ष और सच के साथ खड़ा रह सकता है, जब यह निश्चित होता है कि उसे चालबाजों और षड्यंत्रकारियों का सामना करना पड़ेगा? आखिर कैसे वह शक्तिशाली लोगों से कहेगा कि वे गलत और पुरानी सोचवाले हैं? आखिर कैसे कोई लीडर से यह कहे कि वह ऐसे लोगों से घिरा है, जिन्हें उसे काफी पहले ही छोड़ देना चाहिए था? कैसे कोई मुखिया से यह कहे कि उसे समस्या का हल कभी नहीं मिलेगा, क्योंकि समस्या वह खुद है?

सूरा सोइ सराहिए, लडै धनी के हेत।
पुरजा पुरजा है पडे, तऊ न छाडै खेत॥

वह शूरवीर है, जो सिद्धांतों के लिए संघर्ष करता है, मरने के लिए तैयार रहता है, युद्ध भूमि से कभी नहीं भागता है।

नेतृत्व में साहस का मतलब अपने रास्ते पर अडिग रहना होता है, किंतु कॉरपोरेट जगत् की सीढ़ी से ऊपर चढ़ने के दौरान कुछ परेशान करनेवाले एहसास होते हैं। पहला, आप जितना ऊपर जाएँगे, खुद को उतना ही अकेला पाएँगे। दूसरा, वहाँ दोस्त नहीं होते, सिर्फ स्वार्थ और पद होता है। तीसरा, आप सीधे तौर पर ज्यादा कुछ नहीं कर सकते, जबकि आप पर हर बात की जवाबदेही होती है।

कुछ कर दिखानेवाले, जो अपने हाथों से अपनी किस्मत बनानेवाले स्त्री और पुरुष होते हैं, उन्हें जल्दी ही यह एहसास हो जाता है कि पिरामिड में ऊपर जाने के दौरान अपने दम पर चीजों को करने की संभावना धीरे-धीरे कम होती जाती है।

रणनीति जाहिर होने में समय लेती है। परिवर्तन को जड़ें जमाने में वक्त लगता है। प्रयासों की अपनी ही आधी-अधूरी मियाद होती है। शुरुआती समस्याओं, निराशाओं और मनुष्य के अंदर परिवर्तन का विरोध करने की सहज प्रवृत्ति के बावजूद नेतृत्व करनेवालों को अपने काम में जुटे रहना पड़ता है। नेतृत्व करनेवाले जल्द ही यह महसूस कर लेते हैं कि वे तीन-तरफा जंग में फँस गए हैं—एक, लोग न बदलना चाहते हैं, न ही कुछ नया करना चाहते हैं, दो, अगर वे उस राह पर अनमने ढंग से चलने को तैयार हो भी जाते हैं तो ठोस लाभ मिलने में समय लगता है और अकसर नहीं भी मिलता है, टीमें जल्द हार मान जाती हैं और तीन, माहौल से जुड़ी विपरीत परिस्थितियाँ जबतब हैरान करनेवाले झटके देती रहती हैं।

साहसी नेता हार नहीं मानता। वह सिद्धांतों की लड़ाई लंबे समय तक लड़ता है। अपनी रफ्तार को तेज रखते हुए, स्थिति को नियंत्रण में रखता है। वह निराशाओं, हैरानियों और आखिरी समय की दिक्कतों से अपना इरादा नहीं बदलता है। अपनी राह पर चलते रहने के लिए अपने दम पर सोचने और चलने के दौरान प्रयोग करते रहने की आवश्यकता पड़ती है। किंतु उससे भी कहीं अधिक इसके लिए साहस की आवश्यकता पड़ती है। रचनात्मकता और समस्या को सुलझाने की दिशा में साहस के शाश्वत स्रोत की आवश्यकता पड़ती है और इसके उलट चलना संभव नहीं है। कटजीव समस्या सुलझाने वाले रचनात्मक होते हैं, लेकिन उससे भी कहीं अधिक साहसी होते हैं।

जन-जन के बीच आज भी यह चर्चा का विषय है कि कैसे रिकॉर्ड इक्कीस दिनों में रिलायंस इंडस्ट्रीज का पातालगंगा प्लांट फिर से चालू किया गया था। 1989 में अचानक आई बाढ़ के बाद उसे बंद करना पड़ा था। जब जानकारों ने कहा कि इसमें कम-से-कम सौ दिन लगेंगे, तब युवा मुकेश अंबानी ने साहस और कभी हार न मानने की सोच का परिचय दिया, जो जल्दी ही उनकी पहचान बन गया।

मैनेजर और लीडर रोजाना ही कठिन चुनौतियों का सामना करते हैं, जिनमें से कुछ उन परियोजनाओं से जुड़े होते हैं, जिनकी जिम्मेदारी उन पर होती है, जबकि अन्य उन लोगों और व्यक्तित्वों से संबंधित होते हैं, जिन्हें वे निर्देशित करते हैं या जिन्हें सेवा उपलब्ध कराते हैं। अधिकांश लोग इस पर सहमत होंगे कि शैतान से निपटना आसान होता है, लेकिन अपने कद से ऊँचे व्यक्तित्वों और अड़ियल बॉस से निपटना मुश्किल होता है। उनके साथ बातचीत करना और जब कोई चारा न रह जाए तो उनसे असहमत होने के लिए साहस चाहिए होता है।

सूरा नाम घराय करि, अब क्यो डरपे वीर।
मंडि रहना मैदान में, सनमुख सहना तीर॥

आपने खुद को शूरवीर कहा है तो आप अब डर नहीं सकते, सैनिक होने के कारण तीरों से लड़ना और उनका सामना करना ही आपका भाग्य है।

अगर हम स्वर्ग जाना चाहते हैं तो सोचिए क्या करना होगा? हमें मरना होगा। ऐसा कहा जाता है कि 'महाभारत' के योद्धा युधिष्ठिर ही ऐसे थे, जो अपने भौतिक शरीर के साथ जीवित स्वर्ग पहुँच सके थे। सही मायने में लीडर बनने के लिए साहसी होने के सिवाय कोई रास्ता नहीं है। किनारे बैठकर, बचकर चलते हुए या मुश्किल से भागकर कभी कोई सफल लीडर नहीं बन सका है। लेखक और भविष्यवादी, बॉब

जॉनसन ने इसे काफी अच्छी तरह बताया है। वे कहते हैं कि हम वुका (VUCA) वर्ल्ड में रहते हैं—'वोलाटाइल' (अस्थिर), 'अनसरटेन' (अनिश्चित), 'कॉम्प्लेक्स' (जटिल) और 'एंबीगुअस' (अस्पष्ट)। वुका वर्ल्ड से निपटने और उसका नेतृत्व करने के लिए ज्ञान और कौशल की आवश्यकता होती है, लेकिन उससे कहीं अधिक साहस जरूरी होता है। अगर हम अपनी स्थिति साफ करने और फैसले लेने से डर गए, अगर मुश्किल फैसले लेने की हम में हिम्मत नहीं, यदि हम आगे बढ़ने से हिचक गए या अपने रास्ते से भटक गए तो हम नेतृत्ववाले पद पर बने रहने की बात तो दूर, उस पद पर बचे भी नहीं रह सकते।

कबीर शूरवीरों से कहते हैं, अगर तुमने स्वयं को एक सैनिक कहा है तो भय और संकोच की गुंजाइश नहीं है। शूरवीर का भाग्य ही यही होता है कि वह युद्धभूमि में जाए और तीरों तथा बरछियों का सामना करे।

यदि कोई लीडर है या बनना चाहता है तो उसके पास निर्णय लेने से बचने की गुंजाइश नहीं है। If one is a यह नेतृत्व करनेवालों का भाग्य होता है कि वे आंतरिक और बाहरी वुका वर्ल्ड का सामना करें। आंतरिक तौर पर कार्य से लड़नेवाले हो सकता है, ऐसे व्यक्ति हों, जो यथास्थिति से लाभ उठाने के लिए जमे रहें, जान-पहचान और सांस्कृतिक जड़ता के कारण अकुशलता को बरदाश्त किया जाए और सबसे महत्त्वपूर्ण बात, जिस सीनियर टीम को समस्या सुलझाने की जिम्मेदारी मिली है, वास्तव में वही समस्या का एक हिस्सा हो या एकदम खराब मामले में वही समस्या हो। बाहरी तौर पर घरेलू और अंतरराष्ट्रीय अर्थव्यवस्था की स्थिति खराब कर रही हो, नियम शायद योजनाओं में अड़ंगा डाल रहे हों, प्रतिस्पर्धी लाभ में हिस्सा बाँट रहे हों और नए खिलाड़ी पूरे खेल को ही बदलने का प्रयास कर रहे हों। लीडर को मैदान में डटे रहकर तीरों का सामना करना पड़ता है।

अकसर नेतृत्व करनेवालों को इन बातों को लेकर अपनी हताशा जाहिर करते देखा जा सकता है। किसी के भी अंदर यह कहने की इच्छा होती है कि बताओ, स्वर्ग कौन जाना चाहता है ? मौत का मजा लीजिए। अगर आप संकट का सामना नहीं कर सकते तो मैदान में मत उतरिए। अगर आपके अंदर साहस नहीं तो लीडर बनने की इच्छा मत रखिए। यह अब कौशल की बात नहीं रह गई है, यह साहस की बात है।

सूरा तो सांचै मतै, सहै जु सनमुख वार।
कायर अनी चुभाय के, पीछै झखै अपार॥

शूरवीर सिद्धांत पर चलता है, मुद्दों का सामना पारदर्शी रूप से करता है, डरपोक आपको छेड़ता है, पीठ पीछे बात करता है।

साहस की अभिव्यक्ति किसी भी रूप में हो सकती है। एकदम व्यक्तिगत स्तर पर साहस पारदर्शी रहने और बिना किसी छिपी मंशा के रहने की क्षमता है। इसलिए नेतृत्व सँभालने की चाह रखनेवाले और लीडर बनने की इच्छा रखनेवाले गलत व्यक्तिगत प्रेरणा के कारण मौके को गँवा देते हैं। वे शायद अच्छे लोग होते हैं, लेकिन गलत तरीके अपनाते हैं। टीम के सदस्यों की पीठ पीछे आलोचना, अधीनस्थों को सबके सामने फटकारना, श्रेय लेने में जुटे रहना, टीम के सदस्यों के काम को अपना बताना, जिन्हें श्रेय मिलना चाहिए, उन्हें श्रेय न देना, ऐसी गलतियाँ हैं, जो नेता व्यक्तित्व दोष के कारण करते हैं।

दुर्भाग्य से यह कोई असामान्य बात नहीं है। किसी लीडर के अनुचित व्यवहारों में जुड़नेवाली कुछ अन्य बातों में पीठ पीछे उठा-पटक की साजिश रचना, परदे के पीछे से राजनीति करना, संगठन का हित बताकर गुपचुप तरीके से अपने निजी स्वार्थ को साधना, व्यक्तिगत चयन और भाई-भतीजावाद करते हुए लोगों पर फैसले लेना और निर्णय में दोहरे मानदंड शामिल हैं। इससे पहले कि लीडर को पता चलता है कि गलियारों में इन खामियों की कहानियाँ आम हो चुकी होती हैं। जल्दी ही अच्छी प्रतिभा इस प्रकार के लीडर से बचना शुरू कर देती है या उसे छोड़ जाती है। इस स्थिति से जिन लोगों को फायदा होता है या जो ऐसे लीडर से अपनी करीबी का लाभ उठाते हैं, सिर्फ वे ही बच जाते हैं, जिसके कारण बची-खुची अच्छी प्रतिभा भी दूर होती जाती है। अच्छे नेता प्रामाणिक और पारदर्शी व्यवहार के मोरचे पर बहुत ऊपर खड़े नजर आते हैं। इन शब्दों पर गौर करें—प्रामाणिकता और पारदर्शिता। ये नेतृत्व का आधार हैं।

आखिर क्यों इतने सारे लीडर इस प्रकार का व्यवहार करने की ग़लती करते हैं ? क्योंकि उनमें साहस नहीं होता। जो साहसी होते हैं, वे सिद्धांतों पर अटल रहते हैं और लोगों तथा परिस्थितियों का खुलकर सामना करते हैं। डरपोक उनके बारे में बात करते हैं, जो मौजूद नहीं होते और इससे भी बदतर सहयोगियों की पीठ में छुरा घोंपते हैं। मँझे हुए नेता भी ऐसा व्यवहार क्यों करते हैं ?

इसका कारण गलत मूल्य, असुरक्षा और जानकारी की कमी हो सकती है। लीडर से पहले वह एक मनुष्य है। हम सभी की अपनी-अपनी एक मूल्य प्रणाली होती है, जो हमारे परिवारों, बचपन के अनुभवों, माता-पिता या शैक्षणिक प्रभावों तथा जीवन के अनुभवों पर आधारित होती है। हमारी मूल्य प्रणाली में कमियाँ और अशुद्धियाँ, जीवन जीने के दौरान आती हैं और तब भी नहीं जातीं, जब हम लीडर बन जाते हैं।

इसका दूसरा कारण असुरक्षा हो सकती है। यहाँ तक कि समझदार, समृद्ध और सफल लोगों में भी अपनी दौलत, शोहरत और पद को लेकर असुरक्षा की भावना होती है। संगठनों के भीतर के संगठन, बोर्डरूम, पारस्परिक संबंध नेतृत्व करनेवालों के लिए असुरक्षा की भावना के स्रोत होते हैं, जिनसे वे काम की जगह पर जूझते रहते हैं। लीडर की उम्र या बुद्धि जैसी भी हो, अधिकांश व्यवहार और निर्णय प्रक्रिया पर व्यक्तिगत असुरक्षा के प्रभावों से अनभिज्ञ रहते हैं।

आखिर में, तीसरा कारण कि क्यों नेता जबरदस्त क्षमता के बावजूद खराब, विनाशकारी और संकुचित मानसिकतावाला व्यवहार करते हैं, यह हो सकता है कि बस उन्हें जानकारी नहीं होती। नेताओं को अपने कार्यों के पीछे की मंशा और कारणों से गहराई से जुड़े रहना चाहिए। उन्हें यह मालूम होना चाहिए कि उनकी सोच के पीछे का कारण क्या है। उन्हें अपनी धारणाओं, मान्यताओं और मूल्यों के स्रोत की जानकारी होनी चाहिए। उन्हें हर हाल में पता होना चाहिए कि उनके विचारों के पीछे का विचार क्या है। जब उन्हें सही जानकारी नहीं होगी तो वे सही कदम नहीं उठा सकते हैं।

लीडर्स के लिए साहस का मतलब है, सही मूल्य, सही कदम उठाना, अपनी असुरक्षा को दूर करना, अपने कार्यों की जानकारी रखना और सबसे महत्त्वपूर्ण यह कि प्रामाणिक और पारदर्शी होना। कभी-कभी ये दो गुण साहस और जागरूकता तकनीकी क्षमता के मुद्दे को निष्प्रभावी बना सकते हैं। उनके बिना पूरी तरह से सक्षम नेतृत्व गुमनामी या उससे भी कहीं बदतर स्थिति में बदनामी झेलता है, क्योंकि उनमें प्रामाणिक और पारदर्शी होने का साहस नहीं होता।

कायर का घर फूस का, भभकी चहुं पछीत।
सूरा के कुछ डर नहीं, गज गोरी की भीत॥

कायर व्यक्ति फूस की तरह होता है, जो पल भर में आग पकड़ लेता है, जबकि साहसी लोग निडर होते हैं, उग्र हाथियों से भी हार नहीं मानते।

कायर विरोध के पहले संकेत से ही घबरा जाते हैं। कई लीडर इस कारण हिचकते हैं, क्योंकि उनमें अपनी बात को पूरी ताकत से रखने का इरादा या सोच का अभाव रहता है। और फिर ऐसे भी लीडर होते हैं, जिनमें लंबे समय तक विरोध की स्थिति में अपने विचारों पर कायम रहने का साहस नहीं होता है।

सिर्फ योग्यता, क्षमता और प्रतिभा पर ही चीजें निर्भर नहीं करती हैं और यह बात कोई भी बता देगा, जो संगठनात्मक भूल-भुलैया से गुजरा है और कॉरपोरेट

सीढ़ी से ऊपर तक जा चुका है। अनौपचारिक संगठन की एक छिपी दुनिया होती है, जहाँ परदे के पीछे के सौदे, प्रभाव और सहयोगी बनाने जैसी बातें होती हैं। ये बातें निर्णयों और तरक्की को तय करने में उतनी ही अहम होती हैं, जितना महत्त्व योग्यता का होता है। कुछ लोग जो तकनीकी रूप से ढल जाते हैं, वे इस दुनिया के साथ निपटने में बहुत बुरे हो सकते हैं, जिसे वे न सिर्फ हताशा से भरा, बल्कि मजा किरकिरा करनेवाला भी कहेंगे। वे या तो बुरी तरह विफल होते हैं या उनका मोहभंग हो जाता है।

ज्ञात और अज्ञात संगठनात्मक माहौल से निपटने के लिए साहस की आवश्यकता पड़ती है। इसमें किसी प्रकार की आलोचना की बात नहीं है, लेकिन यह पूरी तरह साफ है कि यदि हम सफल होना चाहते हैं, अपनी परियोजना को आगे बढ़ाना चाहते हैं, प्रभाव जमाना चाहते हैं तो इन दोनों ही संसारों के साथ निपटने में महारत हासिल करने के सिवाय कोई चारा नहीं है। स्वभाव से ही ऐसा करने के अलावा, हमें साहस की भी आवश्यकता पड़ती है। परदे के पीछे आम राय बनाने के दौरान टिके रहने के लिए हम में दमखम होना चाहिए। छोटे और बड़े विरोधों का लंबे समय तक सामना करने के लिए बातचीत, लेन-देन और एजेंडा की ओर गतिशीलता के सृजन के लिए हमारे अंदर पर्याप्त जोश होना चाहिए। डरपोक ऐसा नहीं कर पाते और किनारे कर दिए जाते हैं। साहसी नेता किसी ताकतवर हाथी की तरह होता है, जो विरोध और उदासीनता की दीवार तोड़कर आगे बढ़ जाता है।

प्रमुख सबक

1. नेता साहसी होते हैं, वे निर्णय को न तो टालते हैं, न देरी करते हैं, न ही सोच-विचार में पड़ते हैं।
2. नेता साहसी होते हैं, वे डटे रहते हैं और पारदर्शी रूप से परिणामों का सामना करते हैं।
3. नेता साहसी होते हैं, वे सिद्धांतों और प्रतिबद्धता के आधार पर फैसले करते हैं, न कि सुविधा के आधार पर।
4. नेता साहसी होते हैं, वे 'क्या' पर निर्णय के लिए 'कैसे' और 'अगर ऐसा हुआ तो' का सहारा नहीं लेते।

□

नेताओं के गुण

लीडर जो करता है, उसकी पहचान उसी से होती है। प्रतीकों से कोई नेता नहीं बनता। नेतृत्व से अनेक प्रकार के प्रतीक जुड़ जाते हैं और दुर्भाग्य से नेता भी उन्हें गंभीरता से लेने लगते हैं। ये प्रतीक उन टीमों और विभागों के आकार के रूप में होते हैं, जिनका वे नेतृत्व करते हैं, वे जिन उपाधियों और पदनामों से जाने जाते हैं, जिन दफ्तरों में वे बैठते हैं, उनका आकार और स्थान, पद के मुताबिक एंटाइटेलमेंट जैसे विमान का दरजा, रिजर्व पार्किंग लॉट और कभी-कभार रिजर्व वॉशरूम भी। निश्चित रूप से उपरोक्त बातों को लेकर कुछ तर्क भी हैं, लेकिन वास्तव में वे दफ्तर के प्रतीक ही तो हैं। वे नेतृत्व का मूल नहीं हैं और नेता इन्हें बहुत गंभीरता से न लें तो उनके ही हक में होगा और निश्चित तौर पर एंटाइटेलमेंट को लेकर उन्हें गुमान नहीं करना चाहिए। नेतृत्व इन प्रतीकों से कहीं बड़ी बात है, जिसमें ऐसे गुण विकसित करने होते हैं, जो नेतृत्व से अभिन्न रूप से जुड़े होते हैं। नेताओं का एक बड़ा मकसद होता है। विभिन्न स्तरों के नेताओं से पूछिए कि उनके अस्तित्व का मकसद क्या है? संभव है कि आपको जवाब मिलेगा कि मुनाफा, मार्केट शेयर, लीग टेबल, राजस्व इत्यादि। उनके बाद के स्तर पर चीजों को लागू करनेवाले कहेंगे कि लक्ष्य, नए उत्पाद की रचना। उससे भी नीचेवाले कहेंगे कि सेल्स टारगेट, विकास इत्यादि। इनको लेकर सवाल नहीं उठाया जा सकता है, क्योंकि उनकी इच्छा होती है कि वे वाणिज्यिक उद्यम को अच्छा करते देख सकें। लेकिन जो दमदार नेताओं के रूप में अपनी पहचान बनाना चाहते हैं और कालातीत विरासत बनाना चाहते हैं, उन्हें यह समझना ही होगा कि सिर्फ वित्तीय और मात्रात्मक संकेतकों के पीछे भागेंगे, तो प्रतिष्ठित नेतृत्व के चरम पर नहीं पहुँच सकेंगे। नेता तभी उस मायावी स्थिति तक पहुँच सकेंगे, जब वे ऐसे संकेतकों से आगे जाएँगे तथा परोक्ष, लेकिन सार्थक और इस कारण अधिक महत्त्वपूर्ण पहलुओं पर विजय

प्राप्त करेंगे। यह न सिर्फ टॉप मैनेजमेंट के लिए सही है, बल्कि उन नए नेताओं के लिए भी उतना ही प्रासंगिक है, जो नेतृत्व की सीढ़ी पर ऊपर चढ़ना चाहते हैं। अगले स्तर पर उनकी स्वीकार्यता न सिर्फ मात्रात्मक प्रदर्शन से, बल्कि परोक्ष तत्त्वों से भी तय होती है। कबीर उन गुणों, विशेषताओं और व्यवहारों का वर्णन विस्तार से जोश के साथ करते हैं।

तीर तुपक सों जो लड़े, सो तो सूरा नाहि।
सूरा सोई सराहीये, बांटि बांटि धन खाई॥

तीरों और हथियारों से लड़ना आपको बहादुर नहीं बनाता है, उस योद्धा की सराहना की जाती है, जो दूसरों के साथ चीजों को साझा करता है।

इस बात पर यकीन करने के लिए किसी को भी माफ किया जा सकता है कि गैर-पक्षपाती होना भी नेतृत्व का एक आम गुण है। हालाँकि हर कॉरपोरेट कर्मचारी आपको कुछ और ही बताएगा। लगभग हर किसी ने देखा है कि प्रतिष्ठित अनुभवी वरिष्ठ नेता भी श्रेय लेने की होड़ में जुटे रहते हैं या दूसरों को श्रेय देने में कंजूस होते हैं। वे अपने आपको केंद्र में रखते हैं और हमेशा ऐसा दिखाने का प्रयास करते हैं कि वह काम, वह परियोजना उनके टीम के सदस्यों की नहीं, बल्कि उनकी वजह से सफल रही। वे दूसरों को श्रेय देने या साझा करने के लिए तैयार नहीं रहते। ऐसी कहानियों में एक दिलचस्प असमानता होती है, जहाँ अधिकांश नेता ऐसी घटनाएँ गिना सकते हैं, जब उनके वरिष्ठ अधिकारियों ने उनसे श्रेय को छीनने की कोशिश की, किंतु अपनी ओर से दिखाए गए वैसे ही व्यवहार को वे कभी स्वीकार नहीं करेंगे। हालाँकि टीम के सदस्य एकदम अलग ही कहानी बता सकते हैं।

ऐसे नेता जो श्रेय के भूखे होते हैं, शायद ही कभी उसे खुलकर स्वीकार करते हैं। यह खेल सुघड़ता और सूक्ष्मता से खेला जाता है। संगठनात्मक पदानुक्रम पर जब अच्छे काम की खबर जारी की जाती है, तब आप यह देखकर हैरान हो सकते हैं कि आपका नाम कैसे गायब हो गया या कैसे आप अचानक प्रोजेक्ट लीडर से कंट्रीब्यूटर बन गए। सबसे बुरा तो शायद तब होता है, जब लीडर 'गुरु' होने का दावा करता है, जबकि उसका योगदान महज नकारात्मक आलोचना और नुक्ताचीनी तक सीमित रहता है। कुछ तो इतने भी सभ्य नहीं होते कि भाषा की परतों के बीच छिप जाएँ और आप से कह दें कि 'यह प्रोजेक्ट समय की बरबादी है' या 'तुम्हारे विचार नए हो सकते हैं, लेकिन काम के नहीं हैं' या 'इसे इस तरह से किया जाता है,' क्योंकि मैंने हमेशा इसे अलग तरीके से किया है, इत्यादि। कुछ

अन्य आपको सुधार के इतने उपाय सुझाएँगे कि वह प्रोजेक्ट आपका रह ही नहीं जाएगा। अगर गलती से भी आपने उन उपायों को अपने प्रोजेक्ट में शामिल नहीं किया तो आपको सिर्फ भगवान् ही बचा सकता है। बॉस की बेइज्जती से तो अच्छा है, इनसान नर्क में चला जाए।

कबीर कहते हैं कि सच्चे योद्धा, सच्चे वीर वे नहीं, जो बाणों और अस्त्रों से लड़ते हैं, बल्कि वे हैं, जो साझा करते हैं। जो कुछ भी अर्जित, कमाया, हासिल, सृजित, उत्पादित किया गया हो, उसे साझा किया जाना चाहिए। यह मौलिक सिद्धांत, दर्शन, सबक और मूल्य ही किसी नेता की पहचान होता है।

अगर आप एक नेता हैं और इसे पढ़ रहे हैं तो अपने आप से पूछिए कि आपकी टीम के सदस्य आपका स्वागत किस प्रकार से करते हैं। अपने आपको जल्दबाजी में श्रेय साझा करनेवाला महान् इनसान मत बनाइए। रुकिए और अपना मूल्यांकन कीजिए कि क्या आपकी टीम के सदस्य आपके विचार को साझा करते हैं। भले ही आप खुलकर श्रेय दे रहे हों, फिर भी छोटे-छोटे शब्द, बोलने का अंदाज, अभिव्यक्ति और हाव-भाव बता देते हैं कि आपकी असली मंशा क्या है। आपकी टीम के सदस्य समझ जाएँगे कि आप सच में बड़े दिलवाले हैं या कंजूस, मक्खीचूस। अंत में, यह मायने नहीं रखता कि बतौर लीडर आप अपने बारे में क्या सोचते हैं, बल्कि आपकी टीम आपके बारे में क्या सोचती है?

सूर चला संग्राम को, कबहुं न देवे पीठ।
आगे चले पाछे फिरे, ताको मुख नाहि दिठ॥

शूरवीर कभी हार नहीं मानता। जो ऐसा करता है, उसे प्रश्रय नहीं देना चाहिए।

नेता संरक्षित करते हैं। नेता उदाहरण पेश करते हैं। नेता हार नहीं मानते। वे किसी काम या मिशन को बीच में छोड़कर तब तक पीछे नहीं हटते, जब तक कि वह रणनीतिक निर्णय न हो। कोई भी इस दोहे की व्याख्या एकाधिक तरीके से कर सकता है। चलिए उन सभी को आजमाते हैं।

कुछ नेता अस्थिर प्रकृति के होते हैं, या तो वे मन से बेचैन रहनेवाले होते हैं या वे अपनी ही धारणा को लेकर अनिश्चित रहते हैं। किसी भी सूरत में वे बुरे साबित होते हैं। बड़े स्तर पर संगठन कहीं नहीं जाते, क्योंकि यह एक कदम आगे और दो कदम पीछे का पुराना मामला होता है। रणनीतियों को उनके अंजाम तक नहीं ले जाया जाता है, कार्यान्वयन में अधूरे प्रयास किए जाते हैं; क्योंकि अगले प्रयास का समय आ जाता है। सूक्ष्म स्तर पर परिणाम ऊपर की तरह बहुत जबरदस्त नहीं होते,

लेकिन कम तबाही मचानेवाले नहीं होते। किसी भी कर्मचारी से पूछिए कि उसका लीडर जब बेचैन होता है, तब वह अपनी हताशा खुलकर कैसे जाहिर करता है?

बेचैन नेताओं के निम्नलिखित वर्ग होते हैं—

- **'पता नहीं' किस्म के**—अपने लीडर के कहने पर आपने पूरी रात जागकर प्रेजेंटेशन तैयार किया। अगली सुबह मामूली बदलाव और फिर दोपहर में कुछ और बदलाव। रात होते-होते आपको फिर से ब्रीफ कर दिया जाता है।
- **'इसको थोड़ा और बेहतर बनाते हैं' किस्म के**—आपने दसवाँ संस्करण भी सौंप दिया, लेकिन सोचिए आगे क्या होगा? इसे अभी और अच्छा होना चाहिए। अगर आप इतने बेवकूफ हैं कि पूछ लें कि क्यों? तो जवाब मिलेगा, 'यही पता लगाने के लिए तो तुम्हें पैसे मिलते हैं।'
- **'कोई तो कमी है' किस्म के**—यह सबसे कठिन होता है, क्योंकि किसी कलाकार की तरह वह अपने होंठों को सिकोड़ेगा, अपनी भौं चढ़ाएगा, सुकरात की तरह सोचते हुए चेहरे को खुजाएगा और फिर फैसला सुना देगा—'कोई तो कमी है'। हाँ सर, बिल्कुल कोई कमी है, सोचो कि कमी क्या है?

अतिशयोक्ति के अलावा अधिकांश कर्मचारी एक या दूसरे किस्म के होते हैं। नेताओं से कर्मचारियों की एक प्रमुख अपेक्षा यह होती है कि उन्हें पता होना चाहिए कि उनके मन में क्या है और वे प्रोजेक्ट या कर्मचारी से क्या चाहते हैं। बात छोटी हो या बड़ी, उन्हें हिचकना, भटकना और हाँ-नहीं में नहीं रहना चाहिए। वे बड़े मुद्दों पर जब इधर-उधर करने लगते हैं, तब संगठन विफल हो जाते हैं। वे जब छोटी चीजों पर हाँ-नहीं करते हैं, तो अधीनस्थों को भुगतना पड़ता है।

खेत न छोड़ै सूरमा, जूझै दो दल माहि।
आसा जीवन-मरन की मन में राखै नाहि॥

शूरवीर युद्ध भूमि से कभी नहीं भागता है, मृत्यु की आशंका या जीवन की संभावना से विचलित नहीं होता है।

नेता कभी हार नहीं मानते। वे अपने काम में पूरी ताकत से जुटे रहते हैं। हार मानने की वजह दिलचस्पी या प्रतिबद्धता में कमी हो सकती है या उससे बुरा होता है कि जोश समाप्त हो जाए। योद्धा युद्ध भूमि में हार नहीं मानता और मृत्यु की आशंका या जीवन की संभावना से विचलित नहीं होता है। वह परिणामों से डरकर या नतीजों

के पूर्वानुमान से झुकता नहीं है। वह जुटा रहता है। वह एक बार और प्रयास करता है।

आधुनिक कॉरपोरेशन में नेतृत्व निश्चित रूप से कौशल, कुशाग्र बुद्धि, दृष्टि, क्षमता आदि से जुड़ा है, लेकिन लगन भी होनी चाहिए कि कौन लड़ाई में सबसे अधिक समय तक अपनी स्थिर बुद्धि के साथ टिका रहता है। कारोबारी चक्र अकसर किसी संगठन को तबाह कर देता है, लीग टेबल को पुनर्गठित और कारोबारी नेताओं को नए सिरे से परिभाषित करता है।

जिम कोलिंस ने अपनी मशहूर किताब 'गुड टू ग्रेट' में 'लेवल 5 लीडरशिप' का जिक्र किया है, जिसे वे 'विरोधाभासी प्रकृतिवाली व्यक्तिगत विनम्रता और पेशेवर इच्छाशक्ति के जरिए स्थायी महानता का निर्माण' बताते हैं। पेशेवर इच्छाशक्ति की व्याख्या विस्तार से करते हुए इसे '...जो आईने में नहीं, खिड़की से बाहर देखता है, ताकि कंपनी की सफलता का श्रेय अन्य लोगों, बाहरी कारणों और अच्छी किस्मत को दे, एक स्थायी बड़ी कंपनी के निर्माण के पैमाने तय करता है, जो इससे कम पर संतोष नहीं करता। टीम के बेहतरीन परिणामों को हासिल करने के लिए जो कुछ हो सकता है, वह करता है, चाहे वह कितना ही कठिन क्यों न हो।' लेवल 5 के नेता स्पष्ट रूप से कबीर के शूरवीर भी हैं।

वह क्षेत्र, जिसमें आजकल अधिकांश नेता कार्य करते हैं, वह किसी बवंडर के जैसा है। अपने काम में बिना रुके और धीमा हुए टिके रहने के लिए उसके अंदर किसी शूरवीर की तरह योद्धा के गुण होने चाहिए। वह किसी भी सूरत में युद्ध को बीच में छोड़कर नहीं जा सकता है। लड़ाई का जन्मजात गुण ही उसकी अनिश्चितता है। वॉर रूम में किए गए जोड़-घटाव काल्पनिक साबित हो सकते हैं। प्रतिक्रिया के लिए समय बहुत कम होता है। यह लीडर की व्यक्तिगत दृढता होती है, जो ऐसे समय से उसे उबारती है। दुर्भाग्य से इस प्रकार के गुण और मनोदशा की शिक्षा बी. स्कूलों में नहीं दी जा सकती है।

सिर सांटै मा खेल है, सो सूरन का काम।
पहिले मरना आग में, पीछै कहना राम॥

शूरवीर अपने कर्म की बाजी लगा देते हैं, पहले आग में कूदते हैं, फिर भगवान् को याद करते हैं।

नेता कर्मठ होते हैं। वे कुरसी तोड़ने की बजाय मुश्किलों और कारवाई की कठिनाइयों को चुनते हैं। लीडरशिप कमजोर दिलवालों और घबरानेवालों के लिए नहीं होती, जिन्हें सफर से पहले ही सारे उत्तर चाहिए होते हैं। लीडरशिप

कारवाई करते समय उन बातों से निपटना है, जिन पर कभी गौर नहीं किया गया, जिन्हें नियंत्रित नहीं किया जा सकता और जिन्हें समझना मुश्किल है। नेता नाश्ते के समय उलझन का सामना करते हैं, लंच के समय दुविधा का और डिनर के समय अनिश्चितता का, लेकिन एक चीज कभी नहीं छोड़ते और वह है कर्म।

उलझनों, दुविधाओं और अनिश्चितताओं के बावजूद जब नेता कार्य करते हैं तो उन्हें जोखिम का सामना करना पड़ता है। फिर भी वे उसे करते हैं, क्योंकि वे जानते हैं कि लीडरशिप का अर्थ है फैसले करना। जोखिमों के डर से कार्य न करना ही सबसे बड़ा जोखिम होता है। टीम, कारवाई और संगठन (जो संगठन में उसके पद पर निर्भर करता है) का हर अंग उसकी ओर फैसले की उम्मीद लगाए रहता है। उन फैसलों से सिर्फ मौजूदा समस्या का ही हल नहीं निकलता, बल्कि भविष्य के लिए भी वह एक संकेत होता है। बड़ी टीम लीडर के हर निर्णय को पढ़ लेती है, चाहे बड़ा हो या छोटा। बुरा पहलू यह है कि वह निर्णय न ले पाने की स्थिति को भी पढ़ लेती है।

किसी भी लीडर के लिए सबसे बुरी बात यह होती है कि वह किसी भी परिस्थिति में डगमगाने लगे, भटकने लगे, फैसले को टाले और उसे रोक दे या तमाम हितधारकों से अपनी हालत को छिपा ले। हर बार आगे-पीछे करने के नाम पर एक कारण बताया जाता है—आँकड़े जुटाने हैं, अधिक विश्लेषण करना है, अधिक स्पष्टता और सोच-विचार वगैरह-वगैरह। लेकिन हकीकत यही है कि इससे नेतृत्व करनेवाले की हिचकिचाहट, नतीजे का डर और जोखिम से भागनेवाला व्यक्तित्व बेनकाब हो जाता है। निश्चित रूप से आप सारी उपलब्ध सूचना जुटाएँ, हर संभव विश्लेषण और हालात की तैयारी करें, लेकिन सही उत्तर इन सबके बाद भी नहीं मिलेगा। दुविधा का एक पहलू हमेशा मौजूद रहेगा। इस पर फैसला लेने की जिम्मेदारी नेतृत्व करनेवाले पर ही डाली जाएगी। सिर्फ साहसी ही कदम उठाते हैं। अन्य सभी चर्चा करते रह जाते हैं।

साधु भूखा भाव का, धन का भूखा नाहि।
धन का भूखा जो फिरे, सो तो साधु नाहि॥

बुद्धिमान व्यक्ति धन का नहीं, प्रसिद्धि का भूखा होता है। जो सिर्फ धन की चाह रखते हैं, वे बुद्धिमान नहीं होते।

नेता सिर्फ भौतिकवादी नहीं हो सकते। एक हद के बाद उनमें प्रेरणा और इच्छा की भूख को जगाने के लिए बड़ा मकसद चाहिए होता है। अगर

स्वार्थ, निजी तरक्की, अपनी इच्छा को पूरा करने का अहंकार और व्यक्तिगत महत्त्वाकांक्षा ही एकमात्र प्रेरक है तो वास्तविक रूप से स्थायी रहनेवाला नेतृत्व संभव नहीं है। संगठनात्मक इतिहास उन नेताओं के उदाहरणों से भरा पड़ा है, जिनका कद उनके जीवन से कहीं बड़ा हो गया और व्यक्तिगत तथा संगठनात्मक लक्ष्य की लकीर धुँधली पड़ने लगी है। यह संतुलन बड़ा चुनौतिपूर्ण होता है।

अपने कद और संबंधों की वजह से कुछ नेता ऐसी छवि बना लेते हैं, जैसे उनके बिना काम ही नहीं चल सकता। इत्तेफाक से यह बात विरले ही सच साबित होती है। मध्य प्रबंधन स्तर पर इस अपरिहार्यता पर तो यकीन भी नहीं किया जाता, वहीं वरिष्ठ प्रबंधन स्तर पर यह एक मिथ्या है और सी.ई.ओ. के स्तर पर यह ऐसी कहानी की तरह होती है, जिसके बारे में हर कोई बात करता है, लेकिन किसी के पास वैज्ञानिक प्रमाण नहीं होता। अधिकांश बड़ी कंपनियों में दिग्गज लीडर थे या हैं और प्रेस के बीच उनमें से लोकप्रिय हर एक के मुकाबले ऐसे दर्जन भर लीडर हैं, जो उतने ही शानदार हैं लेकिन गुमनाम ही रह जाते हैं। ऐसी कंपनियाँ तब भी चलती रहीं, जब उनकी अगुवाई करनेवाले उन्हें छोड़कर चले गए।

दूसरी तरफ कुछ नेता सत्ता के भूखे, खबरों में बने रहने के भूखे और अहंकारोन्मादी होते हैं, जो अपनी कीमत हद से ज्यादा ही लगा लेते हैं। वे अपने आपको बढ़ाते हैं, हमेशा सुर्खियों में बने रहते हैं और उन्हें महत्त्व तथा प्रसिद्धि की एक अजीब सी तलाश रहती है। ऐसे नेताओं की मियाद सीमित होती है और ऐसा पता लगाने के लिए किसी को भविष्यवक्ता बनने की आवश्यकता नहीं, भले ही जब तक वे पद पर रहते हैं, खूब हो-हल्ला मचाते हैं।

वास्तव में जिम कोलिंस ने कंपनियाँ महान् कैसे बनती हैं, यह पता लगाने के दौरान जो पाया, उसे अपनी किताब 'गुड टू ग्रेट' में लिखा। उन्होंने पाया कि करिश्माई, मीडिया के भूखे, खुद को कद से ज्यादा समझनेवाले आत्मकेंद्रित नेता शायद ही कभी किसी कंपनी को महान् बनाते हैं और वह गलती से महान् बन गई तो महान् रह नहीं पाती है।

सच्चे नेता सिर्फ अपने आप से कुछ बड़ा बनाने, अपनी छाप छोड़ने में दिलचस्पी रखते हैं। वे कुछ ऐसा बनाना चाहते हैं, जो समय से परे हो और उनके जाने के बाद भी चलता रहे। यह बात सिर्फ तमाम सी.ई.ओ. के बारे में सही नहीं है। कार्य के स्तर पर भी अगर लीडर सिर्फ कठोर महत्त्वाकांक्षा से अभी और इसी वक्त की भावना से प्रेरित रहता है, तो उसके नुकसान से बचना

मुश्किल होगा या तो टीमों में तनाव का स्तर बढ़ जाएगा, क्योंकि कठोर बल से जबरदस्त तनाव होता है या फिर नतीजे लंबे समय तक टिकाऊ नहीं होते; क्योंकि भय से आप थोड़ी दूर तक ही जा सकते हैं। इसलिए नेतृत्व करनेवाले की भावनात्मक स्थिति और उसकी प्रेरणा इस बात में अहम भूमिका निभाती हैं कि अंततः वह कैसी रचना करता है।

संगठन में किसी लीडर का स्थान चाहे कहीं भी हो, उसे अपनी प्रेरणा का ज्ञान होना चाहिए, क्योंकि उसे इसकी जानकारी नहीं होगी तो इस बात की संभावना है कि निजी प्रेरणा और संगठनात्मक हित ओवरलैप करेंगे।

आषा तजि माया तजे, मोह तजै अरु मान।
हरष शोक निंदा तजै कहै कबीर सन्त जान॥

न कोई आकांक्षा, न मोह, न ही घमंड। न कोई जश्न, न निंदा, बुद्धिमान की दशा ऐसी ही होती है।

नेतृत्व करनेवालों को निरपेक्ष भाव से कार्य करना चाहिए। यदि वे अपनी ही मंशा से प्रेरित रहेंगे तो टीमों, कार्यों, विभागों और संगठन को इसकी कीमत अदा करनी पड़ेगी। संगठन से जुड़े मुद्दों की चर्चा करते समय उन पर बहस और विश्लेषण करते समय निजी विचारों और स्थितियों को दूर रखना बुद्धिमानी होती है, क्योंकि वे अपने फैसले को प्रभावित करते हैं।

नेताओं को हर हाल में फैसले करने चाहिए, नीतियाँ बनानी चाहिए, रुख बनाना चाहिए और आखिर में ऐसी स्थिति में कदम उठाना चाहिए, जिसमें निजी आकांक्षा, निजी इच्छा, खुशी, दुःख, आचोलना का डर किसी प्रकार से उनके विचारों पर असर न डाल सकें।

चलिए, अब कुछ आम तौर पर देखे जानेवाले उदाहरणों पर नजर डालते हैं, जब इस प्रकार का झुकाव उत्पन्न हो सकता है तो निजी पसंद, नापसंद और सुख के आधार पर प्रमुख पद दिए जा सकते हैं। वेंडरों का चुनाव निजी सुविधा और पुराने संबंधों के आधार पर किया जा सकता है। भाषा, क्षेत्र और धर्म आदि चुनावों को प्रभावित कर सकते हैं। दुःख की बात है कि ऐसी चीजें आम हो चुकी हैं।

सबसे मुश्किल तब होती है, जब प्रभावित करनेवालों के भीतर एक गहरी मनोवैज्ञानिक सोच होती है। उदाहरण के लिए किसी सी.ई.ओ. के अंदर अधिग्रहण की जल्दी अपनी ताकत दिखाने की मंशा से प्रेरित हो सकती

है। आत्म-सम्मान को बढ़ाने का इससे अच्छा तरीका और क्या हो सकता है कि उसे कब्जा जमानेवाले के तौर पर देखा जाए? एक और उदाहरण किसी विभागीय प्रमुख का हो सकता है, जो दूसरे विभागों को लगातार निकम्मा और अपनी विफलताओं के लिए जिम्मेदार ठहराता है। इस प्रकार वह अपने अंदर झाँकने की बजाय बाहरी कारणों को ही ढूँढ़ता रहता है। एक और उदाहरण ऐसे टीम लीडर का हो सकता है, जो अपने कर्मचारियों से उम्मीद करता है कि वे निर्विवाद रूप से अपनी निष्ठा जताएँगे, जिसे वह प्रतिबद्धता का प्रमाण मानता है और यह भूल जाता है कि कर्मचारियों की निष्ठा संगठन के प्रति होनी चाहिए, न कि व्यक्तिगत रूप से उसके प्रति। घमंड और अपने सम्मान को लेकर गलतफहमी के कारण वह स्वतंत्र सोच रखनेवाले टीम के सदस्यों से अपने विरोध और असहमति को बरदाश्त नहीं करता। कुछ नेता तो किसी भी प्रकार की आलोचना को बरदाश्त नहीं कर पाते और उसे हमेशा अपने ऊपर ले लेते हैं।

एक अच्छा नेता अपनी ओर से लिये गए निर्णय से अपने हितों को दूर रख पाता है। ऐसी क्षमता पारंपरिक शिक्षा से नहीं आती, बल्कि लगातार आत्ममंथन और सजग रहने से आती है। यह कबीर के शब्दों का अनुकरण करने से भी आती है।

चर्चा करुं तब चौहटे, ज्ञान करो तब दाए।
ध्यान धरो तब एकिला, और न दुजा कोय॥

चर्चा चार लोगों से होती है, ज्ञान के लिए दो लोग चाहिए, लेकिन सोचने और फैसला लेने का काम स्वयं करना पड़ता है।

फैसला लेना किसी भी नेता के लिए सबसे महत्त्वपूर्ण कार्य होता है। आधुनिक नेताओं पर अतिरिक्त बोझ होता है, क्योंकि न सिर्फ सबकी नजरें उनकी ओर से लिये गए निर्णयों पर होती हैं, बल्कि वे यह भी देखते हैं कि इन फैसलों तक कैसे पहुँचा गया। नए ज़माने के कर्मचारी अधिकारियों के प्रति निर्विवाद अधीनता न तो महसूस करते हैं और न ही उसे दिखाते हैं, जबकि कुछ पीढ़ी पहले तक ऐसा ही होता था। आज के व्यक्तिवादी और सामूहिकतावादी समाजों में कर्मचारी निर्णय लेने की प्रक्रिया में समान स्तर पर आकर शामिल होते हैं, स्वतंत्र राय देते हैं। अपने आपको किसी पार्टनर या शेयरधारक के रूप

में देखते हैं। वे हाशिए पर खड़ा रहने और दूसरों के लिए फैसलों को अपने ऊपर लागू होने देने के लिए तैयार नहीं होते। यह तीखी टिप्पणी सबकुछ साफ कर देती है—'मैं 40 डिग्री सेल्सियस पर उस फैसले को लागू करने के लिए तैयार नहीं हूँ, जो 18 डिग्री सेल्सियस में लिये गए हों।'

इस कारण आम सहमति साझा करना, सामूहिक निर्णय प्रक्रिया अब नेतृत्व के शब्द-संग्रह में शामिल हो गए हैं। फिर भी अंत में नेता अंतिम फैसला करने के लिए अकेला रह जाता है, क्योंकि यही उसका मूल काम होता है।

कबीर इस उलझन को सुलझाते हैं। वे कहते हैं कि जब चर्चा की बात आती है तो उसे चौराहे पर कीजिए, सबसे और सबके सामने बात कीजिए। सबकी जानकारी, सुझाव, विचार और राय लीजिए। विरोध, बहुलता और हर विषय के पहलुओं पर खुलकर और सबके बीच चर्चा और बहस होने दीजिए।

एक बार आपने ऐसा कर लिया तो दो लोगों के बीच उन सारी बातों का निचोड़ निकालकर व्यापक पहलुओं, प्रवृत्तियों पर गौर करें और सबको एक कड़ी में पिरो दें। यह समय भीड़ को शामिल करने का नहीं होता। आखिर में निर्णय अकेले ही लीजिए, जो व्यापक चर्चा और सीमित संक्षेपण पर आधारित होता है। किसी के सामने भी ऐसी स्थिति आ सकती है, जब यह क्रम पलट दिया जाता है या उसे दरकिनार कर दिया जाता है। नेता बड़े समूह को शामिल किए बिना ही अकेले फैसले कर सकते हैं या आखिरी समय तक पूर्ण आम सहमति की प्रतीक्षा कर सकते हैं या इससे भी कहीं बुरा तब हो सकता है, जब वे ऊँचे पद पर नजर रखते हुए फैसले लें।

नए प्रोडक्ट की डिजाइन विफल हो जाती है, क्योंकि कुछ लोग या उससे भी बुरा जब बस एक व्यक्ति फैसला करता है। जिन्होंने अपने जीवन में कभी बाल में लगानेवाला एक पिन तक नहीं बेचा, वे बिक्री के लिए मुआवजे की रणनीति तय करते हैं। ट्रेनिंग का बजट वे लोग तय करते हैं, जिन्होंने खुद कभी ट्रेनिंग नहीं ली। ये इकतरफा फैसले लिये जाने की घटनाएँ हैं। इसी सिक्के का दूसरा पहलू वह होता है, जब लोकतांत्रिक साधनों के जरिए किसी भीड़ को फैसले लेने की जिम्मेदारी दे दी जाती है और अपने अनुभव से हम जानते हैं कि बहुमत का फैसला जरूरी नहीं कि सही भी हो। नेता को इन दोनों सिरों की खामियों के बीच संतुलन स्थापित करना पड़ता है। कबीर ने कहा भी है, पर क्या नेता सुन रहे हैं?

धन रहै न जोबन रहै, रहै न गाँव न ठाव।
कबीर जग में जसै रहै, करदे किसी का काम॥

धन, जीवन और आर्थिक लाभ हमेशा के लिए नहीं रहते, ख्याति हमेशा बनी रहती है और दूसरों को लाभ पहुँचाती है।

नेताओं को कॉरपोरेट जीवन की मौलिक रूप से क्षणभंगुर प्रकृति को अवश्य समझना चाहिए, उसकी पहचान और उसका सम्मान करना चाहिए। संगठन चलायमान संस्था के स्वरूप पर आधारित होते हैं, यानी वे लोगों के चले जाने के बाद भी अस्तित्व में रहते हैं और निर्णय यह मानकर लिये जाते हैं कि वे सदैव बने रहेंगे। हालाँकि सभी स्तरों पर मौजूद नेताओं और प्रबंधकों का अतीत स्पष्ट रूप से बताता है कि इस प्रकार की बातें मूल रूप से क्षणिक और असमान हैं। इन नेताओं से जुड़ी बातें और उनका प्रदर्शन सफल अभियानों के साथ ही विफलताओं से भरा पड़ा है। अधिकारियों की किस्मत लंदन के मौसम से भी अधिक तेजी से बदलती है। अधिकांश प्रबंधक और नेता इसे स्वाभाविक रूप से स्वीकार करते हैं और यह मानते हैं कि यही इस शैतान का स्वभाव है। किंतु अच्छे नेताओं की सोच आध्यात्मिक रूप से जाग्रत् होती है, जिन्हें वे व्यवहार का एक सिद्धांत बना लेते हैं।

अच्छे नेता यह समझते हैं कि दौलत और जवानी के दिनों के सपने संगठनों में हमेशा के लिए नहीं रहते। औसत का नियम हर किसी पर लागू होता है। कुरसी, सत्ता, पद और महत्त्वपूर्ण विभागों की अध्यक्षता हमेशा नहीं रहती। आपके जाने के बाद लोग आपको किस रूप में याद रखते हैं बस वही पीछे रह जाता है। कैसे आपने उनके साथ व्यवहार किया और उन्हें अपने बारे में सोचने का एहसास दिलाया। यह उक्ति इस बात को सुंदरता से व्यक्त कर देती है, 'किसी को यह परवाह नहीं कि आप कितना जानते हैं, वे बस इतना जानना चाहते हैं कि आप कितनी परवाह करते हैं।'

मैंने इंटरनेट पर एक उक्ति पढ़ी, जो आगे बढ़ते नेताओं को याद दिलाने का काम कर सकती है—'आगे बढ़ते हुए आपका रवैया लोगों के साथ कैसा रहता है, इसका खयाल रखें, जब आप नीचे आने लगेंगे, तब इन्हीं लोगों से आपकी मुलाकात होगी।' आप लोगों से जिस तरह का व्यवहार करते हैं, यहाँ तक कि जब बातचीत में तलखी आ जाती है, आप जिस प्रकार उनकी प्रतिष्ठा को बचाते हैं या उसे खतरे में डालते हैं, सम्मान, न्याय और निष्पक्षता के

अच्छे और पुराने सिद्धांत, नेताओं के लिए सबसे विचारनीय विषय के निर्माण में महत्त्वपूर्ण भूमिका निभाते हैं और वह है—छवि।

21वीं सदी के नेताओं के लिए कबीर का संदेश उचित है। आधुनिक युग के निगमों में विनम्रता और सहिष्णुता धीरे-धीरे समाप्त होती जा रही है। आक्रामक व्यवहार, अत्यधिक महत्त्वाकांक्षा, सफल होने के लिए क्रूरता की हद तक जाना, तारीफ भी शोर मचाते हुए करना, गले लगाना, हद से ज्यादा मर्दानगी दिखाना इन सारी बातों को जुनून, कार्यशैली और परिश्रम का प्रमाण माना जाता है और क्षमता के पर्याय के रूप में देखा जाता है।

नेताओं और संगठनों के सामने अब इस मानसिक साँचे पर सोचने का समय आ गया है, जिसकी एक कीमत होती है और जो इस कारण क्रूरता की हद तक जानेवाली होड़ और दूसरे को नीचा दिखाने की संस्कृति को बढ़ावा देता है। नेताओं, टीमों और संगठनों के लिए यह अच्छा होगा कि वे लगन और शोर, मुखरता और परिणामोन्मुख क्रूरता, परिश्रमी और धमकानेवाले के बीच अंतर कर लें। इनके बीच का अंतर बहुत महीन है और सिर्फ बुद्धिमान और सूक्ष्मदर्शी नेता ही यह समझ पाता है कि सीमा को कब पार कर लिया गया, चाहे वह स्वयं उसे लाँघे या अन्य लोग ऐसा करें।

ऐसी संस्कृति जो प्रदर्शन के नाम पर कॉरपोरेट बदमाशों को खड़ा करती है, महज उसकी तबाही को ही तेज करती है। दबंग पुरुष या स्त्री चाहे जैसा भी सोचें, लेकिन काम की जगह पर मनुष्य अपने बारे में अच्छा महसूस करना चाहता है। ऐसे नेता, जो अच्छे समय में अपने टीम के सदस्यों या दूसरे टीम के सदस्यों के साथ सम्मानजनक व्यवहार नहीं करते, आगे चलकर पछताते हैं कि नेता होने के सबसे महत्त्वपूर्ण गुण को वे खो चुके हैं और वह होती है, लोगों के अंदर उनके साथ चलने की इच्छा।

पंडित और मसालची, दोनों सूझत नांहि।
औरन को करै चाँदना, आप अँधेरे माहि॥

ज्ञानी और मशाल दोनों समझ नहीं पाते, वे दूसरों को भले ही रोशनी दें, लेकिन स्वयं अँधेरे में ही रहते हैं।

नेताओं को अपनी कमियों का ज्ञान होना चाहिए और यह स्वीकार करना चाहिए कि यह पूरी तरह संभव है कि कुछ चीजों को वे देख नहीं पा रहे हैं। कोई व्यक्ति जब कारवाई में पूरी तरह जुटा रहता है, तब संदर्भ से कट सकता

है। नेताओं को यह स्वीकार करना चाहिए कि वे सबकुछ नहीं जान सकते हैं। उम्र, कद और ओहदा अकसर उन्हें ऐसा स्वीकार करने से रोकते हैं। अनेक संगठनों के न जाने कितने नेता और न जाने कितने स्तरों के नेता यह नहीं देखते कि वे क्या कर रहे हैं, किस प्रकार कर रहे हैं और इसका दूसरों पर कितना असर पड़ रहा है। किंवदंतियों में इसे 'सामूहिक अंधापन' कहा जाता है और निचले स्तर पर अकसर यह मजाक उड़ाया जाता है कि 'हे भगवान्, नेता को यह क्यों नहीं दिखा, जिसे हमारे स्तर के लोग इतना साफ-साफ देख रहे थे?' सच कहें तो कुल मिलाकर बात यही है, वह नहीं देख सका, क्योंकि वह उस स्तर पर पहुँच गया था, जहाँ वह सच्चाई से कट गया था।

कबीर इस अंधेपन की तुलना उस बुद्धिमान व्यक्ति और मशाल से करते हैं, जिन्होंने दुनिया को तो रोशन कर दिया, लेकिन खुद अंधकार में डूबे थे।

यह विडंबना ही है कि प्रकाश का स्रोत अंधकार में रहने के लिए अभिशप्त है। इतनी ही त्रासद महान् नेताओं की कहानी है, जिन पर दूसरों को राह दिखाने, मध्यमता से बाहर निकलने का मार्गदर्शन करने, अपनी कमियों को दूर करने में सहायता करने की कठिन जिम्मेदारी है, जबकि वे स्वयं अपनी कमियों के शिकार बने रहते हैं। नेता जितना बड़ा होता है, उसके साथ यह त्रासद स्थिति उतनी ही विकट होती है।

इस प्रकार की कमियाँ सभी प्रकार की होती हैं। बड़े नेताओं का अहंकार भी बड़ा होता है। उन्हें न सुनने की आदत नहीं होती। असहमति जतानेवाले कर्मचारी को सिर्फ इस कारण गर्त में धकेला जा सकता है कि उसने प्रश्न पूछने की हिम्मत दिखाई। अन्य कुशलता की अपेक्षा स्वामिभक्ति चाहते हैं। अकसर देखा जाता है कि हाँ-में-हाँ मिलानेवालों का एक गुट होता है, जिनका काम बस लीडर को बड़ा और सुरक्षित होने का एहसास कराना होता है और वे उसके अहंकार को बढ़ाकर उसे यह विश्वास दिलाते हैं कि उसकी बुद्धिमानी से ही संगठन चल रहा है। कुछ अन्य हर समय 'मूल्य संवर्धन' करते रहते हैं, चाहे उसकी जरूरत हो या नहीं। अगर आपने उतावलेपन में उन बातों को शामिल नहीं किया तो आपको अपनी नौकरी से हाथ धोना पड़ सकता है।

इस प्रकार की कई कमियाँ हैं, लेकिन लाख टके का सवाल यह है कि सक्षम और अनुभवी नेता भी अपनी खामियों को क्यों नहीं देख पाते हैं। वे क्यों नहीं देख पाते कि उनके विषय में छोटी-छोटी बातों से उनकी टीमों में एक औसत दरजे की कार्य-संस्कृति जन्म लेती है, जो समय के साथ-साथ

कर्मचारियों की खुशियों और नई पहल का गला घोंट देती है? आखिर कैसे वे रोशनी फैलाते हैं, जबकि स्वयं अंधकार में रह जाते हैं?

कॉरपोरेट में कबीर

प्रमुख सबक

1. अपने व्यापक उद्देश्य को जानें, आप जो कर रहे हैं, वह क्यों कर रहे हैं?
2. संसाधनों और श्रेय को साझा करें।
3. संयम रखें। बीच में ही हार न मानें। आगे बढ़ते रहें।
4. हमेशा यह सवाल न करें—'इसमें मेरा क्या फायदा?' जब व्यापक भलाई का विषय हो तो अपनी ओर से बेहतरीन प्रयास करें।

□

समानुभूति और नेतृत्व

इन दिनों संगठनों में एक विचित्र विरोधाभास है। संगठन यहाँ अपने आपको खयाल रखनेवाला और समावेशी कहलाने में गर्व महसूस करते हैं, वहीं संगठन की बनावट अकसर आक्रामक होती है। चूँकि लक्ष्य अनुलंघनीय होते हैं और आँकड़ों से चलनेवाली इस दुनिया में ऐसा होना सही भी है, लेकिन मानवीय संबंधों में एक हद तक क्रूरता का भी समावेश हो गया है। निर्णय की प्रक्रिया और सामान्य व्यवहार में निश्चित, क्रूर और भावशून्य होने को तेजी से स्वीकार किया जाने लगा है। चूँकि संगठन कारोबारी संस्थाएँ हैं और उनका एक मूल उद्देश्य मूल्य का सृजन है, चाहे आर्थिक या अन्य किसी प्रकार का, इस कारण परिणाम न मिलने पर अधीर होना न केवल प्रत्याशित, बल्कि कुछ हद तक अपेक्षित भी है।

हालाँकि नेतृत्व इससे कहीं अधिक होता है। परिणामों को लेकर कोई भी अधीर हो सकता है, जब काम न हो तो नाक-भौं सिकोड़ सकता है, समय पर काम पूरा न हो तो चीख-चिल्ला सकता है, समय-सीमा पार कर जाने पर या परिणामों के औसत स्तर को लेकर डाँट-फटकार लगा सकता है। लेकिन एक सच्चा नेता ही इन सबके कारणों को समझ सकता है और फिर ट्रेन को पटरी पर ला सकता है।

समानुभूति का शाब्दिक अर्थ है, दूसरे लोगों के एहसासों, भावनाओं और दर्द को समझना। अपने आपको दूसरे व्यक्ति के स्थान पर रखना और यह समझना कि कितनी तकलीफ होती है। व्यक्ति उस दर्द को लेकर कुछ कर नहीं सकता, लेकिन उसे पता चल जाता है कि दर्द कैसा होता है और वह व्यक्ति कैसा महसूस कर रहा होगा। इससे एक ऐसा व्यवहार सामने आता है, जो एक-दूसरे की समझ पर आधारित होता है, जिसके बिना व्यक्ति गलत रास्ते पर जा सकता है या निर्दयी हो सकता है।

स्टीवन कोवे के शब्दों में, ''नेता समझे जाने की इच्छा रखने से पहले दूसरों

को समझना चाहते हैं।'' सच्ची समझ और कुछ नहीं, बल्कि समानुभूति है। नेता इस संदर्भ से जुड़ी चुनौतियों को समझते हैं। वे हमें गलतियाँ करने देते हैं, लेकिन उनसे सबक सीखने के लिए मजबूर करते हैं। वे हम से ऐसी चीजें करवाते हैं, जिन्हें हम सोच भी नहीं सकते थे कि हम कर सकते हैं, उस समय-सीमा में करवाते हैं, जो हमें असंभव लगता था, हम अपनी कल्पना से भी कहीं बेहतर गुणवत्ता दे पाते हैं, और इस प्रकार वे हमें अपनी क्षमता के अंतिम छोर तक ले जाते हैं।

हालाँकि उपरोक्त वर्णन जिम्मेदारियों के विषय में है। एक कर्मचारी पर जितनी जिम्मेदारी काम और प्रक्रियाओं को लेकर होती है, वह उतना ही भावुक भी होता है। एक कर्मचारी खुशी, दुःख, संतुष्टि, असंतुष्टि, अफसोस, मोहभंग और कभी-कभी गुस्से के वश में भी आ जाता है। इन भावनात्मक पलों में वह बहुत कमजोर होता है। इन मुश्किल पलों में नेता यह समझने के लिए समानुभूति का उपयोग करते हैं कि व्यक्ति किस पृष्ठभूमि से संबंध रखता है। वे अनसुने को सुनने के लिए सक्रिय श्रवण का उपयोग करते हैं और वास्तविक विषय तक पहुँचने के लिए उस गुत्थी को सुलझाते हैं।

इससे पहले कि हम इस विषय में प्रवेश करें कि कबीर को नेताओं में समानुभूति को लेकर क्या कहना है, चलिए, हम जल्दी से यह बता दें कि समानुभूति को धैर्य और नकारेपन के प्रति सहिष्णुता समझने की गलती नहीं करनी चाहिए। सटीक तौर पर कहें तो यह समानुभूति और परिणामों के प्रति इच्छा को गैर-विरोधाभासी के तौर पर देखने की बौद्धिक और भावनात्मक क्षमता है, जो किसी अच्छे लीडर की पहचान होती है।

कबीर तेई पीर है, जे जानै पर पीर।
जे पर पीर न जानही, ते काफिर बे पीर॥

बुद्धिमान वह है, जो दूसरों की पीड़ा को समझता है, जो नहीं समझता, बुद्धिमान नहीं है।

अच्छे लीडर समस्या सुलझानेवाले होते हैं, न कि दोषारोपण करनेवाले। वे समस्याओं को दूर करते हैं, लोगों को नहीं। नेता जब यह देखने का प्रयास करते हैं कि वास्तव में समस्या कहाँ है, तब वे समस्यों को सुलझाने पर ध्यान दे पाते हैं, जिससे वे अपनी टीमों को बता पाते हैं कि जिसे बाकी सब नहीं देख पा रहे, उसे वे देख रहे हैं। इसे बलि के बकरे का नाम लिये बिना धमकी देनेवाले और मैत्रीपूर्ण तरीके से किया जाना चाहिए। नेताओं की कुछ किस्म इस प्रकार हैं—

1. **असंभव के पीछे भागनेवाले :** इस प्रकार के नेता यह स्वीकार नहीं करते कि कोई काम संभव नहीं है, लक्ष्य वास्तविकता से परे है और जिस रणनीति का बखान उन्होंने इतना बढ़-चढ़कर किया है, वह निहायत मूर्खतापूर्ण है। इसके बावजूद वे अपनी कल्पनाओं और अहंकार से प्रेरित होकर असंभव कार्य को आगे बढ़ाते हैं। इस प्रक्रिया में वे पूरे सिस्टम को तनाव में डाल देते हैं। बाहरी तौर पर यह सिस्टम में बेहतरी के लिए दिया जानेवाला उचित प्रयास लग सकता है, लेकिन अंदरूनी तौर पर ऐसे तरीके स्तंभों को हिला देते हैं; क्योंकि सच यह होता है कि यह असंभव के पीछे लगाई जानेवाली दौड़ होती है, जिसे सब समझ जाते हैं, बस वह नेता नहीं समझता। ऐसे लोगों को सच्चाई की एक अच्छी खुराक की आवश्यकता पड़ती है।
2. **'मैं तुम्हें बता रहा हूँ' किस्म के :** इस प्रकार के नेता सवालों या सफाई को बरदाश्त नहीं करते। काम होना चाहिए, क्योंकि उसने ऐसा कर दिया है। सवालों को अवमानना के तौर पर देखा जाता है। इससे कोई फर्क नहीं पड़ता कि आप 100 सीसी की मोटरबाइक चला रहे हैं और आप पर किसी वाहन को अंतरिक्ष में भेजने की जिम्मेदारी है।
3. **नारेबाजी करनेवाले :** इस प्रकार के नेता नारों के सौदागर होते हैं। हर मौके के लिए उसके पार एक नारा होता है। त्रासदी यह नहीं है कि वह उस नारे पर यकीन (दूसरों को भरोसा दिलाने से पहले उसे स्वयं भरोसा होना चाहिए) करता है, बल्कि उसे लगता है कि वह संगठन की सारी समस्याओं का हल है। वे हमेशा बड़बोलापन दिखाते हैं, कॉरपोरेट जोश उबाल मारता है और शाबाशी की कमी नहीं होती है। वे जो करते हैं, उसे कॉरपोरेट अंधराष्ट्रीयता के समान कहा जा सकता है। आपको इस तरह की बातें सुनने को मिल जाएँगी, 'असंभव कुछ भी नहीं' या 'पूरा जोर लगाते हैं', 'करो या मरो', 'चलो, अगली कक्षा तक पहुँचते हैं' इत्यादि।
4. **'नौकरी से निकाल दूँगा' कहनेवाले :** यह बड़ा दुष्ट होता है। कोई भी काम गलत हो जाए तो वह किसी एक की नौकरी लेना चाहता है, निश्चित रूप से अपनी नौकरी को छोड़कर। वह यह समझना नहीं चाहता कि गलती क्यों हुई, क्यों सारी योजना विफल हो गई और सबसे अहम उस विफलता में उसकी क्या भूमिका है। पुराने भारतीय कर्मकांड की तरह उसे एक बलि का बकरा चाहिए।

5. **'हवा-हवाई' किस्म के :** इस प्रकार का नेता हवा में उड़ता रहता है और उसे हकीकत की जरा सी भी जानकारी नहीं होती है। दुनिया को लेकर उसकी सोच स्टार ट्रेक के जमाने की होती है। उसके सुझाव बीते जमाने के होते हैं। वह कभी सफल प्रबंधक था, जिसे अब यह नहीं मालूम कि आज के समय में क्या कारगर है और क्या नहीं। फिर भी जो उसे यह बताने की कोशिश करता है, उसे वह बरदाश्त नहीं करता।

सफलता के साथ ही असुरक्षा की भावना पैदा हो जाती है। ऊपर जिस प्रकार के नेताओं का वर्णन किया गया है, उसमें कुछ अतिश्योक्ति लग सकती है, लेकिन केबिन में बैठनेवाले किसी से भी पूछिए और वह आपको बता देगा कि उन्हें इस प्रकार के लोग न सिर्फ मिले हैं, उन्होंने ऐसे लोगों को देखा है, बल्कि उससे भी कहीं बुरा उनके साथ काम भी किया है।

कबीर कहते हैं कि एक नेता दूसरे व्यक्ति की पीड़ा, चिंता, परिस्थिति और हालात को समझता है। इस प्रकार समझता है, जैसे वह स्वयं उस परिस्थिति में हो। वह नेता जो अपने कर्मचारियों के हालातों को नहीं समझ सकता, वह उनका नेतृत्व नहीं कर सकता है।

कॉरपोरेट संदर्भ में समानुभूति अनेक प्रकार से सामने आती है। इसकी शुरुआत नेता के अंदर कर्मचारी की समस्या को सुनने की इच्छा से शुरू होती है, जिसमें न तो उसे फैसला सुनाने की जरूरत होती है और न ही प्रतिक्रिया करने की। यह और आगे बढ़ता है, जब अनकही बातों को, उस भावना और चिंता को सुनने का प्रयास किया जाता है, जो शब्दों या चुप्पी के पीछे छिपी है। इससे जाहिर हो जाता है कि कर्मचारी को सच में कैसा महसूस होता है, न कि उसे कैसा महसूस होना चाहिए। महान् नेता किसी भी मामूली समस्या को सुलझा देना चाहते हैं, जो भविष्य में कर्मचारी की जिम्मेदारियों में बाधा बनकर उसके प्रदर्शन को प्रभावित कर सकती है।

कई नेताओं को यह दिखता ही नहीं या वे इतने असंवेदनशील होते हैं कि यह सब नहीं करते। समय के साथ समानुभूति न रखनेवाले नेता ऐसी टीमों का नेतृत्व करने लगते हैं, जिन्हें सिर्फ काम से जुड़ी बातचीत जोड़कर रखती है। समानुभूति किसी नेता को मानवीय बनाती है, और सिर्फ मनुष्य ही दूसरों को बेहतर प्रदर्शन के लिए प्रेरित कर सकते हैं।

कबीर पढ़ना दूर कर, अति पढ़ना संसार।
पीर न अपजै जीव की, क्यों पावै करतार॥

किताबें पढ़ने और बौद्धिकता का दिखावा करने का कोई लाभ नहीं, जिसमें समानुभूति नहीं, वह ईश्वर को प्राप्त नहीं कर सकता।

पहले जिनकी चर्चा की गई, उन आद्यरूपों में एक और जोड़ा जाना चाहिए, बुद्धिजीवी। प्रबंधन की शिक्षा और मॉडलों तथा सिद्धांतों के प्रसारवाले युग में इस आद्यरूप के प्रमाण काफी मिल रहे हैं। इस तरह का लीडर एक ही बार में संगठन निर्माण को लेकर अब तक लिखे गए सारे सिद्धांतों को धड़ल्ले से बता सकता है और मानता है कि समस्याओं को उनके जरिए सुलझाया जा सकता है। वह विश्लेषण, अति-विश्लेषण, चीर-फाड़ करता है और सिर्फ ठोस प्रमाण को देखता है।

हालाँकि सच्चाई यह है कि काफी अच्छी तरह पढ़े-लिखे और सबसे अधिक शैक्षणिक योग्यता रखनेवाले लोग भी अकसर सफल नेतृत्व नहीं कर पाते हैं। वे बहुत तेजी से आगे बढ़ते हैं और कुछ समय के लिए लग सकता है कि वे काफी शक्तिशाली हैं। लेकिन जल्दी ही वे अपनी हद को छूने लगते हैं। उनकी दो सीमाएँ होती हैं। एक, वे तकनीकी समस्याएँ तो सुलझा सकते हैं, लेकिन मानवीय समस्या नहीं सुलझा सकते। अगर उन्हें उसका सामना करना पड़ता है तो वे उसे तकनीकी और तार्किक रूप से हल करने का प्रयास करते हैं। सावन के अंधे को हर तरफ हरा-हरा ही दिखता है! दो, वे उन्हीं समस्याओं का हल निकाल सकते हैं, जिनका जिक्र किताबों में मिल जाता है। नई समस्याओं के लिए नए समाधानों की आवश्यकता पड़ती है, जो अकसर किताबों में नहीं मिलते। ऐसे नेता जो सबसे लंबे समय तक बने रहते हैं, वे किताबों और प्रतिमानों से आगे जाते हैं तथा मानवीय स्तर पर कर्मचारियों तक पहुँचते हैं, उनके मुद्दों के प्रति समानुभूति रखते हैं और उन लोगों को समझने का प्रयास करते हैं, जो उनसे अलग किस्म के होते हैं।

समानुभूति का ढोंग नहीं किया जा सकता और लंबे समय तक तो बिल्कुल भी नहीं। एक नेता जो सचमुच में यह जानने में दिलचस्पी नहीं रखता कि एक कर्मचारी कैसा महसूस कर रहा है या इससे मतलब नहीं रखता कि वह व्यक्ति किस स्थिति से गुजर रहा है या जो उन भावनाओं को फिजूल कहकर किनारे कर देता है, किसी भी काम का नेता नहीं बन सकता है। नेतृत्व के विषय में सच यह है कि उसके साथ उसका अनुकरण करनेवाले होने चाहिए, जो उसे नेतृत्व का अधिकार देने की इच्छा रखते हों। सिर्फ समानुभूति की शक्ति से संपन्न एक नेता

ही दूसरों को अपने पीछे चलने के लिए राजी कर सकता है।

समानुभूति का अर्थ कहीं से भी प्रदर्शन न कर पाने के प्रति सहिष्णुता नहीं होती है, लेकिन प्रदर्शन न कर पाने से जुड़े मुद्दों को समझा और दूर किया जाता है। इसका अर्थ यह भी है कि प्रदर्शन न कर पाने को हल करना है, दंडित नहीं करना है। इसका मतलब यह नहीं कि कर्मचारियों पर आगे बढ़ने का दबाव नहीं डाला जाएगा और उन्हें अपनी पूरी क्षमता लगाने के लिए प्रेरित नहीं किया जाएगा। लेकिन इस प्रक्रिया के दौरान आवश्यक भावनात्मक सहयोग दिया जाएगा। आखिर में समानुभूति का मतलब यह नहीं कि गलतियों को बताया नहीं जाएगा, लेकिन इस बातचीत के दौरान मानवीय सम्मान को अक्षुण्ण रखा जाएगा।

जब घट प्रेम न संचरै, सो घट जानु मसान।
जैसे खाल लुहार की, साँस लेत बिन प्रान॥

प्रेम के बिना शरीर किसी श्मशान के समान होता है, जैसे लुहार की धौंकनी, जो हवा खींचती और भरती है, लेकिन उसमें जीवन नहीं होता।

यह बात अधिक-से-अधिक देखने में आ रही है कि पारंपरिक कारोबारी शिक्षा, जिसका जोर मात्रात्मक मॉडलों और सिद्धांतों पर है, ऐसे नेताओं को तैयार नहीं कर रही है, जो आधुनिक कॉरपोरेशनों का नेतृत्व भविष्य में कर सकें। इसमें कोई आश्चर्य नहीं कि आज की प्रबंधन की शिक्षा में नैतिकता, ईमानदारी, सिद्धांतों और स्थिरता जैसे विषय शामिल हैं। पारंपरिक वैश्विक सोच यह है कि कॉरपोरेट का नेतृत्व यदि सबसे अच्छी तरह करना है तो उसके लिए विश्लेषणात्मक, तार्किक और जोड़-घटाव कर चलनेवाले नेताओं की जरूरत है। लोकप्रिय मिथक यह है कि सबसे प्रभावशाली दफ्तर तक पहुँचना है तो क्रूरता और एक-दूसरे को किसी भी हाल में पीछे छोड़ने की होड़ से ही ऐसा संभव है। यह मिथक कितनी अच्छी तरह से स्थापित हो चुका है, इसकी पुष्टि इस प्रचलित हो चुके कथन से ही हो जाती है कि 'जो अच्छे होते हैं, वे अव्वल नहीं आ पाते हैं।' यह ठीक 'अधिक बेहतर होता है' और 'किसी भी कीमत पर अधिक' के दर्शन के संदर्भ में है, जिसके अनुसार 2008 के वित्तीय संकट का विश्लेषण किया गया था।

सारे नेताओं में एक बात समान होती है, वे लोगों के किसी समूह को उस हकीकत की ओर ले जाने के लिए आपस में जोड़ देते हैं, जिसका उस वक्त कहीं अस्तित्व नहीं होता है। इसलिए सैकड़ों लोग किसी विचार या आदर्श के लिए अपना नाम दर्ज करा लेते हैं, जो सिर्फ कल्पना में या कागजों पर होता है और जिसके लिए

नेता पर भरोसा ही सबसे बड़ी वजह होती है। आखिर यह भरोसा कैसे पैदा होता है ? शुरुआत नेता से ही होती है, उसकी विश्वसनीयता, भरोसा करने के लायक होना और उसकी कर्मठता। अकसर टीमों, विभागों और संगठनों द्वारा लाखों की रकम किसी नई पहल पर खर्च कर दी जाती है और नेता हद से ज्यादा प्रेरणा पैदा कर रास्ते से भटक जाता है, जिसके कारण टीम उसकी विश्वसनीयता और लगन पर सवाल खड़ा करने लगती है। एक शानदार सोच किसी विश्वसनीयता खो चुके नेता की विफलता की गारंटी है, जबकि एक औसत विचार के साथ एक विश्वसनीय नेता की सफलता की संभावना प्रबल होती है।

विश्वसनीयता के अलावा सारे महान् नेताओं में लोगों से जुड़ जाने की एक अद्‍भुत क्षमता होती है। वे सारे मनुष्यों से अपना संपर्क स्थापित कर लेते हैं। वे अपने भावनात्मक पक्ष को दिखाने में संकोच नहीं करते, यहाँ तक कि जब उदासीन रहना चलन में हो। वे पदानुक्रम और पद के वजन की परवाह किए बिना दूसरों से जुड़ते हैं। ऐसे नेता कभी अकेले और पहुँच से दूर नहीं होते, बल्कि अपनी मुश्किलों का इजहार करते हैं, अपनी कमजोरियों का सामना करते हैं और अपनी गलतियाँ स्वीकार करते हैं। ऐसा कर वे अपने लिए उनके दिल में जगह बना लेते हैं, जिनका वे नेतृत्व करते हैं।

कर्मचारियों का नेतृत्व मनुष्य कर सकते हैं, न कि पद या सत्ता-संपन्न दफ्तर। किसी मनुष्य का नेतृत्व करने के लिए मनुष्य की ही आवश्यकता होती है। उनमें जितनी मानवीयता होगी, उतनी ही अच्छी तरह नेता अपनी टीमों के साथ जुड़ सकेंगे। रोबोट कभी प्रेरित नहीं करते। इस संदर्भ में आप अनेक समकालीन नेताओं के खोखलेपन को देख सकते हैं, जो अपनी छवि को येन-केन-प्रकारेण चमकाने का प्रयास करते हैं। ऐसी छवि कुछ दिनों के लिए ही चमकती है। संबंध सश्कत होते हैं।

कबीर कहते हैं कि प्रेम के बिना कोई स्थान श्मशान होता है। उसमें प्राण नहीं होता। उसमें ओज नहीं होता, ठीक वैसे ही जैसे लुहार की धौंकनी साँस (हवा को यहाँ से वहाँ भेजती है) तो लेती है, लेकिन उसमें जीवन नहीं होता।

हैसियत को लेकर सजग इस दुनिया में अकसर नेता अपनी छवि भौतिक प्रतीकों की सहायता से बनाने का प्रयास करते हैं, जैसे जिस कार को वे चलाते हैं, जहाँ वे रहते हैं, वे जैसे कपड़े पहनते हैं, जिन सामानों का वे उपयोग करते हैं और जिस सामाजिक दायरे में उनका उठना-बैठना होता है। वे चाहते हैं कि इस संसार में वे एक खास तौर पर देखे जाएँ। ऐसे दायरे से आने का मतलब है कि कुछ लोग तो आपके साथ होते हैं, लेकिन कई उससे बाहर होते हैं। महान् नेता

ऐसी सीमाओं को तोड़ देते हैं और सबसे जुड़ जाते हैं। बराक ओबामा ने एक बार कहा था, "मैं डेमोक्रेट्स और रिपब्लिकंस का राष्ट्रपति हूँ, महान् नेता समावेशी होते हैं। यह मानवीय होने से संभव होता है, महज छवि बना लेने से नहीं होता।" माया एंजेलू हमें याद दिलाती हैं, "हम सभी में समानुभूति होती है, लेकिन उसका इजहार करने का साहस नहीं होता।"

कॉरपोरेट में कबीर

प्रमुख सबक

1. नेतृत्व परिणामों के लिए उतावलापन से कहीं अधिक होता है।
2. कार्यों और प्रक्रियाओं जितना ही एक कर्मचारी भावनाओं से भी बना होता है।
3. अच्छे नेता समस्या सुलझाते हैं, दोषारोपण करने के आदी नहीं होते।
4. समानुभूति रखनेवाले नेता फैसला सुनाए या प्रतिक्रिया दिए बिना सुनने को तैयार रहते हैं। जो नहीं कहा गया, उसे भी सुनना इसका हिस्सा है।
5. समानुभूति का अर्थ प्रदर्शन न करने के प्रति सहिष्णुता नहीं है, बल्कि उसे समझने का प्रयास है। इसका अर्थ है कि प्रदर्शन न करने का हल निकाला जाएगा, उसे दंडित नहीं किया जाएगा।
6. विश्वसनीयता खो चुके नेता के हाथों में एक महान् सोच का विफल होना निश्चित है, जबकि एक औसत विचार के किसी भरोसेमंद नेता के हाथों में सफल होने की प्रबल संभावना होती है।
7. लोगों का नेतृत्व पद या सत्ताधारी कार्यालय से नहीं, बल्कि दूसरे मनुष्य द्वारा किया जाना ही संभव है।
8. महान् नेता सभी के होते हैं, चाहे वे उनके विरोधी ही क्यों न हों।

□

किताबी नेता

वक्तत ज्ञानी जगत् में, पंडित कवि अनंत।
सत्य पदारथ पारखी, बिरला कोई संत॥

इस संसार में विद्वानों और गुरुओं की कमी नहीं है, लेकिन सत्य का पारखी विरले ही कोई मिलता है। प्रत्येक संगठन की अपनी ही प्रचलित कहानियाँ, अपने हीरो और विफलता का मुँह देख चुके हीरो भी होते हैं। प्रतिदिन एक नया कॉरपोरेट युवा अगुवा जन्म लेता है और हर दिन दूसरा ठोकर खाकर गिर जाता है, चाहे इसका कारण उसकी अपनी रफ्तार होती है या फिर वह थक चुका होता है।

कबीर कहते हैं, इस संसार में किताब पढ़कर ज्ञानी बननेवाले हजारों में हैं, कविओं और शिक्षकों की भरमार है, लेकिन वह जो सत्य को पहचान सके, विरले ही मिलता है और वह एक सच्चे संत, एक सच्चे नेता की पहचान है।

आपको कबीर के दार्शनिक रूपक से परे जाकर देखना होगा, तभी आप समझ सकेंगे कि कॉरपोरेट संदर्भ में वे कितने प्रासंगिक हैं। नेतृत्व दर्शन और गुण का मेल होता है। यह मेल इतना विरले ही मिलता है कि कोई सोच भी नहीं सकता।

आखिर कैसे मुट्ठी भर लोग साथ मिल जाते हैं और टीमों तथा संगठनों का बेड़ा गर्क कर देते हैं, जबकि कुछ साधारण से लोग करिश्मा कर जाते हैं ? आखिर कैसे सबसे अच्छी वंशावली, सबसे अच्छी प्रबंधन शिक्षा उदासीन नेतृत्व का निर्माण करती है, जो सौम्य और परिष्कृत तो होता है, लेकिन मूल्य का निर्माण नहीं कर पाता है। आखिर कैसे प्रबंधन की डिग्रियों के प्रचार-प्रसार के साथ ही कॉरपोरेट धोखाधड़ी और पैसे की हेरा-फेरी हो रही है ? कैसे प्रबंधन के सारे प्रतिमानों को साथ लाकर भी मार्केट में सफलता की गारंटी नहीं दी जा सकती है ?

सच कह दिया जाना चाहिए। दफ्तर के चौकोर खाने और प्रभावशाली केबिनों में अकसर सच का गला घोंट दिया जाता है। अकसर यह खेल अपनी जमीन बचाने,

यथास्थिति को बनाए रखने और मौजूदा स्थिति का लाभ उठाने का खेल बनकर रह जाता है। संगठन और टीमें अमूर्त निर्माण होती हैं। इन सबके आखिर में लोग ही सबकुछ करते हैं और सारे मनुष्यों की तरह ही वे भी भाई-भतीजावाद, भेदभाव, मंडलियों और चालबाजों के समूह के फेरे में फँस जाते हैं। प्रबंधन की टीमों में, पुराने लोगों के क्लब प्रबंधन की टीमों में, प्रवेश की राह में बाधा खड़ी कर देते हैं। पुराने संबंध और व्यक्तिगत पहचान के कारण प्रदर्शन न करने को अनदेखा किया जाता है और उसे दंडित नहीं किया जाता। दोस्ती निष्पक्ष फैसले नहीं लेने देती। सत्ता की राजनीति, परदे के पीछे की लॉबिंग, गठजोड़ और कॉरपोरेट विद्रोह असामान्य नहीं हैं। समझदारी एक मिथक है और निष्पक्षता की बलि चढ़ जाती है।

संगठन चाहे किसी भी रंग का क्यों न हो, वह पूरी तरह से निष्पक्ष और तार्किक नहीं होता और न हो सकता है, क्योंकि संगठनों को चलानेवाले नेता आखिरकार मनुष्य होते हैं और शायद ही कभी पूरी तरह से न्यायपूर्ण और निष्पक्ष हो पाते हैं। निर्णय जब भी लिये जाते हैं, उन्हें संगठन के हित में लिया जाना चाहिए, लेकिन सच यह है कि निजी हित या पक्षपात अकसर संगठनात्मक निर्णय की प्रक्रिया में अपनी भूमिका अदा करता है। शीर्ष पद पर बैठे नेता इसे चिकनी-चुपड़ी बातों से घुमाने-फिराने, छिपाने का प्रयास कर सकते हैं, लेकिन कर्मचारी होशियार और तेज दिमाग का होता है। वह इस खेल को समझ जाता है और व्यक्तिगत हित के पीछे छिपी मंशा को भाँप लेता है। सामान्य कर्मचारी, सामान्य वोटर के समान एकदम औसत बुद्धि का नहीं होता है।

इस बात की परवाह किए बिना कि उनका भेद खुल जाएगा, वे पकड़े जाएँगे और स्थायी रूप से उनकी विश्वसनीयता धूमिल होगी, नेता अपनी योजना में सुधार लाने की बजाय, उसमें फँसकर रह जाते हैं। पहले तो वे उस खेल को खेलते हैं, मगर जल्दी ही खेल उन्हें अपने इशारे पर नचाने लगता है। चूँकि उसने मौजूदा संकट में किसी की मदद ली है, इसलिए जल्दी ही उसे उनकी भी मदद करनी पड़ती है। चूँकि किसी ने उसके हितों की रक्षा की है, इसलिए वह जल्दी ही उनके हितों की रक्षा करने लगता है। ऊपर जिस दु:खद स्थिति का वर्णन किया गया है, वह आम तौर पर देखी जाती है और अब उसे समान्य समझा जाता है। हालाँकि इनका प्रचलन में होना गलत कार्यों को सही ठहराने का बहाना नहीं हो सकता है। प्रबंधक ऐसे खेल पर सवाल उठाने की बजाय, वाकई में ऐसे खेल को खेलने के लिए अपने आपको अच्छी तरह तैयार करते हैं। ऐसे नेता जिन्होंने ऐसा कर अपनी किस्मत चमकाई हो, उनसे व्यवस्था को बदलने की उम्मीद नहीं की जा सकती

है। वे व्यवस्था की इन खामियों की बदलौत ही पलते और फलते-फूलते हैं। इस कारण ही इस प्रकार बनी इमारत की नींव खोखली होती है। इस प्रकार ही टीमों में अंदर से घुन लग जाता है, इस प्रकार ही संगठनों को दीमक चाटने लगता है। अधिकांश संगठन बाहरी खतरे की वजह से विफल नहीं होते, बल्कि अंदर से होनेवाली सड़न उन्हें कमजोर कर देती है। बाहरी चुनौती बस इस सड़न को सामने ला देती है। वास्तव में कॉरपोरेट विफलताएँ कम त्रासद होती हैं। सच्ची त्रासदी होती है मध्यमता, यानी वह स्थिति जब संगठन न मृत होता है, न ही जीवित।

कबीर कहते हैं, सत्य सर्वोच्च होता है। जिस प्रकार सत्य के साथ खड़े होनेवाले विरले मिलते हैं, उसी प्रकार अच्छा नेता भी कम ही मिलता है। एक अच्छा नेता इस खेल को समझ जाता है और इसे पनपने नहीं देता या उससे परदा उठा देता है।

कबीर सो धन संचिए, जो आगे को होय।
सीस चढ़ाए गाठरी, जात न देखा कोय॥

कबीर ऐसे धन की खोज करते हैं, जो हमेशा साथ रहे। कुछ आपके साथ यहाँ से आगे नहीं जा पाता है।

महत्त्वाकांक्षा ही कॉरपोरेट कर्मचारियों का ईंधन होती है। तरक्की, पैसा, पद और प्रमोशन जैसे शब्द प्रचलित हैं। सही या गलत, लेकिन इनसे ही उनके जीवन को अर्थ मिलता है और इनके बिना उनमें हताशा और निराशा भर जाती है। चूँकि अधिकांश लोगों के लिए इनका महत्त्व होता है, इसलिए कुछ लोग व्यवस्था पर हावी होने के लिए राजनीति, चमचागिरी और हेर-फेर का सहारा लेते हैं। उचित व्यवहार, सच्ची स्पर्धा, बेहतरीन व्यक्ति को विजयी होने देने जैसे आदर्शों को या तो अनदेखा किया जाता है या हालात बुरे हुए तो घटिया भी समझा जाता है। कभी-कभी शॉर्टकट काम कर जाते हैं और कुछ हाईप्रोफाइल मामलों में वे इतने कारगर होते हैं कि कई लोग जो उन्हें सफलता का सार्वभौमिक प्रतिमान समझ बैठते हैं, उन्हें काम करने का तरीका बना लेते हैं। आम तौर पर यह मान लिया जाता है कि आगे बढ़ना है तो इसी रास्ते पर चलना होगा। इस प्रकार के गलत तरीके पर अकसर उतनी फटकार नहीं पड़ती, जितना कि सफलता मिलने पर सार्वजनिक चर्चा होती है और इस कारण ही जो दूसरों की तरक्की को देखकर अभिभूत थे, वे बड़ी आसानी से ऐसे तरीकों के नुकसान को अनदेखा कर देते हैं। राजनीति के अपने ही शिकार होते हैं। आज नहीं तो कल मंडली टूट जाती है। चमचागिरी ज्यादा दिन नहीं चलती

और यह थोड़ी दूर तो ले जा सकती है, लेकिन मंजिल तक इससे नहीं पहुँचा जा सकता है। हेरा-फेरी का भेद खुल जाता है, क्योंकि हम किसी को हमेशा के लिए गुमराह नहीं कर सकते हैं।

कबीर कहते हैं, ऐसे तरीके अपनाइए और सम्मान इस प्रकार हासिल कीजिए, जो टिकाऊ हो, जो मौजूदा समय और हालात से आगे भी बरकरार रहे। सच्चे रास्ते पर चलकर सम्मान हासिल करो; क्योंकि विश्वसनीयता और प्रतिष्ठा के बिना सफलता न केवल खोखली, बल्कि लँगड़ी भी होती है।

किसी भी कीमत पर सफलता, विशेष रूप से प्रतिष्ठा को दाँव पर लगाकर सफलता हासिल करने से बस विरोधी पैदा होते हैं, जो न केवल हमारे पतन की साजिश रचते हैं, बल्कि उसका लुत्फ भी उठाते हैं। यदि हम इन संदिग्ध तरीकों से लीडर बन गए हैं तो हमारी स्वीकार्यता, कार्य के लिए प्रेरित करने की क्षमता, विश्वसनीयता और इस प्रकार सफलता का प्रयास सवालों के घेरे में आ जाएगा। एक अच्छा सवाल यह पूछा जा सकता है कि जब भी हम अपनी वर्तमान भूमिका, विभागों या कंपनी को छोड़कर जाते हैं तो क्या हमारी कमी खलेगी। क्या लोग राहत की साँस लेंगे और खुशियाँ मनाएँगे? क्या हम इस बात के लिए याद किए जाएँगे कि हमने क्या उपलब्धि हासिल की या उस षड्यंत्रकारी नेता के रूप में जो फायदे की ताक में रहता था, जिसने आपत्तिजनक तरीकों का इस्तेमाल कर पैसे कमाए? हम जब अपने संगठन को छोड़ते हैं तो पीछे बस अपनी ख्याति छोड़ जाते हैं। ख्याति प्रकाश की गति से भी तेज दौड़ती है। यह आपके पहुँचने से पहले ही अगले संगठन तक पहुँच जाती है। अपनी ख्याति सही तरीके से अर्जित कीजिए। तब यह आपके जाने के बाद भी या किस्मत के साथ न देने पर भी बनी रहेगी।

नेता सीजर की पत्नी के समान होते हैं, जिन्हें संदेहों से परे होना चाहिए।

पंडित केरी पोथियाँ, ज्यों तीतर का ज्ञान।
और सगुन बतावही, आपण फंद ने जान॥

विद्वानों का किताबों से उद्धृत करना वैसा ही है, जैसे कि एक तोता भाग्य बताए, जबकि स्वयं उसे पता नहीं होता कि वह कैद में है।

सफल नेता अकसर अपनी सफलता के कैदी बन जाते हैं। 'मैं जब एक सेल्समैन/सेल्स मैनेजर/कार्यकारी प्रमुख आदि था…' इस तरह की बातें अकसर अपनी महिमा का बखान करने की प्रस्तावना के तौर पर की जाती हैं, जैसा करना नेताओं को खूब भाता है और जिससे दूसरे घृणा करते हैं। समस्या सिर्फ स्वयं सिद्ध

बातों और निश्चितता को लेकर नहीं होती, जिनकी बमबारी वह बात-बात पर टीम पर करता है, बल्कि उसे यह अपेक्षा रहती है कि इन बातों को ही एकमात्र सत्य माना जाए और उन्हें लागू किया जाए। यदि वे सफल रहते हैं तो नेता दूरदर्शी है और विफल रहे तो टीम ने कार्यान्वयन में भारी कोताही बरती।

यह कोई असामान्य सी बात नहीं कि लीडर उन्हीं बातों का उपदेश देते हैं, जिन्हें वे स्वयं व्यवहार में नहीं लाते। वे खुलेपन की बात करें, लेकिन उनकी सोच सबसे संकुचित हो। वे नई पहल की बात करेंगे और नई बोतल में पुरानी शराब डालने के अलावा और कुछ भी नहीं करेंगे। वे पारदर्शिता की बात करेंगे और नेतृत्व में पूरी अपारदर्शिता दिखाएँगे। वे टीमवर्क और टीम के हित की बात करेंगे, लेकिन अपना हित सबसे अधिक साधेंगे। हर किसी को उनके उपदेशों और कर्मों में फर्क दिखाई देगा, लेकिन उन्हें स्वयं यह बात नजर नहीं आएगी। यह अंतर जल्दी ही एक खाई बन जाती है और वह नेता स्वयं अपनी परछाई बन जाता है।

कबीर अफसोस जताते हुए कहते हैं, वह विद्वान् जिसने कई किताबें पढ़ी हैं, उस तोते के समान होता है, जो दूसरों के भाग्य का कार्ड निकालता है, लेकिन स्वयं एहसास नहीं करता कि वह पिंजरे में बंद है।

नेता अपने लिए कई तरह के पिंजरे बनाते हैं, लेकिन शायद ही कभी उनका एहसास करते हैं।

ब्राह्मण गुरु हे जगत् का, संतन के गुर नांहि।
अरझि परुझि के मरि गए, चारों वेदो मांहि॥

विद्वान् व्यक्ति जनता का शिक्षक होता है, बुद्धिमान का नहीं, क्योंकि वह उन बातों में उलझ जाता है, जो किताबों में लिखी हैं।

ज्ञान सीमित है। इसका सृजन भी पहले से ही हो गया है। ऐसे नेता जो केवल उन्हीं बातों पर विश्वास करते हैं, जिनका उन्होंने अनुभव किया है और जो कुछ पढ़ा या सुना है, उसके आधार पर जानते हैं, वे शीघ्र ही अपनी अक्षमता के स्तर तक पहुँच जाएँगे। नेताओं को कल्पना और सहज ज्ञान का सौदागर बनना ही होगा। सहज ज्ञान हमें उस समय जंगल में रास्ता दिखाता है, जब न कोई नक्शा होता है, न ही कंपास। ऐसे नेता जो सिर्फ मौजूदा ज्ञान पर विश्वास करते हैं, वे सिर्फ प्रत्याशित समस्याओं को ही हल कर पाएँगे। वे भविष्य की समस्याओं को नहीं सुलझा सकेंगे। रिसाइकिल किए गए पानी को पीने योग्य बनाने के लिए जबरदस्त तकनीकी दक्षता की आवश्यकता होती है। रिसाइकिल की गई हवा अपनी शुद्धता खो देती है।

लेकिन रिसाइकिल किए गए विचारों का एक ही नतीजा होता है, वे बदबू देते हैं!

कबीर कहते हैं कि वह विद्वान् मनुष्य, जिसने पहले कुछ किताबें पढ़ी हैं, या इतिहास की, धार्मिक किताबें पढ़ी हैं, केवल सामान्य, आम आदमी को प्रभावित कर सकता है या अकसर होनेवाली समस्याओं को सुलझा सकता है।

किसी और ज़माने और संदर्भ का ज्ञान रखनेवाले ऐसे विद्वान् धर्मशास्त्रों और किताबों में लिखी बातों में उलझ जाते हैं।

□

छद्म नेता

खट्टा-मीठा चरपरा, जिभ्या सब रस लेय।
चारों कुतिया मिलि गई, पहरा किसका देय॥

खट्टा और मीठा, जीभ को सभी तरह का स्वाद चाहिए। अगर रक्षक ही चोरों से मिल जाए को फिर रक्षा कौन करेगा।

नेता निष्पक्षता, सिद्धांतों, नीतियों, संस्कृति और इन सबसे कहीं अधिक सत्य के संरक्षक होते हैं। वे संगठन के लिए जो कुछ प्रमुख होता है, उसका संरक्षण और सुरक्षा करते हैं। वे संगठनों की संरचना की रक्षा करते हैं—वह अनाकार वस्तु, जिसे कभी मैनुअल, एस.ओ.पी. और नीतियों में दर्ज नहीं किया जा सकता है। जैसा कि सुमंत्र घोषाल कहते हैं, यह 'उस स्थान की गंध' में होती है। प्रतिदिन, नेताओं को सच का सामना करना पड़ता है, जबकि पूरा संगठन उनपर नजरें गड़ाए रहता है। कुल मिलाकर संगठन उनपर तब भी नजर रखता है, जब नेताओं को लगता है कि कोई भी उन्हें नहीं देख रहा है। उन बड़े मौकों की बजाय छोटे, अनायास घटनेवाली घटनाओं पर कहीं अधिक नजर रखी जाती है। यह नहीं देखा जाता कि वे क्या कहते हैं, बल्कि क्या करते हैं। उनकी हाँ में सिर हिलाने, भाव-भंगिमा, सुर, स्वर और शब्दों के चयन को देखा जाता है। कभी-कभी उनका अर्थ इस प्रकार लगाया जाता है, जैसा कि नेता की मंशा नहीं थी। अपवाद कैसे बनते हैं? संकट से कैसे निपटा जाता है? संकट के समय में निर्णय किस प्रकार लिये जाते हैं या तब, जब बहुत कुछ दाँव पर लगा होता है? क्या नियमों को तोड़ा जाएगा, नीतियों को बदला जाएगा और लाभ दिया जाएगा? क्या कुछ खास लोगों को आगे बढ़ाने की प्रवृत्ति पूरी तरह हावी रहेगी, क्या नेतृत्व के नाम पर मनमानी की जाएगी? उपरोक्त सभी स्थितियाँ नेता की क्षमता को जाहिर करती हैं और उसकी दृढता का पता चल जाता है। ऐसी परिस्थितियों में उसके

कदम या तो संगठन की आंतरिक स्थिति को सशक्त बनाएँगे या कमजोर करेंगे। अच्छे नेता कभी नहीं घबराते।

कबीर कहते हैं, हम जो कुछ खाते हैं, उसके लिए जीभ को संरक्षक का कार्य करना चाहिए, ताकि हमारी सेहत का खयाल रखा जा सके। कुत्ते से अपेक्षा की जाती है कि वह हमारे घर की रखवाली करेगा। यह दुःखद है कि जीभ स्वाद का गुलाम बन जाता है और सिर्फ स्वाद को संतुष्ट करने लगता है, जिससे शरीर का स्वास्थ्य खतरे में पड़ जाता है। यदि कुत्ता चोरों से मिल जाए तो समझिए तबाही निश्चित है।

हालाँकि यह कहानी अन्य कई मोड़ और त्रासद रूप ले सकती है। सही और गलत के बीच चुनाव करना आसान होता है, लेकिन अच्छे नेता की पहचान तब होती है, जब वह दो सही के बीच चुनाव करे। उनमें से बेहतर सही क्या है? कैसे एक बड़ी टीम उसके फैसले को देखती है? पूरे संगठन में क्या संदेश जाएगा? यह संरचना को सशक्त बनाएगा या कमजोर करेगा? अच्छे लोगों को बढ़ावा देना ही पर्याप्त नहीं है। बुरे लोगों को जाने देना भी उतना ही महत्त्वपूर्ण है। किसी गलत को न कह देना पर्याप्त नहीं, इसे सार्वजनिक तौर पर और ऊँचे स्वर में कहना भी उतना ही महत्त्व रखता है। नीतियों की जब शुरुआत की जाती है, तब उनके पालन पर प्रश्न अवश्य किया जाना चाहिए। जब कुछ गलत होता है, तब कारवाई होनी चाहिए और न्याय होना चाहिए और इसे सार्वजनिक तौर पर होना चाहिए। सिर्फ तभी व्यवस्था बनी रहती है।

मांस मांस सब एक है, मुरगी हिरनी गाय।
आँख देखि नर खात है। ते नर नरकहि जाय॥

सब मांस ही होता है, चाहे मुरगी का हो अथवा हिरन या गाय का। वह जो, इनमें से कुछ भी खाता है, नर्क ही जाएगा।

गलतियों में कोई जातिवाद नहीं होता, अर्थात् समझने में कोई गलती और चूक नहीं होती। हालाँकि संगठनों की दैनिक कारवाई में यह सामने नहीं आता। नेता शब्द जाल, शब्दों के हेर-फेर और जटिल तर्क के पीछे छिप सकते हैं।

नेता और विशेष रूप से जो वाक्पटु होते हैं, कुछ गलत होने पर अपनी भूमिका से ध्यान हटा सकते हैं। वे किसी गलती को 'दुर्भाग्यपूर्ण, किंतु अनजाने में फैसला लेने की गलती' बताकर छोटा करार दे सकते हैं, मानो ठोस निर्णय लेना किसी अच्छे नेता के लिए एक शर्त नहीं होती है। यह दलील कोई भी दे सकता है कि अनजाने में होने के कारण वह जवाबदेही से भाग नहीं सकता,

क्योंकि उसमें निर्णय में खामी को देखने की दूरदर्शिता नहीं थी। यह कह देना चलन बन गया है कि लोगों की याद्दाश्त मजबूत नहीं होती, लेकिन इतनी भी कमजोर नहीं होती, जितना गलती करनेवाले नेता हमें विश्वास दिलाना चाहते हैं। संगठनात्मक याद्दाश्त गहरी, लंबी और हाथी के जैसी होती है, हर स्तर पर उन्हें याद रखा जाता है।

कुछ अन्य लोग चीजों को इस प्रकार चूक कहकर जाने देते हैं, जैसे थोड़ी देर के लिए याद्दाश्त चली गई हो, जो दुर्भाग्य पूर्ण, लेकिन एकदम सामान्य होता है। निर्णय लेते समय और व्यवहार करने के दौरान नेताओं से सर्वोच्च पैमाने पर पूरी तरह खरा उतरने की उम्मीद की जाती है। छोटी-छोटी गलतियाँ तबाही मचा सकती हैं, ऐसी जिसकी भरपाई न हो और संगठन शायद ही कभी उनसे उबर पाते हैं।

हम यह भी जानते हैं कि इनमें से कुछ बहुत गंभीर किस्म के होते हैं, जिन्हें गलती के सिवाय और कोई नाम नहीं दिया जा सकता है। इसके दुष्परिणाम होते हैं और अकसर पूरे संगठन को उसकी कीमत चुकानी पड़ती है। इस प्रकार की गलतियाँ सबसे अच्छी मंशा रखनेवाले नेताओं के हाथों भी हो सकती हैं, बशर्ते मंशा से कोई बड़ा अंतर आ सकता है। नर्क का रास्ता अच्छे आशय से ही तैयार होता है! अज्ञानता, अक्षमता, अहंकार या गलत टाइमिंग से होनेवाली एक गलती संगठन के लिए दुर्भाग्यपूर्ण साबित होती है।

कबीर कहते हैं, इससे फर्क नहीं पड़ता कि आप इसे क्या कहेंगे, लेकिन नेताओं की ओर से की जानेवाली गलती संगठन को वित्तीय रूप से या ख्याति के तौर पर नुकसान पहुँचाती है।

उन्हें स्वीकार्यता के पैमाने पर नहीं मापा जाना चाहिए, यानी कुछ को स्वीकार्य और कुछ को नहीं के पैमाने पर नहीं देखा जाना चाहिए। वे सब एक जैसे होते हैं, कुछ के दुष्परिणाम तुरंत और ज्ञात तरीके से दिख जाते हैं, जबकि अन्य बाद में सामने आते हैं और किस रूप में आएँगे, यह भी पता नहीं चलता। यह कहकर कि कुछ चीजें दूसरों की अपेक्षा कम गंभीर हैं, यदि नेता कठोरता के पैमाने के पीछे छिपना बंद कर दें तो संगठनों का बहुत भला होगा। संगठन के ढाँचे को नुकसान पहुँचानेवाली कोई भी चीज गंभीर होती है, चाहे उस नुकसान का प्रभाव छोटा हो या बड़ा, दृश्य हो या नहीं। वास्तव में, जब छोटी गलतियों, भटकाव और चूक को माफ किया जाने लगता है, वह भी हलके तौर पर तो इससे व्यवस्था को एक प्रकार का बढ़ावा मिलता है, जो किसी भी संगठन के लिए एक बड़ी चुनौती साबित होता है।

छद्‌म नेता

कबीर कहते हैं कि सारे मांस एक जैसे होते हैं, चाहे वह मुरगी का हो अथवा हिरन या गाय का, और जो कोई भी इनमें से किसी को भी जानकर खाता है, निश्चित रूप से नर्क में जाएगा। (यह एक रूपक है, न कि गैर-शाकाहारियों की निंदा है।)

पंडित पोथी बांधि के, दे सिरहाने सोय।
वह अक्षर इनमें नहीं, हसि दे भावै रोय॥

आप जितनी पुस्तकें पढ़ते हैं, उन सभी में ज्ञान है, किंतु यह ज्ञान नहीं कि उदास चेहरे पर मुसकान कैसे लाई जाए।

संगठन और टीम नेता से भिन्न-भिन्न चीजों की अपेक्षा करते हैं। इस दोहरी अपेक्षा को शायद ही कभी समझा जाता है और नेताओं की ओर से अपनी क्षमताओं और व्यवहार में विरले ही इनका समावेश किया जाता है।

संगठन यह अपेक्षा करते हैं कि नेता निर्णय लेने में तेज और निर्णायक भूमिका निभाएँगे। व्यक्तियों को अनेक नेताओं से संवेदना, समझ और धैर्य की उम्मीद होती है। संगठन चाहते हैं कि उनमें शीर्ष पंक्ति, निम्न पंक्ति तथा सारे आँकड़ों और अनुपातों को लेकर एक जुनून हो। व्यक्ति चाहते हैं कि नेता समानुभूति रखें तथा भावनाओं को लेकर चिंता जाहिर करें। संगठन चाहते हैं कि किसी भी कीमत पर संस्थान की निरंतरता बनी रहे। व्यक्ति चाहते हैं कि नेता नौकरियों और व्यक्तिगत हितों की रक्षा करें।

नेताओं को यह मालूम होना चाहिए कि संगठन के मुद्‌दों को कैसे सुलझाएँ, लेकिन उन्हें व्यक्तिगत मुद्‌दों को सुलझाने में भी उतना ही कुशल होने की आवश्यकता है। इन दोनों को सुलझाने के लिए एकदम अलग स्तर की क्षमता का होना आवश्यक है। एक के लिए संज्ञानात्मक क्षमता, जोड़-घटाववाला दिमाग, तार्किकता, कलन विधि संबंधी क्षमताएँ होनी चाहिए, यानी उन्हें तार्किक रूप से कार्य करनेवाला होना चाहिए, जबकि दूसरे के लिए संबंधपरक, जुड़ावयुक्त, कोमल मन और सहज ज्ञान के गुण होने चाहिए। दोनों का ही साथ होना और उसके बावजूद कार्य करते हुए नतीजे लाकर दिखाना एक ऐसी क्षमता होती है, जो न केवल दुर्लभ, बल्कि एक लिहाज से अनोखी भी है। कुछ इसे परिपक्वता कहते हैं। नेता प्रतिमानों को अपना सकते हैं, सिद्धांतों का प्रस्ताव कर सकते हैं, तार्किक सोच व्यक्त कर सकते हैं, लेकिन वे अपने साथ काम करनेवाले मनुष्यों से नहीं जुड़ पाते तो इन सबका कोई लाभ नहीं मिलता।

कबीर ऐसे नेता से कहते हैं कि उसे न सिर्फ किताबों, शब्दजाल और सिद्धांतों पर भरोसा करना चाहिए, बल्कि उसमें अन्य मनुष्यों के साथ जुड़ने की क्षमता भी होनी चाहिए।

सच यही है कि चाहे कितने ही सिद्धांत क्यों न दिए गए हों, किसी में भी रोते इनसान को हँसा देने की क्षमता नहीं है।

तरा मंडल बैठि के, चाँद बड़ाई खाय।
उदै भया जब सूर का, तब तारा छिपि जाय॥

चंद्रमा सिर्फ तारों के बीच प्रमुखता से दिखाई पड़ता है, किंतु जैसे ही सूर्य निकलता है, सब छिप जाते हैं।

आधुनिक कर्मचारी के व्यक्तित्व में उत्साह का एक तत्त्व होता है। अधिकांश अपनी अपराजेय होने की क्षमता का प्रदर्शन किसी वीर के समान करते हैं। किसी भी मीटिंग में देख लीजिए, किसी भी बोर्डरूम में चले जाइए, आप पाएँगे कि आत्मविश्वास, आक्रामकता, निश्चिंतता से भरे कर्मचारी अपने कार्यों को रौब के साथ कर रहे हैं। अधिकांश का अपना ही एक हाव-भाव होता है, जो अपने आत्मविश्वास को स्पष्ट रूप से दिखाते हैं और जो कुछ कहते या करते हैं, उसे स्पष्ट और ऊँचे स्वर में निर्णायक होने का एहसास करा देते हैं। वे निर्देश भी बिना किसी की परवाह किए बगैर देते हैं। वे योजना तो ऐसे बनाते हैं, जैसे भविष्य को जानते हैं। अपने निर्णयों को लेकर इतना निश्चित रहते हैं, मानो भगवान् उनके साथ हैं। असहमति बरदाश्त नहीं की जाती, सवालों पर भौं चढ़ जाती हैं और पुनर्विचार का अर्थ होता है कमजोरी। कोई भी यह समझने की भूल कर सकता है कि इस संसार को वास्तव में वे ही चला रहे हैं।

सबकुछ का एक जीवन चक्र होता है—जन्म, विकास, परिपक्वता और मृत्यु। यह एक स्वाभाविक प्रक्रिया है, जो कॅरियर और पेशे को भी प्रभावित करती है। ऊपर बढ़ता अधिकारी किसी को भी अपने रास्ते से हटा सकता है। वह अपने साथियों से भिड़कर, उन्हें चोट पहुँचाकर भी अपना रास्ता बना सकता है, क्योंकि उसकी आँखों पर महत्त्वाकांक्षा की पट्टी होती है और उसे लगता है कि वह अपराजेय है। वास्तव में वह जो कुछ करता है, उसमें काफी अच्छा हो सकता है। किंतु कॉरपोरेट जगत् में कुछ साल बितानेवाला कोई भी आपको बता देगा कि सफल होने के लिए सिर्फ योग्यता कारगर नहीं होती, बल्कि इसके लिए टाइमिंग और जमाने से चली आ रही चीज, यानी किस्मत भी

चाहिए। एक संदर्भ में जो अच्छा है, वही दूसरे में बुरा हो जाता है। एक टीम में जो अच्छा है, वह दूसरे में बुरा होता है। और अंत में कोई तभी तक अच्छा होता है, जब तक कि उससे बेहतर उसे पीछे नहीं छोड़ देता है।

वैसे और भी कई तरीके हैं, जिनमें यह बात स्पष्ट रूप से दिखती है। प्रत्येक टीम की एक औसत क्षमता होती है। इसी औसत के साथ स्टार, सुपरस्टार, औसत और बेकार के लोगों को तौला जाता है। जैसे ही औसत में आगे या पीछे की ओर परिवर्तन आता है, चाहे वह नए के आने या पुराने के जाने से हो, यह वर्गीकरण एक नया रूप ले लेता है। पहले के स्टार नीचे लाए जा सकते हैं या बेकार लोग उतने निराशाजनक नहीं दिख सकते, जितना पहले उनके बारे में सोचा गया था।

कबीर कहते हैं कि चाँद चमकता है और उन सितारों के बीच ही उसे अच्छी तरह देखा जाता है, जो रात के समय आसमान में टिमटिमाते हैं। हालाँकि जैसे ही सूरज सुबह के आसमान में प्रवेश करता है, चाँद कहीं खो जाता है।

कॉरपोरेट में चाहे पदानुक्रम में हमारा स्थान कहीं भी हो, हम में से हर एक को याद रखना होगा कि हमारी क्षमता चाहे कितनी ही अनोखी क्यों न हो, आखिरकार उसकी माप तुलनात्मक रूप से की जाती है और उसी के अनुसार पुरस्कार भी मिलता है। घंटीनुमा वक्राकार रेखा के अत्याचार से सभी भली-भाँति परिचित हैं। इस कारण, जहाँ हम ऐश्वर्य का आनंद उठाते हैं, अपनी अहमियत की भावना में ही डूबे रहते हैं और अपनी श्रेष्ठता की खुशी मनाते हैं, वहीं हमें यह कभी नहीं भूलना चाहिए कि यह सब तुलनात्मक है। यह कुछ दिनों की बात भी हो सकती है, जब तक कि परिदृश्य में हम से कोई बेहतर प्रकट नहीं हो जाता है। आप जब एक रॉक स्टार बने हों, तब सौम्य रहिए, ताकि जब लहर समाप्त होने लगे तब आप उससे निपट सकें।

देखन का सब कोय भलो, जैसे सित का कोट।
रवि के उदय न दी सही, बँधे न जल की पोट॥

सारे महल एक जैसे ही दिखते हैं, यहाँ तक कि जो बर्फ से बने होते हैं, अंतर का पता तभी चल पाता है, जब उनके ऊपर सूरज चमकता है।

अच्छे नेताओं की पहचान करना कठिन होता है। 'एक समर्थित नेतृत्व होता है और दूसरा प्रदर्शित नेतृत्व होता है।' समर्थित नेतृत्व प्रबंधकों और नेताओं की ओर से कही गई सारी सही बातों का कुल जोड़ होता है। उन सभी को राजनीतिक

रूप से सही बयान देते सुनना बड़ा निराशाजनक होता है। घोर अहंकारी टीम वर्क की बात करेगा, प्रतिशोधी पारदर्शिता की बात करेगा, असुरक्षित भरोसे की बात करेगा और बकबक करनेवाला साझा करने की बात करेगा। काश, हत्या करना वैध करार दे दिया जाता! कोई भी नेता जब घोषणाएँ करता है, तब उसके खोखलेपन के बेनकाब होने का उससे तेज तरीका नहीं हो सकता है। मंच से वह जितने ऊँचे सुर में उनका ऐलान करेगा, उतनी ही तेजी से वह बेनकाब भी होगा।

हालाँकि मैंने जो तसवीर पेश की है, वह अपवाद नहीं, बल्कि एकदम सामान्य तौर पर दिखनेवाली बात है। प्रदर्शित नेतृत्व तब दिखाई देता है, जब कोई उन सिद्धांतों पर चलता है, जिनके बारे में दूसरे बातें करते हैं। हम जो उपदेश देते हैं, उसके प्रतीक बनें।

कबीर कहते हैं कि कठिन परिस्थितियों और महत्त्वपूर्ण समय में वह खोखलापन सामने आ जाएगा। बर्फ से बना घर सूरज के उगते ही पिघल जाएगा और बर्फ को बनाकर रखना असंभव हो जाएगा। यह पिघल ही जाएगा।

वह छद्म-नेता, जिसने अपनी किस्मत घोर अवसरवादिता, संदिग्ध हेर-फेर और शर्मनाक राजनीति से चमकाई है, उसका परदाफाश सूरज की किरणों के साथ ही हो जाएगा। अगला संकट, अगली कठिन चुनौती, अगली मुश्किल के आते ही वह बिखरने लगेगा, अपने आपको असहज महसूस करने लगेगा। कोई नहीं चाहता कि वह उसकी फटकार सुने, लेकिन समय के साथ स्वाभाविक रूप से उसका सामना करना पड़ता है। वह व्यक्ति, जिसने अपने अंगों को ताकतवर नहीं बनाया है, उसका शरीर एक समय पर या दौड़ने के दौरान चरमराने लगता है। पीटर का सिद्धांत इसी बात को दूसरे तरीके से कहता है, यानी हर कोई अपनी ही अक्षमता के स्तर तक पहुँच जाता है।

अक्षमता का अर्थ सिर्फ तकनीकी क्षमताओं या किसी कार्य को करने के लिए उस क्षेत्र में दक्षता से ही नहीं लगाया जाना चाहिए, इसमें द्वैधता से निपटने, किसी टीम को मकसद देकर उसका नेतृत्व करना, सबको साथ लेकर चलना और उन्हें एक अर्थ देना, अराजकता का प्रबंधन, साझा अर्थों को जन्म देना, गिरावट से निपटना और इस तरह की कई क्षमताएँ उसमें होनी चाहिए।

रन जंग बाजा बाजिया, सूरा आए धाय।
पूरा सो तो लड़त है। कायर भागे जाय॥

जैसे ही रणभेरी बजती है, वीर आगे आ जाते हैं, बहादुर लड़ते हैं, जबकि डरपोक भाग जाते हैं।

वे कहते हैं, किसी संकट को हाथ से जाने मत दो। सच्चे सैनिक की पहचान शांति में नहीं, बल्कि युद्ध के समय में होती है। संगठनों के सामने अपने ही मुश्किल वक्त होते हैं और मुश्किलें छोटी से लेकर बड़ी भी होती हैं। यह संकट समय-सीमा को लेकर खड़ा हो सकता है, कोई परियोजना गड़बड़ हो सकती है, कोई उत्पाद विफल हो गया हो या आँकड़ों को लेकर शर्मसार करनेवाली गलती के कारण बड़ी समस्या खड़ी हो गई हो। ऐसा हो सकता है कि किसी बैठक में सब गड़बड़ हो गई हो, शीर्ष प्रबंधन की प्रस्तुति संभव न हो सकी हो या किसी क्रोधी ग्राहक की शिकायत संस्थान के शीर्ष तक पहुँची हो या अनजाने में हुई गलती को लेकर कोई आरोप हो, जो बाधा बन गई हो और ऐसी ही अनगिनत चीजें हो सकती हैं। नेता इनसे कैसे निपटेगा, यही उसकी सच्ची परीक्षा होती है।

क्या नेता इस समस्या को सुलझाता है या दोषारोपण करता है? क्या वह पहल करता है या तब तक उस पर बैठा रहता है, जब तक कि दुष्परिणाम सामने न आने लग जाएँ? वह मूल कारण को ढूँढ़ता है या बलि का बकरा? वह बाहरी कारणों को जिम्मेदार ठहराता है या अपने ऊपर जिम्मेदारी लेता है? वह सिस्टम में तनाव पैदा करता है या सच में उन बेहतरीन तरीकों की लाश करता है, जिनसे वह तनाव दूर हो? क्या वह ऐसी दीवारें बनाता है, जिनके पीछे सूचनाओं को इकट्ठा किया जाए, जिससे सिर्फ साजिश की थ्योरी सामने आए या संवाद के जितने माध्यम संभव हों, उन्हें खोलता है, ताकि स्थिति स्पष्ट हो सके? क्या वह बैठक करता है या काररवाई भी करता है? क्या वह बस उपदेश देता है या उन्हें अपनाता भी है? वह स्थिति का सामना करता है या उनसे भागता है?

डॉक्टर और झोला छाप डॉक्टर के बीच फर्क तब समझ में आता है, जब उनके सामने कोई मुश्किल केस आता है। ऐसी स्थिति में एक बहरूपिया बेनकाब हो जाएगा और यही हाल छद्म नेता का भी होगा, जो उसका मुकाबला करने की बजाय मुश्किल हालात से निकल भागेगा। मुश्किल घड़ी में यह आम तौर पर देखा जाता है कि नेता बैठकों, मेमो, मेल और दूसरे विभागों की टिप्पणी माँगकर बचने का प्रयास करते हैं। यह जवाबदेही को कम करने और समय काटने का महज एक आधिकारिक तरीका होता है, न कि स्टैंड लेने का। अगर कुछ गलत हो जाए तो दूसरे विभागों से राय लेना अकसर दोष को दूसरों के सिर डालने की रणनीति का हिस्सा होता है।

नेताओं से उम्मीद की जाती है कि वे आगे बढ़कर नेतृत्व करें। उन्हें बस आगे खड़ा होकर भाषण नहीं देना है, जैसा कि आजकल देखा जाता है। सामने

आकर नेतृत्व का मतलब है कि जब कुछ गलत हो जाए तो वे अपनी जिम्मेदारी स्वीकार करें। इसका अर्थ है कि वे कठिन परिस्थितियों से निपटेंगे, न कि उन्हें किसी जूनियर मैनेजर को सौंप देंगे, ताकि उसे बलि का बकरा बनाया जा सके। आगे आकर नेतृत्व करने का मतलब है कि वे चीजों के गलत होने के दुष्परिणामों का भी बोझ उसी प्रकार उठाएँगे, जिस प्रकार वे सफलता का स्वाद चखा करते हैं।

कायर का काचा मता, घड़ी पलक मन और।
आगा पीछा व्हे रहै, जागि मिसै नहिं ठौर॥

जो अनिश्चित होता है, वह कुछ सेकेंड में ही मन बदल लेता है, वह इधर-उधर करता रहता है और उसे कहीं आराम नहीं मिलता है।

छद्म नेता के सबसे सामान्य प्रकारों में से एक सदा ढुलमुल रहनेवाला नेता होता है। एकदम सरल शब्दों में कहें तो वह स्वयं नहीं जानता कि उस परियोजना, उत्पाद या लोगों से वह क्या चाहता है। जब भी कोई उसके पास जाता है और बताता है कि उसने क्या करने को कहा है तो वह उसमें जोड़ता है, घटाता है और इस जोश के साथ परिवर्तन करता है कि उसने पहले जो निर्देश दिए थे, वे इनके उलट लगने लगते हैं। काफी हद तक उसे याद नहीं रहता कि पिछली बार उसने क्या निर्देश दिए थे। वह अपनी ही बात को बिना अपराध बोध काटता है, बिना अफसोस के ढुलमुल रवैया अपनाता है और लचीलेपन के नाम पर एक सिरे से दूसरे सिरे तक चला जाता है तथा अपने लिए काम करनेवाली टीम में अराजकता पैदा कर देता है। एक बैठक में वह बड़ी तसवीर को लेकर बात करेगा और जब उसके सामने बड़ी तसवीर पेश की जाएगी, तब वह हमारी आलोचना करेगा कि छोटी-छोटी बातों पर हमारा ध्यान क्यों नहीं गया। एक बैठक में वह कहेगा कि 'क्या' से पहले 'क्यों' को रखो और अगली बैठक में हमारी निंदा करेगा कि हमें अपना 'क्या' ही पता नहीं है। हमें अपनी स्लाइड में एक इस तरह के बॉस के चलते इतनी बार बदलाव करना पड़ता है कि सातवाँ संस्करण आते-आते हास्यास्पद हो जाता है और हम सोचने लगते हैं कि यह पहला संस्करण तो नहीं है!

इस प्रकार का प्रबंधक और नेता सिस्टम में दिमाग खराब कर देनेवाला तनाव पैदा करता है, जहाँ उसके साथ काम करनेवाले हर एक की जान साँसत में रहती है, क्योंकि उन्हें पता नहीं होता कि अगली बार उन्हें किस बात पर डाँट पड़ेगी। हर कोई परछाईं के पीछे भागता रहता है। चाहे कोई कुछ भी कर ले, उसे आलोचना के लिए तैयार रहना पड़ता है, जो अकसर बहुत बेबाक होती है, कभी-कभी सूक्ष्म

भी, लेकिन आलोचना का शिकार होनेवाले को समझ नहीं आता कि उसका बॉस चाहता क्या है। अब कोई भी यह दुआ करता है कि काश, बॉस को पता चल जाए कि स्वयं वह क्या चाहता है!

कबीर कहते हैं कि छद्म नेता का मन कच्चा, अनिश्चित और चंचल होता है, जो कभी इस ओर तो कभी उस ओर जाता है। उसे मुद्दों की शुरुआत और अंत का पता नहीं होता और इस कारण उसे न तो हल मिलता है, न ही वह किसी नतीजे पर पहुँच पाता है।

प्रमुख सबक

1. नेता प्रक्रियाओं, नीतियों, संस्कृति और भविष्य के संरक्षक होते हैं।
2. जब कोई आपको देख रहा होता है और जो करते हैं, वही ईमानदारी होती है।
3. अपवादों को स्वीकार करते समय सावधान रहें, जल्द ही वह आपकी ख्याति बन जाएगी।
4. आपने फैसला कर लिया, तो कर लिया, 'स्वीकार्य फैसला' जैसी कोई चीज नहीं होती।
5. नेता परिणामों को प्राप्त करते हैं, वे कर्मचारियों के चेहरे पर मुसकान भी लाते हैं।

□

आपकी संगत

कहानी : राघव का दिमाग वैसे तो बहुत तेज चलता है। वह अपने प्रोजेक्ट समय पर निपटा देते हैं, हर जिम्मेदारी के प्रति समर्पण दिखाते हैं और अपने कार्य क्षेत्र में प्रमुख व्यक्ति हैं। हालाँकि उनकी छवि आम तौर पर ऐसी बन गई है कि वे हो-हल्ला मचाते हैं, सबका ध्यान खींचना चाहते हैं और उन्हें खुश करना कठिन है। उन्हें यह सब कभी बताया नहीं गया है, लेकिन जब भी उनके नाम पर किसी बड़ी भूमिका को लेकर विचार होता है, एक बहुत बड़ा अगर-मगर का सवाल उनकी संभावनाओं पर पानी फेर देता है। किसी-न-किसी प्रकार से चयन समिति उन्हें पदोन्नत न करने का कोई कारण ढूँढ़ ही लेती है। उन्हें लगता है कि उनमें बड़ी भूमिकाओं के लायक परिपक्वता नहीं है। उन्हें लगता है कि उनमें सकारात्मक सोच और नेता बनने के लिए आवश्यक रंग-ढंग नहीं है। राघव को कभी यह समझ नहीं आया कि अच्छा प्रदर्शन करने के बावजूद हर बार जब भी उनकी बात किसी बड़ी भूमिका को लेकर होती है तो उन्हें दरकिनार क्यों कर दिया जाता है। शायद कबीर उनकी मदद कर सकते हैं। हम जिस संगत में रहते हैं, वह या तो खामोश कातिल होती है या खामोशी से हमें बना देती है। इसके प्रभाव प्रत्यक्ष नहीं होते, विरले ही दिखते हैं; लेकिन उनका अनुभव अच्छी तरह होता है। अच्छा या खराब भोजन करने जैसा होता है, जिसके परिणाम कुछ समय के बाद ही स्पष्ट रूप से पता चल जाता है। कबीर का यह हिस्सा विचित्र रूप से एक हिदायत के तौर पर दिख सकता है या उससे भी बुरा कहें तो किसी उपदेश के जैसा, लेकिन ऐसा लगने से न तो इसका महत्त्व और न ही इसके परिणामों पर लेशमात्र भी प्रभाव पड़ता है। अधिकांश समाजों में व्यक्ति की संगत माता-पिता की ओर से दी जानेवाली सलाह या डाँट-फटकार का एक प्रमुख विषय होता है और बेबाकी से कहें तो यह बड़ा परेशान और चिड़चिड़ापन पैदा करनेवाला होता है। अधिकांश बच्चों को लगता है

कि वे जिसके साथ समय बिताते हैं, उसके बारे में वे सबसे सही फैसला कर सकते हैं और माता-पिता यदि पुराने जमाने की नहीं तो विकृत सोच अपनाते हैं और तय करते हैं कि उन्हें किसके साथ समय बिताना चाहिए। जैसे-जैसे व्यक्ति वयस्क होता जाता है, यह सलाह निष्प्रभावी होती जाती है; क्योंकि कोई भी यह समझने लगता है कि उम्र और अनुभव ने उसे इतना काबिल बना दिया है कि वह अपनी संगत का चुनाव कर सके। कॉरपोरेट जगत् के कर्मचारियों के लिए निम्नलिखित विकल्प होते हैं, जिनमें से वे अपनी संगत को चुन सकते हैं।

1. **विजेताओं की टीम :** क्या हम जीतनेवालों की संगत में रहते हैं, जो हमेशा अपने खेल में आगे रहते हैं, जो हमेशा लीग टेबल के शीर्ष पर रहते हैं, जो हमेशा सारे पुरस्कार जीत ले जाते हैं ? इस संगत से यह तय हो जाता है कि हम हमेशा ज्यादा हासिल करने के लिए प्रेरित रहेंगे, कभी यह मानने को तैयार नहीं होंगे कि हम इस संगत के सितारे नहीं हैं, कभी हाशिए पर खड़े होने को तैयार नहीं होंगे। धंधे के सबसे बेहतरीन लोगों के साथ कदम-से-कदम मिलाकर चलते हुए हमें ज्यादा की इच्छा होती है, हम ज्यादा पाते हैं, बेहतर रहते हैं, चर्चा में बने रहना चाहते हैं और सदैव उस घबराहट भरी ऊर्जा से लबरेज रहते हैं, जो अकसर धावकों में देखी जाती है। लक्ष्य को देखते रहने से हमारी कल्पना को उड़ान मिलती है, उसका पीछा करने का जोश पैदा होता है, हमारा उत्साह फिर से बढ़ता है और हमें एक मकसद मिल जाता है। इस गैंग के अन्य सदस्य जो हद से ज्यादा प्रेरित रहते हैं, वे हमें अपनी चुनौती को कभी भूलने नहीं देते, क्योंकि वे खुद शिकार करने में भिड़े रहते हैं। प्रत्येक व्यक्ति दूसरे को धकेलता है, उन्हें उस कड़ी स्पर्धा की याद दिलाता है, जिसमें वे शामिल हैं। यह समूह उन लोगों को कभी माफ नहीं करता, जो अपनी रफ्तार को कम कर लेते हैं। वह व्यक्ति जो एक पल के लिए भी हार मान लेता है, वह इस समूह का भरोसा खो देगा, क्योंकि वे उन लोगों के साथ नहीं रहना चाहते, जो उनके अहम् और ऊर्जा को कम कर दे।
2. **पुराना ऐश्वर्य :** ये बीते समय के चैंपियन होते हैं, जो कभी विजेताओं की टीम के एक मजबूत स्तंभ थे, लेकिन अब उन्हें या तो युवा और महत्त्वाकांक्षी दावेदारों ने रेस से बाहर कर दिया या उनके अंदर का जोश ठंडा पड़ गया। यह उम्र, तजुर्बा, थकान, तेजी से बदलते खेल के नियमों को सीखने की नाकाबीलियत या बस उन कुरबानियों को जारी रखने की

अनिच्छा के कारण हो सकता है, जो विजेताओं की टीम में रहते हुए देनी पड़ती है। ये लोग विजेताओं की टीम को अकसर ईर्ष्या से देखते हैं, जो कभी-कभी छिपी रहती है, लेकिन कभी-कभी जाहिर भी हो जाती है। वे इस बात का एहसास करते हैं कि विजेताओं की टीम में होना जिंदादिली, सत्ता, प्रभाव और महत्त्व का कितना बड़ा माध्यम था, लोग उनसे हाथ मिलाने को कितने आतुर रहते थे, कैसे हर कोई उनके कहे एक-एक शब्द को सुनने के लिए बेताब रहता था, उनकी स्पीच का कितना इंतजार रहता था, कैसे हर विषय पर न केवल उनकी राय माँगी जाती थी, बल्कि उन्हें सुना भी जाता था। वे कभी सत्ता के केंद्र में थे और अब उन्हें उस महत्त्व की कमी महसूस होती है। वे अपने दिल में काफी दर्द लिये यह महसूस करते हैं कि वक्त बदल गया है, कैसे लोगों का रवैया उनके प्रति बदल गया है। वे लोग जिनमें कभी उनपर सवाल खड़ा करने का साहस नहीं था, उनमें उनकी मौजूदगी और उनके सुझावों को अनदेखा करने का दुस्साहस आ गया है। किसी बहुत गहरे स्तर पर वे अपनी बदली किस्मत से पहुँची ठेस को भुलाने की कोशिश करते हैं, जो किसी लिहाज से आसान नहीं होता।

3. **दूरदर्शी और रचनात्मक :** ये लोग संगठन के प्राण होते हैं, उनके दिल और दिमाग होते हैं। वे विचारक, दूरदर्शी, नई पहल करनेवाले होते हैं। वे किसी खेमे के नहीं होते, क्योंकि उनका अपना ही एक खेमा होता है। आम तौर पर वे सत्ता के खेल में शामिल नहीं रहते, क्योंकि उनपर सत्ता का नशा सवार नहीं होता। वे अपने काम में इस हद तक डूबे रहते हैं कि मानो कहीं खो गए हों। किसी नई और मूल्यवान चीज की रचना उन्हें उत्साहित करती रहती है। एक नई शोध, एक नया व्यापार मॉडल, एक नया उत्पाद, एक नया माध्यम, एक नई जिम्मेदारी उनकी आँखों में चमक ला देती है। अकसर वे शानदार मनुष्य भी होते हैं, क्योंकि वे किसी को ठेस नहीं पहुँचाते, इस कारण नहीं कि वे ऐसा कर नहीं सकते, बल्कि इस कारण, क्योंकि वे अपने ही सपनों में खोए रहते हैं।
4. **सत्ता के बिचौलिए :** वे संगठन की पिछली सीट पर बैठकर उसे चलानेवाले लोग होते हैं। वे हमेशा इस बात को लेकर दिलचस्पी रखते हैं कि संगठन के विभिन्न हिस्सों में क्या चल रहा है। प्रमुख लोगों से उनके संबंध अच्छे होते हैं और छोटे-से-छोटे आयोजन में, छोटी सी

चूक में, हवा के थोड़ा भी रुख बदलने पर काफी दिलचस्पी दिखाते हैं, क्योंकि वे जानते हैं कि बेहद छोटी सी जानकारी भी आज नहीं तो कल कारगर हो सकती है।

वे सारे सही लोगों को जानते हैं और धरती पर जितनी तेजी से उल्का नहीं गिरता, उतनी तेजी से वे लोगों का नाम सामने रख देते हैं। सूचना को लेकर उनकी भूख जोड़-तोड़ करने, समीकरणों का आकलन करने, सौदे का रुख बदलने और लाभ उठाने की जरूरत से प्रेरित होती है। वे स्वयं भले ही किंग न हों, जबकि इन खेलों के चलते कुछ एक किंग बन भी जाएँ, लेकिन वे मानते हैं कि किंगमेकर वही हैं। आम तौर पर वे नम्र, चिकनी-चुपड़ी और मीठी बोली बोलनेवाले होते हैं। किसी भी बैठक में वे ताकतवर लोगों के साथ नजर आएँगे, ताकि सत्ता के केंद्र से अपनी करीबी को दिखाकर अपनी छवि को मजबूत कर सकें। उन्हें सत्ता के केंद्र के साथ जुड़े रहने से ही शक्ति मिलती है और जल्दी ही वे अपनी ही मंडली तैयार कर लेते हैं।

5. **खारिज किए गए :** वे पैदल सैनिक होते हैं, जिनका किसी के लिए कोई महत्त्व नहीं होता। वे आधिकारिक पार्टियों में सबसे पहले पहुँचते हैं और सबसे आखिर में निकलते हैं। वे जानते हैं कि वे और कुछ नहीं, बल्कि एक बहुत बड़े पहिए का एक छोटा सा पुरजा हैं। वे जानते हैं कि उनकी बस छूट गई है, क्योंकि वे रचनात्मक लोगों में शामिल नहीं हैं, जिन्हें जरूरत के समय अकसर बुलाया जाता है, न ही वे विजेताओं की मंडली में हैं, जिनकी आवभगत होगी, न ही वे पुराने ऐश्वर्यवालों में से हैं, जिन्हें कम-से-कम पुराने दिग्गज की तरह पहचाना तो जाता है। वे भीड़ होते हैं और जानते हैं कि उनकी कमी किसी को नहीं खलेगी। अधिकांश लोगों के लिए गुमनामी को स्वीकार करना कठिन होता है। वे जोर-शोर से शिकायत करते हैं, बड़े सनकी किस्म के होते हैं और मुझे कभी खुश नहीं किया जा सकता जैसे भी होते हैं। यह हारे लोगों का समूह होता है, जो नेताओं, संगठन, नीतियों और सिस्टम को कोसकर अपनी भड़ास निकालते हैं। उनके लिए सबकुछ बकवास है, सबकुछ दिखावा और नाटक है। उनमें से कुछ तेज और बुद्धिमान हो सकते हैं और यह बड़ा खतरनाक मेल होता है।

6. **फ्लोटर्स :** वे अभी सोच ही रहे होते हैं कि वे किसके साथ हैं। वे न तो

अभी खेल में शामिल हुए हैं, न ही सनकी बने हैं। उनमें अब भी अपने लिए और उस सिस्टम को लेकर एक उम्मीद है कि उपरोक्त किसी एक वर्ग में शामिल हो सकते हैं।

1. **भले इनसानों जैसे :** यह वर्ग अनोखा होता है और विरले ही मिलता है। आगे बढ़ने के लिए मार-काट मचानेवाली इस दुनिया में अधिकांश संगठनों में ऐसे लोग कम ही मिलते हैं। वे किसी क्लब, किसी गुट, किसी मंडली, किसी सत्ता के केंद्र का हिस्सा नहीं होते। वे बस शानदार मनुष्य होते हैं। जो कोई भी उनके संपर्क में आता है, वह उनके अंदर की अच्छाई का एहसास कर लेता है। भले ही वे बेहद खराब वक्त से गुजर रहे हों, राजनीतिक उठापटक में फँसे हों, फिर भी वे न शिकवा-शिकायत करेंगे, न ही अफसोस जाहिर करेंगे। उन्हें देखकर ऐसा लगेगा, जैसे वे आध्यात्मिक दृष्टि से एकदम शांत चित्त हैं। आप उनसे प्रभावित हुए बिना नहीं रह सकते, क्योंकि उनमें अराजकता और आपके आस-पास की खामियों के बावजूद अपनी अच्छाई को बनाए रखने की क्षमता होती है। वे आपके अंदर की अच्छाई को पहचान लेते हैं, लेकिन आपके अंदर उनके जैसा बनने का साहस नहीं होता।
2. **आकांक्षी :** वे संगठन के सशक्त अंग होते हैं, जिस पर वे एक नया सवेरा लाने की उम्मीद करते हैं। ये ऐसे कठिन परिश्रमी होते हैं, जो घंटों तक पसीना बहाते हैं, दिन-रात एक कर देते हैं, कमरतोड़ मेहनत करने को तैयार रहते हैं, क्योंकि वे बस घोर महत्त्वाकांक्षा से प्रेरित रहते हैं। वे विजेता टीम के बीच सुविधाओं की बरसात होते देख रोमांचित हो जाते हैं और उनका हिस्सा बनना चाहते हैं। उनकी इच्छा प्रबल हो जाती है, नई ऊर्जा का संचार होता रहता है और जिस प्रकार वे बात करते हैं, व्यवहार करते हैं और अपना काम करते हैं, उसमें तीव्र इच्छा दिखाई पड़ती है। वे भविष्य के इंजन के समान होते हैं। वे किसी भी नए काम के लिए हाथ उठा देते हैं, भले ही वह कितना ही कठिन क्यों न हो। वे संगठन को कभी नीचा देखने नहीं देते, क्योंकि उन्हें अपना भविष्य खराब होने की चिंता कहीं अधिक सताती रहती है।

इस प्रकार के अलग-अलग किस्म के लोग संगठनों में रहते हैं। एक कर्मचारी

के रूप में हम इनमें से किसी एक का, एक से अधिक का या हम उनमें से किसी का भी हिस्सा न बनने का चुनाव कर सकते हैं। विरले ही कोई व्यक्ति इनमें से किसी का भी हिस्सा नहीं होता है। अकसर हम भी यह एहसास नहीं करते कि हम वास्तव में किसी विशेष वर्ग से जुड़ जाते हैं। एक विशेष प्रकार का वर्ग होता है, जिससे हम जुड़ना चाहते हैं और फिर एक विशेष वर्ग होता है, जिसका हम वास्तव में हिस्सा होते हैं। उनमें से किसी एक का हिस्सा बनने का चुनाव कर हमें उनका हिस्सा होने की बात और उसके नतीजों के लिए तैयार रहना पड़ता है।

यदि हम विजयी टीम का सदस्य बन जाते हैं तो हमें अपने अंदर बेहतर प्रदर्शन करने की एक नई तरंग का एहसास होगा। हम उनके जैसा बनना चाहते हैं, लेकिन बड़ा सवाल यही है कि क्या वे हमें अपनी गरिमामयी मंडली में प्रवेश देंगे। उस टीम में हमें अपनी एंट्री को अर्जित करना पड़ता है, ऐसा कभी नहीं होता कि हमें अनुमति मिलती हो। हालाँकि एक बार हमने प्रवेश कर लिया तो फिर प्रदर्शन, उत्कृष्टता और उपलब्धियों का सुहाना सफर शुरू हो जाता है।

यदि हम पुराने ऐश्वर्यवाली टीम का हिस्सा बनते हैं तो हमें बस तीन मंत्र सुनाई देते हैं। एक, बीते दिनों और उनके अपने वर्ग को लेकर रोने-धोनेवाली बातें ('हमारे भी क्या दिन थे', 'हमने इससे कहीं ज्यादा हासिल किया था', 'उपलब्धियों के बीच भी हमारी विनम्रता कहीं कम नहीं हुई')। दो, नई विजेता टीम का तिरस्कार ('ये नौसिखिए हैं', 'इनमें वह बात कहाँ', 'उन्हें सब किया धरा मिल गया')। और तीन, ऐसी बात जो संगठन को छोटा करती हो, जो अंधा, बेदर्द हो चुका है और उनके साथ नाइनसाफी कर रहा है ('क्या पुराने दिग्गजों से ऐसा बरताव किया जाता है')। यदि हम उनके साथ हुए तो हमें अव्वल दरजे का चुगलखोर बना देंगे। अच्छी बात यह है कि अकसर वे एक समूह से घिरे रहते हैं, जिनमें आम तौर पर खारिज किए गए या फ्लोटर्स शामिल रहते हैं, जिनके चलते हमारी एंट्री में एक रुकावट रहती है।

दूरदर्शी और रचनात्मक भी सीमित प्रवेशवाले समूह हैं। जब तक हम उनके जैसे नहीं बन जाते, उनकी संगत पाना कठिन होता है। हालाँकि उनकी संगत हमें मायावी चीजों से निकलने के लिए ऊर्जा और प्रेरणा देती है, ताकि हम सितारों तक पहुँचने का प्रयास करें।

सत्ता के बिचौलियों की संगत के लिए निवेदन करना वास्तव में एक मिथ्या है। वे हम से बात करेंगे, पार्टी के लिए बुलाएँगे, हमारे साथ तभी समय बिताएँगे, जब हम उनका हित साधने में मदद कर सकें। वे बेमतलब लोगों से नहीं मिलते-जुलते

हैं। इस संगत में रहने का मतलब है कि हमारे लिए कुछ दरवाजे तभी खुल सकते हैं, जब इससे उनके लिए कई दरवाजे खुल जाएँ। संगठन में जब यह खबर फैलती है कि हम सत्ता के बिचौलियों के साथ हैं, तब उनकी वजह से हमें भी कुछ शक्ति मिल जाए, लेकिन इसका मतलब यह भी है कि जो गैर-राजनीतिक या फ्लोटर्स या दूरदर्शी हैं, वे हमें कोसने भी लग जाएँ। सत्ता के बिचौलियों पर कोई यकीन नहीं करता और इस कारण हम पर भी कोई विश्वास नहीं करेगा।

इन सभी समूहों में खारिज किए गए लोगों के साथ रहने से सबसे ज्यादा शक्ति बरबाद होती है। सावधान रहें, अन्यथा हमें भी हारे हुए लोगों में गिन लिया जाएगा। चाहे पैंट्री में या कॉफी टेबल पर या स्मोकिंग ब्रेक के दौरान उनके साथ उठने-बैठने से बचें। उनके पास संगठन के सबसे प्रगतिशील कदमों या नीतियों के खिलाफ कुछ-न-कुछ नकारात्मक कहने के लिए जरूर होगा, सबसे अच्छा प्रदर्शन करनेवालों के लिए आलोचना और सबसे शानदार और नई रणनीतियों में भी वे कोई-न-कोई नुक्स निकाल ही लेंगे। उनकी नकारात्मकता छूत के समान होती है। जल्दी ही हम खुद भी भयंकर शक्की बन जाएँगे। उन्हें संगठन पर नहीं, अपने आप पर भरोसा नहीं होता। इन सबका लब्बोलुबाब यह है कि उनसे दूर रहिए। हमारे भविष्य और हमारी छवि के लिए इससे नुकसानदेह और कुछ नहीं हो सकता कि हमें खारिज किया हुआ माना जाए या उनकी संगत में पाया जाए। हमारी छवि को बिगाड़ने में उनकी प्रतिद्वंद्विता यदि किसी से होती है तो वह पुराने ऐश्वर्यवाले समूह से होती है।

फ्लोटर्स की संगत हमें भटकाती रहेगी। वे हमारे अंदर भ्रम पैदा करने की शुरुआत करेंगे। चूँकि उन्हें अपनी सोच, स्थिति और इरादे का पता नहीं है, इसलिए वे निश्चित करेंगे कि हम भी अपनी स्पष्टवादिता से हाथ धो बैठें।

अच्छे मनुष्य हमें संतुलन और एक सोच का उपहार देंगे। उनकी संगत वैसी ही होती है, जैसे कोई डॉक्टर भयंकर उथल-पुथल भरे कॉरपोरेट जगत् में दिमागी सेहत को ठीक बनाए रखे। हम उनके साथ जितना समय बिताएँगे, उतनी ही गहराई से यह समझ पाते हैं कि अच्छाई, समभाव, विनम्रता, सम्मान और न्यायवादिता के गुण किस प्रकार ढूँढ़ने से भी नहीं मिलते। हमें थोड़ा-बहुत भी उसके संसर्ग में रहना चाहिए, ताकि हम अपने बुनियादी मूल्यों से जुड़ सकें और हम अपने पथ से भटक गए हैं तो फिर से उस पर वापस आ जाएँ। कॉरपोरेट जगत् में आम तौर होनेवाली चर्चा में यह कहा जाता है कि सफलता और अच्छाई कभी साथ नहीं हो सकते, लेकिन यह बस एक भ्रम है। अच्छे मनुष्य आधुनिक युग के संत हैं और कभी-कभार उनकी

संगत में रहने से हमारे अंदर न जाने कितनी अच्छाई आ सकती है।

आकांक्षी हमारे अंदर एक भूख पैदा करेंगे। आकांक्षियों के साथ समय बिताना एथलीटों के ट्रैक पर समय बिताने जैसा होता है। इससे हमारे अंगों में शक्ति और हृदय में आगे बढ़ने की इच्छा पैदा होती है। हम आकांक्षियों के साथ जितना समय बिताएँगे, सफल होने, आगे बढ़ने और शोहरत पाने की इच्छा उतनी ही बढ़ेगी। आकांक्षी यथास्थिति से परेशान हो जाता है और अपने प्रदर्शन को सामान्य से इतना अधिक बढ़ा देता है कि उसके अंदर वर्तमान कक्षा से बाहर निकलने के लिए जरूरी एस्केव वेलोसिटी प्राप्त हो जाए। आकांक्षी हमारे अंदर वह बेचैनी और एक सकारात्मक असंतोष पैदा करता है, जो तरक्की की दिशा में पहला कदम होता है।

आपकी संगत को लेकर एक आखिरी बात। कुदरती तौर पर हम अपने जैसे लोगों की ओर आकर्षित होंते हैं। अकसर हम ऊपर बताए गए आठ वर्गों में से किसी एक का हिस्सा बनते हैं और हम या तो अपने जैसे लोगों की ओर आकर्षित होते हैं या अपने जैसे लोगों को अपनी ओर आकर्षित करते हैं। समूहों का यह गठन स्वाभाविक और अवचेतन रूप से होता है। व्यक्ति किस संगत में रहता है, उस संगत में क्यों रहता है और अपनी संगत को बदलने के लिए उसे क्या करना होगा, इसे स्वीकार करने के लिए उसके अंदर उच्च स्तर की जागरूकता होनी चाहिए। कुल मिलाकर जान-पहचानवाले माहौल में एक सुकून होता है और उस सुकून से अलग होना कठिन होता है।

कबीर तहाँ न जाइए, जहाँ न चोखा चीत।
परपूटा औगुण घना, मुहड़े ऊपर मीत॥

कबीर, वहाँ मत जाइए जहाँ नीयत साफ न हो, पीठ पीछे आपकी आलोचना करते हैं, लेकिन सामने दोस्त बने रहते हैं।

कबीर तहाँ न जाइए, जहाँ कपट को हेत।
नौ मन बीज जू बोय के, खाली रहेगा खेत॥

कबीर, वहाँ मत जाइए, जहाँ धोखा देने की नीयत हो। बोरी बीज से भरी क्यों न हो, (खराब मिट्टी में) फसल नहीं उगेगी।

यह बात स्वीकार नहीं की जाती, लेकिन कॉरपोरेट जगत् में चुगली और पीठ में छुरा घोंपना आम बात है। हमें यह निष्कर्ष नहीं निकाल लेना चाहिए कि यह बहुत बुरी दुनिया है, जहाँ किसी पर भी भरोसा नहीं करना चाहिए, न ही हमें इतने

भोलेपन से यह स्वीकार कर लेना चाहिए, जो दिख रहा है, उसके पीछे कोई गलत उद्‌देश्य नहीं हो सकता है। दफ्तर में होनेवाली गपबाजी के स्रोतों को कई नामों से पुकारा जाता है, वे वाटर कूलर, कॉफी मशीन, गलियारे, पीने के ठिकाने, चाय की दुकान हो सकते हैं। जगह चाहे जो भी हो, वहाँ होनेवाली बातचीत का स्तर गाली देने, कोसने, शिकायत करने, भड़ास निकालने, चुगली करने, षड्‌यंत्र रचने वगैरह–वगैरह की हद तक गिर जाता है।

इस बात का ध्यान रखें कि आप किन लोगों के साथ बाहर जाते हैं और इस पर गौर करें कि बातचीत का तौर–तरीका क्या होता है। रचनात्मक लोगों के साथ जाएँ और मुमकिन है कि नए विचारों पर बात हो, आकांक्षियों के साथ जाएँ और नई चुनौती को हल करने पर बात कर सकते हैं तथा खारिज किए हुए लोगों के साथ जाएँ और हम सिर्फ संगठन में क्या गलत है, उस पर ही बात करते रह सकते हैं। बातचीत इससे तय होती है कि हम किस संगत में रहते हैं।

कबीर हमें सुझाव देते हैं कि हमें साफ नीयतवाले लोगों की संगत में रहना चाहिए, ऐसे लोग जो दूसरों का बुरा नहीं चाहते, अपने विचार अकसर नहीं बदलते और सिर्फ अपनी स्थिति को बनाए रखने की प्रेरणा से काम करते हैं, जबकि साफ नीयत न रखनेवाले हमारी सोच को संकीर्ण बना देते हैं। वे ऐसे होते हैं, जो मुँह पर हमारी तारीफ करते हैं, लेकिन पीठ पीछे कुछ और ही कहते हैं। हमें जल्दी ही यह पता चल जाता है और अविश्वास की एक परत दिखने लगती है, जिसके कारण बातचीत में बनावटीपन आ जाता है।

साफ नीयतवालों की संगत से साफ नीयत बढ़ती है। अगर सामाजिक बातचीत अकसर राजनीति, अपने लिए शाबाशी हासिल करने और दूसरों को पीछे छोड़ने पर होगी, तो न केवल हमारा व्यवहार उस प्रकार का हो जाएगा, बल्कि दुनिया को देखने की हमारी सोच भी वैसी ही हो जाएगी। हमें वहाँ भी साजिश दिखाई देगी, जहाँ वह नहीं है, हमें जहाँ बुरी नीयत नहीं होती, वहाँ भी वही दिखाई देती है, हम वहाँ भी दूसरों, की मंशा पर सवाल उठाते हैं, जहाँ ऐसा कुछ नहीं होता। अविश्वास से अविश्वास बढ़ता है। यह एक कुचक्र बन जाता है और हर कोई उस जाल में फँस जाता है। यदि ऐसा हो कि हम इसकी बजाय ऐसी संगत में चले जाएँ, जहाँ विचारों, या योजनाओं, रोमांच, विश्वास, भरोसा और आम तौर पर अच्छी चीजों की बात हो तो क्या होगा? कितनी ऊर्जा बच सकती है और कितने ही नए प्रयोग सामने आ सकते हैं।

अच्छी फसल के लिए अच्छी मिट्टी चाहिए। बंजर जमीन या ऐसी जमीन, जिसमें सही गुण न हों, उस पर अगर एक बोरी बीज भी डाल दिए जाएँ तो भी

फसल नहीं उग सकती है। आप जिस संगत में रहते हैं, वह बिल्कुल ऐसी ही होती है। हम चाहे कुशाग्र, बुद्धिमान, सक्षम और काबिल क्यों न हों, गलत संगत में ज्यादा समय बिताने से हमारा उत्साह समाप्त हो सकता है, क्षमता कुंद पड़ सकती है और अधिक तथा बेहतर करने की प्रेरणा समाप्त हो सकती है।

कबीर, वहाँ मत जाइए, जहाँ चित्त स्थिर न हो। नए प्रभाव के साथ ही वे फलों की तरह गिरने लगते हैं।

कबीर हमें आदतन राय बदल लेनेवालों से दूर रहने की सलाह देते हैं।

कुछ के पास ढंग का पद नहीं होता। वे हवा के रुख के साथ बदल जाते हैं, क्योंकि उनके इरादे मजबूत नहीं होते और वे अपनी सुविधा के मुताबिक पाला बदल लेते हैं। ऐसे लोग खतरनाक होते हैं, क्योंकि वे बड़ी आसानी से एहसानों को भूल जाते हैं, सुविधा से पाला बदल लेते हैं और बहुत ज्यादा बेशर्म हुए तो वे कहेंगे, 'एक बार फिर सोचने के बाद मैं अपना विचार बदल रहा हूँ', मुश्किल यह होती है कि वे पाँचवीं बार फिर से विचार कर रहे होते हैं।

हवा के एक तेज झोंके की तरह ही एक घटना पेड़ों से फलों को बिखरा देती है। ऐसे लोग अपने विचार, अपना पक्ष और स्थान बदल सकते हैं। किनारे खड़े रहना और जिम्मेदारी न लेना या विचार बदल लेना बड़ा आसान, सुविधाजनक और बिना जोखिम का होता है। दुर्भाग्य से जल्दी ही यह हमारे आचरण का हिस्सा बन जाता है। हम जब मजबूत इरादेवाले लोगों के साथ समय बिताते हैं, तभी हमारे अपने इरादों पर भी भरोसा होता है। रेंगनेवालों के साथ हम भी रेंगनेवाले बन जाते हैं, ऊँचा और तनकर खड़ा होना है तो पेड़ों से सीखिए।

नमन नवाँ तो क्या हुआ, सूधा चित्त न ताहि।
पारधिया दूना नवैं, मिरगहि टूकै जाहि॥

दुष्टात्मा की विनम्रता महज दिखावा होती है, उसी प्रकार जिस प्रकार हिरन को मारने से पहले शिकारी दो बार नीचे झुकता है।

नमन नमन बहु अंतरा, नमन नमनन बहु बान।
ये तीनों बहुतै नंवै, चीता चोर कमान॥

विनम्रता अच्छी आत्मा और दुष्टात्मावालों में अलग-अलग होती है। भले ही ये तीनों कितना ही क्यों न झुकते हों—चीता, चोर और कमान।

संगठनों से चाहे कितनी ही अपेक्षा क्यों न की जाती हो कि वे न्यायपूर्ण

होंगे, निष्पक्षता से काम करेंगे, तथ्य आधारित विश्लेषण और विशुद्ध तर्कसंगतता का उपयोग करेंगे, फिर भी यह बात बहुत पहले ही साबित हो चुकी है कि मनुष्य और उस कारण संगठन भी शायद ही कभी तर्कसंगत होते हैं। यह भी स्पष्ट है कि मूल रूप से लोगों का कोई भी समूह जुझारू, राजनीतिक और एजेंडा से प्रेरित होने का प्रयास करता है और यह कोई असामान्य सी बात नहीं है कि किसी भी संगठन के अंदरूनी दायरे में ऐसे तत्त्व हो सकते हैं, जो राजनीति, चुगली, मंडली, साजिश, परदे के पीछे की सौदेबाजी वगैरह न करते हों। संगठनों में फर्क बस इस लिहाज से होता है कि उनकी निर्णय लेने की प्रक्रिया और सांस्कृतिक संरचना में इस प्रकार की अनौपचारिक प्रक्रियाएँ किस हद तक अपनी जड़ें जमा चुकी हैं। यदि इसे लंबे समय तक ऐसे ही चलते रहने दिया गया या उनमें सशक्त संचालक न हों तो संगठनों में एक व्यापक निराशावाद फैल जाता है तथा ऐसा कुछ भी नहीं बच जाता, जो विश्वास के संकट से ग्रस्त न हो गया हो।

कबीर कहते हैं कि हमें सूक्ष्मदर्शी होना चाहिए। वे उम्मीद करते हैं कि हम इतने समझदार होंगे कि विभिन्न प्रकार की मंशा रखनेवाले लोगों को समझ सकें और उनके बीच भेद कर सकें।

कुछ मृदुभाषी और विनम्र किस्म के होते हैं, जो सभ्य होते हैं, सदैव सही बातें कहते हैं, आपकी मदद करते हैं, जब आप निराश होते हैं, तब आपके साथ समय बिताते हैं और आप पर एक निश्चित प्रभाव छोड़ते हैं कि वे आपके सबसे अच्छे दोस्त हैं। शायद वे हों भी। हालाँकि दो बातें मामले को संदिग्ध बना देती हैं। एक, हर किसी का एक और जिगरी दोस्त होता है, और दो, हर किसी पर 'स्वार्थ के एक अदृश्य हाथ' की ताकतवर पकड़ भी होती है। चमकनेवाली हर चीज सोना नहीं होती। हर कोई जो सही बात कहता है, जरूरी नहीं कि उसकी मंशा भी सही हो। इस बात को लेकर सतर्क रहें कि आप किससे बात करते हैं और क्या बात करते हैं।

कबीर कहते हैं, हिरन का शिकार करने से पहले शिकारी दो बार झुकता है और फिर तीर से उसकी हत्या कर देता है। शिकारी के झुकने को सम्मान या विनम्रता या संवेदना समझने की भूल नहीं करनी चाहिए।

लोग जैसे दिखते हैं, वैसे हों भी, यह जरूरी नहीं। कदमों के पीछे मंशा छिपी होती है और अकसर यह समझ पाना मुश्किल होता है कि उन कदमों के पीछे छिपी मंशा क्या है।

दूसरे दोहे में कबीर कहते हैं कि झुकने के अलग-अलग मायने हो सकते हैं, निर्भर इस पर करता है कि कौन झुक रहा है। चीता शिकार करने से पहले झुकता है,

चोर अँधेरे में छिपने के लिए झुकता है और कमान तीर छोड़ने से पहले झुकती है।

कदम के पीछे का उद्देश्य ही उस कदम का अर्थ स्पष्ट करता है। चीता मारने के लिए झुकता है, चोर छिपने के लिए और कमान तीर छोड़ने के लिए। इसलिए आपको जब एक विशेष व्यवहार दिखाई देता है, विशेष रूप से विचित्र हो, जो समय, पद, व्यक्ति और अतीत के हिसाब से विचित्र हो तो सावधान रहिए। कदम के प्रभाव में आने से पहले उसके पीछे की मंशा का पता लगाने का प्रयास करें।

आखिर में यदि आपको किसी व्यक्ति की मंशा और कार्यों में दोहरापन नजर आता है तो यह जान लीजिए कि वह व्यक्ति ऐसा नहीं, जिसकी संगत में आपको रहना चाहिए। थोड़े समय के लिए आपको ऐसी संगत का लाभ मिल सकता है, किंतु इसमें भी देर नहीं लगेगी, जब आप किसी मुश्किल में फँसे होंगे। अगर आप चीते के लिए चारा जुटाने में मदद करेंगे तो जल्दी ही आप खुद चारा बन जाएँगे, क्योंकि चीते की आदत शिकार करने की होती है। किसी दुष्ट की संगत आपको भी दुष्ट बना देगी, हेर-फेर करनेवाले का साथ आपको भी जोड़-तोड़ करनेवाला बना देगा और दोहरे चरित्रवालों का साथ आपको भी दोमुँही बात करनेवाला बना देगा।

आगे दरपन ऊजला, पीछै विषम विवकार।
आगे पीछे आरसी, क्यो न पड़े मुखछार॥

दर्पण का एक उजला और एक काला पक्ष होता है, जो दो-दो चेहरे रखते हैं, उन्हें आलोचना सहनी पड़ती है।

हिये कतरनी जीभ रस, मुख बोलन का रंग।
आगे भले पीछे बुरा, ताको तजिए संग॥

वह जो मीठी बोली बोलता है और जिसमें वाक्पटुता होती है, यदि वह आपके सामने कुछ और पीछे कुछ और बोलता है तो उससे भी बचिए।

अंत कतरनी जीभ रस, नैनों उपला नेह।
ताकी संगति रामजी, सपनेहू मद देह॥

वह व्यक्ति जिसके दिल में बुरी भावना होती है, आँखों में स्नेह और होंठों पर मिठास, हे भगवन्, सपने में भी मुझे ऐसी संगत में जाने मत देना।

इस प्रकार के लोग समाज में और इस कारण संगठनों में भी आसानी से

मिल जाते हैं। ऐसे लोगों को आप तीन प्रकार से देख सकते हैं—मनोवैज्ञानक, नैतिक और व्यावहारिक रूप से। यदि आप मनोवैज्ञानिक रुख अपनाते हैं तो आप घंटों और बरसों तक यह पता लगाते रह जाएँगे कि लोगों का व्यवहार ऐसा क्यों होता है। आप व्यवहार निर्माण, आरंभिक प्रभावों, बचपन की यादों, सत्ता के साथ आरंभिक संबंध आदि के सिद्धांतों का पता लगा सकते हैं और हम उस व्यक्ति को यदि यह बताते हैं कि उसका व्यवहार ऐसा क्यों है तो संभव है कि वह व्यक्ति अपनी कमी को पहचान ले, जो शायद ठीक भी हो जाए। हमारे दृष्टिकोण से जो भी ऐसे व्यवहार का नुकसान उठाते हैं, उन्हें कम-से-कम यह पता लग जाता है कि उनके व्यवहार की वजह क्या है और शायद यह पहले ही पता चल जाता है कि आगे क्या होनेवाला है।

नैतिक दृष्टिकोण सही और गलत का एक खाका होता है, जहाँ आप उस व्यक्ति के व्यवहार पर निर्णय सुना देते हैं। उससे अधिक कुछ नहीं किया जा सकता है। तीसरा व्यावहारिक खाका होता है, जहाँ हम व्यवहार संबंधी तरीके को पहचान लेते हैं और फिर या तो उसके लिए तैयार रहते हैं या बस उस संगत से बचते हैं।

आईने के दो पक्ष होते हैं, एक सफेद और दूसरा काला। दोमुँहा स्वभाव रखनेवाले मुँह की ही खाते हैं। कर्मचारी, टीम के सदस्य, प्रबंधक और नेता अपनी सुविधा से दोमुँहा रुख अपनाते हैं। वे थोड़े समय तक मिलनेवाले लाभ को देखते हैं और जो काम आसानी से हो, उसे ही करते हैं। इससे भी बुरा तब होता है, जब कुछ मामलों में नेता घोर अवसरवादी बन जाते हैं। हालाँकि उन्हें यह पता नहीं चलता कि बाकी सब उन्हें देख रहे हैं। एक शॉर्टकट और पूरे संगठन में यह बात फैल जाती है, जिसमें दो घटनाएँ तौर-तरीकों को पुख्ता करती हैं और तीसरी घटना आपकी छवि का निर्माण कर देती है।

यह बात आम तौर पर देखी जा रही है कि संगठन अब अधिक-से-अधिक शिक्षित, सुस्पष्ट और सक्षम लोगों को रख रहे हैं। सक्षमता के साथ उसकी अपनी ही जटिलता जुड़ी होती है। सक्षम होने का अर्थ यह भी है कि आप चीजों को लेकर होशियारी से बातें करेंगे, इसका मतलब यह भी हो सकता है कि चतुराई भरे तर्क के पीछे आप अपने बुरे व्यवहार को छिपा लेंगे, इसका अर्थ यह भी हो सकता है कि तर्क के शानदार इस्तेमाल से कोई अपने दोहरे व्यवहार के सबसे घृणित मामले को भी सही ठहरा दे। कोई भी यह जान सकता है कि सही बातें कैसे कही जाएँ, कोई यह भी जान सकता है कि सही बातें कहने के तरीके क्या हैं, लेकिन उसने दोहरी बातें कीं, यानी हमारे सामने कुछ और कहे और पीछे कुछ और तो उससे बचना चाहिए।

हेत प्रीति से जो मिले, तासों मिलिए धाय।
अंतर राखी जो मिलै, तासो मिले बलाय॥

जो सच्चे स्नेह से मिले, उससे खूब प्रेम से मिलिए, किंतु उससे बचिए, जिसके दिल में बुरी भावना है।

आप किस संगत में हैं, यह नीयत से ही तय होनी चाहिए। नीयत का पता लगाना कठिन हो सकता है, लेकिन नीयत ही लोगों में भेद करती है। दो लोगों से एक ही तरह के शब्दों के पीछे की नीयत अलग-अलग हो सकती है, जिससे हमारे अंदर अलग-अलग भावना पैदा हो सकती है। दो व्यक्तियों की ओर अलग-अलग नीयत से उठाया गया एक जैसा कदम हमें अलग-अलग प्रतिक्रिया करने पर मजबूर कर सकता है। उस व्यक्ति की आलोचना स्वीकार्य होती है, जिसकी नीयत सवालों से परे होती है, जबकि संदिग्ध नीयतवाले की आलोचना से अपमान और चोट लगने का अनुभव होता है।

आम तौर पर और विशेष रूप से संगठनों में संबंध नीयत के आधार पर ही बनते और बढ़ते हैं। जो आप से सच्चे स्नेह से और आपके हित को अपने दिल में रखकर मिलता है, उससे सौहार्द और बातचीत को आगे बढ़ाइए। यदि आपके मन में उस व्यक्ति की नीयत की सच्चाई के विषय में थोड़ा भी संदेह है तो कबीर की सलाह है कि सावधान रहें।

कछु कहि नीच न छेड़िए, भलो न वाको संग।
पत्थर डारे कीच में, उछलि बिगाड़े अंग॥

बुरे लोगों का संग खतरनाक होता है, यदि आप कीचड़ में पत्थर फेंकेंगे, तो गंदगी आपके ऊपर ही आएगी।

यह एक ऐसी पुरानी कहावत है, जिसे हर कोई जानता है। अच्छी बात यह है कि सारे ही युग पर लागू होती है और कॉरपोरेट जगत् के लिए भी प्रासंगिक है। बुरी खबर यह है कि इस पर या तो ध्यान न दिया जाए या इसका व्यवहार न किया जाए।

दफ्तरों में सभी प्रकार के लोग रहते हैं। मैंने अध्याय के आरंभिक हिस्से में कुछ एक की चर्चा की है। मुझे विश्वास है कि कुछ और किस्म के लोग भी होते हैं। घोर अहंकारी, अहम्कारोन्मादी, मैं सब जानता हूँ, मैं ही मैं हूँ, ढोंग करनेवाला, गंदी जुबानवाला, मुझे यह बता देता है और बात-बात पर उलझनेवाले, वगैरह-वगैरह। हम वैसे ही बन जाते हैं, जैसे लोगों के संग रहते हैं। पूरी तरह तो नहीं तो

कुछ हद तक तो बन ही जाते हैं। हम उस तरह की संगत रखते हैं, जिनकी चर्चा ऊपर की गई है और अनजाने में ही उनमें से सबसे बुरे को चुन लेते हैं, भले ही वे हमारी अंदर की सबसे अच्छी बात को पहचान लें।

और गलती से भी हमने बहस की या कहा-सुनी पर उतरे तो यकीन मानिए आप अपने आपको ही कोसेंगे कि आपने उनसे झगड़ा मोल लेने का फैसला ही क्यों किया। ऐसा कहते हैं कि सूअर के साथ कभी मत लड़ो, क्योंकि वह आपको कीचड़ में ले जाएगा, उसे खेलने में मजा आएगा और फिर वह आपको अपने अनुभव से पटखनी दे देगा।

कबीर का सुझाव है कि ऐसी संगत से बचिए।

प्रमुख सबक

1. आप जिस संगत में रहते हैं, उसके प्रभाव स्पष्ट नहीं होते, विरले ही दिखते हैं; लेकिन उनका अनुभव पूरी तरह हो जाता है। यह अच्छा या खराब खाना खाने जैसा होता है, जिसके नतीजे कुछ समय बाद ही सामने आते हैं।
2. संगठन में मोटे तौर पर आठ वर्ग होते हैं—विजेता टीम, पुराना ऐश्वर्य, दूरदर्शी, सत्ता के बिचौलिए, खारिज किए गए, फ्लोटर्स, अच्छे मनुष्य, आकांक्षी। आप वैसे ही बनेंगे, जैसी आपकी संगत होगी।
3. अच्छी संगत अच्छी मिट्टी जैसी होती है, अगर मिट्टी खराब हो तो अच्छे बीज भी सड़ जाते हैं।
4. ऐसे लोगों से दूर रहिए, जो अपने विचार इरादे की बजाय सुविधा के मुताबिक बदल लेते हैं।
5. रेंगनेवालों के संग रहकर आप सिर्फ एक रेंगनेवाला बन सकते हैं, तनकर खड़े रहना है तो पेड़ों से सीखिए।

□

कार्य, क्षमता और पहचान

कहानी : पंकज मिश्रा का ताल्लुक एक अच्छे खानदान से है। उन्होंने नामी-गिरामी कॉलेजों से पढ़ाई की और आला दरजे की कंपनियों में काम किया है। तकनीक़ी रूप से वे सशक्त और दक्ष हैं। वे अपनी बातों को मुखरता से रखते हैं और उनमें भरपूर आत्मविश्वास है। अगर कोई उम्मीदवार था, जो अच्छा काम करने में और बेहतरीन प्रदर्शन करने में सक्षम था, तो वह वही थे। वे जब संगठन में शामिल हुए, तब उन्हें उसका भविष्य माना गया था। हालाँकि आगे जो हुआ, उसकी उम्मीद किसी ने नहीं की थी। छह महीने के भीतर यह देखा गया कि पंकज के काम की गुणवत्ता वैसी नहीं, जैसी उनसे उम्मीद की गई थी। टीम के सदस्यों के मुताबिक एक तरफ जहाँ उन्होंने सारी ठीक-ठीक बातें कीं और सारी बैठकों तथा स्थलों पर मौजूद रहे, कुछ कमी जरूर थी। कोई भी जहाँ यह नहीं कह सकता था कि वे अक्षम थे या काम से बचनेवाले थे, लेकिन वे तेज-तर्रार भी नहीं थे। उन्हें अनदेखा करना मुश्किल था, लेकिन उतना ही मुश्किल था, उन पर गौर करना। जब पंकज के सुपरवाइजर ने उनसे साफ-साफ बात करनी चाही, तब वे हैरान रह गए। उन्हें लगा कि वे बहुत अच्छा कर रहे हैं। उनके सुपरवाइजर को भी समझ नहीं आ रहा था कि अपनी कठिनाई को कैसे बताए। वह चाहता था कि काश यह अक्षमता का एक साफ मामला होता। वह यह नहीं बता पा रहा था कि पंकज के काम को लेकर गड़बड़ क्या है। क्या कबीर कुछ मदद कर सकते हैं? यह हैरान करनेवाला प्रश्न है कि 'हम काम क्यों करते हैं?' सदियों से और कम-से-कम भारत में हमने अपना पेशा कभी नहीं चुना। यह हमें विरासत में मिला। एक पुजारी का बेटा पुजारी बनेगा, व्यापारी का बेटा व्यापारी और इसी प्रकार दूसरे पेशे में भी होता है। इससे अलग करने या इसकी अवहेलना करने का प्रश्न ही नहीं था। इसलिए जब लोग एक-दूसरे से मिलते थे या विवाह जैसे सामाजिक निर्णय

लिये जाते थे, तब आम तौर पर एक सवाल पूछा जाता था, 'तुम कौन हो?' यह पूछने का मतलब था कि हमसे हमारे पूर्वजों और वंश, हमारे संप्रदाय, धर्म, जाति, जाति में भी गोत्र और वंशावली को जानने की इच्छा है। हमारी पहचान वही थी। इसलिए 'मैं कौन हूँ' जन्म से परिभाषित होता था, न कि व्यवसाय और कॅरियर के चुनाव से। उन सीमाओं के अंतर्गत मेधा की चर्चा होगी, लेकिन यह पारंपरिक सीमाओं को खतरे में डालता है तो 'अपने मन मुताबिक व्यवसाय' के विकल्प को कभी स्वीकार नहीं किया जाता था। यह प्रश्न फिर भी पूछा जाता है कि 'तुम कौन हो' भले ही उसकी तीव्रता कम हो जाती है और कभी-कभी उसका महत्त्व भी उतना नहीं रहता। इसके बाद अगला प्रश्न यह होता है, 'तुम क्या हो?' अब हमारे मत, जाति, गोत्र और परिवार पर पूछे जानेवाले प्रश्न हमारे गुण को लेकर किए जाने लगते हैं। इस प्रश्न का आशय वास्तव में यह होता है कि हमें जो जीवन मिला, उसमें हमने क्या किया है। हमने क्या हासिल किया है? हम क्या करते हैं और जो भी करते हैं, उसे कितनी अच्छी तरह करते हैं। काम की जगहों पर तेजी से बदलाव आ रहे हैं, जहाँ किसी के पेशे से उसकी जाति तय नहीं होती, न ही किसी की जाति से उसका पेशा तय होता है। ऐसे में यह प्रश्न और भी महत्त्वपूर्ण हो जाता है। इसका अर्थ यह है कि हमारी पहचान जो थी, वही रहेगी, हम उसी मत, जाति और गोत्र के रहेंगे; लेकिन यह सबकुछ नहीं है और धीरे-धीरे यह पूरी तरह से महत्त्वहीन हो जाएगा। 'अब मैं क्या हूँ' से कहीं अधिक महत्त्वपूर्ण 'मैं क्या करता हूँ,' होता जा रहा है।

इस कारण यह तथ्य कि काम से हम पैसे अर्जित करते हैं, गौण हो जाता है और इसका महत्त्व बस इतना है, जिसे हलके-फुल्के तौर पर अब्राहम मासलॉ के जरूरतों के पदानुक्रम के अनुसार 'मनोवैज्ञानिक' स्तर बताया जा सकता है। इसलिए यह बात कि काम जीविकोपार्जन का एक साधन है, तभी महत्त्वपूर्ण होता है, जब उसका अभाव होता है। उसके बाद काम का महत्त्व काफी हद तक बढ़ जाता है और वह आत्मविश्वास, आत्मसम्मान, अपनी कीमत और आखिर में प्रसन्नता जैसे पहलुओं से जुड़ जाता है।

हमारा काम एकमात्र ऐसी चीज है, जो हमारी पहचान कराता है, जिसे हम चुनते हैं और अपने खून-पसीने सी सींचते हैं। काम न केवल हमारे जीवन के आखिरी पलों तक हमें परिभाषित करता है, बल्कि हमारे जीवित रहने के दौरान भी हमारे व्यक्तित्व की पहचान होता है। चलिए, अब अपने चारों ओर नजर दौड़ाते हैं। ऐसे लोग जो खुश हैं, वे लोग उनमें से ही एक हैं, जो अपनी पहचान अपने काम

से बताते हैं, चाहे काम को लेकर उनकी सोच कुछ भी हो। वे लोग जो अपने काम में अच्छा करते हैं और जो अपने काम अच्छी तरह करते हैं, उनके खुश रहने की संभावना अधिक होती है। आम तौर पर हम जिस दिन अपने आपको काम में पूरी तरह व्यस्त रखते हैं, उन सीमाओं को अपने जोश से तोड़ देते हैं, जिनसे हमने अपने आपको बाँध रखा था, तो वह ऐसा दिन होता है, जब हम प्रसन्न और संतुष्ट महसूस करते हैं। वे ऐसे दिन होते हैं, जब हमें किसी और के यह कहने का इंतजार नहीं होता कि हम कितने अच्छे हैं। उन दिनों में हमें प्रेरणा के लिए किसी बाहरी पहचान की आवश्यकता नहीं पड़ती। वे ऐसे दिन होते हैं, जब हम खुश रहते हैं।

एक पुरुष या स्त्री और उनके काम को एक-दूसरे से अलग नहीं किया जा सकता है। क्या हम किसी डांसर से उसके डांस को अलग कर सकते हैं? यह बात काम पर भी लागू होती है। हमारे काम और हमारे बीच भेद नहीं हो सकता है। काम को आवश्यक बुराई के तौर पर न किया जा सकता है और न ही किया जाना चाहिए। सिर्फ पैसे कमाने के लिए काम करना उसे हेय बनाने जैसा है। काम ऐसा नहीं हो सकता, जिसका आनंद उठाए बिना हम उसे सिर्फ कमाई करने के लिए कर सकते हैं।

काम हमारी पहचान होता है। यह हमारी आत्मा की अभिव्यक्ति होता है। काम हमारे व्यक्तित्व का विस्तार होता है। हम अपने काम से अलग नहीं होते। और अगर ऐसा है तो हम पूछ सकते हैं, 'क्या मेरे काम की गुणवत्ता सच में हमारी झलक दिखाती है?' दोनों के बीच कोई भेद नहीं हो सकता है। अगर मैं महान् हूँ तो मेरे काम में वह दिखेगा। काम कर रहे लोगों पर गौर करने से उनके विषय में काफी कुछ पता चल जाता है। काम करते लोगों को देखिए, वे उसमें तल्लीन होते हैं, आप पाएँगे कि वे हर कीमत पर और हर समय सर्वोत्तम प्रदर्शन करने की धुन में होते हैं और इससे हम उस व्यक्ति को अच्छी तरह पहचान सकते हैं।

कर्म ही नया धर्म है। कर्म ही नया मत है। कर्म ही नई पहचान है। काम को लेकर यही सोच कॉरपोरेट जगत् या स्वतंत्र पेशेवरों की दुनिया पर भी लागू होती है। भले ही रचनात्मक क्षेत्रों में काम की इस धारणा की पहचान आसानी से हो जाती है, लेकिन औपचारिक संगठनों में ऐसा करना कठिन होता है, क्योंकि उनमें उस प्रकार के स्तर को बनाए रखना संभव नहीं होता। यही कारण है कि बड़े निगमों में काम को लेकर लगन और खुशी दिखाई नहीं देती है। काम में मजा नहीं है, यह दलील नहीं दी जा सकती है, नहीं तो हम सिर्फ संकट में काम

करते और औसत दरजे की खुशी महसूस करते हैं, या उससे भी कहीं बुरा होता कि हम उस भेद को मान लेते हैं कि हम और हमारा काम अलग-अलग होते हैं। यह इतना अहम व्यक्तिगत विषय होता है कि इसे संगठन के भरोसे नहीं छोड़ा जा सकता है।

महान् रूमी कहते हैं, "हर किसी को एक खास काम के लिए बनाया गया है और उस काम को लेकर इच्छा हर किसी के दिल में डाली जाती है।"

झाल उठी झोली जली, खपरा फूटम फूत।
जोगी था सो रमि गया, आसन रही भभूत॥

आग की लपटें हड्डियों और शरीर को खाने दौड़ती हैं, योगी चला गया, वह जो माँग रहा था, बच गया।

काम को लेकर हर प्रकार के सिद्धांत होते हैं। कुछ कहते हैं, यह बस जीवन का एक हिस्सा होता है और इस कारण यही जीवन में सबकुछ नहीं होता। इस पर इतना भी ध्यान नहीं देना चाहिए कि जीवन के अन्य पहलुओं जैसे स्वास्थ्य, परिवार और संबंधों से ध्यान हटा लिया जाए। कुछ अन्य कहते हैं कि आज के युग में काम इतना महत्त्वपूर्ण हो गया है कि इस पर कुछ ज्यादा ही ध्यान देने के सिवाय दूसरा रास्ता नहीं है। काम के चलते मिली सफलता न केवल हमें भौतिक लाभ दिलाती है, बल्कि सम्मान और खुशी के लिए सत्ता और क्षमता में भी बढ़ोतरी कराती है।

सारे कार्यस्थलों पर आप काम को लेकर सभी प्रकार की सोच को देख सकते हैं। कुछ विशेष किस्म की सोच पर नजर डालते हैं।

1. **मैं वही करूँगा, जो मैं जानता हूँ :** उसे थोड़ी-बहुत जानकारी है और वह अपना काम उसी सीमित क्षमता के आधार पर करेगा। वह चाहता है कि आप उसे ठीक से बताएँ कि क्या करना है, कैसे करना है, कहाँ से करना है वगैरह-वगैरह। उससे एक भी इंच इससे ज्यादा की उम्मीद मत कीजिए। वह मधुमक्खी के छत्ते का वह कार्यकर्ता है, जो वही करेगा, जिसके लिए उसे बनाया गया है। उस पर कोई गौर नहीं करता, इस कारण उसकी कमी भी नहीं खलती है।
2. **आप मार्गदर्शन करें, मैं काम करूँगा :** वह उतना ही करेगा, जितना उसे बताया जाएगा। वह कुछ चीजें जानता है और आप उसका जितना मार्गदर्शन करेंगे, वह उस हद तक प्रयोग करेगा। वह शब्दश: शुरू करेगा और उसी अनुसार समाप्त भी करेगा। आपको उसके काम में कोई गलती

नजर नहीं आएगी, न ही आपको कुछ नया, रचनात्मक और शानदार दिखाई देगा। वह बड़ा मस्तमौला होता है और अगर कोई काम कल पर भी टल जाए तो उसे फर्क नहीं पड़ता।

3. **बंद करो, भूल जाओ :** टीम में यह एक अच्छा सदस्य होता है। वह कड़ी मेहनत करता है। घंटों जुटा रहता है, यहाँ तक कि आप से भी अधिक काम करता है। वह कर्मठ, ईमानदार और 'परिश्रमी चींटी' जैसा होता है। अगर आपने उसे कोई काम दे दिया है तो निश्चिंत रहिए कि वह सबकुछ, जो मानवीय रूप से संभव है, उसे हासिल करने के लिए या पूरा करने के लिए करेगा। जो कमी उसकी रचनात्मकता में रहेगी, उसे कठिन परिश्रम से पूरा कर देगा। टीम में ऐसे सदस्य का रहना जरूरी होता है, क्योंकि संकट या समय-सीमावाली स्थितियों में वह हमारे काम का आदमी होता है। काम के प्रति उसका रुख पूर्ण समर्पण का होता है। वह काम को अपना काम समझ कर करता है।
4. **रचनात्मक जीनियस :** वह अकसर सबसे कठिन परिश्रमी नहीं होता। उसकी कर्मठता में जो कमी होती है, उसे वह अपनी रचनात्मकता से पूरा कर देता है। आपको उसकी जरूरत प्रभाव, विविधता और नएपन के लिए होती है। वह चित्रकारी कर सकता है, नलसाजी नहीं। वह कल्पना कर सकता है, लेकिन उसे अमल में नहीं ला सकता। आपको उसकी जरूरत उस कारण ही होती है, जिसके लिए आप भविष्यद्रष्टा को ढूँढ़ते हैं, ताकि वह सामान्य से आगे जाकर सोच सके। काम को लेकर उसकी सोच हमेशा कुछ नया करने की होती है। वह सांसारिकता के बीच घुटना महसूस करता है, जो पुनरावृत्त और सामान्य होती है। काम के प्रति उसका रवैया जीवन से कहीं बड़ा होता है।
5. **भावुक पूर्णतावादी :** कुछ लोग अपने काम को बहुत गंभीरता से लेते हैं, लगभग व्यक्तिगत समझते हैं। हर काम, हर मेल, उनकी ओर से दिया गया हर प्रेजेंटेशन अपनी अभिव्यक्ति का कार्य होता है और वे उसमें जरा सी भी गड़बड़ी आने नहीं देते। स्लाइड एकदम शानदार होंगी, रंगों का आयोजन गजब का होगा, संलग्नक मौजूद होंगे, फोल्डर तैयार होंगे, होमवर्क पूरा होगा, प्रेजेंटेशन का परिचय शुद्ध होगा, लतीफे का रिहर्सल भी किया जा चुका होगा और समाप्ति का मंचन भी किया जाएगा। उत्कृष्टता की यह तलाश इस धारणा से आती है कि काम ही पहचान है।

इस विशेष प्रकार के लोग पैसे के लिए काम नहीं करते, भले ही उसकी उन्हें सख्त जरूरत हो। उन्हें काम से ही ऊर्जा मिलती है। उसके दो पहलू होते हैं। सकारात्मक पक्ष देखें, तो वह एक पूर्णतावादी होता है, उन्हें हदों के पार जानेवाला कह सकते हैं, ऐसा व्यक्ति जो किसी से न नहीं सुनना चाहता, ऐसा व्यक्ति जो सबसे जटिल समस्या का हल भी निकाल लेता है। उसके साथ रहने में मजा आता है, क्योंकि वह आपके काम में गजब का सकारात्मक प्रभाव डाल देता है। नकारात्मक पहलू की बात करें तो वह अकसर देरी करता है, कुतर्की होता है, विश्वसनीय नहीं होता और कभी-कभी तो उद्दंड और अलोकतांत्रिक भी हो जाता है। इससे फर्क नहीं पड़ता कि आप उसके किस पहलू से निपट रहे हैं, लेकिन उस शैतान को उसका हिस्सा देने से इनकार नहीं कर सकते। उसका समर्पण अनुपम और लगभग डाह करने योग्य होता है, क्योंकि वह कभी हार नहीं मानता है।

उसे अनदेखा नहीं कर सकते और इस कारण उसके चले जाने पर उसकी कमी सबसे ज्यादा खलती है। उसके समर्पण की कमी खलती है, किसी समस्या को अनुसलझा न छोड़ने की उसकी जिद याद आती है, पूर्णता की उसकी अथक खोज याद आती है और अतीत में किसी काम को जिस तरह किया गया, उससे बेहतर करने के लिए सिस्टम पर दबाव बनाने की उसकी क्षमता याद आती है। कुछ लोग उससे नफरत कर सकते हैं, जिनके खिलाफ उसने कड़ा रुख अपनाया होगा, लेकिन उन लोगों द्वारा उसे याद किया जाता है, जिनसे उसने उनकी क्षमता से कहीं बेहतर काम लिया, भले ही वे उसे कोसते हुए ही याद क्यों न करें। उसके जाने के बाद भी उसका काम लंबे समय तक अस्तित्व में रहता है। उसके काम की गुणवत्ता बनी रहती है। उसने जो भी बनाया हो—टीम, सिस्टम, क्षमता सब बने रहते हैं। तौर-तरीकों और संस्कृति पर उसका प्रभाव बना रहता है। उसे उसके काम के चलते चले जाने के बरसों बाद भी याद किया जाता है।

हमें अपने आप से भी यह बड़ा सवाल पूछना चाहिए, क्या चले जाने के बाद हम याद किए जाएँगे? क्या हम पदचिह्न छोड़ रहे हैं? क्या टीमें और संगठन राहत की साँस लेंगे कि हम चले गए या वे उस खालीपन को सोचकर हिल जाएँगे, जिसे हम पीछे छोड़ जा रहे हैं? इत्तेफाक से कई लोगों में अपरिहार्यता के पहलू को नजरअंदाज करना संभव नहीं होता, जिसमें वे सोचते हैं कि उनके जाने के बाद दुनिया खत्म हो जाएगी। परंतु उनके आस-पास के ज्यादातर लोग राहत की साँस लेते हैं और दबी जुबान में कहते हैं, अच्छा हुआ जो चला गया। कॉरपोरेट अमरत्व का अंतिम प्रमाण यही है कि किया गया काम पीछे रह जाता है।

कबीर हमारा कोई नाहिं, हम काहू के नाहि।
पारै पाहुचे नाव ज्यौ, मिलिके बिछुरी जांहि॥

हे कबीर, कोई हमारा नहीं है और हम भी किसी के कुछ नहीं, नाव के यात्रियों के समान ही हम अपने-अपने रास्ते चले जाएँगे।

संगठनों में संबंधों के बीच काफी आक्रोश रहता है। इस विषय से जुड़े कई विरोधाभास और विडंबनाएँ होती हैं।

अगर संगठनों पर यकीन करें तो वे ऐसे स्थान हैं, जहाँ लोग आकर मिलते हैं, स्थायी संबंध बनाते हैं, एक-दूसरे के साथ सौहार्द सहित काम करते हैं, एक-दूसरे का खयाल रखते हैं और हमेशा खुश रहते हैं। कॉरपोरेट चर्चा, विशेष तौर पर जो वरिष्ठ लोगों के स्तर पर होती है, सहयोग, संबंध और टीम वर्क को लेकर होती है। लाखों डॉलर टीम वर्क, कार्यों को साथ लाने, संगठनात्मक स्थलों पर भाईचारा बढ़ाने, प्रतिस्पर्धा करनेवाले सदस्यों के बीच सौहार्द बढ़ाने तथा प्रभावशीलता बढ़ानेवाले सलाहकार, ज़िन्हें 'बहुतायत मानसिकता' कहते हैं, उन्हें बोने पर खर्च किए जाते हैं। मुझे यकीन है कि ऊपर जो आदर्शवादी तसवीर पेश की गई है, उसमें कुछ सच्चाई होगी। मेरा अनुमान है कि लोगों के किसी भी समूह में संगठनों में पैदा किए जानेवाले वे अच्छे मूल्य अच्छी संस्कृति और अच्छी सोच हैं और उनकी नितांत आवश्यकता है। हालाँकि वास्तविकता कई प्रकार से सामने आती है, जिनमें से सभी गलत मंशा के कारण नहीं होतीं, बल्कि इस कारण कि इस प्रकार की विडंबना स्वभाव में होती है, भले ही इनमें से कई व्यक्तियों के बेकाबू हो जाने के चलते सामने आती हैं।

चलिए, अब उनमें से कुछ विरोधाभासों पर (जो पढ़ाया जाता है और जो व्यवहार में है) नजर डालते हैं। पहला पिरामिड की प्रकृति है, जो सारे संगठनों का एक मौलिक ढाँचा होता है, इसकी चोटी पर सबके लिए जगह नहीं होती है। आप जैसे-जैसे पदानुक्रम में बढ़ते जाते हैं, आपको लगता है कि स्थान सीमित हैं। और वही लोग लाभ उठा पाते हैं, जो ढलान की साजिश से बच पाते हैं। चूँकि बहुत कुछ दाँव पर लगा होता है, इसलिए राजनीतिक, अवसरवादिता, जायज या नाजायज तरीकों से विरोधी को खत्म करना और आखिर में थोड़ा-बहुत हेर-फेर कोई अनजानी बात नहीं है। अगर ऐसे कुछ खेलों में शामिल होने को सही नहीं माना जाता तो भी इसे सामान्य और स्वाभाविक तो माना ही जाता है। सबसे सक्षम जीवन के लिए यह डार्विनवादी संघर्ष अपनी ही कीमत वसूलता है और लोगों को

उनकी कथनी के खिलाफ जाने पर मजबूर कर देता है। बचे रहने या लाभ के पद का जैसे ही प्रश्न आता है, सारे विचार और सिद्धांत धरे-के-धरे रह जाते हैं। इस समय यही कहावत मायने रखती है कि मोहब्बत और जंग तथा केबिन के लिए सबकुछ जायज है।

दूसरा विरोधाभास मनुष्य का मूल स्वभाव है, जिसके अनुसार वह जो कुछ उसके पास है, उससे अधिक की इच्छा रखता है। संगठन में पिरामिड के समान पदानुक्रम और इनामों का बँटवारा जिस प्रकार होता है, उसके चलते सबके लिए लाभ हासिल करना संभव नहीं होता, इस कारण मनुष्य बहुतायत या साझा करने या सहयोग करनेवाला स्वभाव नहीं अपना पाते। खेल भावना दरकिनार कर दी जाती है, भले ही ऐसा करने के नुकसान को प्रिजनर डाइलेमा गेम में स्पष्ट क्यों न कर दिया गया हो। (प्रिजनर डाइलेमा गेम वे खेल होते हैं, जो टीमों के बीच लाभ को अधिकतम करने के लिए खेले जाते हैं। वे सिर्फ सहयोग से ही परिणामों को अधिकतम कर सकते हैं, लेकिन जल्दी ही वे एक-दूसरे के साथ होड़ और अविश्वास करने लगते हैं, जिससे लाभ कम हो जाता है।) इन खेलों का एक बड़ा सबक यह है कि 'सहयोग से केक का आकार बढ़ जाता है, ताकि हर किसी को उसका हिस्सा मिल जाए,' जबकि 'स्पर्धा मुख्य रूप से कुल जमा शून्य का खेल है।'

उपरोक्त विरोधाभास प्रत्येक संगठन में हर दिन देखे जा सकते हैं, कभी-कभी हलके तौर पर और कभी गंभीर रूप में। ईमानदारी, टीम वर्क, सहयोग तथा ऐसी ही बातों पर जो कर्मचारी पले-बढ़े होते हैं, वे जब देखते हैं कि सिद्धांत से इतर सबकुछ हो रहा है तो जल्दी ही उनका मोहभंग हो जाता है। अपने आदर्शवाद के अनुसार वे यह मानते हैं कि संगठन तार्किक जीव होते हैं, क्योंकि उनका नेतृत्व समझदार लोग करते हैं और उनकी संरचना तार्किक सिस्टम और नीतियोंवाली होती है। वे गलत तरीके से लोगों को इनाम देने और बढ़ावा देने का काम नहीं कर सकते हैं। हालाँकि जब भी यह होता है, तब संगठन की निष्पक्षता को लेकर उनकी धारणा कमजोर पड़ जाती है। समय के साथ ही विश्वास में इस कमी के चलते वे निंदक बन जाते हैं। गैर-जिम्मेदार और असंवेदनशील संगठन जो इन बातों की ओर से आँखें मूँदे रहते हैं, वे जल्दी ही डूबने की कगार पर पहुँच जाते हैं। आगे क्या होगा, इसका अंदाजा लगाना मुश्किल नहीं है।

चलिए, अब इसे एक सामान्य कर्मचारी की नजर से देखते हैं। अधिकांश कर्मचारी संगठन में कुछ हद तक भोलेपन के साथ शामिल होते हैं और ईमानदारी तथा सम्मान को लेकर दृष्टि, मिशन तथा मूल्यों पर की गई सर्वव्यापी घोषणाओं

पर विश्वास करते हैं। ऊपर बताए अनुसार जब घटनाएँ सामने आती हैं, तब उनका विश्वास कमजोर होता है और चकनाचूर हो जाता है। इस चरण में कर्मचारी अपनी सबसे बुरी दशा में होता है, कमजोर, हैरान और इस कारण अपनी उम्र, पद, परिपक्वता, वेतन तथा स्थिति के बावजूद मामूली तौर पर जुड़ा रहता है या पूरी तरह से अलग-थलग हो जाता है।

ऐसे कर्मचारी के लिए, जिसने वहाँ रहकर काम किया है, जो अब मोहभंग होने के बोझ और संगठन के दोमुँहे तौर-तरीकों के साथ जी रहा है, कबीर का एक संदेश है। वे सकारात्मक अलगाव का उपदेश देते हैं। वे हमें यह एहसास दिलाते हैं कि इस यात्रा की मूल प्रवृत्ति यही है कि यह अकेला चलनेवाला सफर है, चाहे वह डुएट हो या सिंफनी, हर किसी को अपना गीत ही गाना होता है।

इस कारण अपनी भूमिका पूरी क्षमता के साथ निभाइए, खेल के अन्य खिलाड़ियों के प्रति संवेदनशील रहिए, लेकिन उससे ज्यादा की उम्मीद मत कीजिए। अन्य लोगों से अपने लिए कुरबानी की उम्मीद मत कीजिए, उनके पास जो है, उससे ज्यादा वे आपको देंगे, इसकी उम्मीद मत बाँधिए। संगठन परोपकार के नियम से नहीं चलते। वे अधिकांशतया स्वार्थ और मानवीय प्रवृत्तियों की ऊर्जा से ही चलते हैं।

एक बार हमने एहसास कर लिया कि किसी भी संगठन की बातचीत और संबंध मूल में स्वार्थ है तो हम समझ जाते हैं कि व्यक्तिगत संबंधों में हम जिस प्रकार की नजदीकी देखते हैं, वैसा काम की जगह पर संभव नहीं होता है। ऐसे कर्मचारी अकसर दुःखी हो जाते हैं, जो उससे ज्यादा की उम्मीद रखते हैं। हमारा कामकाजी जीवन, विशेष रूप से कार्यस्थलों पर जैसा इसका निर्माण हुआ है, वह नाव के यात्रियों के समान है। हर कोई उस पर सवार है, क्योंकि सब नदी पार करना चाहते हैं और वहाँ से सब अलग-अलग दिशाओं में चले जाएँगे। नाव पर रहते हुए हर किसी को अपनी भूमिका निभानी पड़ती है, कोई भी ऐसा कुछ नहीं करता कि नाव को खतरा हो, लेकिन यह समझने की भयंकर भूल कभी नहीं करते कि इस प्रकार का संबंध स्थायी है या जीवन भर बना रहेगा। दोस्ताना रहिए, अच्छे और सौहार्दपूर्ण भी रहिए, खेल में अपना हिस्सा समझिए और उसे अच्छी तरह निभाइए, दोस्त बनाइए; लेकिन उसे नाव का सौहार्द समझने की भूल मत कीजिए। आज नहीं तो कल नाव किनारे पर लग जाएगी और सब एक-दूसरे से विदा ले लेंगे। यात्रा को इतना सुखद रखिए कि विदा लेते समय अभिवादन कर सकें और कोई कटु भावना भी न रहे, क्योंकि उन संबंधों में आपसी विश्वास नहीं होता तो

नाव डूब सकती थी और कोई भी नदी पार नहीं कर पाता। कहा भी जाता है कि या तो सभी पार उतरेंगे या सब-के-सब डूबेंगे।

हालाँकि हम यह समझ लें कि ये स्थायी संबंध हैं और मान लें कि दूसरे हमारे लक्ष्यों की पूर्ति के लिए अपना काम छोड़ हमारी मदद करेंगे, तो मैं कहूँगा कि आप निराश होनेवाले हैं और हमारी किस्मत खराब रही तो हम पूरी तरह से हताश भी हो जाएँगे।

साधु परिखिये शब्द में, रहनी तैसी भास।
नाना विधि के पुहुप है। फूलै तैसी बास॥

शब्द ही बुद्धिमान की पहचान कराता है, जैसे फूल की पहचान उसकी खुशबू से होती है।

कॉरपोरेट में कर्मचारी की पहचान क्या होती है? क्या जो कपड़े वह पहनता है, जैसी भाषा बोलता है, जैसे क्लिष्ट शब्दों का वह उपयोग करता है और जैसी संगत में वह रहता है? क्या वह उन प्रतीकों से अधिक है, जिन्हें वह साथ लेकर चलता है? कर्मचारियों का अपने कार्य के मूल, यानी नतीजे लाकर दिखाने की बजाय इन प्रतीकों में फँसकर रह जाना कोई नई बात नहीं है।

बुद्धिमान व्यक्ति अपने जीवन के तौर-तरीकों से नहीं, बल्कि अपने शब्दों की गहराई से जाना जाता है। उसका सहज ज्ञान ही उसे बुद्धिमान बनाता है। जीवन की जटिलता को सरल शब्दों में अभिव्यक्त करने की क्षमता ही उसे बुद्धिमान बनाती है। यही उसकी क्षमता है, न कि बाहरी प्रतीक, जिसे वह दिखाता है। फूल सैकड़ों हैं, लेकिन हम उनमें से हर एक को उनकी सुगंध से पहचान लेते हैं। कुछ में सुगंध होती है, जबकि अन्य में कोई गंध नहीं होती और इससे ही अंतर पता चल जाता है। सुगंध की फूलों की क्षमता है और उनमें से कुछ खूबसूरत दिख सकते हैं, फिर भी उनमें अनिवार्य क्षमता नहीं हो सकती है, जो कुछ और नहीं, बल्कि उनकी सुगंध है।

कर्मचारी ऐसे ही होते हैं, कम-से-कम उन्हें ऐसा तो होना ही चाहिए। कर्मचारी की क्षमता का पता उसकी ओर से नतीजे देने से लगाया जाता है, भले ही वह कोई भी काम करता हो। परिणाम देना ही उन्हें मूल्यवान और इनाम का हकदार बनाता है। बाकी सबकुछ या तो व्यर्थ है या बस दिखावेवाली बात है। दुर्भाग्य से कई लोग इस तरह के आवरण से मोहित हो जाते हैं और अच्छा उत्पाद बनाने की बजाय सारी ऊर्जा आवरण में ही लगा देते हैं। एक अच्छा कर्मचारी वह

होता है, जो तकनीकी रूप से ठोस होता है, जो पूरी ऊर्जा से अन्य लोगों के साथ काम कर सकता है।

यदि हम इन आवरणों पर ध्यान लगाएँगे तो आज नहीं तो कल बेनकाब हो जाएँगे। बेनकाब होने में जितना वक्त लगेगा, हमारा पतन उतना ही तबाही मचानेवाला होगा। इसलिए संत और फूल की तरह हमें अपनी क्षमता पर ध्यान देना चाहिए, हम किस काम में अच्छे हैं या हम क्या कर सकते हैं या हम किस प्रकार मूल्य बढ़ा सकते हैं।

हरि रस पीया जानिधे, उतरै नांहि खूमारि।
मतवाला घुमत फिरे, नहि तो तन की सारि॥

आपकी तलाश तब सच्ची है, जब आप सदैव धुन में रहते हैं, मतवाला होकर घूमते रहिए, न किसी की परवाह कीजिए और न चिंता।

मतवाला घुमत फिरै, रोम-रोम रस पूरे।
छाड़ै आस सरीर की, देखे राम हजूर॥

वह शरीर और आत्मा से मतवाला होकर घूमता है, उस पर और किसी की नहीं, बस अपने लक्ष्य को पाने की धुन सवार है।

प्रदर्शन की उत्कृष्टता को लेकर कॉरपोरेट दायरों में न जाने कब से बहस होती चली आई है। पूरी दुनिया में गुणवत्ता और प्रदर्शन की उत्कृष्टता को लेकर जबरदस्त आंदोलन चल रहा है, जिसने दर्जनों मॉडल और ढाँचे पेश किए हैं, वे सभी मुख्य रूप से चीजों को आज के मुकाबले बेहतर बनाना चाहते हैं। वैसे देखने पर वे विश्लेषणात्मक और गणितीय मॉडल हो सकते हैं। हालाँकि इसकी गहराई में जाएँ तो वे गजब की प्रेरणा से उद्वेलित हैं, मैं अपने काम को लेकर इतने जोश में कैसे आ सकता हूँ कि यह अब तक का सबसे बेहतर काम बन जाए? यदि सारे गुणवत्ता और सुधार के मॉडल से इस 'भावना' को अलग कर दिया जाए, जो सुधार के एजेंडा को आगे बढ़ा रही है, तो सबकुछ बस जुमला बनकर रह जाएगा। संगठनों में सुधार और प्रदर्शन बढ़ाने का एजेंडा तब सफल होता है, जब अच्छी-खासी संख्या में कर्मचारी उत्कृष्टता की भावना से प्रेरित होते हैं। संगठन जमीनी स्तर पर काम किए बिना ही बड़े पैमाने पर गुणवत्ता में सुधार के कार्यक्रम चालू कर देते हैं, जिसका मतलब इस मामले में यह है कि बड़े पैमाने पर कर्मचारियों को इस शरीर और आत्मा के साथ जोड़ा जाता है।

उत्कृष्टता की खोज अनिवार्य रूप से एक व्यक्तिगत निर्णय और तलाश है। इसका ढोंग नहीं किया जा सकता, न ही व्यक्तिगत इच्छा के बीच इसकी शुरुआत हो सकती है। यह संभव नहीं कि कर्मचारी महज इस कारण उत्कृष्टता के प्रति संवेदनशील हो जाएँगे कि यह संगठन का आदेश है या सबसे नया चलन है। उत्कृष्टता की खोज किसी भी काम को सर्वश्रेष्ठ रूप से करने की एक व्यक्तिगत इच्छा होती है। यह किसी व्यक्ति की निजी पसंद होती है कि वह किसी काम को इस प्रकार करना चाहता है कि देखनेवाला उससे जल जाए, क्योंकि यह उसमें सकारात्मक ईर्ष्या पैदा करता है, जो कहता है, 'भले ही मैं इसे कर लेता, लेकिन इससे बेहतर नहीं कर सकता था।'

उत्कृष्टता की भावना हमें पागल बना देती है, दिमाग में उससे सबसे अच्छे तरीके से करने की धुन सवार हो जाती है। वास्तव में इस कट्टर जुनून के बिना सच्ची उत्कृष्टता शायद संभव नहीं है। मैं समझता हूँ कि नकचढ़ा या पागल कहा जाना कोई अच्छी बात नहीं है, लेकिन यह भी उतना ही सही है कि उत्कृष्टता की तलाश के लिए हमें सुधार और बेहतरीन काम के लिए नकचढ़ा और पागल बनना ही पड़ता है।

आध्यात्मिक सोचवाले भगवान् के विचार को लेकर एक धुन में रहते हैं। वे परमात्मा के विचारों के मद में चूर रहते हैं। वे उसी मद में घूमते रहते हैं और उन्हें न तो अपनी चिंता रहती है, न परिस्थिति की और न ही अपनी हालत की। उत्कृष्टता के लिए ऐसा ही मतवालापन चाहिए।

चलिए, एक प्रश्न करते हैं, क्या गुणवत्तावाले काम को लेकर हमारे अंदर मतवालापन है? क्या बेहद मामूली सी कमी का विचार भी परेशानी पैदा कर देता है? क्या हम इससे बार-बार गुजरते हैं, इस बात को लेकर झल्लाहट होती है कि कुछ थोड़ा सा बढ़ जाए और घट जाए तो चीज बेहतर बन जाती? क्या हम खुद से पूछते रहते हैं कि मैं और क्या जोड़ सकता हूँ या ऐसा कर सकता हूँ, जिससे यह सर्वोत्कृष्ट बन जाए? क्या हमारे मन में यह बात घूमती रहती है कि जैसे ही यह जारी होगा, हमारे साथ स्थायी तौर पर जुड़ जाएगा और हम उस संबंध को शानदार और ऐसा बनाना चाहते हैं कि वह हर तरीके से हमारे गर्व का विषय हो? अगर इन सारे सवालों का जवाब हाँ है तो यह निष्कर्ष निकालना सही होगा कि आप उत्कृष्टता से प्रेरित हैं।

अपनी धुन में जुटे किसी व्यक्ति को देखना सुखद होता है। एक कर्मचारी जो अपने काम में डूबा है, अपनी बुद्धि से की गई रचना के प्रति समर्पित है,

काम की जगह के माहौल को बेहतर बना देता है। हम उसे दूर से ही पहचान सकते हैं। उसके पास शिकायत करने, शक करने या बहानेबाजी का समय नहीं होता। उसकी ऊर्जा कुछ हैरान कर देनेवाली चीज की रचना पर केंद्रित रहती है। दूसरों को जो परेशान करते हैं—माहौल, संस्कृति, वेतन, इनाम जैसी चीजें उन्हें विचलित नहीं करती हैं।

कबीर कहते हैं, वह जो अपनी कारीगरी के मद में चूर है, वह खुला घूमता है, उसे सांसारिकता बाँध नहीं पाती है। उसका काम ही उसका एकमात्र मित्र है, एकमात्र सहयोगी, एकमात्र साथी। वह अपने काम में शारीरिक, भावनात्मक और मनोवैज्ञानिक तौर पर इतना डूबा रहता है कि उसके पास किसी अन्य चीज के लिए समय, दिलचस्पी या ऊर्जा के लिए समय नहीं होता।

क्या हमने कभी इस पर विचार किया है कि क्यों काम की ऐसी काल्पनिक व्याख्या और उसका हम पर क्या असर पड़ता है, सिर्फ रचनात्मक कला से ही जुड़ा है और कॉरपोरेट जगत् के साथ ऐसा विरले ही होता है? इसकी सीधी सी वजह है, कला का प्रदर्शन या रचनात्मक गतिविधियों के पीछे हमारे दिल की इच्छा होती है, जो हमारे जीवन का मूल कारण होती है, जबकि कर्मचारी बाहर काम करने जाते हैं। मुझे लगता है कि यह मिसाल ही इस समस्या का स्रोत है। शौक में जोश पैदा करनेवाला गुण होता है, जबकि काम तनाव का स्रोत ही रहेगा, जब तक हम इसे सिर्फ भौतिक लाभ के लिए करते रहेंगे। आधुनिक युग में काम आय के साथ ही पहचान का भी स्रोत है। 'यदि हमें इसका डर निकालना है तो इसके लिए एक मतवालापन होना अनिवार्य है।'

जिन ढूँढ़ा तिन पाइयाँ, गहिरे पानी पैठ।
मैं बपुरा बूड़न डरा, रहा किनारे बैठ॥

आपको धन चाहिए, जो गहरे पानी में ही मिल सकता है, मैं तो डर से किनारे पर ही बैठा रहा।

हमें मोती गहराई में मिलते हैं और सीप तट पर मिलता है। ज्ञान तभी मिलता है, जब हम उसकी गहराई में डूब जाते हैं। काम पहचान का स्रोत तभी बनता है, जब हम अपने आपको गहराई में डुबा लेते हैं। इसलिए कॉरपोरेट कर्मचारी के लिए गहराई में उतरने का मतलब क्या है?

इसका मतलब कई चीजें हो सकती हैं। शुरुआत करनेवालों के लिए इसका मतलब है कि हमें बातों का शौकीन नहीं होना चाहिए। हमें महारत हासिल

करनी चाहिए। यह किसी एक काम पर काफी समय खर्च करने से नहीं होगा, बल्कि उस काम पर भरोसा भी होना चाहिए। यदि हमारी भूमिका, काम या पेशा हमारे अंदर गर्व उत्पन्न नहीं कराता या हमें यह विश्वास नहीं होता कि इससे व्यक्तियों, टीमों या संगठनों पर कोई असर पड़ता है, तो अपने काम में वैसा 'डूब जाने जैसा मतवालापन' नहीं ला सकते, जिसकी बात कबीर कहते हैं। किसी को भी काम करते समय खुशी नहीं मिलती, यदि काम खत्म होने पर उसके अंदर यह भावना पैदा न हो कि 'मैंने थोड़ा-बहुत फर्क ला दिया है।' आपका काम जीवन में आपकी खुशी बन जाए, इसके लिए आपको काम का मतलब समझना होगा।

कर्मचारी के लिए गहराई का दूसरा मतलब यह हो सकता है कि वह अपनी रचना को बेहतर बनाने के लिए कितना प्रयास करता है। क्या वह पुरानी दक्षता को ही दिखा रहा है या नए प्रयोग के साथ रचना कर रहा है? क्या वह समय के साथ चलने के लिए अपने अंदर बदलाव ला रहा है? क्या वह अपने क्षेत्र में इतना शोध कर रहा है कि नवीनतम रचना की जा रही है या वह पुराना पड़ चुका है? गहराई में जाने का अर्थ किसी काम, जिम्मेदारी या भूमिका को उस स्तर तक ले जाना है, जो अब तक अनजाना था। यह क्षमता से कहीं अधिक सोच से आता है। हम ऐसे प्रबंधकों और नेताओं को जानते हैं, जिन्होंने छोटी सी जिम्मेदारी संभावी और उसे बहुत बड़ा बना दिया। टी.एन. शेषण ने भारत के निस्तेज चुनाव आयोग को उसे उसकी पहचान दिलाई। किरण बेदी ने जेल में अपनी तैनाती का भी लाभ उठाया। मुझे यकीन है कि हर एक संगठन में इस तरह के उदाहरण होते हैं।

गहराई में जाने का मतलब अपने आराम की जगह से निकलना भी है। इसका मतलब है, ज्ञात की सुरक्षा, यानी तटों को छोड़कर अज्ञात में डुबकी लगाना है। इसका संबंध जितना कौशल से नहीं, उससे कहीं अधिक रवैए से है। निडरता से इसमें काफी लाभ मिलता है। डरपोक भाग जाते हैं। साहसी छलाँग लगा देते हैं। कॉरपोरेट संदर्भ में कभी-कभी इसका मतलब होता है, एक ऐसी भूमिका को अपनाना जिसे कोई स्वीकार करना नहीं चाहता है। इसका मतलब हो सकता है, किसी ऐसी कंपनी को ज्वॉइन करना, जिसमें कोई जाना नहीं चाहता है। सोचिए, पहले 100 कर्मचारियों ने कितना साहस दिखाया होगा, जिन्होंने इनफोसिस को उसके शुरुआती कुछ महीने में ज्वॉइन किया। उन्होंने गहरे समुद्र में छलाँग लगा दी और कहने की जरूरत नहीं कि उन्हें मोती मिल गए।

प्रमुख सबक

1. हमारा काम ही हमारी एकमात्र पहचान है, जो पूर्णतया हमारा होता है। किसी व्यक्ति को उसके काम से अलग नहीं किया जा सकता है। यह हमारी पहचान है, हमारी आत्मा की अभिव्यक्ति।
2. हम जब चले जाएँगे, तब भी हमारा किया काम रह जाएगा। कॉरपोरेट अमरत्व का प्रमाण यही है कि काम पीछे रह जाता है।
3. काम की जगह पर सकारात्मक अलगाव होना चाहिए। हर किसी की अपनी ही यात्रा होती है और जब नाव किनारे लग जाती है, तब सभी अपने-अपने रास्ते चले जाते हैं।
4. उत्कृष्टता का विश्लेषणात्मक मॉडल से लेना-देना नहीं होता, यह किसी महत्त्वपूर्ण प्रेरणा से उत्साहित होना है। मैं अपने काम को लेकर इतना उत्साहित कैसे हो सकता हूँ कि यह अब तक का सबसे बेहतरीन काम बन जाए?
5. हमें मोती गहराई में मिलते हैं और सीप किनारे पर। ज्ञान तभी मिलता है, जब हम अपने आपको गहराई में ले जाते हैं। गहराई का अर्थ है—(क) बातों के शौकीन मत बनिए, महारत हासिल कीजिए, (ख) अपने आराम की जगह से बाहर निकलिए और (ग) हर दिन बेहतर बनिए।

□

सच्ची लगन की प्रकृति

भारत के बाहर की एक अंतरराष्ट्रीय सॉफ्टवेयर कंपनी में पैंतीस साल के नवीन ऑपरेशंस डिपार्टमेंट में ए.वी.पी. हैं। यहाँ तक पहुँचने के दौरान उन्होंने इतनी तेजी से तरक्की हासिल की कि दस साल के भीतर वे अपने विभाग के दूसरे सबसे वरिष्ठ पद पर आ गए। पहले वे एक इंजीनियर थे और काम के प्रति उनका तार्किक दिमाग आकर्षित हो गया। उन्हें कोड लिखने में मजा आता था और जल्दी ही उनके प्राकृतिक स्वभाव ने उन्हें एकदम अलग ला खड़ा किया। उनके सीनियरों की उन पर नजर पड़ी, जिन्होंने उन्हें फास्ट-ट्रैक प्रोग्राम में डाला, जहाँ वे टीम लीडर बन गए। वे अपने अधीन दो स्तरों के कर्मचारियों की देखरेख करने लगे। उनकी नई भूमिका की उनसे यह माँग थी कि वे अपने टीम के सदस्यों की समीक्षा करें, बैठकों में हिस्सा लें, अन्य विभागों के साथ समन्वय स्थापित करें और रिपोर्ट सौंपें। उन्हें अपनी तरक्की में मजा आया, लेकिन पिछले कुछ वर्षों से अपने काम में वह मजा नहीं आ रहा है, जैसा पहले आया करता था। वे अपनी जिम्मेदारियों को अच्छी तरह समझते हैं, जब मुश्किल आती है, तब उनकी सलाह ली जाती है और अपने अनुभव तथा जानकारी के लिए उनका काफी सम्मान है। हालाँकि मन-ही-मन उन्हें लगता है कि कुछ कमी है। वे अपना विभाग, यहाँ तक कि अपनी नौकरी बदलने की बात भी सोच रहे हैं, लेकिन उनके अंदर कुछ है, जो कहता है कि इससे उनकी वास्तविक समस्या नहीं सुलझेगी। उनके दोस्त उन्हें पागल कहते हैं, क्योंकि उन्हें लगता है कि उनके साथ कोई समस्या नहीं है। नवीन ने नीरसता से छुटकारा पाने के लिए डांसिंग क्लास में नाम दर्ज कराया, लेकिन कुछ दिनों बाद उसे भी छोड़ दिया। चलिए, यह देखते हैं कि क्या कबीर कुछ मदद कर सकते हैं। आज की पेशेवर दुनिया में लगन शब्द व्यापारिक साहित्य में हर जगह मिल जाता है। हमारे सुपरवाइजर और लीडर दिन-रात हमें कहते

रहते हैं कि काम को लेकर हम लगन पैदा करें। हमें कहा जाता है कि एक खास स्तर के बाद, एक औसत और जबरदस्त कर्मचारी के बीच ज्ञान और कौशल से भेद पता नहीं चलता। यहाँ वही लगन हमें अलग खड़ा करती है, जिसे हम काम के प्रति दिखाते हैं।

आखिर यह लगन क्या है, जिसके बारे बातें तो सब करते हैं, लेकिन होती कुछ एक के ही पास है? हमें कैसे पता चले कि हम में किसी चीज को लेकर लगन है? आखिर शौक और लगन में क्या फर्क है? अभिरुचि और झुकाव कहाँ खत्म होते हैं और लगन कहाँ शुरू होती है? किसी अभिरुचि को बनाए रखने के लिए और उस नए साल के प्रण की तरह फुस्स हो जाने से इसे कैसे रोका जा सकता है, जो कुछ शोधों के मुताबिक औसतन तेरह दिन ही कायम रह पाता है। हम कैसे जान पाते हैं कि यही वह लगन है जिसका इंतजार हम ताउम्र कर रहे थे और यह शौक नहीं, जो धमाके के साथ शुरू होता है और फिर बिना आवाज फुस्स हो जाता है? सच्ची लगन की प्रकृति कैसी होती है?

लगन के लिए कबीर लौ शब्द का उपयोग करते हैं। कबीर के अनुसार लौ (या लगन) प्रेम और समर्पण का संकेत है। कबीर की लौ एक गंभीर प्रयास, एक लगन को बताती है, जो हमारी आत्मा और इंद्रियों पर हावी हो जाती है और ऐसी होती है, जिसे हम आए दिन शौक के तौर पर नहीं करते, बल्कि यह ऐसी होती है, जो हमारे जीवन पर छा जाती है। यह एक लगन है, जिसे हम लेकर नहीं चलते, बल्कि जो हमें लेकर चलती है। कबीर की लौ कभी-कभी होनेवाली, अल्पकालिक, स्थितिजन्य या किसी आकस्मिकता पर निर्भर नहीं है। इस लौ का अपना ही एक दिमाग और जीवन होता है। आप लौ को जीवित नहीं रखते, यह लौ अपने आप जीवित रहती है। कबीर के लौ का न उद्देश्य, न मकसद, न लक्ष्य है, यह लौ ही उद्देश्य है।

लौ लागी तब जानिए, छुटि न कबहूँ जाय॥
जीवन लौ लागी रहे, मूये तहाँ समाय॥

सच्ची लगन को आप तब जानते हैं, जब यह हमेशा के लिए रह जाती है, आपके जीवित रहने पर साथ रहती है और आपकी मृत्यु के साथ ही समाप्त हो जाती है।

लगन सहायक परिस्थितियों और माहौल पर निर्भर नहीं करती है। यह हमारी इच्छाओं और कल्पनाओं की अनियमितताओं और विसंगतियो पर भी निर्भर नहीं

होती। सच्ची लगन ऐसी होती है कि यह हमारा अभिन्न अंग और इस कारण स्थायी होती है। जब इसके छोड़कर जाने की संभावना या हमारी रुचि इसमें कम होने की गुंजाइश नहीं रहती, तब हम समझ जाते हैं कि यही सच्ची लगन है। इसका कारण यह है कि यदि हम उसे छोड़ते हैं तो अर्थ है कि वह लगन थी ही नहीं, यह बस एक शौक, दिल्लगी थी, जिससे हमने दिल बहलाया, एक चलन जिसने कुछ समय तक हमें अपने जाल में फँसाया, लेकिन वह कभी हमारा हिस्सा नहीं बन सका। कबीर का दावा है कि 'यह हमेशा के लिए जीवित रहती है।'

मैल्कम ग्लैडवेल ने अपनी किताब 'आउटलायर्स' में कहा है कि जीनियस बनने के लिए 10,000 घंटे तक अभ्यास करना पड़ता है। लगन जीवन भर किया जानेवाला प्रयास है, जिसमें कोई शॉर्टकट नहीं होता। अफेयर सच्चा प्यार नहीं होता। किसी अफेयर को सच्चा प्यार कहने से पहले सावधानी बरतनी चाहिए। अरस्तु ने बहुत पहले कहा था, "हम वे हैं, जो बार-बार करते हैं।" उच्च कोटि के प्रदर्शन पर शोध करनेवाले आंद्रे एरिकसन ने कहा है कि कौशल से यह तय नहीं होता कि आप किसी काम को कितनी अच्छी तरह कर सकते हैं, बल्कि इससे पता चलता है कि उस कौशल को हम कितनी मेहनत से करने के लिए तैयार हैं। वे 'जान-बूझकर अभ्यास' के शब्द का उपयोग करते हैं। ऐसा कहा जाता है कि मशहूर पियानोवादक ने कहा था, "यदि मैं एक भी दिन अभ्यास न करूँ तो वह बात मेरे मन में घूमती है, अगर एक हफ्ते तक अभ्यास न करूँ तो मेरी पत्नी उस पर गौर करती है और मैं एक महीने तक अभ्यास न करूँ तो दर्शक समझ जाता है।"

लगन आदर्शवादी है। लगन रखनेवाले भावुक, व्यवहारवादी या व्यावहारिक नहीं होते हैं। न्यायसंगत लोगों में शायद ही लगनशील होने की क्षमता होती है। वे इस बात को भी दिमाग से ही सोचते हैं कि क्या किया जा सकता है और क्या व्यावहारिक है। मानव तरक्की, नयापन, रचनात्मकता और आविष्कार जन्म-जन्म से आदर्शवादियों के ऋणी हैं, चाहे उनके जीवनकाल में उन्हें कितना ही अपमानित क्यों न किया गया हो, उनकी कितनी ही आलोचना हुई हो और उन पर संदेह जताया गया हो। लगन का संबंध यथास्थिति, चीजें जिस प्रकार चलती चली आ रही है, उसे लेकर अतार्किक और अधीर होने से होता है।

ख्यातिप्राप्त लेखक ई.एम. फोर्स्टर ने वाक्पटुता से कहा, "लगनवाला एक व्यक्ति चालीस व्यक्तियों से बेहतर है, जो बस दिलचस्पी रखते हैं।"

लौ लागी तब लौ लगूँ, कहूँ न आऊँ जाँव॥
लै बूडू तो लै तरूँ, लै लै तेरा नाँव॥

जब आपका विचार नहीं बदलता, तब आप समझ जाते हैं कि यह सच्ची लगन है, चाहे सफल हों या विफल, आप समर्पित रहते हैं।

सच्ची लगन का उसके परिणामों से कोई लेना-देना नहीं होता। लगन का कोई मकसद नहीं होता। लगन अपने आप में ही मकसद है। कोई भी लगन को किसी लाभ या बुरी नीयत से प्राप्त नहीं करता। हम जानते हैं कि यह लगन है, जब उसमें मनोभाव नहीं बदलते, जब तीव्रता कम नहीं होती और समय, माहौल या परिस्थितियों के बीच समाप्त नहीं होती। हम जान लेते हैं कि यह लगन है, जब हम इससे चिंतित नहीं होते कि नतीजा क्या निकलेगा, वह भौतिक रूप से फायदेमंद रहेगा या नहीं। कबीर के उच्च मानक आज के युग में भले ही कालभ्रमित और अव्यावहारिक लगें, जब जमाना कीमत और लाभ के विश्लेषण का है, लेकिन उन लोगों के उदाहरणों पर विचार करना सार्थक होगा; जिन्होंने बस अपनी लगन से ऐश्वर्य की चोटी को छुआ और तब हम पूछ सकते हैं, क्या उनकी लगन का कोई कारण था या उनमें लगन होना ही काफी था? हमारी लगन समाप्त नहीं हो सकती, क्योंकि अचानक वह लगन हमें कम फायदेमंद या मुनाफे या चलन के मुताबिक न लगे। हम उन सारे लोगों को जानते हैं, जो गिटार की क्लास में इस कारण शामिल हुए, क्योंकि वह उनके अंदर था; लेकिन जल्दी ही उनका जोश हवा हो गया!

चलिए, कुछ सितारों के उदाहरणों पर नजर डालते हैं। क्या महान् बल्लेबाज सचिन तेंदुलकर, क्रिकेट के कारण मिलनेवाली दौलत को लेकर पागल थे या वे खेल में उसके प्रति प्रेम के चलते इतना डूबे थे कि इस तरह की बातें मन में भी नहीं आईं। ऑस्ट्रेलिया के महान् कप्तान एलन बॉर्डर ने अपनी टीम को लगभग अजेय बना दिया था। उन्होंने नए खिलाड़ियों को कहा था, ''तुम रनों की चिंता करो, डॉलर अपने आप आ जाएँगे।'' भयंकर विपत्ति में भी कवि और कलाकार अपनी कला के प्रति समर्पित रहते हैं और कभी अपनी लगन को कमजोर नहीं पड़ने देते हैं। सच कहें तो परिस्थितियाँ जितनी विपरीत होती हैं, उस लौ को जलाए रखने के उतने ही कारण मिल जाते हैं। यह आश्चर्यजनक नहीं कि ऐसे ही लोग महान् बन जाते हैं और एक विरासत पीछे छोड़ जाते हैं।

लगन को सबसे भयंकर रूप से प्रतिकूल परिस्थितियों में भी जिंदा रखना

चाहिए। ऐसे कई मशहूर किस्से हैं, जिनमें व्यवहारकर्ता ने अजेय विपरीत परिस्थितियों में भी अपनी लगन को जारी रखा। अब्राहम लिंकन का मामला भी ऐतिहासिक है, जिन्होंने जीवन में विफलताओं से संघर्ष किया, हताश भी हुए और एकदम निजी मुश्किलों से लड़कर भी दुनिया में अपना नाम किया। हम जे.के. राउलिंग के बारे में भी जानते हैं, जो बरसों तक अपने निजी और पेशेवर जीवन के संघर्ष में उलझी रहीं और फिर हैरी पॉटर सीरीज की सबसे ज्यादा बिकनेवाली किताबों की लेखिका बनीं। हर दिन हम सामान्य व्यक्तियों के विषय में सुनते हैं, जिन्होंने असाधारण बनने के लिए व्यक्तिगत संघर्ष किए। मैं जब यह लिख रहा हूँ, तब मैंने मुंबई के एक ऑटोरिक्शा ड्राइवर की बेटी के विषय में सुना, जिसने हाल ही में सी.ए. की मुश्किल परीक्षा पास की और बेंगलुरु में अखबार बेचनेवाले एक लड़के को प्रतिष्ठित आई.आई.एम. में दाखिला मिला।

लगन से लोग बड़े-बड़े काम करते हैं। लगन से लोग विचित्र काम भी करते हैं, भले ही कोई उनका मजाक उड़ाए और उनकी आलोचना करे। कुछ लोगों की लगन विचित्र होती है। उदाहरण के लिए हम ऐसे लोगों के बारे में सुनते हैं, जो देश में प्रचलन में रहे सारे नोटों के दुर्लभ सैंपल इकट्ठा करते हैं या कुछ ऐसे लोग, जिन्होंने महान् एस.डी. बर्मन के गाए या उनके द्वारा निर्देशित फिल्मों के गाने इकट्ठा किए।

बात सुंदर और सरल है, सच्ची लगन तब है, जब हम व्याकुल और बेफिक्र रहें, जब हम अपने लक्ष्य की दिशा में अपनी भावनाओं की क्षमता को भाग्य और मनोदशा की अस्थिरता को तय नहीं करने देते।

सोऊँ तो सुपनै मिलूँ, जागूँ तो मन मांहि।
लोचन राता सुधि हरी, बिछुरत कबहूँ नांहि॥

सपनों में जब मैं सोता हूँ, विचारों में जब जागता हूँ, तुम्हारी खोज में आँखें लाल हो जाती हैं, मेरी प्रार्थना है कि आप कभी दूर न रहें!

'सच्ची लगन वह है, जो सच्ची लगन करती है।' हम जब उसकी पकड़ में आ जाते हैं, तभी पता चलता है कि लगन का जबरदस्त नियंत्रण कैसा होता है। हम तब समझते हैं कि यह सच्ची लगन है, जब हमें एहसास होता है कि हम उससे अपना मन और विचार अलग नहीं कर पा रहे हैं। हमारे दिन और रात और सही मायने में हमारा जीवन इसमें डूबा रहता है। हम न कुछ और सोच सकते हैं, न किसी पर ध्यान लगा सकते हैं। हमारा पूरा जीवन हमारी लगन की चपेट में

आ जाता है। 'सच्ची लगन तभी सामने आती है, जब यह हमारी चेतना पर पूरी तरह से नियंत्रण कर लेती है।' यदि हम इससे निकल जाते हैं तो मुझे लगता है, यह बस एक शौक है, लगन नहीं।

लगन के आस-पास न होने के विचार से ही हम परेशान हो जाते हैं, असहज हो जाते हैं, लगभग चिंतित हो जाते हैं कि इतना महत्त्वपूर्ण और इतनी अभिन्न चीज हमारे करीब नहीं है। लगन के लिए सबसे करीबी रूपक, जो मेरे दिमाग में आ रहा है, वह है, प्रेम। क्या हमने कभी सोचा है कि हमारे पूरे जीवन पर उस चीज का प्रभाव है, जिसे हम 'प्रेम' कहते हैं ? कैसे वही एक चीज है, जो हमेशा हमारे दिमाग में रहती है, कैसे प्रेमी के करीब न होने के विचार से ही या उससे दूरी की आशंका हमें असहज और परेशान कर देती है। हम में से जिसने भी प्रेम किया है, वे सभी जानते हैं कि उस दौरान हमारी मनोदेशा, शरीर और आत्मा के साथ क्या होता है तथा कबीर द्वारा सच्ची लगन की परिभाषा को समझ सकते हैं। समय के साथ जिनमें उस भावना का एहसास जाता रहा है, वे उसके दर्द को याद कर कह सकते हैं कि काश उसका एहसास फिर कभी न हो! क्या आपकी लगन आपको और आपकी चेतना को डुबा देती है, जिससे सबकुछ छोटा और तुच्छ लगने लगता है ?

जैसा कि फील्ड मार्शल फर्डिनेंड फोच ने कहा था, "इस धरती पर सबसे शक्तिशाली हथियार आग में जलती मनुष्य की आत्मा है।"

आठ पहर चौसठ घड़ी, मेरे और न कोय।
नैन मांहि तूं बसै, नींद ठौर नाहिं होय॥

दिन हो या रात, मेरा कोई भी नहीं, सिर्फ तुम मेरी आँखों में हो, नींद के लिए भी स्थान नहीं है।

सच्ची लगन हमें सामान्य नहीं रहने देती। यह हम से बहुत बुरा भी नहीं और महान् के बीच की आरामदेह जगह को छीन लेती है। जीवन 'औसतों' और 'माध्यमिकाओं' के बीच चल सकता है और फिर एक दिन हमें उन सारी संभावनाओं और क्षमताओं का एहसास होता है, जो हमारे भीतर थीं और अब समाप्त हो चुकी हैं। मैंने कहीं पढ़ा था, "हर बच्चा जन्म के साथ ही अनोखा होता है और फिर बड़ा होकर वह सबके जैसा हो जाता है।" एक जैसा होने में, अनोखा होने की इच्छा न रखने में, खुद को सांसारिक चीजों से आगे न ले जाने, उत्कृष्टता की माँग न करने में आराम मिलता है। सच्ची लगन हमें औसतों

के इस क्षेत्र में फँसा नहीं रहने देती है। यह हमारा आह्वान करती है, खींचती, धक्का देती है, मनाती है और आगे बढ़ने के लिए राजी करती है। यह हमारे भीतर ज्यादा और बेहतर की इच्छा पैदा करती है। सच्ची लगन हमें चैन से सोने नहीं देती, क्योंकि यह ध्यान और संतुष्टि की माँग करती है। कबीर की दुनिया में सच्ची लगन आपको सामान्य, औसत और सांसारिक से इस मायने में आगे जाने के लिए प्रेरित करती है कि सेकेंड-दर-सेकेंड, मिनट-दर-मिनट, घंटे-दर-घंटे और दिन-ब-दिन हम उसे ही सोचते हैं, साँस में भरते हैं और सोते हैं। हम और हमारी लगन एक अविभाज्य बन जाते हैं।

हमारी लगन की तीव्रता इस बात का अच्छा सूचक होती है कि उसका क्या नतीजा सामने आएगा, भले ही प्रयास करने के दौरान नतीजे की बात हमने सबसे आखिर में सोची होगी। हालाँकि परिणाम उस कार्य के पहले की उस लगन की सच्चाई पर निर्भर करता है। कभी-कभी हम बरसों तक किसी चीज के लिए प्रयास करते हैं और नतीजा औसत ही रहता है। आज का जमाना लागत-लाभ के विश्लेषण का है और चाहे कोई किसी चीज में कुछ घंटे ही क्यों न लगाए, वह उसके बदले अच्छा और बड़ा नतीजा चाहता है। यदि इनाम उस प्रकार नहीं मिलता या उस हद तक नहीं मिलता, जिसकी कल्पना की गई है तो हमें निराशा होती है। हम प्रश्न करते हैं कि क्या प्रयास पर्याप्त 'लाभप्रद' था, समय और ध्यान देने के लायक था। हम बाहरी माहौल का विश्ले .ण करते हैं, अपने अलावा अन्य कारणों को जिम्मेदार ठहराते है, परिस्थितियों और लोगों को अनुचित बताते हैं। विफलता के बाहरी कारणों को जिम्मेदार ठहराना स्थानिक होता है।

दूसरी तरफ कबीर इसे दूसरा ही रुख देते हैं। वे हमारी लगन की तीव्रता पर सवाल खड़ा करते है। वे कहते हैं, ''तुम इसे इतनी बुरी तरह नहीं चाहते थे।'' वे हमसे अपने अंदर झाँकने को कहते हैं और पूछते हैं कि क्या हमारी लगन सचमुच अपने सच्चे अर्थों में थी। कबीर हम से यह अपेक्षा रखते हैं कि हम अपना आकलन ईमानदारी से करें और यह बताएँ कि क्या अपनी लगन में हमने पूरा मन लगाया था या सबकुछ बस ऊपर-ऊपर ही था। क्या हमने अपनी लगन को सबकुछ सौंप दिया था या हमने बस तब तक ही उस काम को किया, जब तक वह चलन जारी रहा।

कबीर के शब्दों में लगन बहुत गंभीर मुद्दा है। इसके लिए हमें बहुत कुछ करना पड़ता है। यह महज समर्पण नहीं चाहता, यह पूर्ण रूप से आपकी माँग करता है।

प्रमुख सबक

1. जीनियस बनने के लिए 10,000 घंटे अभ्यास करना पड़ता है।
2. प्रतिभा की परिभाषा है, 'जान-बूझकर किया गया अभ्यास।'
3. लगन अपने परिणामों से स्वतंत्र होती है।
4. सबसे कठिन परिस्थितियों में भी अपनी लगन को जीवित रखिए।

लगन आपके साथ क्या करती है

सच्ची लगन की वास्तविक प्रकृति क्या है और उसके अस्तित्व का प्रमाण क्या है? 'लगन वह है, जो लगन करती है।' सच्ची लगन का प्रमाण इससे मिल जाता है कि वह हमारे साथ क्या करती है। यदि हम अपने प्रयास में उदासीन और अप्रभावित रहते हैं या थोड़ा-बहुत ही प्रभावित होते हैं तो फिर यह कभी लगन नहीं थी। यदि हम पर अपनी लगन से ज्यादा प्रभाव नहीं पड़ता, नाटकीय नहीं होते, जोश में नहीं आते तो उसे सच्ची लगन नहीं कहा जा सकता है।

तन मन जोबन जरि गया, बिरह अगिनी घाट लाग।
बिरहिन जानै पीर को, क्या जानेगी आग॥

तन, मन और आत्मा आपकी अनुपस्थिति में जल गए, अपनी वेदना सिर्फ मैं जानता हूँ, कष्ट का कारण अब तक मालूम नहीं है।

किसी को उसके प्रेम के विषय से अलग कर दिया जाए तो विरह की अग्नि उसका तन, मन और उसकी आत्मा को जला देती है, जिससे एक ऐसी पीड़ा होती है, जिसे सिर्फ हम जानते हैं, आग को यह पता नहीं चलता कि उसने क्या किया और किसे जलाया। सच्ची लगन हमारे साथ क्या करती है, यह पूर्ण रूप से व्यक्तिगत अनुभव होता है, जिसे दूसरा कभी नहीं समझ पाता है। सच कहें तो कोई भी यह नहीं जानता है कि हमारी लगन में इतना शक्तिशाली क्या है, उसने किसी अन्य चीज और व्यक्ति के लिए कोई स्थान नहीं छोड़ा है। सिर्फ वे ही लोग हमारे साथ अपनी समानुभूति लेकर आएँगे, जो स्वयं भी उसी रास्ते पर चलते रहे हैं, जिनके पास अपनी लगन है और वे उसके कारण ही हमारी दशा को समझते हैं। अपनी सच्ची लगन से दूर होने के विचार भर से ही हमारे अंदर इस प्रकार के दुःख, पीड़ा और वेदना का एहसास होगा,

जैसा किसी अन्य अलगाव से नहीं हुआ होगा। यह हमारे अंदर ऐसी अज्ञात भावनाओं को पैदा करता है, जिससे हम अनजान थे, ऐसी असुरक्षा पैदा करता है, जिन्हें हम पहचान नहीं पाते और उनसे कैसे निपटें, यह भी नहीं जान पाते हैं। लगन को यह पता नहीं होता कि वह हमारे साथ क्या कर रही है, सिर्फ हम जानते हैं कि इसके प्रभाव कितने गहरे और सीधे हैं। क्या हमारी लगन हमें विशेष तरीके का एहसास कराती है? क्या अपने जीवन से महज उसकी गैर-मौजूदगी का विचार हमें विचित्र रूप से क्षत-विक्षत दशा में ले आता है? क्या इसके अपूर्ण रह जाने की संभावना हमारी दुनिया तबाह कर देती है, और एक विचित्र, अंधकारमय और ऐसा भरा गड्ढा हमारे सौर जाल में बन जाता है, जिससे बाकी सबकुछ निरर्थक और व्यर्थ लगने लगता है? यदि हम उपरोक्त का एहसास करते हैं, तब हमने सच्ची लगन को पा लिया है।

हेनरी फ्रेडरिक एमिल ने कहा था, ''लगन के बिना मनुष्य महज एक अव्यक्त बल है और संभावना है, जो उस चकमक पत्थर के समान होता है, जो चिनगारी देने से पहले लोहे की चोट की प्रतीक्षा करता है।''

बिरह बड़ो बैरी भयो, हिरदा धरै न धीर।
सूरत सनेही न मिले, मिटै न मन की पीर॥

बिरह ने मेरे ह्रदय को अपरिपूर्ण बना दिया है, तुम से मिले बिना ओ मेरी प्रिया, मेरी पीड़ा बनी हुई है।

अपनी सच्ची लगन से दूर किया जाना, उसे आगे न बढ़ा पाने का भय हमारे अंदर निराशा की भावना पैदा करता है। मुझे विश्वास है कि आपने इस बात पर गौर किया होगा कि निराशा इस बात को लेकर नहीं है कि क्या सच्ची लगन से हमें कोई परिणाम, लाभ या इनाम मिलेगा या नहीं, बल्कि इस कारण है कि हम उसे आगे नहीं बढ़ा सकेंगे। जो सच्ची लगन रखते हैं, वे अपनी लगन को किसी साध्य के लिए आगे नहीं बढ़ाते, उनके लिए लगन ही उनका साध्य है। बाकी सबकुछ घटनात्मक और गौण हैं, जो लगन का आनंद उठाने के प्राथमिक कार्य के बाद ही आते हैं। हम जब अपनी लगन से दूर हो जाते हैं, समय, संसाधनों या अवसर के अभाव में उसे जारी नहीं रख पाते, तो हमारे अंदर एक ऐसा खालीपन पैदा हो जाता है, जिसे किसी भी विकल्प से भरा नहीं जा सकता है। यह सच्ची लगन होने का एक और पहलू है। इसका कोई

विकल्प नहीं होता। सच्ची लगन के बिना मन और आत्मा की वेदना को कभी दूर नहीं किया जा सकता है। इसे इस बात को प्रमाणित करने की परीक्षा मान लें कि क्या वह हमारी सच्ची लगन है या मनोविनोद, यदि उसकी अनुपस्थिति हमारे अंदर हलचल नहीं मचाती, यह हमें थोड़ा-बहुत ही हिलाती है तो वह हमारी लगन नहीं है। यह हमारी लगन होती तो यह हमारी दुनिया में उथल-पुथल मचा चुकी होती। यह एक इच्छा और दर्द पैदा कर देती, जिसका अनुभव केवल एक प्रेमी कर सकता है, जिसे उसकी प्रेमिका से अलग कर दिया गया है। लगन को लेकर कबीर की धारणा व्यक्तिगत और गहन दोनों ही है।

अंखियन तो झाईं परी, पंथ निहार निहार।
जिभ्या तो छाला पड़या, नाम पुकार पुकार॥

तुम्हारी प्रतीक्षा करते-करते आँखें पथरा गईं, तुम्हारा नाम ले-लेकर जीभ पर छाले पड़ गए।

सच्ची लगन के लिए बहुत बड़ा व्यक्तिगत त्याग करना पड़ता है। यह हमारी तीव्रता की परीक्षा लेता है। इसके लिए बहुत उच्च स्तर का धैर्य चाहिए, हमें दिन-रात इसमें लगे रहना पड़ता है। यह अपेक्षा करता है कि हम दिनों और बरसो तक एकाग्रचित्त होकर इसका प्रयास करते रहें। भले ही यह हमें शारीरिक और भावनात्मक तौर पर थका दे। सच्ची लगन 'दो मिनटवाला नूडल्स' नहीं है। कबीर की नायिका कहती है कि वह प्रेमी की राह देखते-देखते और उसकी प्रतीक्षा करते-करते अंधी हो गई है और उसका नाम इतनी बार लिया कि जीभ पर छाले पड़ गए हैं।

अपनी लगन के लिए हमारी प्रतीक्षा कितनी निरंतर और हमारी चाह कितनी अधिक रही है? क्या यह इतनी है कि हमारी इच्छा बनी रहे, क्या हम इतनी प्रतीक्षा कर सकते हैं कि अथक रूप से अपनी लगन के लिए प्रयासरत रहें?

ऐसा कहा जाता है, 'एक हीरा वह कोयला है, जो अपने काम में जुटा रहा।' ऐसे लोगों के अनेक उदाहरण हैं, जिन्होंने अपने चुने रास्ते को नहीं छोड़ा और समय के साथ सफलता तथा शोहरत को हासिल किया। महान् आविष्कारों की प्रयोगशाला से वास्तविक दुनिया में आने में एक लंबा वक्त लगता है। इस कारण प्यास बनी रहनी चाहिए, इच्छा जारी रहनी चाहिए। हार मान लेने के दो मतलब हो सकते हैं, या तो लगन के साथ हमने पर्याप्त समय नहीं बिताया या जीवन की उस लगन के लिए अपेक्षित कठिन परिश्रम नहीं किया।

लाली मेरे लाल की, जित देखूँ तित लाल।
लाली देखन मैं गई, मैं भी हो गई लाल॥

मैं जिसकी इच्छा रखती हूँ, उसका ऐश्वर्य कुछ ऐसा है कि वह मुझे हर जगह दिखाई देता है, हम जब मिलते हैं तो चाहनेवाला और चाहा गया दोनों ही एक हो जाते हैं।

हमारी चेतना पर जब सच्ची लगन अपनी पकड़ बना लेती है, तब किसी अन्य के लिए स्थान नहीं रह जाता है। हमें कुछ भी दिखाई नहीं देता, किसी के लिए भी समय नहीं होता, किसी और की जरूरत नहीं होती। यह ऐसा ही है, जैसे लगन से ही जीवन को अर्थ मिलता है। हम दुनिया को अपनी लगन की नजर से देखते हैं। हम अपनी लगन की नजर से चीजों और लोगों की प्रासंगिकता को देखते हैं। यह लगन हमें इतना लीन रखती है कि हमारे पास किसी अन्य के लिए न ऊर्जा बचती है, न स्थान, न समय या झुकाव।

कबीर मानते हैं कि लगन की यह अपने में लीन कर लेने की ऐसी प्रवृत्ति होती है, जो इसकी सच्ची पहचान कराती है अर्थात् किसी भी व्यक्ति को उसकी लगन से अलग करना असंभव होता है। क्रिकेट सचिन है और सचिन क्रिकेट है, फेडरर टेनिस है, टेनिस फेडरर है, लता मंगेशकर अपने गीतों की हैं और उनके गीत लता मंगेशकर हैं, जब लगन अपने चरम पर होती है तो उस व्यक्ति को उसकी लगन से अलग करना असंभव होता है। क्या हम अपनी लगन से अलग हैं?

कबीर प्याला प्रेम का, अंतर लिया लगाय।
रोम-रोम में रमि रहा, और अमल क्या खाय॥

कबीर, अब मैं प्रेम का प्याला पी रही हूँ, इसका नशा मुझ पर सवार हो गया है, मुझे और किसी की आवश्यकता नहीं है।

लगन एक लत है। लगन एक नशा है। यह लगभग हमारा दोष है। हम इसके बिना नहीं जी सकते हैं। यह हम में जितना होगा, हमें उसकी उतनी ही आवश्यकता होगी। यह उदात्त अवस्था का निर्माण करता है, लगभग समाधि के समान, जिसे सिर्फ एक व्यसनी ही समझ सकता है। नशे के समान ही लगन आत्मा और भावनाओं को जगा देती है। अपने दिल में लगन लिये व्यक्ति की पहचान उसके होंठों पर गीत, आत्मा में जोश और चेहरे पर मुसकान होती है। सच्ची लगनवाला इनसान अपनी ही दुनिया में जीता है। उसे किसी के साथ की आवश्यकता नहीं,

उसे आधुनिक दुनिया की चीजों, जैसे टी.वी., इंटरनेट, गेम्स आदि की जरूरत नहीं होती। सच्ची लगनवाले इनसान को छुट्‌टी, आराम, विश्राम और ब्रेक की जरूरत नहीं होती। ये शब्द आधुनिक युग में किसी अभिशाप के समान हैं और उन अभागों के लिए मायने रखते हैं, जिन्हें उस भावनात्मक अनुभूति का एहसास नहीं हुआ है, जो सिर्फ सच्ची लगन से संभव है। हमें सिर्फ उसी चीज से ब्रेक चाहिए होता है, जिसके विषय में हम लगनशील नहीं रहते हैं।

मुझे लगता है कि आधुनिक संगठनों को एक श्राप मिला है। उस सिस्टम में कहीं-न-कहीं कुछ गड़बड़ जरूर है, जहाँ से सैकड़ों और हजारों कर्मचारी निकलते हैं, जहाँ जो वे करना चाहते हैं और जो करते हैं, उनके बीच का अंतर भयंकर रूप से बड़ा हो गया है और बढ़ता ही जा रहा है। ऐसे कर्मचारियों की संख्या हमेशा ज्यादा होती है, जो यह सोचते हैं कि वे जो कर रहे हैं, उसकी बजाय कुछ और कर रहे होते तो कहीं अधिक अच्छी स्थिति में रहते, जबकि खुश रहनेवालों की संख्या बहुत कम है। यह उन पर लागू होती है, जो पूरी तरह शिक्षित, जानकार, मुखर और विवेकी हैं। कैसे इतने अधिक लोगों का इतनी तेजी से मोहभंग हो रहा है? क्यों इतने लोग इतनी जल्दी हताश हो गए? उनके काम से खुशी कहाँ चली गई? पहले की तुलना में अब कर्मचारी अपने 'खून-पसीने' से जो तैयार करते हैं, उसे लेकर कहीं अधिक फँसा हुआ और असंबद्ध महसूस करते हैं। सोचिए, यह महामारी किस हद तक बढ़ चुकी है कि अस्सी फीसदी समय तक जागने के बावजूद इतने लोग जो कर रहे हैं, उससे खुश नहीं हैं? आखिर कैसे हमें जिससे इतना पैसा मिल रहा है, उससे हमारे मन में उमंग पैदा नहीं हो रही है? इसका जवाब उस शब्द में है, जिसे समाजशास्त्री अलगाव की भावना कहते हैं। हम जब वह करते हैं, जिसमें आनंद नहीं आता, मतलब नहीं समझ आता या हम में उसकी लगन नहीं होती तो हमें संतुष्टि और परिपूर्ण होने का एहसास नहीं होता। यहाँ तक कि सारी परिस्थितियाँ हमारे पक्ष में हों, काम का शानदार माहौल, स्वच्छता, मोटी तनख्वाह, बड़ा पद या प्रभावी स्थान, फिर भी हमें उस 'चमत्कार' की अनुभूति नहीं हो सकती है। कबीर को यह मिल गया था, क्या हमें मिला है?

आज के जमाने के काम की जगहों पर लगन कई अलग-अलग तरीके से जीवंत रूप में सामने आती है। प्रत्येक कर्मचारी में कुछ स्वाभाविक रुझान होते हैं, ऐसी चीजें जिन्हें वह बिना दिक्कत के कर लेता है या जिन्हें अन्य कार्यों की तुलना में करने में उसे आनंद आता है। कुछ को लोगों से बातें करना अच्छा लगता है, अन्य यात्रा करना और नए लोगों से मिलना पसंद करते हैं, कुछ अन्य बेहिसाब आँकड़ों

को समझने और उनसे नई बातें निकालने में अच्छा महसूस करते हैं, जबकि कुछ अपने रचनात्मक कौशल का उपयोग कर जबरदस्त प्रेजेंटेशन तैयार करते हैं। कुछ को कोड लिखना पसंद होता है, जो उनके मुताबिक उनकी तार्किक या रचनात्मक क्षमता की अभिव्यक्ति है, जबकि अन्य के लिए रचनात्मकता का मतलब चित्र और संरचनाओं का निर्माण होता है। कुछ विश्लेषणात्मक होते हैं और ऐसी भूमिका पसंद करते हैं, जिसमें उन्हें संख्या और ट्रेंड से खेलने का मौका मिलता है। कुछ खड़े होकर प्रेजेंटेशन देना पसंद करते हैं, जबकि अन्य परदे के पीछे रहकर चीजों को जोड़ने में जुटे रहना चाहते हैं।

वे लोग खुशकिस्मत होते हैं, जिन्हें उनकी पसंद का काम मिल जाता है। कुछ कार्यों और भूमिकाओं में स्वाभाविक रूप से हमारी लगन काम आ जाती है, जबकि अन्य उसे दबा देते हैं। कुछ काम और कुछ भूमिकाएँ हमारा ध्यान, ऊर्जा और भागीदारी ऐसे चाहती हैं, जैसे वे हमारे स्वभाव में हों, जबकि अन्य हमें उनसे दूर ले जाती हैं। काम ऐसा हो, जो हमें अपनी स्वाभाविक प्रतिभा और मौलिक आवश्यकताओं के उपयोग का अवसर दे। वह व्यक्ति जो कहानियाँ सुनाना चाहता है, बात करना चाहता है, एक बड़ी तसवीर पेश करना चाहता है, उसे दफ्तर के कोने में आँकड़ों के साथ खेलने के लिए छोड़ दिया जाए तो बेहद घुटन महसूस करेगा। वह व्यक्ति जिसे आँकड़ों से खेलने में मजा आता है, उसे बढ़ा-चढ़ाकर पेश किए जानेवाले प्रेजेंटेशन की जिम्मेदारी सौंप दी जाएगी तो वह हताश होकर इस्तीफा दे सकता है। यहाँ संगठनों की यह जिम्मेदारी है कि वह कर्मचारियों को ऐसी भूमिका दें, जो उन पर पूरी तरह से लागू होती है, कर्मचारियों के मूल स्वभाव के मुताबिक काम दें, इसकी जिम्मेदारी कर्मचारियों पर कहीं अधिक है कि वे अपने सच्चे स्वभाव को पहचानें। उन्हें सिर्फ अपनी लगन की माँग को ही पहचानना नहीं है, बल्कि उन्हें सक्रिय रूप से उन भूमिकाओं की तलाश करनी चाहिए, जो उनकी स्वाभाविक प्रतिभा को व्यक्त कर सकें। इसका अर्थ यह भी है कि उन्हें उन भूमिकाओं के लिए मना कर देना चाहिए, जिनके कारण उन्हें वह करना पड़े, जिनसे आगे चलकर वे नफरत करने लगें। गलत काम में फँसे लोग काम की वजह से पैदा होनेवाले तनाव की सबसे बड़ी वजह होते हैं। इसके लिए संगठनों को दोषी ठहराना अनुचित है।

हम उन इंजीनियरों के बारे में जानते हैं, जिन्हें मशीन अच्छी लगती थी, लेकिन वे प्रशासक बन गए। हम उन प्रशिक्षकों के विषय में जानते हैं, जिन्हें ट्रेनिंग में मजा आता था, लेकिन वे कागजों को निपटाने में फँस गए। हम उन सेल्समैन

के बारे में जानते हैं, जिन्हें सेल्स की ऊर्जा में मजा आता था, लेकिन वे मैनेजर बन गए। इस कारण उनकी खुशी छिन गई, क्योंकि वे उन कामों को करने लगे, जिसमें उन्हें मजा नहीं आता था।

एक कर्मचारी होने के नाते हमें वह बड़ा सवाल अवश्य पूछना चाहिए, जिसे शायद ही हम पूछते हैं, मेरी लगन क्या है ? किस काम में मुझे सच में मजा आता है ? किस काम से मुझे खुशी मिलती है ?

जॉर्ज लियोनार्ड ने अपनी शानदार किताब, 'मास्टरी' में लिखा है, मनुष्य अपनी उत्कृष्टता के लिए संघर्ष करता है। हमें मनुष्य बनाने में इसका भी योगदान है। अपनी सारी कमियों के बावजूद हम जितना पहले आगे बढ़ चुके हैं, उससे आगे और शायद इतना आगे जाना चाहते हैं, जहाँ तक कभी कोई न गया हो।

प्रमुख सबक

1. लगन वह है, जो लगन करती है, आप अपनी लगन से क्या करते हैं ?
2. लगन निवेश और त्याग की अपेक्षा रखती है, आपने अब तक कितना निवेश और त्याग किया है ?
3. लगन एक नशा है, इससे आप सबकुछ भूल जाते हैं।

□

समर्पण

समर्पण और भक्ति ऐसे शब्द हैं, जिनसे सामान्य तौर पर हमारे दिमाग में धार्मिक तसवीर उभरती है या फिर वे परोपकार, परमार्थ या सिद्धि के व्यापक उद्देश्यों से संबद्ध प्रतीत होते हैं। इस कारण व्यापारिक संगठनों के कर्मचारियों में इन शब्दों को या तो बहुत गूढ़ या कुछ ज्यादा ही आदर्श मान लेने की एक प्रवृत्ति होती है। यह धारणा ऐसी है कि वास्तविक मुद्दोंवाले वास्तविक जगत् में सिर्फ उनके संबंध में किया जानेवाला लेन-देन ही पुण्यमय होता है या जिनका प्रयास या चर्चा करनी चाहिए, जो मात्रात्मक हैं। यह बात आम तौर पर देखने को मिलती है कि बैठकों में जो बातें होती हैं और नेता, जिनकी हिमायत करते हैं तथा जिन्हें जीवन की वास्तविक चिंता और सच्चाई माना जाता है, उनमें एक अंतर होता है। आँकड़ों, लक्ष्यों, विकास और साधनों के बारे में बात करना आसान होता है, लेकिन समर्पण, प्रेरणा और लगाव जैसे अदृश्य पहलुओं के बारे में चर्चा, व्याख्या और समझाना कठिन होता है। यह बात हमने अनुभव से जाना है कि संगठनों में बिताए जानेवाले जीवन में ऐसी अधिकांश चीजें, जिनके लिए प्रयास किया जाना चाहिए और जो वास्तविक रूप से महत्त्वपूर्ण होती हैं, वे असल में मापने योग्य नहीं होतीं।

समर्पण जैसे ही कई शब्द हैं, जिन्हें अपने माता-पिता, शिक्षकों तथा अन्य अधिकार रखनेवालों की ओर से दिए जानेवाले उपदेश के हिस्से के तौर पर सुना है और इस कारण ही हम में से अधिकांश लोग जब इन शब्दों को सुनते हैं तो उन्हें अनसुना कर देते हैं।

कबीर के संसार में समर्पण गूढ़ नहीं है, न ही इतना भव्य कि आम लोगों की पहुँच से बाहर हो। समर्पण को लेकर उनकी अवधारणा आम लोगों, 'आम आदमी' या जिन्हें हम मैंगो पीपुल कह सकते हैं, उनसे जुड़ी है। समर्पण को लेकर

कबीर की व्याख्या व्यावहारिक और वियोजक है, वे समर्पण की ऐसी आदर्श तसवीर नहीं खींचते, जो पहुँच से परे हो, लेकिन वह भावनाओं से जुड़नेवाली होती है, जिसके माध्यम से हम समर्पित होने की अपनी परिभाषा और अपना दायरा गढ़ सकते हैं।

आखिर में ऐसा कोई पैमाना नहीं, जिससे समर्पण की मात्रा तय की जा सके और इस कारण ही किसी व्यक्ति के समर्पण पर प्रश्न उठने, आलोचना किए जाने और असहमति की गुंजाइश रह जाती है। समर्पण सहज और अनुभवात्मक होता है। हम जिस क्षण किसी व्यक्ति को काम करते देखते हैं, उसी क्षण समझ जाते हैं कि उसमें समर्पण की भावना है। समर्पित होना न सिर्फ काफी व्यक्तिगत चुनाव है, बल्कि इसका पैमाना भी काफी व्यक्तिगत होता है।

कॉरपोरेट जगत् में हम हमेशा किसी अन्य व्यक्ति के नीचे काम करते हैं, जिसे कुख्यात तौर पर बॉस के नाम से जाना जाता है और सालाना अप्रेजल की प्रबंधन प्रक्रिया की बदौलत यह आपको उसकी मरजी के हवाले कर देता है, ताकि वह तय करे कि आप कितने समर्पित हैं या समर्पित नहीं हैं। अगर हालात में विचित्र मोड़ आने पर कोई किसी ऐसे व्यक्ति के साथ फँस जाए, जिसकी जानकारी संदिग्ध हो या उसे अपनी सत्ता को लेकर गलतफहमी हो, तो इस बात की संभावना है कि अकसर कोई व्यक्ति अपने काम के प्रति समर्पण साबित करता रह जाए, फिर भी उसका कोई फायदा न हो। यह भी संभव है कि ऐसा बॉस काम के प्रति समर्पण और अपने प्रति समर्पण में घालमेल कर दे।

कबीर के शब्दों में इस बात का महत्त्व नहीं कि हम समर्पण को किस प्रकार परिभाषित करते हैं, लेकिन यह मायने रखता है कि समर्पण का हम पर कितना प्रभाव पड़ता है। उनके शब्दों में हम समर्पण को संज्ञानात्मक रूप से किस प्रकार समझते हैं, इससे कहीं अधिक यह महत्त्व रखता है कि हम जब समर्पित रहते हैं, तब हमें कैसा महसूस होता है।

अन्य कई स्थानों की तरह ही कबीर संबंधों के रूपक का उपयोग कर समर्पण की व्याख्या करते हैं।

नैना अंतर आव तूं, नैन झापि तूहि लेव।
मैं न देखूँ और को, न तोहे देखन दूँ॥

तुम्हारे से लिए मेरा प्रेम ऐसा है कि मैं तुम्हें अपनी आँखों में बसा लूँगा और फिर उन्हें बंद कर लूँगा। न मैं स्वयं किसी और को देखूँगा, न तुम्हें देखने दूँगा।

कबीर रेख सींदूर अरु, काजर दिया न जाय।
नैनन प्रीतम रमि रहा, दुजा कहाँ समाय॥

सिंदूर की रेखा केवल एक के लिए होती है और आँखों का काजल भी। आँखों में भी केवल मेरा प्रेमी बसा है, और किसी के लिए कोई स्थान नहीं।

समर्पण पूर्णता में होता है। सच्चा समर्पण द्विपदीय होता है, या तो यह होता है या नहीं होता है। लगभग समर्पण जैसी कोई चीज नहीं होती है। सच्चा समर्पण अवर्जनात्मक भी होता है। जब कोई किसी के प्रति समर्पित होता है, तो स्वत: ही किसी अन्य चीज के प्रति उसका समर्पण नहीं होता है। इस कारण समर्पित होने को लेकर कबीर के सख्त अर्थों में एक से अधिक के प्रति समर्पित होना अवधारणात्मक और इस प्रकार व्यावहारिक रूप से संभव नहीं है। इस लिहाज से मल्टीटास्किंग एक मिथ्या है।

मध्यम बुद्धिवाले अनेक प्रकार के कार्य करते हैं। बुद्धिमान सिर्फ एक के प्रति समर्पित रहते हैं। सचिन तेंदुलकर कई सारे खेल नहीं खेलते, न ही दूसरे खिलाड़ी ऐसा करते हैं। आइंस्टाइन ने अपने आपको केवल विज्ञान के प्रति समर्पित रखा और अधिकांश दूसरे वैज्ञानिक भी शोध के एक विशेष क्षेत्र में जुटे रहते हैं। लता मंगेशकर महान् गायिका हैं और वे उसके अलावा किसी अन्य क्षेत्र में हाथ नहीं आजमाती हैं। बुद्धिमान व्यक्तियों, वैज्ञानिकों, कलाकारों, खिलाड़ियों और विचारकों के जीवन में यह बात सुनने को नहीं मिलती कि वे एक से अधिक क्षेत्र के प्रति समर्पित हैं, भले ही लियोनार्डो दा विंसी जैसे चंद लोग इसके अपवाद हों। अधिकांश अन्य क्षेत्रों में, जैसे विशुद्ध विज्ञान या सामाजिक विज्ञान, मेडिसिन या कला और संगीत में, प्रतिभावान लोग किसी एक क्षेत्र के प्रति समर्पण से ही निखरकर सामने आए हैं। यह सिर्फ आधुनिक युग के कारोबारी संगठनों में ही देखा जाता है कि मल्टीटास्किंग की अवधारणा का इतना बड़ा हौवा खड़ा किया जाता है।

औसत बुद्धिवाले अनेक कामों में हाथ आजमाते हैं और अकसर एक विषय से दूसरे में, और एक चलन से दूसरे को अपना लेते हैं। जो बुद्धिमान होते हैं, वे एक के प्रति ही समर्पित रहते हैं। कबीर का रूपक वह प्रेम है, जिसकी अनुभूति प्रेमी अपनी प्रेमिका और उसपर अपने सर्वोच्च अधिकार के प्रति करता है। प्रेमी की इच्छा है कि वह प्रेमिका को अपनी आँखों में समा ले और आँखों को बंद कर ले, ताकि न वह किसी अन्य को देख सके, न ही उसकी प्रेमिका। प्रेम की तीव्रता और उसके प्रति समर्पण को व्यक्त करने का यह कितना उदात्त तरीका है।

कबीर के रूपक से इस बात को अच्छी तरह समझा जा सकता है कि कैसे सच्चा समर्पण और प्रेम किसी अन्य के लिए कोई स्थान नहीं छोड़ता है। प्रेमी की आँखों में 'काजल' की भी जगह नहीं रह जाती है, क्योंकि वहाँ प्रेमिका बसी होती है। प्यार में डूबने और समर्पित होने की क्या गजब की मिसाल है! वे लोग जो हर किसी पर मोहित हो जाते हैं, अकसर किसी के भी साथ नहीं होते। वे लोग जो सबकुछ चाहते हैं, उन्हें कुछ नहीं मिलता। जो लोग सबकुछ में हाथ आजमाते हैं, वे किसी भी चीज में महारत हासिल नहीं कर पाते। समर्पण का मतलब एक चीज को चुनना और उससे ही जुड़े रहना होता है। कोई हीरा वह कोयला होता है, जो अपने काम में रमा रहा।

'मास्टरी' में लेखक रॉबर्ट ग्रीन ने लिखा है, "किसी प्रशिक्षण के प्रति स्वयं को समर्पित कर दीजिए, जिसमें आप वर्षों तक विनम्र अवलोकन, कौशल प्राप्ति तथा प्रयोगों से गुजरते हैं। प्रशिक्षण के चरण के बाद, आपको निडर, आत्मविश्वास से पूर्ण, तथा अपने कौशल को आजमाने और विभिन्न विचारों के बीच संबंध स्थापित करने के काबिल बन जाना चाहिए।"

कबीर सीप समुद्र की, रटै पियास पियास।
और बूँद को न गहे, स्वाति बूँद की आस॥

सीप में सिर्फ उस विशेष ओस की बूँद की प्यास होती है, पानी में घिरा होकर भी वह सिर्फ उस बूँद की प्रतीक्षा करता है!

कबीर सीप समुद्र की खारा जल नहि लेय।
पानी पीवै स्वाति का, सोभा सागर देव॥

समुद्र में रहकर भी सीप उसके खारे पानी को नहीं पीता है, वह आसमान से टपकनेवाली विशेष ओस की बूँद को ग्रहण करता है, फिर भी समुद्र की शोभा को ही बढ़ाता है।

आपको इस दोहे में प्रयुक्त रूपक के शाब्दिक अर्थ को समझना होगा। हमारी किंवदंतियों के अनुसार मोती तभी स्वरूप लेता है, जब किसी विशेष नक्षत्र या समय में पानी की एक बूँद सीप में गिरती है। समुद्र में पाए जानेवाले सीप के चारों ओर पानी होता है, लेकिन उस पानी में मोती बनाने की क्षमता नहीं होती है। सीप सिर्फ उसी नक्षत्र में गिरनेवाली ओस की बूँद की धैर्य से प्रतीक्षा करता है, ताकि मोती का निर्माण हो सके।

मुझे ऐसा लगता है कि कबीर को इरा बात की पूर्व सूचना थी कि एक दिन आधुनिक युग के संगठन स्वरूप लेंगे और उनके कर्मचारियों में ऐसी चिंता होगी, जो किसी भी युग के मनुष्यों की तुलना में अधिक होगी तथा इसका हल इसी 'दोहे' से निकल सकेगा।

आदिम मनुष्य की चिंता सुरक्षा को लेकर थी, प्रकृति तथा भोजन की आवश्यकता की सुरक्षा। कृषि आधारित समाज की चिंता मौसम की अनिश्चितताओं तथा उसे नियंत्रित करने की इच्छा को लेकर थी। औद्योगिक समाजों की चिंता एक मनुष्य और दूसरे के बीच पारंपरिक संबंधों के बिगड़ने तथा मानव अस्तित्व की पारंपरिक व्यवस्था के भंग होने को लेकर थी। आधुनिक समाजों की चिंता उन कार्यों को लेकर है, जो उसके सदस्यों के लिए सार्थक नहीं हैं। कर्मचारी ऐसे कार्यों में जुटे हैं, जिनको एक के बाद दूसरे दिन और बरसोंबरस तक करते रहने के बाद भी कोई अर्थ समझ नहीं आता। मध्यमता और तनाव का प्रमुख कारण यही खाई है, जो उनके द्वारा किए जा रहे और जो वे करना चाहते हैं, उस कार्य के बीच के अंतर के चलते पैदा हुई है।

आप बस एक चीज के प्रति समर्पित नहीं रह सकते हैं। प्रत्येक स्त्री और पुरुष में एक प्रतिभा होती है तथा उन्हें अपनी प्रतिभा को ढूँढ़ना होगा। ऐसी प्रतिभा, जिसकी चर्चा से ही हृदय फड़क उठता है, नसों में ऊर्जा भर जाती है और चेहरा चमकने लगता है। किसी ऐसे कार्य का पता लगाने के लिए कोई निश्चित सूत्र नहीं है कि वह हमारे समर्पण के लायक है या नहीं या उसके प्रति अपने आप ही हमारा समर्पण जाग उठेगा। ठीक इसी प्रकार इसका भी कोई फॉर्मूला नहीं कि हम किसी के साथ प्यार करने लग जाएँ या किसी में अपने प्रति प्यार को जगा दें। आपको जैसे ही प्यार होता है, आपको उसका पता चल जाता है।

संगठनों में हमें विभिन्न प्रकार से अपना काम करने और पैसे कमाने का अवसर मिलता है। मूल प्रश्न यह है कि हम अपने काम को चुनने के लिए क्या करें? वह आधार क्या है, जिस पर हम उस चुनाव को करते हैं? कोई उस काम को चुनते हैं, जिससे ज्यादा-से-ज्यादा पैसे कमा सकें, कुछ उसे चुनते हैं, जिसमें सबसे तेज तरक्की की संभावना रहती है, अन्य लोग उसे चुनते हैं, जिससे सत्ता और प्रभाव के करीब जा सकें तथा कुछ ऐसे भी हैं, जो रचनात्मकता की संभावना के आधार पर चयन करते हैं। कोई भी काम किसी से श्रेष्ठ नहीं, क्योंकि जो एक के लिए अमृत है, वह दूसरे के लिए विष होता है। मुश्किल यह है कि हम उस काम में फँस जाते हैं, जिसका मजा नहीं ले पाते हैं। वह काम जो हमारे लिए अमृत है,

वह इतना आसान और स्पष्ट दिखता है कि उसके विषय में सोचने की जरूरत भी नहीं होती है। सच्चाई यह है कि काम को पसंद करनेवाले लोग कम हैं, जबकि अधिकांश लोग ऐसे काम में फँसे हैं, जिन्हें वे पसंद नहीं करते। सच्चाई यह भी है कि ऐसे कम ही लोग हैं, जो वही करना चाहते हैं, जो वे कर रहे हैं, जबकि अधिकांश लोगों को अवसर मिले तो वे कुछ और करना चाहेंगे।

कबीर हमारा आह्वान करते हैं, हमें झकझोरते और धकियाते भी हैं। यही नहीं, नींद से जगाने का भी काम करते हैं। वे इस बात के लिए हमें फटकारते हैं कि हम उस काम में फँसे हैं, जिसे पसंद नहीं करते हैं। वे गेंद हमारे पाले में डाल देते हैं और हमें ही उस दुर्गति का जिम्मेदार ठहराते हैं, जिसमें हम फँसे हुए हैं।

यदि हम सच में मोती चाहते हैं, यानी जिसका मूल्य होता है, तो हमें किसी एक को चुनना होगा। सिर्फ उसे ही स्वीकार करना होगा, जिसमें हमारी प्रतिभा सच में है और यह किसी कारणवश आसानी से नहीं मिलता है, तो हमें धैर्य से कष्ट सहकर भी उसकी प्रतीक्षा करनी चाहिए। हमारे आस-पास हजारों विकल्प हो सकते हैं, कुछ ऐसे जो दूसरों से अधिक लुभावने होंगे, जैसे समुद्र में जिधर देखिए, उधर ही पानी दिखता है, लेकिन सच यही है कि वे विकल्प हमारे नहीं होते। हमारी प्रतिभा के अनुसार काम कुछ और ही होता है। इसलिए उसकी प्रतीक्षा करें, उसकी तलाश करें और सिर्फ अपने लिए उपयुक्त काम मिलने पर ही फैसला करें। यदि हमने अपने आपको दिलासा देने के लिए किसी भी कारण से कुछ और स्वीकार कर लिया तो उसके अंत में हमें मोती नहीं मिलेगा। उसका चुनाव करना कठिन होता है, जो हमारे दिल के करीब होता है, जिससे हमारे अंदर जोश आ जाता है, जो जीवन में हमारे लिए उपयुक्त कार्य होता है, जिसके लिए हमारा दिल धड़कता है और मन लालायित रहता है।

हमें जब अपना सही काम मिल जाता है, तभी सच्चा समर्पण भी पैदा होता है। हम किसी ऐसे काम के प्रति समर्पित नहीं हो सकते, जिससे हमें प्रेम नहीं होता और जिसका हम आनंद नहीं लेते। इसलिए यदि हम इस बात को लेकर परेशान रहते हैं कि हमने अपने लिए तो स्तर तय किया था, उस तक हमारा समर्पण क्यों नहीं है, तो शायद यह प्रश्न करने का समय आ गया है कि क्या हमारा समर्पण सही चीज के प्रति है? अगर आप जिस रेस में दौड़ रहे हैं, उसमें अपना पूरा दमखम नहीं लगा पाते तो शायद वह रेस आपके लिए नहीं है। उसे छोड़िए और अभी छोड़ दीजिए तथा उस रेस को ढूँढ़िए, जो आपके लिए है। ऐसी रेस की तलाश कीजिए, जिसके प्रति आप प्यार से समर्पित हो सकें। समर्पण दिमाग से नहीं, दिल से होता है।

सीप चारों ओर अवसरों से घिरा होता है, किंतु उसका समर्पण सिर्फ एक विशेष ओस की बूँद के प्रति होता है। वह जानता है कि हर समय उसे अपनी ओर आकर्षित करनेवाले बेहिसाब अवसरों के लोभ में आ गई तो मोती कभी नहीं बन पाएगा। वह जानता है कि इस प्रतीक्षा में उसे वेदना और पीड़ा होगी, 'जो सामने है, उसके लोभ से बच पाना कभी आसान नहीं होता है।' किंतु वह सीप यह भी जानता है कि उसका दिल क्या चाहता है। वह जानता है कि उसकी मुक्ति मोती के सृजन से ही होगी और स्पष्ट दृष्टि के साथ वह उस एक लक्ष्य को साधने के लिए प्रतीक्षा करता रहता है। वह उसे स्वीकार नहीं करता, जो उपलब्ध है, जो आसान है, सुविधाजनक और सुलभ है। मोती के निर्माण का पहला कदम ही यह है कि हम सुविधाजनक चीज से समझौता न करें। याद रखिए, मोती गहरे समुद्र में मिलता है, तट पर तो सिर्फ सीप मिलते हैं!

कर्मचारियों को अपने लिए ऐसी ही भूमिका की तलाश करनी चाहिए, जिसमें वह अपनी असली प्रतिभा को दिखा सके। हालाँकि कॉरपोरेट जंगल में संगठन के अंदर और बाहर अवसरों की कमी नहीं है। इनमें से हर एक अवसर लुभावने पदनाम, शायद अधिक वेतन-भत्ते और इन सारे आकर्षणों से भरपूर होता है। यहीं हम उस काम से दूर जाने लगते हैं, जिसे हम सच में पसंद करते हैं या जो सच में हमारी आजीविका है। ऐसे अवसरों को छोड़ने के लिए साहस चाहिए, क्योंकि वे छद्म-अवसर होते हैं। हम जिसका आनंद नहीं उठाते, उस काम से हमें फल की प्राप्ति नहीं हो सकती है।

'मास्टरी' में रॉबर्ट ग्रीन ने लिखा है, "आप क्या हैं, उसे समझिए और आप किस प्रकार का पेशा या कॅरियर अपनाना पसंद करेंगे।"

प्रमुख सबक

1. समर्पण द्विपदीय होता है, या तो वह होता है या नहीं होता है। लगभग समर्पण जैसा कुछ भी नहीं होता है।
2. मध्यम बुद्धिवाला औसत दरजे के अनेक कार्य करता है, बुद्धिमान सिर्फ एक के प्रति समर्पित रहता है।
3. मोती गहराई में मिलता है, तट पर सिर्फ सीप मिलते हैं।

□

फोकस

पारंपरिक ज्ञान ने 'हमें हरफनमौला होने, किंतु किसी का भी माहिर न होने' से आगाह किया है, लेकिन कहीं-न-कहीं मल्टीटास्किंगवाले गुट ने वर्चस्व स्थापित कर लिया। इस बात के प्रमाण लगातार मिल रहे हैं कि अनेक कार्य करनेवालों में सार्थक, स्थायी मूल्यवाले, विशेष रूप से कल्पनाशील और रचनात्मक सृजन की क्षमता औसत दरजे की होती है। फोकस करने की क्षमता एक प्रमुख प्रबंधकीय गुण है। एक मीटिंग, एक अप्रेजल, एक नेता का संबोधन, एक सुपरवाइजर का उपदेश ऐसा नहीं होगा, 'जहाँ फोकस करने की जरूरत' को बार-बार न दोहराया गया हो। प्रबंधन के उपदेशों में 'फोकस करने की जरूरत' इतनी बार आता है कि कोई अगर फोकस को आधुनिक युग के कर्मचारी को परेशान करनेवाली हर समस्या का हल मान ले तो उसे गलत नहीं ठहराया जा सकेगा।

किसी कर्मचारी या पेशेवर के संदर्भ में फोकस को एक ऐसी क्षमता माना जाता है, जिससे वह अपनी बुद्धि, भावना और संज्ञानात्मक क्षमताओं को अपने पास आए काम को करने के लिए जुटाता और लागू करता है। यही नहीं, मानवीय क्षमताओं पर ध्यान एकाग्र करने की इस प्रक्रिया में उस कार्य को अप्रत्याशित गुणवत्ता के स्तर का बनाने के लिए मानवीय क्षमताओं का उपयोग कर उस कार्य को शुरू करता है, उसे पूरा करता है और अपने लक्ष्य को प्राप्त कर लेता है।

फोकस वह है, जो फोकस करता है। भौतिक स्तर पर फोकस लक्ष्य के सिवाय और कुछ भी न देखने की क्षमता है, जैसे महाभारत में अर्जुन का उदाहरण हम जानते हैं, जहाँ वह सिर्फ उस पक्षी की आँख को देखता है, बाकी सबकुछ भुला देता है। संज्ञानात्मक स्तर पर यह किसी अन्य विषय में न सोचने की क्षमता होती है, जब दिमाग में सिर्फ वही बात होती है तथा दूसरे विचार ध्यान को भंग नहीं करते हैं। भावनात्मक स्तर पर देखें तो फोकस हमारे बाहर नहीं रह जाता है, यह

एक कार्य नहीं होता है, जिसे हम करते हैं, बल्कि उस अवस्था में रहना है, जहाँ फोकस के विषय और ध्यान लगानेवाले व्यक्ति के बीच कोई अंतर नहीं रह जाता है। व्यक्ति पूरी तरह से अपने लक्ष्य में रम जाता है।

व्यवसाय तथा स्वयं-सहायता की अधिकांश किताबें फोकस की व्याख्या एक कार्य, एक क्षमता, एक कौशल के रूप में करती हैं, जो कुछ ऐसा है, जिसे व्यक्ति सीखता और लागू करता है। यह साइकिल चलाना सीखने जैसा है, पहले आप चलाना नहीं जानते और फिर आप उसे एक के बाद एक क्रमबद्ध दस चरणों में सीखते हैं। और फिर कहते हैं, "अरे वाह! मैंने साइकिल चलाना सीख लिया।"

फोकस को लेकर कबीर की अवधारणा अलग है, वास्तव में यह अवधारणा है ही नहीं। फोकस को लेकर उनकी धारणा एक अनुभव की तरह है। इसे चरणों में बाँटा नहीं जा सकता है। आप किसी चीज को पूरी तरह चाहते हैं और उसे तन, मन और आत्मा से पाने की कोशिश करते हैं, और जब वह इच्छा उस स्तर के पार चली जाती है, जहाँ मन में बसे लक्ष्य और उसपर ध्यान लगानेवाले व्यक्ति के बीच की रेखा धूमिल पड़ने लगती है, उस अवस्था में फोकस एक कार्य नहीं रह जाता, यह उस व्यक्ति का एक अंग बन जाता है। कबीर के संसार में आप बाहरी क्रिया के रूप में फोकस नहीं करते, बल्कि फोकस बनने का एक आमंत्रण होता है।

जो यह एक न जानिया, बहु जाने क्या होय।
एकै ते सब होत है, सब ते एक न होय॥

अगर आप एक को नहीं जानते तो कई चीजों को जानने का क्या फायदा। जब एक को चाहते हैं, तब आपको सब मिल जाता है, लेकिन सबको चाहने से वह एक नहीं मिल पाता है।

फोकस का मतलब है स्पष्टता, जिसे अकसर दर्शन और कार्य करने के सिद्धांतों की स्पष्टता माना जाता है। यह कोई लेन-देन नहीं है। फोकस परिचालन का दर्शन है। यह उतना ही जीवन जीने और चीजों को करने से संबंधित है, जितना कि जीवन न जीने और चीजों को न करने से जुड़ा है।

चलिए, आज के कार्यस्थल के संदर्भ को थोड़ा अच्छी तरह समझते हैं। मल्टीटास्किंग और बहुत सारे काम करनेवालों को लेकर ऐसा हौवा खड़ा कर दिया गया है कि हमने पहल का जिक्र आते ही उसके लिए कूद पड़नेवालों की रचना कर दी है। यह एक दुष्चक्र है। आधुनिक युग के कर्मचारी से अधिक काम करने,

पहल करने, हर वक्त कुछ नया करने की अपेक्षा की जाती है। सुपरवाइजर और सिस्टम अकसर कुछ बुनियादी सवाल पूछना भूल जाते हैं, पिछली पहल का क्या हुआ, क्या हम उसे तार्किक हल तक ले गए, क्या हमने नतीजों के लिए हद से ज्यादा इंतजार किया या हमेशा कुछ महत्त्वपूर्ण करते दिखने की मनोवैज्ञानिक जरूरत के आगे घुटने टेक दिए और इस कारण अगली पहल में कूद गए। कार्य करने का नाटक कार्य के परिणाम से कहीं अधिक महत्त्वपूर्ण बन जाता है।

इस संस्कृति की पूरी बनावट में दो स्तरों पर गलती है, या तो आप में परिणाम को लेकर कुछ ज्यादा ही सनक रहती है और इस कारण प्रक्रिया की तीव्रता की चिंता नहीं करते या आप इतनी जल्दबाजी में रहते हैं कि अगली पहल या जिम्मेदारी की ओर बढ़ जाते हैं या अकसर दोनों को ही अपना लेते हैं। इसमें आश्चर्य नहीं कि इन दिनों के काम के इर्द-गिर्द हमें एक हद तक बनावटीपन या सनक दिखाई देती है। आप व्यस्त होते हैं, लेकिन ध्यानमग्न नहीं होते। आप बिना वजह परेशान रहते हैं। आप बिना संतुष्ट हुए ही थक जाते हैं।

कबीर हमें नसीहत देते हैं, सबकुछ जानने की जरूरत क्या है, यदि आप एक को भी नहीं जानते हैं, क्योंकि 'सब' सारे 'एक' का संग्रह है, लेकिन एक कम होकर 'सब' नहीं होता।

कबीर की प्रतीकात्मक समृद्धि आश्चर्यजनक है, लेकिन इस समृद्धि में जब आपको सादगी दिखती हैं, तब आप चकित रह जाते हैं। आप जब कौशल तथा ज्ञान में एक-एक कर महारत हासिल करना शुरू करते हैं, तब इस बात की संभावना अधिक होती है कि समय के साथ कई चीजों के माहिर (एक ते सब होत है) बन जाएँगे, लेकिन आपने सबकुछ एक साथ आजमाने की कोशिश की और यह मान लिया कि आप सभी के साथ न्याय कर लेंगे तो आप अपनी विफलता की तैयारी (सब ते एक न होय) कर रहे हैं।

इसे एडगर विंड के विचारों से समझा जा सकता है, ''यह समझा जा सकता है कि असाधारण चीज घिस-पिटकर साधारण हो गई, लेकिन साधारण को बढ़ा-चढ़ाकर असाधारण को नहीं समझा जा सकता है।''

फोकस पर कबीर के विचारों की गलत व्याख्या नहीं की जानी चाहिए। वे और भी ज्ञान अर्जित करने के महत्त्व को कम नहीं करते। इसके उलट वे मानते हैं कि किसी एक पर विश्वास रखकर ही आप अधिक जानने और अधिक करने के लायक बन सकेंगे। एक में माहिर बनकर आप कई में महारत के रास्ते खोल देते हैं। किंतु सबकुछ में माहिर बनने और वह भी एक ही साथ बनने की जल्दबाजी में हम अपने

आपको दिखावा और औसत दरजे का शिकार बना लेते हैं। कम ही ज्यादा होता है।

टो रॉबिंस कहते हैं, "हम में से कुछ ही लोग उसे हासिल कर पाते हैं, जिसे सच्चे मन से चाहते हैं और इसका एक कारण यह है कि हम कभी अपने फोकस को दिशा नहीं देते, हम कभी अपनी शक्ति को एकजुट नहीं करते। अधिकांश लोग जीवन भर कई चीजें आजमाते रहते हैं, लेकिन कभी किसी एक चीज का माहिर बनने की नहीं सोचते।"

एक साधै सब सधे, सब साधै सब जाय।
माली सीचै मूल को, फूलै फलै अघाय॥

एक पर ध्यान लगाएँगे तो सबकुछ मिल सकता है। सब पर ध्यान लगाइए और सबकुछ खो जाएगा। वह जो जड़ों को सींचता है, उसे फल और फूल का आनंद मिलता है।

फोकस का मतलब लक्ष्य, कार्य, विश्वास और दर्शन के एक होने से है। यह एकात्मकता जिद्दी और हठी होना नहीं है, बल्कि उसके प्रति सच्चा होना है, जिसे हम मानते हैं और जब तक हमारे प्रयासों का फल नहीं मिलता, तब तक उसके साथ खड़े रहना है।

आज के जमाने का कर्मचारी इस विषय को लेकर दार्शनिक रूप से भ्रम में पड़ा है। दूसरी तरफ मल्टीटास्किंग को लेकर मचा हो-हल्ला दिन-ब-दिन तेज होता जा रहा है और उसे अपने योगदान की छवि को बनाए रखने तथा साबित करने के लिए हवा में न जाने कितनी गेंद उछालने की बाजीगरी दिखानी पड़ती है। यदि वह ऐसा नहीं करता है, तो वह पीछे छूट जाएगा और अन्य लोग जो अपने आपको 'हरफनमौला' दिखाते हैं, वे बॉस की शाबाशी पाकर आगे बढ़ जाएँगे। उनका वार्षिक अप्रेजल अच्छा होगा और प्रमोशन भी मिल जाएगा। इस प्रकार हमारे सामने ऐसी तसवीर दिखती है, जिसमें श्रेष्ठ बनने की होड़ लगी है, कौन कितनी पहल करता है और मल्टीटास्किंग की छवि कौन कितने बेहतर तरीके से बना सकता है। आधुनिक युग के मल्टीटास्किंगवाले कर्मचारी की जो छवि बनती है, वह दस हाथों, दस सिर तथा दस पैरोंवाले एक इनसान की छवि होती है, जो हवा में दस गेंदों की बाजीगरी दिखा रहा है, हमेशा चुस्त रहता है और दिन-रात दौड़ता-भागता रहता है। आप अपने हाथ, सिर, पैर और गेंदों को इस डर से बढ़ाते जाते हैं कि अगले चौकोर में बैठा शख्स भी वही कर रहा है तो आपको भी इसे करते रहना है।

दूसरी तरफ जब कर्मचारी का मूल्यांकन किया जाता है, तब अकसर उसे

अधिक और बेहतर फोकस करने को कहा जाता है। उसे यह फीडबैक दी जाती है कि गुणवत्ता घट रही है, ध्यान कम हो रहा है, कल्पनाशीलता और सृजनात्मकता की कमी है, थोड़ा हटकर सोचने की क्षमता नहीं है, वगैरह-वगैरह। वही बॉस जो कुछ समय पहले अधिक चाहता था, अब गुणवत्ता की माँग करता है और अगर आप इतने भोले हैं कि उसे उसकी गलती बता दें, तो समझिए तूफान खड़ा हो जाएगा। आपको आपके काम को लेकर खराब आचरण, चुनौतिपूर्ण समय में अधिक करने की अक्षमता जैसी बातों का ज्ञान दे दिया जाएगा।

कबीर आपको इस कठिन परिस्थिति से निकलने का रास्ता दिखाते हैं। वे विलक्षणता यानी फोकस के करिश्मे की प्रशंसा करते हैं। वे मानते हैं कि कम दरअसल अधिक होता है। वे मानते हैं कि जब हमारा लक्ष्य एक होता है, तब हम उन सभी को एक ही समय में हासिल कर पाते हैं, लेकिन हमारा प्रयास जब सबको एक साथ हासिल करने का होता है, तो सबके विफल होने की आशंका रहती है। हम जब जड़ों की, सिर्फ जड़ों की देखभाल करते हैं, तब पूरा पौधा फल-फूल जाता है।

जो मन लागे एक सों, तो निरुवार जाय।
तूरा दो मुख बाजता, घना तमाचा खाय॥

एक पर ध्यान केंद्रित करने से निर्णय सुनिश्चत हो जाते हैं, दो मुँहा ढोल तो बस पिटता रह जाता है।

फोकस से निर्णयात्मकता आती है और प्रबंधन का मतलब ही निर्णय लेना है। फोकस का एक पहलू यह नहीं होता कि आप दुविधा में रहें और दो विकल्पों के बीच झूलते रहें। विभिन्न स्तरों पर नेतृत्व करनेवालों से अपेक्षा की जाती है कि वे दिशा प्रदान करें और उसपर अटल रहें। अकसर टीमों में इस बात को लेकर असंतोष रहता है कि नेता स्पष्टता नहीं दे पाते हैं। इस बात को नोट किया जाना चाहिए कि स्पष्टता की कमी विकल्पों की कमी के कारण ही पैदा नहीं होती। अकसर इस प्रकार का नेता अनेक कार्य करता है, कई निर्णय लेता है, लेकिन उसमें सुसंगति नहीं होती है। इन निर्णयों के पीछे सिद्धांत की एकता नहीं होती, जिसके कारण नीचे तक अराजकता फैला जाती है। कोई नहीं जानता कि नेता किस पक्ष में खड़ा है, क्योंकि निर्णयों में स्थिरता नहीं होती और वे अकसर एक-दूसरे के विरोधाभासी होते हैं। इस प्रकार का नेता खुद भी पहल को लेकर उछल-कूद करनेवाला और एक धारा के बाद दूसरी में कूद पड़नेवाला होता है। प्रमुख विषयों पर वह कभी इस पार तो कभी उस पार चला जाता है और भ्रम में डालनेवाले संकेत देता है। इससे

पहले कि उसकी टीम पहले निर्णय के साथ सामंजस्य बिठाए, दूसरा और पहले का विरोधी निर्णय उसके फायदे को नष्ट कर देता है। इस प्रकार के नेता हमेशा कुछ करते रहने का भाव पैदा करते हैं, लेकिन अफसोस इस बात का है कि वह सब बिना सोचे-समझे किया जाता है।

इस प्रकार के नेता के अधीन काम करनेवाली टीम अकसर नए-नए पैंतरे के साथ तालमेल बिठाते-बिठाते हैरान और परेशान हो जाती है। पहले तो वे उसके नए शिगूफे को लेकर खुश हो जाते हैं, लेकिन जल्दी ही इस प्रकार की पहल से उनका उत्साह ठंडा पड़ जाता है, क्योंकि वे जानते हैं कि या तो वे नतीजे तक पहुँचने से पहले ही बदल दिए जाएँगे या पिछले काम के उलट होंगे।

नेताओं में इस प्रकार की दुविधा कैसे पैदा होती है ? अकसर इसका कारण दार्शनिक अस्पष्टता होती है, जब वे समझ नहीं पाते कि वे कहाँ खड़े हैं और इस कारण किसी आँकड़े से या चलन से भ्रमित हो जाते हैं। ये ऐसे नेता होते हैं, जो सुविधा देखते हैं और उनका इरादा मजबूत नहीं होता है। समय के साथ-साथ हर प्रबंधक और नेता के अंदर अपनी ही सोच का खाका बन जाना चाहिए और फिर उसे लेकर उनकी इच्छाशक्ति भी दृढ हो जानी चाहिए। किंतु इच्छाशक्ति महज कहने-सुनने की बात नहीं होती। इसके लिए साहस चाहिए, क्योंकि इसका अर्थ होगा कि आप जिम्मेदारी लें और उन इरादों के साथ खड़े रहें, खासकर जब परिस्थिति आपके विपरीत हो। नेता अपने इरादों को जाहिर कर अपनी टीमों को एकजुट रखते हैं। नेताओं को उनके इरादे के लिए जाना जाता है और फिर जिनके इरादे नेता के ही जैसे होते हैं, वे आकर उनका साथ देते हैं। यह एक मौलिक खाका है, जिससे पता चलता है कि नेता किस प्रकार प्रदर्शन और परिवर्तन के लिए तेजी पैदा करते हैं। दुविधा में रहनेवाले नेता मुद्दों पर अनेक प्रकार के संकेत देकर टीम के सदस्यों को भ्रम में डाल देते हैं तथा उनका प्रदर्शन गिरने लगता है।

कबीर कहते हैं कि यदि आप एक विचार के साथ ईमानदारी से खड़े रहते हैं तो फैसले कर सकेंगे और अकसर वे फैसले सही ही होंगे। लेकिन आप यदि एक विचार से दूसरे पर जाते रहेंगे तो संकट में पड़ जाएँगे और आपकी हालत उसी भारतीय तूरा (ढोल) के जैसी हो जाएगी, जिसके दो पक्ष होते हैं और अकसर दोनों ही तरफ से उसपर थाप पड़ती रहती है।

यदि आप दो खरगोशों का पीछा करेंगे तो दोनों ही बच निकलेंगे। बेन स्टीन ने कहा था, ''आप जीवन में जो चाहते हैं, उसे पाने का पहला अत्यावश्यक कदम है, यह तय करना कि आप चाहते क्या हैं।''

एक जानि एकै समझ, एकै कै गुन गाय।
एक निरख एके परख, एकै सो चित्त लाय॥

एक को जानिए, एक को समझिए, एक के ही गुण गाइए, एक को देखिए, एक को परखिए, एक से प्रेम कीजिए।

फोकस पर कबीर की धारणा में विशिष्टता उसका अभिन्न अंग है। उद्देश्य की विशिष्टता को प्रयोगों या नई चीजों को आजमाने के प्रति खुलापन की कमी समझने की भूल नहीं करनी चाहिए। फोकस को लेकर कबीर की धारणा का संबंध 'एक बार में एक' की बात से जुड़ा है।

आधुनिक युग का कर्मचारी आधुनिक नागरिक की तरह ही एक चीज से दूसरे पर चला जाता है, एक काम के बाद दूसरा करता है, एक परियोजना के बाद दूसरे में जुट जाता है। उसका शरीर एक काम में, मन दूसरे में और दिलचस्पी तीसरे में होती है। और जब इनमें से हर एक काम आधे-अधूरे मन से किया गया या पूरे मन से किया गया नहीं लगता, तब हमें आश्चर्य क्यों होता है।

कबीर के जगत् में कम ही अधिक है और इसे समझना भी मुश्किल नहीं है। इससे कोई लाभ नहीं कि हम अपने पैर हर तरफ फैला लें। काम में विशिष्टता या फोकस से हमें उस काम के प्रति जिस प्रकार समर्पित रहने का अवसर मिलता है, वैसा मल्टीटास्किंग के लोभ में आकर अलग-अलग दिशाओं में भागने से नहीं मिलता। जब विशिष्टता की स्थिति प्राप्त हो जाती है, जब हम सिर्फ एक को जानते, एक हो समझते, एक को देखते, एक को परखते और एक से ही प्रेम करते हैं, तब हम बाकी सबकुछ को अलग कर देते हैं। हम उन सभी को अलग कर देते हैं, जो क्षणिक और यों ही सामने आती हैं और बेकार की चीजों से निकलकर समस्या, मुद्दे या काम के मूल तक पहुँचते हैं। इस दशा में ही समस्या का हल सही प्रकार से करने या उचित रणनीतिक सोच पैदा करने की क्षमता पैदा होती है।

कॉरपोरेट बोलचाल में जिस शब्द की चर्चा सर्वत्र होती है, यानी रणनीति, उसके मूल में जाएँ तो उसका अर्थ है, अपने भीतर के संसार को, अपने आस-पास के संसार को देखना और यह तय करना कि जाना कहाँ है और कैसे जाना है तथा किन साधनों का उपयोग करना है। रणनीति का अर्थ उपरोक्त सारी बातें ही नहीं हैं, बल्कि इसका संबंध कहाँ नहीं जाना और कैसे नहीं जाना है तथा किन साधनों का उपयोग नहीं करना है, इससे भी है। *रणनीति सोच न केवल एक कौशल और गणितीय सवालों को हल करने की एक विधा है, बल्कि एक मनोदशा भी है।*

रणनीतिक सोच मानसिक स्थिरता से आती है, और वह तभी संभव है, जब हमारे अंदर और बाहर दुनिया भर की फिजूल बातें हमारी सोच-समझ को प्रभावित न कर सकें। यही कबीर के फोकस की दशा होती है। यह जानने के लिए कि अनेकानेक कार्य करनेवालों के काम की गुणवत्ता कितने औसत दरजे की होती है, आपको मल्टीटास्किंग की मिथ्या के विषय पर बस थोड़ी सी जानकारी जुटा लेने की आवश्यकता है। उत्कृष्ट गुणवत्तावाला कार्य सिर्फ उन लोगों द्वारा संभव है, जो फोकस करने के काबिल होते हैं।

प्रमुख सबक

1. फोकस कोई कार्य, कौशल या क्षमता नहीं है, यह आपके होने की दशा है।
2. फोकस कहता है, 'एक' को जानकर 'सब' को जानिए, किंतु एक बार में एक ही।
3. फोकस का मतलब है, उद्देश्य, क्रिया, धारणा और दर्शन की विशिष्टता।
4. फोकस का विश्वास 'कम ही अधिक' में है।
5. फोकस का अर्थ है, 'क्रिया की समझ' से पहले 'उद्देश्य की समझ'।

□

कोच

कहानी : निमेष शर्मा को कॉरपोरेट जगत् का बीस वर्षों का जबरदस्त अनुभव है और वे एक शीर्ष बहुराष्ट्रीय कंपनी में एस.बी.यू. (स्ट्रैटेजिक बिजनेस यूनिट) के प्रमुख हैं। देश के सर्वोत्कृष्ट बिजनेस स्कूल से पढ़ाई करनेवाले निमेष का कॅरियर शानदार रहा है। अनेक लोग उनके बेहतरीन दिमाग, व्यापार को समझने में चपलता और टॉप मैनेजमेंट के साथ उनके अच्छे संबंधों को ईर्ष्या भाव से देखते हैं। निमेष कुछ कर दिखानेवाले और महत्त्वाकांक्षी रहे हैं, और संगठन में यह बात सभी जानते हैं। आम तौर पर सारे अवार्ड पर उनकी ही टीम का कब्जा होता है और इनाम पानेवालों में भी वे शामिल रहते हैं। संगठन में उनकी हैसियत भी ऐसी है, जिसे कोई चुनौती नहीं दे सकता। अतीत में तारीफ और तरक्की के लिए ये सारी बातें काफी थीं।

हालाँकि टॉप मैनेजमेंट उन बातों को लेकर पिछले कुछ वर्षों से असहज महसूस कर रहा था, जो उनसे सुनने को मिल रही थीं। वे अब भी बहुत अच्छा प्रदर्शन कर रहे थे, लेकिन ऐसा लग रहा था मानो कुछ ठीक नहीं है। उनकी टीम से संकेत मिल रहे थे कि वे बहुत तनाव में हैं। भले ही अब तक नौकरी छोड़ने की प्रवृत्ति अंकुश में थी, लेकिन कुछ वरिष्ठ सदस्यों में थकान और निरुत्साह के लक्षण दिखने लगे थे। टॉप मैनेजमेंट की ओर से सीधे निचले स्तर के कर्मचारियों से की गई बातचीत से पता चला कि उन्हें अपना दायरा बढ़ाने का अवसर नहीं मिल रहा था। वही टीम जो कुछ वर्षों पहले तक नई पहल और ऊर्जा से भरपूर थी, अब भ्रमित और जिम्मेदारी लेने से दूर भागती दिख रही थी। कोई भी उनके अंदर अधिक परिश्रम करने की अनिच्छा या नए तरीके लेकर सामने आने से बचने की प्रवृत्ति के साथ ही एक बौद्धिक थकान को भाँप सकता था। कारोबार की समझ को लेकर लोगों में आज भी निमेष का रोब और लोगों का उनके प्रति सम्मान बना हुआ था,

लेकिन कुछ था, जिसकी कमी खल रही थी। इसका प्रभाव उस लीडरशिप टीम के दिमाग पर दिख रहा था, जो निमेष को बिजनेस हेड बनाने पर विचार कर रही थी।

क्या कबीर इस मामले में मदद कर सकते हैं ?

संगठनों के इतिहास से स्पष्ट रूप से एक क्रम का खुलासा हो जाता है। सबसे पहले कुछ मजदूर थे, जिनके ऊपर एक सुपरवाइजर या फोरमैन हुआ करता था। फिर मैनेजर आए और उनके ऊपर बॉस रहता था। बॉस शब्द ही आश्चर्यजनक है, क्योंकि यह कई तसवीर दिमाग में लाता है, जिनमें से कुछ दयालु नहीं दिखते। 'बॉसगीरी दिखाना' या 'बॉस बनना' जैसे शब्द दयालु क्रिया और विशेषण नहीं हैं। बॉस और सुपरवाइजर निर्देशित करने, लक्ष्य तय करने, आदेश देने, अपेक्षाओं का निर्धारण करने, समीक्षा, फटकार, लताड़, प्रतिक्रिया देने और जरूरत पड़ी तो दंडित करने का भी काम करते हैं। उपरोक्त कार्यों के मौलिक खाका पर गौर कीजिए और मुमकिन है कि आपके अंदर अच्छी भावना न आए। सुपरवाइजर या बॉस की मौलिक सोच नियंत्रित करने की होती है और वह भी उनके पद से जुड़े अधिकार पर आधारित होती है। उसकी पूर्वधारणा यह होती है कि अपने पद, अधिकार, अनुभव और अकसर उम्र के कारण उसमें अधिक बुद्धिमानी है तथा उस खूबी से उसके पास कभी भी किसी भी सवाल का उत्तर होता है। यह भले ही थोड़ी निर्दयी व्याख्या हो और कई इस तर्क के साथ विरोध में उठ खड़े होंगे कि सारे बॉस की सोच ऐसी नहीं होती है। हालाँकि कर्मचारी की नजर से देखें तो यह वर्णन अधिकांश मामलों में पूरी तरह फिट बैठता है। अगर आप असहमत हैं तो एक सर्वे ही कर लीजिए।

कर्मचारी विकास क्षेत्र का एक नया लोकप्रिय शब्द कोचिंग का है और यह सही भी है। इससे पहले कि हम यह समझें कि कोच कौन होता है और दुनिया को देखने का उसका नजरिया एक सुपरवाइजर से भिन्न कैसे है, चलिए, इसमें सन्निहित विडंबना को समझते हैं, जिससे कोचिंग और कोच का चलन कैसे बढ़ा है।

कोच के उदय का कारण बॉस और सुपरवाइजरों की विफलता में छिपा है। वास्तव में बॉस जितनी बुरी तरह विफल होते हैं, कोच का उदय उतना ही शानदार होता है। आदर्श तो यह होता कि कोचिंग की भूमिका स्वयं बॉस को ही निभानी चाहिए थी। समय के साथ यह महसूस किया गया कि बॉस के पास करने को और भी बहुत सारे काम होते हैं। उसे परिणाम दिखाना होता है, प्रशासनिक जिम्मेदारी निभानी पड़ती है, मौलिक विकास तथा माहौल को ठीक रखना होता है। इन कारणों से ही कोचिंग की भूमिका पर किसी ने ध्यान नहीं दिया।

कोच पहले से तैयार उत्तर की तुलना में हमारी सहायता उत्तर की तलाश करने में करता है, क्योंकि वह इतना बुद्धिमान होता है कि जानता है कि यदि वह हमें सही उत्तर दे देगा तो वे हमारे नहीं, उसके उत्तर होंगे। कोच कभी समाधान नहीं देगा; क्योंकि वह इतना परिपक्व हो गया है कि यह समझता है कि जहाँ उत्तर उपलब्ध कराना आसान, शानदार और आत्म-संतुष्टि देनेवाला होता है, लेकिन इससे उसे लाभ नहीं मिलता, जिसे कोचिंग दी जाती है।

कोच का अपना कोई एजेंडा नहीं होता, उसका एजेंडा आपको अपना एजेंडा ढूँढ़ने में मदद करना है। कोच प्रश्न पूछता है। सही प्रश्न सही समय पर पूछता है, न तो बहुत पहले, न ही बहुत देरी से। वह समझना चाहता है कि हमारी पृष्ठभूमि क्या है, हमने अपनी वास्तविकताओं के निर्माण के लिए किन मानसिक प्रतिमानों का उपयोग किया है, इस संसार, इसके लोग और संबंधों को लेकर हमारी पूर्वधारणा क्या है। संक्षेप में वह प्याज की तरह परत-दर-परत हमें छीलना चाहता है और ऐसा करते हुए उसकी मंशा सिर्फ हमें अपने आपको अच्छी तरह समझने में सहायता करता है। *कोच टहलनेवाली छड़ी से कहीं अधिक एक आईना होता है और प्रभावों के अनुसार कोचिंग समस्याओं को सुलझाने की बजाय आईना दिखाने जैसा है।*

बॉस और कोच चार अलग-अलग तरीकों से एक-दूसरे से भिन्न होते हैं— *मंशा, विधि, प्रभाव का स्रोत और उनके अपने अधिकार।*

बॉस की मंशा काम पूरा करने, निर्देश की विधि लागू करने, अपने पद के अधिकार के उपयोग करने की होती है तथा उसका अधिकार आत्म-संतुष्टि दिलानेवाला होता है, जैसे 'मैंने कर्मचारियों को इसे करने में मदद की', यानी बॉस का घमंड कभी कम नहीं होता।

हालाँकि कोच की मंशा अरस्तू की विधि से प्रश्न पूछकर, सत्ताविहीन होने की दशा से शक्ति प्राप्त करने, सत्ता या कोचिंग लेनेवाले पर नियंत्रण के त्याग की क्षमता से कर्मचारी को बेहतर बनाने की होती है, जिसमें वह अपने अधिकार से कहता है कि मैं यहाँ कोचिंग लेनेवाले को उत्तर की तलाश करने में मदद करने आया हूँ।

परिभाषा से ही एक बॉस को उपरोक्त सबकुछ करने के लायक होना चाहिए, लेकिन अकसर उससे चूक हो जाती है। और चूँकि दोनों का मेल किसी एक में विरले ही मिलता है, इस कारण कोई भी यह सोचकर हैरान रहता है कि दोनों में अधिक महत्त्व कौन रखता है, बॉस या कोच?

कबीर भी यही प्रश्न पूछते हैं, अधिक महत्त्वपूर्ण और विशेष कौन है, गोविंद या गुरु? भगवान् सर्वत्र, शक्तिशाली हैं, जिन्हें अपनी स्थिति से अधिकार मिलता

है, वे पूर्ण होते हैं और हमारे जीवन तथा प्रारब्ध पर उनका नियंत्रण रहता है। कम-से-कम भारतीय उपमहाद्वीप में भगवान् और भक्त के बीच का संबंध बहुधा सत्ता के असमान वितरण पर आधारित होता है, जहाँ एक व्यक्ति का दूसरे पर विषम नियंत्रण और प्रभाव होता है। समर्पण और अधीनता ही उस असमान संबंध को परिभाषित करते हैं। आधुनिक युग के बॉस की कल्पना कीजिए और आपको काफी हद तक मध्यकालीन भारत के 'भगवान्' की तसवीर दिखाई देगी!

कबीर के 'गुरु' आधुनिक युग के कोच हैं। इस अध्याय में हम समझेंगे कि कबीर कोच, कोचिंग लेनेवाले और कोचिंग के बारे में हमें क्या शिक्षा देते हैं।

गुरु है गोविंद ते, मन में देखु विचार।
हरि सिरजे ते वार है, गुरु सिरजे ते पार॥

आप जब वास्तव में आत्ममंथन करते हैं, तब पाते हैं कि गुरु गोविंद से ऊपर है। जिसे भगवान् ने बनाया है, वह इस जीवन को पार करता है। जिसे गुरु ने बनाया है, वह अगले को पार कर जाता है।

कोच हमें भविष्य के लिए तैयार करता है। समय का क्षितिज एक कोच और एक बॉस में अंतर करता है। बॉस आम तौर पर मौजूदा और सामने मौजूद समस्या को सुलझाता है। उसका दृष्टिकोण यह होता है कि कैसे हमें उस दिन, इस महीने और इस साल के संकट से पार कराए। वह भले ही काम और परिणामोन्मुख होता है, लेकिन उसकी नीति अल्पकालिक होती है और वह आज से हमें निपटना सिखाता है। यह उत्पादन सिखाता है, लेकिन उत्पादन क्षमता नहीं सिखाता। यह मछली दे देता है; लेकिन कैसे पकड़ें यह नहीं सिखाता। एक अच्छा बॉस हमें वर्तमान में अपने अस्तित्व की लड़ाई लड़ना सिखाता है। बॉस के साथ संबंध अकसर जिम्मेदारियों के लेन-देन से जुड़ी होती है और कुशलता तथा दक्षता के पैमाने पर वह काम कितनी अच्छी तरह किया जाता है।

कोच भविष्य का समाधान सुझाता है। वह हमें चीजों की रूपरेखा, अनायास होनेवाली घटनाओं के पीछे का अर्थ समझाने में सहायता करता है, ताकि भविष्य को लेकर हमारी क्षमता बढ़ सके। वह हमें चीजों को नए तरीके से देखना सिखाता है। वह हमें 'चरम सत्य' और 'दृष्टिकोण के चमत्कार की खोज' की व्यर्थता को बताता है। वह नए तरीके से प्रश्न करना सिखाता है। आज जो हमारे दृष्टिकोण के मुताबिक एक समस्या तक नहीं है, वह हमें उसे सुलझाने के लिए भी तैयार करता है। कोच हमें अपने ही दृष्टिकोण, अपनी ही धारणाओं पर प्रश्न उठाने में

मदद करता है। वह हमें अपनी कमजोरियों तथा मानसिक प्रतिमानों से ही हमारा सामना कराता है। संक्षेप में वह हमें भविष्य में आनेवाली समस्याओं से निपटने के लिए तैयार करता है।

अप्रेजल जिस प्रकार किया गया, उससे उदास और अपमानित महसूस होना आम बात है। बॉस टारगेट और लक्ष्यों को लेकर इतना उलझा हुआ हो सकता है कि वह भूल जाता है कि एक व्यक्ति है, जो उस लक्ष्य को हासिल करने के पीछे है। वहीं बेहद कठिन अवसरों पर भी एक कोच इस बात को नहीं भूलता है। कोच जानता है कि यदि एक साधारण कर्मचारी के आत्म-सम्मान और विश्वास को बनाए रखा गया तो उसकी वापसी की संभावना होती है। कोच कभी कोचिंग प्राप्त करनेवाले को लेकर उम्मीद नहीं छोड़ता।

किसी कोच की श्रेष्ठता इस बात पर निर्भर करती है कि कर्मचारियों से बात करते हुए वह क्षितिज की सीमा कहाँ तय करता है। बॉस यह फैसला कर सकता है कि 'आज' का खयाल हर हाल में रखा जाए, इस साल के लक्ष्य पूरे होने चाहिए, लेकिन कोच 'कल' का रुख अपनाएगा। कोच कर्मचारी को अगले दिन के लिए और कभी-कभी तो आज की कीमत पर भी कल के लिए तैयार करना चाहता है।

जाके सिर गुरु ज्ञान है, सोई तरत भव माहि।
गुरु बिन जानो जंतु को, कबहु मुक्ति सुख नाहि॥

जिसे गुरु के ज्ञान का आशीर्वाद प्राप्त है, वह इस संसार से तर जाता है। गुरु के ज्ञान के बिना मुक्ति नहीं मिल पाती है।

यदि आप एक लीडर हैं तो कोच बनिए, अभी। यदि आप एक कर्मचारी हैं तो कोच ढूँढ़िए, अभी! संगठनात्मक संसार में जीवन आसान नहीं है। अधिकांश संगठन सफल होने की बजाय विफल हो जाते हैं। अधिकांश टीमें एकजुट होने की बजाय बिखर जाती हैं। अधिकांश लीडर आराम से नेतृत्व की बजाय संघर्षरत रहते हैं। माहौल जरा भी बेहतर या आसान नहीं हो रहा है। सिर्फ उनकी ही राह आसान होती है, जो या तो सच्चे अर्थों में कोच हैं या जिन्हें ऐसे कोच का लाभ प्राप्त है।

कोच हमारी सोच का दायरा बढ़ाता है। वह हमें कड़ियाँ जोड़ना सिखाता है। सफलता में वह हमें दिखाता है कि सब हमारे करने से ही नहीं हुआ और विफलता में वह हमें एक बड़ी तसवीर दिखाता है। वह चीजों को परिप्रेक्ष्य में रखता है। उत्साह में वह हमें जमीन से जोड़े रखता है और निराशा में अपनी जड़ों की याद दिलाता है। बॉस हमारी प्रशंसा करता है और वह प्रशंसा जैसा नहीं भी

लग सकता है, लेकिन यह विचित्र सी बात है कि अगर कोच ने फटकार लगाई, तो वह फटकार जैसी नहीं लगती है।

आधुनिक युग का कर्मचारी एक से दूसरी भूमिका को, एक से दूसरी कंपनी को अपना लेता है। वह अपने काम में अर्थ ढूँढ़ता है। पैसा, पद और नाम से आगे जाकर वह उस खुशी को ढूँढ़ता है, जो मृगमरीचिका बनी रहती है, जो उसकी आत्मा को उसके काम से जोड़ती है। इसी खोज में वह नौकरी, भूमिका और बॉस को बदलता है; लेकिन उसका अधूरापन समाप्त नहीं होता। हर बार कोई-न-कोई कमी खलती है—वह जोश, वह प्रेरणा, वह अनाकार चीज, जिसे 'जॉब सैटिसफैक्शन' कहते हैं, कहीं भी नहीं मिलती है। यदि हम करीब को सुनने का फैसला कर लेते हैं, तो हमें अधिक संख्या में कोच की आवश्यकता पड़ेगी। कोच हमें नौकरी, भूमिका और बॉस बदलने के चक्र से मुक्ति दिला सकता है, क्योंकि वह हम जो करते हैं और जिसकी चिंता करते हैं, उन्हें जोड़ देगा।

एक बुजुर्ग शिक्षक के विषय में एक गजब की कहानी है, जो अपने पुराने छात्रों को अपने घर कॉफी पिलाने ले जाता है। वह तीन प्रकार के कप रख देता है—चाँदी के, चीनी मिट्टी के और साधारण कप। कई छात्रों ने चाँदी के कप को चुना। बाद में शिक्षक ने कहा कि वे सभी कॉफी पीने आए थे, लेकिन कुछ कप की क्वालिटी को लेकर भटक गए। यह कबीर की बात को पुख्ता करता है कि नौकरी को लेकर संतुष्टि महज प्रतीकों से नहीं, बल्कि अपने अंदर से मिलती है।

तीरथ न्हाये एक फल, साधु मिले फल चार।
सतगुरु मिलै अनेक फल, कहै कबीर विचार॥

एक तीर्थ यात्री में एक गुण होता है, संत में चार होते हैं। लेकिन गुरु में अनेक गुण होते हैं।

(शाब्दिक अर्थ—आप जब तीर्थाटन पर जाते हैं, आप अपने शरीर से पापों को धो देते हैं, जब आप संतों से मिलते हैं और सत्संग (पूजा) करते हैं, तब आप चार लक्ष्यों (धर्म, अर्थ, काम और मोक्ष) को साधते हैं, किंतु गुरु साथ हो तो सबकुछ संभव हो जाता है।)

यह रूपक मूल रूप से हिंदू परंपरा से लिया गया है, लेकिन इसके परिणाम सभी के लिए स्पष्ट और प्रभावी हैं। चलिए, अब इसे आधुनिक कर्मचारी के जगत् तक बौद्धिक रूप से ले चलते हैं।

बॉस या सुपरवाइजर यहीं और अभी का सौदागर होता है। वह शायद इस

काम को सफल बनाता है। लेकिन एक ही तीर से सारे शिकार संभव नहीं हैं। व्यवसाय विचित्र चीज होती है, जो काम बहुत शानदार लग सकता है, संभव है कि हमारे जीवन की सबसे बड़ी चूक हो। इसी प्रकार बॉस अपने ही कारणों से हमारे बारे में एक सीमित राय रख सकता है। हम उसकी वर्तमान योजनाओं के हिसाब से महत्त्वपूर्ण हो सकते हैं और इस कारण आज की तात्कालिकता के चलते हमें रखना उसकी जरूरत हो सकती है। संभव है कि हम उस काम के लिए जिस प्रकार का कौशल रखते हैं, उस लिहाज से हमें बाहर करने से मौजूदा परियोजनाओं पर पानी फिर सकता है। हालाँकि कोच का नजरिया इससे बड़ा होगा। वह कल को हमारी संभावनाओं से समझौता किए बिना आज की चुनौतियों को हल करने पर ध्यान देगा। कोच हमें भविष्य के लिए तैयार करता है। एकदम सही मायने में वह हमें उन कार्य क्षेत्रों और कौशल के साथ उपयोग करने पर विवश करता है, जो न केवल हमारी मौजूदा जिम्मेदारी को आसान बना देगा, बल्कि भविष्य में लंबी छलाँग लगाने में भी हमारी मदद करेगा। वह सुनिश्चित करता है कि हम भविष्य के लिए खुद को तैयार करें। हमारी आकांक्षा, प्रतिभा और लक्ष्य कभी आज की तात्किकता के गुलाम नहीं बनते। बॉस का अपना ही एजेंडा होता है, जिस पर वह पहले ध्यान देता है, जो तभी महत्त्वपूर्ण होगा, जब हम किसी भूमिका में हों। हालाँकि कोच के लिए हम ही एकमात्र एजेंडा होते हैं।

जॉन वुडेन कहते हैं, ''एक अच्छा कोच वह होता है, जो सुधार भी कर दे और असंतोष भी पैदा न हो।''

यह तन विष की बेलरी, गुरु अमृत की खान।
सीस दिए जो गुरु मिले, तो भी सस्ता जान॥

यह शरीर जहरीली लता के समान है, जबकि गुरु अमृत की खान (जो उसे चंगा/शुद्ध करती है) है। गुरु के लिए सबसे बड़ा बलिदान भी किया जा सकता है।

चलिए, इस दोहे के शाब्दिक अर्थ से आगे चलते हैं। आधुनिक युग में नौकरी आसान नहीं है। बिक्री आसान नहीं है। सबसे कम लागत पर सर्वोत्तम निर्माण भी आसान नहीं है। उत्साह से भरपूर टीम बनाना भी आसान नहीं है। प्रतिभा को अपने साथ बनाए रखना भी आसान नहीं है। कारोबार चलाना भी आसान नहीं है। बॉस, साथियों और अधीनस्थों के साथ एक साथ तालमेल बिठाना भी आसान नहीं है। साथियों से आगे निकलना और अच्छे बने रहना तथा न्यायपूर्ण बने रहना भी आसान नहीं है। अच्छा इनसान बनना और फिर भी एक अच्छा कर्मचारी बने रहना भी

आसान नहीं है। और ऊपर की सारी बातों को करना और उसके बावजूद मानसिक संतुलन बनाए रखना निश्चित तौर पर आसान नहीं है। हमें सहारा देनेवाली एक प्रणाली होनी चाहिए। हमें कोई ऐसा चाहिए, जो हमें मुश्किलों से उबार सके। हमें बैसाखी नहीं, बल्कि मार्गदर्शन चाहिए।

ऐसी परिस्थितियों में एक कोच होना ही चाहिए। फिर चाहे उसके लिए कोई भी कीमत क्यों न देनी पड़े और जरूरी नहीं कि वह कीमत पैसे की शक्ल में ही हो। यह सौदा अच्छा साबित होता है। यह दिलचस्प है कि एक अच्छा कोच वह समझ लेता है, जो मार्टी स्टर्न ने कभी कही थी, कभी-कभी बुद्धिमानीपूर्ण कोचिंग वास्तव में कोचिंग नहीं होती है।

प्रमुख सबक

1. कोच आपको इस प्रकार तैयार करता है कि आपके प्रश्नों का जवाब उसकी ओर से दिए जाने की बजाय आप स्वयं अपने उत्तर ढूँढ़ लें।
2. बॉस आपको वर्तमान के लिए तैयार करता है, जबकि कोच भविष्य के लिए।
3. कोच आपको बड़ी तसवीर दिखाता है और कड़ियों को स्वयं जोड़ने की बजाय आपकी ओर से जोड़े जाने में मदद करता है।

□

एक अच्छा कोच क्या कर सकता है?

शब्दै मारा खैचिं कर, तब हम पाया ज्ञानं।
लगी चोट जो शब्द की, रही कलेजे खान॥

तुमने मुझे अपने शब्दों का चाबुक मारा, ताकि उनके माध्यम से मुझे ज्ञान मिले। हे गुरु! आपके बहुमूल्य शब्दों ने मेरे हृदय को बेध दिया है।

कोच शब्द जाल में नहीं उलझाता। वह खरी-खरी कहता है। उसकी चिंता सत्य, वास्तविकता, तथ्यों को लेकर होती है, और वह जो देखता है, कह देता है। हम जब सुस्त पड़ने लगते हैं, तब सच्चा कोच निर्भीक रूप से हमें बता देता है। बॉस सच्चाई को भले ही धीरे-धीरे बताए, क्योंकि उस पर हमें उत्साहित रखने का दबाव होता है, लेकिन कोच के साथ ऐसी कोई मजबूरी नहीं होती है। कोच यह एहसास कराता है कि सच्चा विकास चिंतन से होता है और सच्चे चिंतन के लिए कठोर ईमानदारी चाहिए। कोच हमें अपने महिमामंडन, इनकार, न्यासंगतता और सफाई के पार ले जाता है और दिखाता है कि किस प्रकार हम भी समस्या का अंग हैं। कोच हमें अपने आधे-अधूरे सच के पीछे छिपने नहीं देता और जितना हमारा सामना अंदर के शैतान से कराता है, उतना ही बाहर के शैतानों के सामने ला खड़ा करता है। एक सच्चा कोच हमेशा निष्पक्ष और तीक्ष्ण बने रहने की अपनी क्षमता को बनाए रखता है।

आधुनिक युग के कर्मचारी का संसार उसका संगठन होता है। उसका सांसारिक माहौल उसके आस-पास के स्थानों, उसके ऑफिस, सीट, केबिन, पैंट्री, काम की जगह, और ऐसी ही चीजों के साथ जुड़े संबंधों पर आधारित होता है। उसे इन चीजों के आस-पास के माहौल को अपने अनुकूल बना लेना चाहिए। यही कारण है कि हम देखते हैं कि उसके काम के जगह की शोभा अनेक सजावटी

चीजें, गुडलक चार्म, परिवार और उपलब्धियों की तसवीरें, ड्रॉइंग और पेंटिंग तथा ऐसी ही अन्य चीजें बढ़ाती हैं। इन सारे तत्त्वों का प्रयोजन उसे घर के जैसा महसूस कराना होता है, ताकि वह काम की जगह पर घर जैसा महसूस करे और दफ्तर में अधिक समय बिताए!

इसके साथ ही और शायद कहीं अधिक महत्त्वपूर्ण रूप से आधुनिक युग के कर्मचारी के चारों ओर उसका सामाजिक जीवन रहता है, उसके साथी, अधीनस्थ और सुपरवाइजर तथा संबंधों का एक उलझा जाल, जो या तो उसे सामान्य रखती है या थका देती है। आखिर में अनुकूल और प्रतिकूल परिस्थितियाँ होती हैं, जो लोगों और संबंधों से परे होती हैं, जिसे कॉरपोरेटवाले लोग प्यार से माहौल कहते हैं। अनुकूल परिस्थितियों में भी आधुनिक कर्मचारी की चिंता बढ़ सकती है, भले ही इसका कारण यह हो कि उसके मुताबिक उसके योगदान को अकसर अनदेखा किया जाता है या कम आँका जाता है। इस गड़बड़झाले के लिए कोच कर्मचारी के अपने योगदान को उजागर करता है, चाहे यह कर्मचारी की चेतन या अवचेतन इच्छाओं के ही विरुद्ध क्यों न हो। ऐसा करते हुए कोच एकदम कठोर और भावशून्य होता है और इस कारण ही वह अनमोल होता है।

इसलिए जब कोच कुछ बोलता है, तब उसके शब्द हम पर किसी बर्फ के ढेर की तरह गिरते हैं या कठोर सेंक की तरह होते हैं, जिनसे किसी छिपे फोड़े के अंदर का जहर निकाला जा सके। हम इससे बचना चाहते हैं, लेकिन ऐसा नहीं कर पाते। दिल से हम भी जानते हैं कि सच यही है। कोच जब हमें अपने खेल को स्वीकार करने पर विवश कर देता है और उस पर्दाफाश के बाद जब हम अपनी हकीकत को मान लेते हैं, तब हमें बुद्धि और परिपक्वता हासिल होती है। हम अपनी ही चालों और भ्रमों के गवाह बन जाते हैं। हम में से कई लोग कई चीजों और कई लोगों पर दोष लगाते हैं। दूसरे लोगों की सफलता हमेशा लक, भाग्य, पक्षपात या चमचागिरी से मिलती है। हमारी अपनी विफलता हमेशा खराब लक, भेदभाव या भाई भतीजावाद के कारण होती है। विरले ही कोई स्वीकार करता है और कहता है, 'मैंने कूड़ा कर दिया' या 'मैं इस काबिल नहीं' या 'दूसरा शख्स सच में बेहतर था।' हमारे दिमाग में यह बसा होता है कि हमारी सफलता हमारी प्रतिभा के कारण मिली है, लेकिन दूसरा व्यक्ति या तो किस्मत का धनी था या चाटुकार था। हमारी धूर्तता होशियारी है, दूसरे व्यक्ति की होशियारी धूर्तता है। हमारी बात बुद्धिमानी है, दूसरे व्यक्ति की बुद्धिमानी खोखला सिद्धांत है। कोच हमें हमारे इस खेल को बता देता है। कोच का एक-एक शब्द जब आपके ऊपर चाबुक की तरह टकराता

है और उसके शब्दों की प्रामाणिकता हमें भेद देती है, तो यह चिंतन की संभावना पैदा करता है, जिसमें सच्ची प्रगति, विकास, परिपक्वता और बुद्धिमानी होती है।

कमजोर दिलवाला, राजनैतिक तरीके से सही, लोक-लुभावन व्यक्ति कभी सच्चा कोच नहीं बन सकता है। कमज़ोर दिलवाला हमेशा इस बात से डरा रहेगा कि उसके अधीनस्थ न जाने उसके शब्दों पर कैसी प्रतिक्रिया करेंगे। राजनैतिक रूप से सही व्यक्ति हमेशा खुश करने में ही लगा रहेगा। लोक-लुभावन व्यक्ति यह समझने की गलती करता है कि नेतृत्व का मतलब लोकप्रिय होना और पसंद किया जाना होता है। यदि उपरोक्त में से कोई एक लीडर का या कोच का चोला पहनकर लीडर बन जाए तो अप्रेजल और विकास के सत्र गलतियों का भंडार बन सकते हैं। वह अच्छा व्यक्ति या नेक आदमी, बचाव करनेवाला, मन को दिलासा देनेवाला बनना चाहेगा, जबकि कर्मचारी को 'चोट न' पहुँचाने की गलतफहमी में उन्हें अपूरणीय क्षति पहुँचाता है। कोच को ऐसी कोई भी गलतफहमी नहीं होती, न ही भ्रम होता है। सच्चा कोच सिर्फ कर्मचारियों को बेहतर बनाने के अपने कर्तव्य के प्रति सजग होता है। इन सभी के कारण उसे अशिष्ट होने का लाइसेंस नहीं मिल जाता, लेकिन ईमानदार होने का मतलब यदि रूखा होना है, तो उसके लिए यह कीमत अदा की जा सकती है। कोच बनने के लिए न सिर्फ भारी स्पष्टता चाहिए होती है, बल्कि अदम्य साहस की भी आवश्यकता है।

इस प्रकार का कोच सहज ज्ञान के विरुद्ध दिख सकता है या माहौल के विरुद्ध भी जा सकता है, जहाँ किसी पर खराब संदेशों को चाशनी में लपेटना, वाक्पटु होना, विचारशील और इसी प्रकार के गुणवाला होने का भारी दबाव रहता है। सच्चे कोच का अर्थ है, सच्चाई, और सच्चाई यदि चुभती है, तो कोई बड़ी बात नहीं है।

गु अंधियारी जानिए, रु कहिए परकास।
मिटा अज्ञान तम ज्ञान दे, गुरु नाम है तास॥

वह जो मुझे अंधकार से प्रकाश में ले जाता है, अज्ञानता को मिटाता है और मुझे ज्ञान देता है, वही गुरु है।

कोच आपको अज्ञानता से ज्ञान की ओर ले जाता है।

आधुनिक युग का प्रबंधक योग्यताओं का सौदागर है। 'योग्यता' का मतलब है कि हम जो करते हैं, उसे कितना अच्छी तरह करते हैं। कारीगर के लिए मतलब है कि वह अपने काम को कितनी सफाई से करता है, गायक कितना अच्छा गाता है और खिलाड़ी कितना अच्छा खेल दिखाता है। आधुनिक युग के प्रबंधक को

सही नतीजों के लिए काम को सही तरीके से कराना होता है। हालाँकि पुराने जमाने के कलाकार या कारीगर के विपरीत, उसे काम को अच्छी तरह कराने के लिए दूसरों पर निर्भर रहना पड़ता है और न केवल उसके अधीनस्थ, बल्कि उसके साथी भी संसाधनों या निर्णयों की ऐसी परस्पर निर्भरता का निर्माण करते हैं कि उससे काम की गुणवत्ता या तो अच्छी होगी या बुरी। वह अकेले काम नहीं करता और शायद ही कभी उसका फल सिर्फ उसका और एकाकी होता है। दूसरी तरफ हम पूरी तरह से व्यक्तिवादी जमाने में रहते हैं। भारत जैसे मिल-जुलकर रहनेवाले समाज में भी 'मैं' की भावना पहले कभी इतनी प्रबल नहीं रही है। एक व्यक्ति 'व्यक्तिगत उपलब्धि' की सोच के साथ बड़ा होता है, जो व्यक्ति उपलब्धि को आकर्षक बनाता है, जो इस दिशा में संकेत करता है कि जब अन्य दूसरे नंबर पर आएँगे, तभी हम अव्वल होंगे। इस वर्णन के साथ जिस जीवन को व्यतीत किया जाता है, वह सामूहिक उपलब्धि, जो टीमवर्क का परिणाम होती है, को समझ ले, इसकी संभावना नहीं के बराबर होती है। दुनिया भर में संगठनों द्वारा ऐसे व्यक्ति में टीमवर्क तथा 'हम' की भावना पैदा करने के लिए लाखों डॉलर खर्च किए जाते हैं, जिसकी सोच जीवन के पहले तीस वर्षों में अकेले दौड़ने तथा अकेले ही जीतने की होती है। यह एक बुनियादी कमी होती है, जिसे प्रशिक्षण का कोई भी कार्यक्रम हल नहीं कर सकता है।

मैं उपरोक्त कमी की व्याख्या सिर्फ इस कारण कर रहा हूँ, ताकि यह बता सकूँ कि समस्याओं की जड़ें कितनी गहरी होती हैं। चलिए, अब हम अपने काम की जगह पर नजर डालते हैं और समझते हैं कि ऐसी और कौन-कौन सी खामियाँ हैं, जिनसे हमें निपटना पड़ता है। अधिकांश को हम प्रत्यक्ष रूप से नहीं देख पाते हैं। अधिकांश इतने अवचेतन होती हैं कि गड़बड़ी का वास्तविक कारण समझ पाना मुश्किल हो जाता है। सारे मुद्दे कौशल या योग्यता के नहीं होते हैं। अधिकांश मामले धारणा और पूर्वधारणा से जुड़े होते हैं। इसलिए हमारा व्यवहार, हमारी प्रतिक्रिया और हमारे कदम कैसे होते हैं, उन्हें अनेक प्रकार के स्वाभाविक कारक तय करते हैं, जैसे माहौल, साथियों से संबंध, संरचना, इनाम की प्रणाली वगैरह-वगैरह। हालाँकि इसके साथ ही और कहीं अधिक महत्त्वपूर्ण रूप से यह हमारे अंदर गहराई तक बैठ चुकी पूर्व धारणा, मानसिक प्रतिमान, व्यक्तिगत भय और असुरक्षा, आरंभिक वर्षों के अनुभव, अधिकारियों के साथ संबंध आदि नियंत्रित करते हैं। जो दूसरे पहलू हैं, वे उसी प्रकार हमारी छानबीन से दिखाई नहीं देते, जैसे कि लौकिक हिमशैल। हम यही नहीं जानते कि हम क्या नहीं जानते हैं। हम

जानकारी की परछाईं के साथ रहते हैं या उसकी भी कमी होती है। हमारे आस-पास के लोग हमारी प्रतिक्रियाओं को अच्छी तरह नहीं समझ पाते, लेकिन उससे भी बड़ी त्रासदी यह है कि खुद हम भी उन्हें अच्छी तरह नहीं समझते हैं। हमारी सीमित दृष्टि से जो पूरी तरह से तर्कसंगत कदम दिखता है, वह वास्तव में उससे कोसों दूर होता है और हमें उसका पता तक नहीं होता।

यहीं कोच की एंट्री होती है! कोच इन सारी बातों की असलियत को समझता है और हमें उस अंधकार के अभिशाप से बचा लेता है। वह हमें भिन्न बना देता है।

कोच हमें न सिर्फ ज्ञान और अनुभव देता है, बल्कि बुद्धि और सही-गलत का फैसला करना भी सिखाता है। वह न केवल मौजूदा समस्या को हल करने में हमारी सहायता करता है, बल्कि हम जिस मानसिक प्रतिमान के उपयोग से इन समस्याओं को हल करने का प्रयास करते हैं, उनकी व्याख्या कर तथा उन्हें सोदाहरण बताकर हमारे भीतर ऐसा सहज ज्ञान पैदा करता है, जिससे हम अपने फैसले कर पाते हैं और समस्या को भी सुलझाने की योग्यता आ जाती है। रहस्यों से परदा उठाने जैसा यह काम कोच जैसा ही कोई व्यक्ति उत्कृष्टता के साथ कर सकता है। आपको अपने आपको जानने तथा अपने विषय में जानने की क्षमता को बढ़ाने में कोच मदद करता है। बॉस समस्या हल करने में आपकी मदद करता है, कोर्च समस्या को सुलझाना सिखाता है।

गुरु बिन ज्ञान न ऊपजै, गुरु बिन मिलैन मोष।
गुरु बिन लखै न सत्य को, गुरु बिन मिटै न दोष॥

न तो ज्ञान का सृजन किया जा सकता है, न ही मुक्ति का, गुरु के बिना, न तो आप सत्य को देख पाते हैं, न ही अवगुणों को।

कोच बहुमुखी होता है।

आधुनिक मैनेजर की कई जरूरतें होती हैं। एकदम मौलिक स्तर पर उसकी जरूरतों को कुशल होना चाहिए, जो भूमिका उसे दी गई है, उसमें दक्ष होना चाहिए। उसे अपने कार्य-परिवार से जुड़ी सारी जानकारी प्राप्त कर लेनी चाहिए, ताकि वह जो भूमिका निभाता है, उसमें कुशल और प्रभावी बन सके। और भी उच्च स्तर पर उसे अपनी मौजूदा जिम्मेदारी से आगे जाकर देखना चाहिए तथा भविष्य की ओर नजरें टिका देनी चाहिए। उसे अपनी क्षमता में निखार लाना चाहिए, उस संदर्भ को देखना चाहिए, जिसमें कारोबार किया जा रहा है तथा कड़ियों को जोड़ने की योग्यता होनी चाहिए।

मैनेजर जैसे-जैसे नेतृत्ववाले पदों की ओर बढ़ते हैं, उन्हें लोगों के साथ और उनके जरिए काम करना पड़ता है, सहज ज्ञान, निर्णय तथा दूरदर्शिता से काम करना पड़ता है। शिक्षा से कोई भी कौशल और दक्षता प्राप्त कर सकता है, लेकिन सहज ज्ञान, निर्णय और दूरदर्शिता निराली होती है। कुछ दलील देते हैं, कुछ ज्यादा ही जोर-शोर से कि शिक्षा उन्हें बिगाड़ देती है। सहज ज्ञान जीवन के अनुभव से मिलता है। समय के साथ व्यक्ति पहले ही चौकन्ना करनेवाले संकेत को समझने लगता है, जिसको छठी इंद्री कहा जाता है। छठी इंद्री क्या है, यह बताना मुश्किल है, लेकिन इतना कहना काफी होगा कि जब कोई शरीर, मन और आत्मा के जरिए सुनना, देखना और समझना शुरू कर देता है, तो वह जो कहा जाता है, उससे ज्यादा सुन पाता है, जितना दिखता है, उससे ज्यादा देखता है और दिए गए आँकड़ों से ज्यादा समझता है।

प्रबंधकों में इंटरव्यू के दौरान सहज ज्ञान से प्रतिभा का पता चल जाता है। नेताओं में यह सहज ज्ञान विकसित हो जाता है कि जब दो बेहद करीबी विकल्प हों तो किस रणनीतिक विकल्प को चुनना है। यह हमारी योग्यता होती है कि हम बुद्धि, कल्पना और सहज ज्ञान के उपयोग से सही विकल्प को चुनें। यह हमारी योग्यता ही होती है कि ऐसा रास्ता चुनें, जो लोकप्रिय या स्वाभाविक न हो, बल्कि कुछ होता है, जो विपरीत रास्ता चुनने को कहता है, भले ही उसे सही ठहराने के लिए पर्याप्त आधार न हों। इतिहास उन लोगों से नहीं बना, जिनके निर्णय एकदम अचूक होते थे। घटनाओं के उथल-पुथल के बीच, कई ने उनके फैसले की आलोचना की, जबकि वक्त उनके फैसलों का गवाह है, क्योंकि वे अपनी बात पर टिके रहे।

दूरदृष्टि 'भविष्य का कौशल' है। मैनेजर जब नेतृत्व करने लगते हैं, तब आनेवाले समय को देखने की उनकी क्षमता उन्हें साधारण लोगों से अलग बना देती है। संगठनात्मक पिरामिड में विशेष रूप से ऊँचे पदों पर बैठे लोगों की बात करें तो उनकी दूरदृष्टि उन्हें योग्यता, दक्षता, ज्ञान और बुद्धि की तुलना में अन्य लोगों से अलग साबित करती है। इक्कीसवीं सदी के माहौल की आपाधापी कमजोर दिलवालों के लिए नहीं है। हर कुछ हफ्ते के बाद भविष्य की नई रूपरेखा दिखाई पड़ती है। अब तक भविष्य के कई रूप सामने आ चुके हैं और क्रमचयन तथा संयोजन की भूल-भुलैया, जब पूरे जोर-शोर से सामने आएगी, तब उसकी तैयारी भी नहीं की जा सकेगी। सिर्फ दूरदृष्टि ही बचा सकती है, लेकिन उसका भी होना, हासिल करना या विकसित करना आसान नहीं है।

सामान्य तौर पर संगठन और विशेष रूप से बॉस शायद ही कभी अपने

अधीनस्थों में सहज ज्ञान, सही-गलत की समझ और दूरदृष्टि विकसित कर पाते हैं। कोई भी यह सवाल पूछ सकता है कि क्या इन्हें किसी हाल में विकसित किया जा सकता है। हालाँकि बात यह है कि इनके संबंध में चाहे जिस स्तर का भी विकास वास्तव में संभव हो, हो कुछ नहीं पाता; क्योंकि पारंपरिक प्रदर्शन प्रबंधन प्रणाली में, जहाँ अप्रेजल और समीक्षा होती है, वहाँ इसकी चर्चा विरले ही होती है। इसके कारण कई हैं, लेकिन परिणाम सिर्फ एक है। इसके लिए दिए जानेवाले अनेक कारण ये हैं कि वे काल्पनिक, अनाकार, गैर-मात्रात्मक और मापे न जा सकने योग्य होते हैं तथा इस कारण ही ऐसे होते हैं, जिन्हें दोहराया नहीं जा सकता है। इसका परिणाम एक ही होता है, कर्मचारियों में यह विकसित नहीं हो पाता है। इसका संकट महा विकराल होता है, एक तरफ तो संगठन इस बात को लेकर अफसोस करता है कि उसके पास इतने नेता नहीं, जो उसे अगले चरण तक ले जा सकें, दूसरी तरफ वे अपने अंदर इन योग्यताओं को विकसित करने का प्रयास नहीं करते, जो वास्तव में उन्हें सबसे अलग कर दे। कर्मचारी की ट्रेनिंग, शिक्षा और विकास के नाम पर सिर्फ जबानी जमा खर्च किया जाता है। समस्या को सुलझाना, संचार, बातचीत का कौशल, बेचने का कौशल, निगरानी का कौशल, प्रभावी अप्रेजल, वित्तीय क्षमता और इस प्रकार की बातें बेहद महत्त्वपूर्ण हैं और उन पर ध्यान दिया ही जाना चाहिए, जैसा कि आज भी हो रहा है। किंतु महान् संगठनों का निर्माण उन लोगों द्वारा किया जाता है, जिनमें सहज ज्ञान, तर्क शक्ति और दूरदृष्टि होती है। हालाँकि इन पर काम कौन कर रहा है ?

कोच यही करता है। वह प्रश्न पूछता है। सफलता में वह पूछता है कि क्या गलत हुआ, और विफलता में कि क्या सही हुआ। वह हमारी शंका में निश्चितता और निरपेक्षता के बीच के फासले को हमें दिखा देता है। वह हम से कहता है कि हम पीछे हट जाएँ और वह सुनें, जो हमारा सहज ज्ञान कहता है, न कि जो एक्सेल शीट, डेटा और डायग्राम कहते हैं। वह हमें प्रोत्साहित करता है कि हम एक निर्णय लें और फिर हमें यह सोचने पर मजबूर करता है कि हमने वह निर्णय क्यों लिया तथा हमने जिस निर्णय को नहीं लिया, उसके पीछे कारण क्या था। वह हम से कहता है कि हम अपनी सीमित दृष्टि और कल्पना से आगे जाएँ। वह हमें ऐसे सफर पर ले जाता है, जो पूरी तरह से हमारे मौजूदा काम से अलग होता है और हमें अपने अनुमान लगाने और अपने आप ही सीखने देता है। वह हम से अनोखा और असाधारण कार्य करा लेता है।

एक मौलिक स्तर पर कोच ज्ञान प्राप्त करने में हमारी मदद करता है। हमें

जैसे-जैसे अनुभव होता जाता है, वह उन अनुभवों को शुद्ध कर कारगर सिद्धांतों में बदलता जाता है और इस प्रक्रिया में ज्ञान की रचना करता है। वह हमें गौण ज्ञान के फेर से मुक्त करता है, लेकिन प्राथमिक ज्ञान प्राप्त करने में सहायता देता है। यह ऐसा ज्ञान है, जो आपके काम आता है। वह हमें दक्षता के स्तर के साथ ही सहज ज्ञान, तर्क शक्ति और दूरदृष्टि को लेकर अपनी अयोग्यता और खामियों पर प्रश्न करने देता है, ताकि हम सच का अनुभव कर सकें।

कोच आपके साथ काम करते हुए आप में सुधार भी करता है। बॉस आप से अपना काम करवाता है।

प्रमुख सबक

1. एक कोच आपके प्रति अपनी ईमानदारी में कठोर होता है।
2. एक कोच आपको सोचने का मौका देता है अर्थात् शिक्षा कर्म में नहीं, चिंतन में होती है।
3. एक कोच आपको अपने ही खेल, इनकार और पक्षपातों का ज्ञान कराता है।
4. एक कोच बुद्धि और तर्क शक्ति का सौदागर होता है, न कि ज्ञान और दक्षता का।

□

सही कोच

सही व्यक्ति की अपेक्षा संगठनों में कहीं ज्यादा पाखंडी और नीम हकीम हैं, जो नेता और कोच बनकर घूमते रहते हैं। यह आक्रामक होने की हद तक कठोर लग सकता है, लेकिन दिखावे के नेतृत्व गुण की तुलना में प्रदर्शित नेतृत्व गुण के बीच एक बहुत बड़ा अंतर है, जो एक बुनियादी दोष की ओर इंगित करती है। प्रभावी नेताओं और प्रभावी प्रबंधकों को तैयार करने के लिए अपने आप में एक कुटीर उद्योग चल रहा है। इनमें ऐसे लोग तैयार किए जाते हैं, जो संगठन की सूचियों में आकर्षक पदनामों को सुशोभित करते हैं। इसके बावजूद मुझे लगता है कि ऐसे दो पैमाने हैं, जिनकी कसौटी पर कसे जाने के दौरान कई नेता इस कार्य के लिए नेतृत्व क्षमता के लिहाज से पूरी तरह से विफल साबित होते हैं। पहला संकेत संगठनात्मक विफलता का पैमाना है। सफल होने की बजाय ज्यादा कंपनियाँ विफल हो जाती हैं। इच्छित उद्देश्यों को प्राप्त कर पाने की बजाय कहीं ज्यादा कारोबारी पहले विफल हो जाते हैं। यदि इतने सारे काबिल नेता हैं, तो फिर ऐसा क्यों होता है ? दूसरा प्रमाण कर्मचारी के मनोबल, प्रेरणा और लगन में भारी कमी से मिल जाता है। अपने आस-पास ही एक सैंपल अध्ययन कर लीजिए और देखिए कि कितने अनुपात में कर्मचारी अपने नेता के साथ लगन से जुटे और प्रेरित प्रतीत होते हैं। वाटर कूलर के पास नेताओं के कथनों को लेकर किस प्रकार की बातचीत होती है और नेता जो कहते हैं, उसका कितना प्रभाव उन पर रह जाता है ? हाँ, नेता जिनका नेतृत्व करते हैं, उन पर उसके प्रभावों की जाँच का यह भले ही गैर-वैज्ञानिक तरीका लगे, लेकिन अनुभव के आधार पर यह स्पष्ट होता है कि ऐसे नेताओं की संख्या कहीं अधिक है, जिनमें अपने कर्मचारियों को ऊर्जावान, जोशीला, प्रेरित और साथ लेकर चलने की क्षमता नहीं होती है। संगठनों में नीम हकीम भरे होते हैं, जो नेता बनकर घूमते हैं, और वह

भी महज इस कारण; क्योंकि उनका विजिटिंग कार्ड ऐसा कहता है या बस इस कारण, क्योंकि वे संगठन की सूची में थोड़ा ऊपर हैं। भोजन की शृंखला में चोटी पर होने का अर्थ यह नहीं कि वे लीडर बन जाएँ, यह उन्हें प्रमुख शिकारी भले ही बना सकती है!

सही कोच इन गड़बड़ियों और भ्रमों को सुधारता है। हालाँकि बड़ी खोज सही कोच ढूँढ़ने की है। कन्फ्यूसियस ने कहा है, "जब छात्र तैयार हो जाता है, तो एक शिक्षक प्रकट होता है।" दुर्भाग्य से कड़वी सच्चाई यह है कि भूसे के ढेर में सूई भले ही मिल जाए, अच्छा कोच नहीं मिल पाता है। कोच चुनते समय अकसर कुछ ऐसी चूक है, जो हो जाती है और ऐसा क्यों होता है, इसे भी समझना मुश्किल नहीं है।

एक कोच के चुनाव में किसी की ओर से की जाने वाली सबसे आम गलती ऐसे व्यक्ति के चयन की होती है, जो संगठन में आप से आगे है। सर्वोच्च नेता या कार्यकारी प्रमुख को अकसर कोच के तौर पर चुना जाता है। अब यहाँ एक दुःखद सच सामने आता है—उनमें से सभी अच्छे कोच नहीं होते। वास्तव में चुनिंदा ही ऐसे होते हैं। सिर्फ इस कारण कि वे पदानुक्रम के शीर्ष पर पहुँच गए हैं, उनमें कोचिंग की मानसिकता या कोचिंग का स्वभाव या कोचिंग के लिए आवश्यक बुद्धिमानी नहीं आ जाती है। शिखर तक पहुँचने की यात्रा उन्हें कारोबार का प्रबंधन अच्छी तरह से करने के काबिल बनाती है, जबकि कभी-कभी यह भी नहीं हो पाता है। वास्तव में जो शिखर पर रहते हैं, उनके पूरी तरह आत्म-मुग्ध होने की आशंका रहती है, जो अपनी ही सफलता की चमक-दमक से भटक जाते हैं। संभवतः उनमें 'मैं सबकुछ जानता हूँ, मैं वहाँ रहा हूँ, मैंने वह सब किया है,' वाली भावना आ जाती है। मुझे लगता है कि यह अतिवादी और उससे भी बुरी एक निर्दयी व्याख्या और जल्दबाजी में किया गया सामान्यीकरण हो सकता है, लेकिन मैं इस बात पर रोशनी डालने के लिए ऐसा कह रहा हूँ कि इस तरह की बातें संगठन के तमाम लोगों के मनोबल पर कितना बुरा असर डालती हैं।

पाठक चाहें तो वे अपने ही अनुभवों से इसकी पुष्टि कर सकते हैं कि क्या यह अनोखी बात है या आम तौर देखी जाती है। कुल मिलाकर बात यही है कि शिखर पर बैठा हर व्यक्ति अच्छा कोच नहीं होता और हर अच्छा कोच शिखर पर नहीं पहुँच पाता है। इस कारण जो शिखर पर पहुँच गए हैं, उन्हें स्वाभाविक रूप से अच्छा कोच मानकर स्वीकार न करें और न ही उन्हें असक्षम कोच के तौर पर खारिज करें, जो शिखर पर नहीं पहुँच सके हैं। रमाकांत अचरेकर अपने शिष्य

सचिन तेंदुलकर की तुलना में क्रिकेट में मामूली उपलब्धि भी हासिल न कर सके हों, लेकिन वे आज भी एक अनुकरणीय कोच माने जाते हैं।

अधिकांश प्रबंधक यह मानते हैं कि वे नेता हैं और अधिकांश नेता मानते हैं कि वे कोच हैं। इससे बड़ा झूठ और कुछ नहीं हो सकता। अगर सच कहें तो अधिकांश नेता अंदर से महज मैनेजर हैं और अधिकांश कोच वास्तव में लीडर हैं। विरले ही कभी इन तीनों का मेल किसी एक में मिलता है। शायद ही कभी ऐसा व्यक्ति मिल जाए, जिसमें बौद्धिक गहराई, भावनात्मक चौड़ाई तथा कारोबारी कौशल हो, जिससे वह प्रबंधक, नेता और एक ऐसे कोच की जिम्मेदारी निभा सके और सब यह सोचने लग जाएँ कि क्या वह व्यक्ति आदर्श है, कुछ ऐसा जैसा हम बनना चाहते हैं, लेकिन कभी बन नहीं पाएँगे।

हरि हीरा जन जौहरि, ले ले मांडि हाट।
जब रे मिलेगा पारखी, तब हीरे की साट॥

कोच वह हीरा है, जिसे इस बाजार से उस बाजार तक ले जाया जाता है। सिर्फ वही उसे पा सकता है, जो उसके मोल को पहचानता है।

कोच विनीत होता है। असल में वह कभी कोच बनना नहीं चाहता है। उसके मुताबिक वह बस एक व्यक्ति है, जो बातचीत कर रहा है। वह जब आप से बात करता है, तब वह आपको तन, मन और आत्मा से सुनता है। इस कारण वह न केवल आपके शब्दों को सुनता है, बल्कि उसे भी समझता है, जहाँ से वे आ रहे हैं। इसलिए वह आपको पूरी तरह से समझता है। अपनी अद्‌भुत योग्यता और प्रभाव के बावजूद उसे प्रसिद्धि की इच्छा नहीं होती। उसके लिए कोचिंग एक नौकरी नहीं, एक जिम्मेदारी है, एक प्रक्रिया है, जिसे सीखना है और लागू करना है। कोचिंग को लेकर पश्चिमी अवधारणा और कबीर की सोच के बीच यही मौलिक अंतर है।

कोई भी मूल्यवान् वस्तु सैकड़ों हाथों से होकर गुजर सकती है। वह उस हीरे की तरह ही उपेक्षित हो, जिसे पत्थर समझ लिया जाता है। हकीकत में जो पारखी न हो, उसके लिए बिना तराशा हुआ हीरा मामूली पत्थर होता है और वह इसे पाने से चूक सकता है। जिस प्रकार हीरे की पहचान होती है, उसी प्रकार कोच को भी पहचानना पड़ता है।

कोच का मूल्य दक्ष लोग ही समझते हैं। कोच स्वभाव से समावेशी होता है और वह देने, बाँटने और दिशा दिखाने के लिए सहर्ष तैयार रहता है। वह हमें

बदल देता है, लेकिन स्वयं उस शक्ति से अनजान रहता है या उसे उस शक्ति का गुमान नहीं होता उसके अधिकार और शक्ति का स्रोत यह होता है कि उसे कभी इनके उपयोग की जरूरत महसूस नहीं होती है।

इसलिए कबीर कहते हैं कि एक अच्छे कोच को उसके रूप या उसके कार्य या उसके सामने आने पर कमतर आँका जा सकता है। शिक्षा, पदनाम, वाक्‌पटुता, उच्चारण, तंज करने की प्रवृत्ति आदि जैसे छल के धोखे में मत आइए। हीरे का सही मोल जौहरी ही जानता है। यदि आप जौहरी हैं, तो आपको हीरे, यानी कोच की तलाश करनी चाहिए।

जब गुन को गाहक मिलै, तब गुन लाख बिकाय।
जब गुन को गाहक नहीं, कौड़ी बदले जाए॥

किसी मूल्यवान् चीज की पहचान उसका पारखी ही कर सकता है, नहीं तो वह कौड़ियों के भाव बिक जाता है।

हमें अपने कोच का चुनाव एहतियात के साथ करना चाहिए। एक व्यक्ति का भोजन दूसरे का जहर होता है और एक देश का स्वतंत्रता सेनानी दूसरे देश का आतंकवादी होता है। हमारा कोच या तो हमें मध्यमता से मुक्त कर सकता है या हमें तबाही तक ले जा सकता है। उसे ध्यान से चुनिए। सही वजह से उसका चुनाव कीजिए। सिर्फ उसकी प्रतीकात्मकता या उसकी शक्ति या उसके प्रभाव या पद के चलते मत चुनिए। उसे सिर्फ उसके रोब, शैली, करिश्मा और व्यक्तित्व के चलते मत चुनिए। उसे उसकी बुद्धि, कुशाग्रता, परख, दूरदृष्टि और सरलता के लिए चुनिए। उसे इस कारण चुनिए, क्योंकि वह आपको और आपकी मंशा को तराश सकता है। अकसर संगठनों में बुद्धिमान पीछे छूट जाते हैं, किनारे कर दिए जाते हैं और लोग उनसे आगे बढ़ जाते हैं। किसी-न-किसी प्रकार बहुत सारी प्रणालियाँ बड़बोलों, अपना प्रचार करनेवालों, कब्जा जमानेवालों, मर्दानगी दिखानेवालों, बनावटी लोगों, चिकनी-चुपड़ी बात करनेवालों, गप हाँकनेवालों, बातों को घुमाने-फिराने और चालाक लोगों का ही पक्ष लेती हैं। वे अन्य क्षेत्रों में बहुत अच्छे हो सकते हैं, लेकिन उन्हें अपने कोच बनाने की जानलेवा गलती न करें। अपना चुनाव करते समय हमें पारखी होना चाहिए, बड़े ध्यान से चुनाव करना चाहिए। जब पारखी किसी विश्वसनीय और मूल्यवान् चीज को चुनता है, तभी उसका मोल पहचाना जाता है। हमारी प्रतिभा और विशिष्टता उस व्यक्ति तक पहुँचने के लिए हमारी क्षमता में ही होगी, जिसमें हमारे जीवन को तराशने

और उसे आकार देकर अनमोल बनाने की शक्ति होती है। सही कोच चुनने की हमारी कुशाग्रता से ही कोचिंग के संबंध का परिणाम तय होगा। किसी भी सूरत में 'कुआँ प्यासे के पास नहीं आता, प्यासे को ही कुएँ के पास जाना पड़ता है।'

प्रमुख सबक

1. सारे प्रबंधक नेता नहीं होते, न ही सारे नेता कोच होते हैं।
2. अपने कोच का चुनाव अच्छी तरह करें, उसके लिए परिश्रम करें।

□

अच्छा कोच-बुरा कोच

कबीर का एक दिलचस्प पदानुक्रम है। वे गुरु (कोच) की प्रशंसा कर और उसे भगवान् से ऊपर बताकर शुरुआत करते हैं, फिर यह बताते हैं कि एक अच्छा गुरु कैसे हमारे जीवन में जबरदस्त बदलाव ला सकता है। वे हमसे कहते हैं कि सही व्यक्ति को अपना गुरु चुनते समय, जहाँ तक संभव हो, होशियार रहना चाहिए। उसके बाद वे बताते हैं कि कौन अच्छा गुरु है और कौन नहीं। ऐतिहासिक रूप से कबीर के जमाने में ऐसे कई नीम-हकीम और प्रपंची थे, जो दावा करते थे कि उन्होंने मुक्ति के पथ को वश में कर लिया है। दुःख की बात यह है कि आज भी ऐसे नीम-हकीम और फरेबी लोग मौजूद हैं। कबीर ने उनकी असलियत को पहचान लिया था। कबीर ने जो कुछ लिखा, उसमें कभी विनम्रता नहीं दिखी। उन्होंने जो देखा, वैसा ही कहा। वे सरल किंतु अपने वर्णन में क्रूरता की हद तक सटीक थे। कबीर एक माता की तरह नहीं सहलाते, वे एक पिता की डाँट की तरह हैं। आनेवाले दोहे में हम एक अच्छे कोच के गुणों के बारे में जान सकते हैं और एक बुरे कोच के लक्षणों को पहचान सकते हैं। इससे हमें यह फैसला करने में मदद मिलेगी कि कौन ऐसा कोच है, जिसके साथ हमें अपने आपको जोड़े रखना चाहिए और किससे हमें बचना चाहिए।

जाका गुरु है गीरही, गिरही चेला होय।
कीच कीच के धोवते, दाग न छूटे कोय॥

यदि आपका गुरु फर्जी है, तो आप भी वैसे ही होंगे। एक मैला कपड़ा कभी दूसरे मैले कपड़े को साफ नहीं कर सकता है।

चलिए, अपने कोच को अच्छी तरह चुनते हैं। कोच के वेश में आज

पहले की तुलना में कहीं अधिक पाखंडी घूम रहे हैं। यह देखकर आश्चर्य होता है कि इतने सारे लोग, जो वैसे तो होशियार और बुद्धिमान हैं, वे इनके फेर में कैसे फँस जाते हैं। आखिर कैसे, संगठनों में जो कुशाग्र बुद्धि वाले होते हैं, वे गलत व्यक्ति को अपना कोच बनाने की भूल कर बैठते हैं। इस प्रकार चुने गए छद्म कोच अकसर ऐसे लोग होते हैं, जो संगठन के उच्च स्तर तक पहुँच गए हैं और इसमें कोई आश्चर्य नहीं कि जो उनके नीचे हैं, वे उन पर मोहित हो जाते हैं। शक्ति आकर्षित करती है और उसका आकर्षण घातक होता है।

महत्त्वाकांक्षा ही आधुनिक कॉरपोरेशन का ऑक्सीजन है। महत्त्वाकांक्षा ऐसी क्रूर ताकत है, जो कर्मचारियों को अधिक करने और अधिक की इच्छा रखने के लिए मजबूर करती है। यही प्रतिस्पर्धात्मक महत्त्वाकांक्षा है, जो विजेताओं का निर्माण करती है। हालाँकि इसका दूसरा पहलू यह है कि प्रमोशन, पैसा और तरक्की की अंधाधुंध होड़ में शामिल होकर तथा यह मानकर कि इन्हीं से विकास होता है, आप संगठन की सूची में अपने से ऊपर के व्यक्ति को कोच का स्वाभाविक विकल्प मानने की भूल कर बैठते हैं। यदि यह व्यक्ति गलतियों का पुतला निकला तो? यदि वे यहाँ तक संदिग्ध तरीकों का इस्तेमाल करते हुए पहुँचे हैं, तो क्या? यदि वे सच में प्रतिभावान् हैं, लेकिन अपनी अक्षमता के स्तर तक पहुँच गए हैं और अब तक उन्हें इसका ज्ञान नहीं है तो? क्या होगा, यदि उनके अंदर कोचिंग का माद्दा नहीं, लेकिन इसे स्वीकार नहीं करते हैं?

आप कोच का गलत चुनाव कर सकते हैं और आपकी तबाही तय हो जाती है। यदि कोच फरेबी है, तो हम भी फरेबी बन जाते हैं। यदि कोच में घातक कमियाँ हैं, तो संभव है कि वही कमियाँ हम तक चली आएँ। आप एक गंदे कपड़े से दूसरे गंदे कपड़े को साफ नहीं कर सकते हैं।

गुरु मिला तब जानिए, मिटे मोह तन ताप।
हरष शोक व्यापै नहि, तब गुरु आपै आप॥

जब शरीर और आत्मा के प्रति मोह और चिंता दूर हो जाती है, जब आप सुख और दुःख से उदासीन रहते हैं, तब आप जान जाते हैं कि आप गुरु जितने ही अच्छे हैं।

एक अच्छा कोच निस्स्वार्थ होता है और हमें अपने आप से अच्छा बनाना चाहता है। वह हमारे साथ स्पर्धा नहीं करता है। हम उसके जितने या उससे भी अधिक अच्छे बन जाते हैं, तब भी उसे इसकी चिंता या परवाह नहीं होती है। हम उससे अच्छे बनें, इसी में उसकी मुक्ति होती है। एक सुपरवाइजर की सोच ऐसी नहीं हो सकती है। आधुनिक संगठन की जैसी संरचना होती है, जिस प्रकार उन्हें व्यक्त और प्रदर्शित किया जाता है, अकसर परिचालनवाली मानसिकता का अभाव दिखता है। यदि सभी नहीं तो भी कई सुपरवाइजर उसी श्रेय और प्रसिद्धि की होड़ में शामिल रहते हैं, जिसका प्रयास उनके अधीनस्थ कर रहे होते हैं। श्रेय लेनेवालों की कमी नहीं है। सुपरवाइजर को इस बात की चिंता हो सकती है कि हम उसके जितने या उससे अच्छे न बन जाएँ। जो असुरक्षित महसूस करते हैं, वे ऐसा नहीं होने देंगे। हमें अपने सुपरवाइजर को परखने के लिए एक बेहतरीन जाँच करनी चाहिए, ताकि यह पता लगे कि वह हमें न केवल अपने काम के लिए, बल्कि अपनी सफलता का श्रेय भी हमें देने में कितने खुले मन और दिलवाला है, जिसमें हमने भी एक अहम् भूमिका निभाई है। हमें यह भी देखना चाहिए कि क्या यह श्रेय सच्चा और प्रामाणिक है या महज प्रतीकात्मक और जबानी जमा खर्च। क्या वह हमें अच्छी तरह सिखा रहा है? क्या वह हमें सारी बातें बता रहा है, जिसका लाभ मिलता है, ताकि हम उन तक पहुँचें, सीखें और उनका उपयोग करें? क्या वह हमारा इस्तेमाल सिर्फ अपने लक्ष्यों को प्राप्त करने के लिए कर रहा है या वह चाहता है कि हम आगे बढ़ें और उस स्तर तक पहुँचें, जहाँ हम उसके जितना ही अच्छा बन सकें?

कबीर कहते हैं कि हमें तब पता लगेगा कि वह एक सच्चा कोच है, जब कुछ एक चीजें होंगी। एक, जब शरीर और आत्मा की चिंता मिट जाती है। झूठे मोह दूर हो जाते हैं। पाबंदियाँ, सीमाएँ और रुकावटें हट जाती हैं, जिन्हें हमने ही लागू कर रखा था। दो, जब हम समभाव की स्थिति में पहुँच जाते हैं।

सच्चा कोच हमारी सारी समस्याओं को हल नहीं करता या हमें ऐसा सुख नहीं देता, जो बस कल्पना में ही हो। वह बस हमारे भीतर उतार-चढ़ाव, अच्छे और बुरे वक्त, परीक्षा और पीड़ा के प्रति विरक्ति पैदा करता है। हमारे दिमाग पर जब अपनी सफलता का असर उतनी ही सहजता से होता है, जितना कि हमारे दिल पर विफलता का, तो हम जान जाते हैं कि सही कोच ने हमारी मदद अच्छी तरह से की है। इस स्तर पर हम उसके जितने ही अच्छे बन जाते हैं।

सदगुरु मेरा सूरमा, बेधा सकल शरीर।
शब्द बाण से मीर रहा, क्यों जीये दास कबीर॥

मेरा गुरु साहसी है, उसने मेरे शरीर को बेध दिया है, उसके बाण जैसे शब्द मुझे अंदर तक झकझोर देते हैं।

एक अच्छा कोच निडर होता है। उसका इरादा किसी को भी खुश करने का नहीं रहता है, हमें तो बिल्कुल भी नहीं। वह इन बातों से ऊपर होता है।

आधुनिक संगठन की दुविधा यही है। कर्मचारियों को प्रेरित रखना हर संगठन के लिए चुनौती और कुछ संगठनों के लिए दुःस्वप्न भी है। प्रतिभा की कमी है, जबकि अवसर बेहिसाब हैं, कम-से-कम अच्छे लोगों के लिए तो हैं ही। कर्मचारियों को प्रेरित और अच्छे मूड में रखने की गलत कोशिश में सुपरवाइजर बुरी खबर देने और विकास से जुड़ी प्रतिक्रिया देने में हिचकते हैं। उन्हें इस बात की आशंका रहती है कि कर्मचारी को यह बताने से वे अपमानित महसूस करेंगे कि उन्होंने कहाँ गलती की है या उम्मीद पर खरे नहीं उतरे तथा बेहतर विकल्प की तलाश करने लगेंगे। सुपरवाइजर लोकप्रिय बने रहने का खेल खेलने लग जाते हैं और खरी-खरी बातचीत करना बंद कर देते हैं। मुद्दा यह नहीं कि ऐसी बातचीत का उनमें कौशल नहीं होता, बल्कि असली चुनौती सुपरवाइजरों के बीच व्याप्त उस गलत धारणा से निपटने की है कि बातचीत से कर्मचारी बुरा मान जाएगा और हतोत्साहित होगा। प्रतिभा की कमी के इस दौर में हर कोई आखिरी समय तक अच्छे व्यक्ति को रोकना चाहता है। आशा के अनुरूप ही ऐसे सुपरवाइजरों के सामने अकसर कर्मचारियों को बनाए रखने और उनके बातचीत के दायित्व का एक लक्ष्य होता है, लेकिन वे उन्हें रोककर रखने के इस प्रयास को गलत तरीके से लेते हैं। दूसरी तरफ कोच की सोच अलग होती है।

एक अच्छा कोच अपने शब्दों को ध्यानपूर्वक चुनता है और उन्हें अधिकतम प्रभाव के उद्देश्य से सामने रखता है। यदि जरूरत कड़ा रुख अपनाने, सच दिखाने, उस व्यक्ति के खेल से परदा उठाने की है, तो उसके लिए जितना कहा जाना है, वह कहता है। कोच के सही शब्दों से उसका शिष्य अपने भ्रम और कयासों का सामना करता है। किसी कोच का उद्देश्य वास्तविकता और सच्चाई से परदा उठाना होता है। एक अच्छा कोच यह समझता है कि इनकार और सच्चाई के बीच सच बता देने से यदि कोई नुकसान होता है तो वह घटनात्मक और अस्थायी होता है। सिर्फ अपने विषय में और अपनी क्षमताओं के विषय में सच्चाई का

सामना करने से या उनमें कमी का सामना करने से ही वह कर्मचारी तरक्की के सफर पर निकल सकता है। तरक्की की दिशा में स्वीकारोक्ति और एहसास ही पहला कदम होता है।

गुरु मिला नहि शिष मिला, लालच खेला दाँव।
दोनों बूड़े धार में, चढ़ि पाथर की नाव॥

लालच और स्वार्थ पर आधारित गुरु-शिष्य का संबंध उस नाव के समान होता है, जिसमें पत्थर भरे होते हैं और दोनों का डूबना निश्चित होता है।

एक बुरा कोच हमें उतना ही बरबाद कर देता है, जितना कि हम उसे करते हैं। कोच और उसके प्रशिक्षु के बीच का संबंध आखिर किस पर निर्भर करता है? वास्तव में इससे भी अधिक मौलिक प्रश्न है कि यह किस पर आधारित होता है? यदि यह लालच, स्वार्थ और विचित्र आपसी लाभ पर निर्भर है तो तबाही निश्चित है। किसी भी प्रकार का लाभ, विकास, तरक्की, उन्नति और भौतिक लाभ इस संबंध में इत्तेफाक होते हैं, न कि इसका मूल आधार। एक अच्छा गॉडफादर और उसके अनुयायी को एक कोच और प्रशिक्षु नहीं कहा जा सकता है। इसलिए कोई बड़ा आदमी है, जिसके दर्जन भर चट्टे-बट्टे हैं, जो उससे चिपके रहते हैं; क्योंकि वह उनका बॉस भी है, तो उसे यह गलतफहमी नहीं पालनी चाहिए कि वह एक कोच है। अगर वह कोच है तो एक सामंत को संत कहा जाएगा। उसके पास पद से जुड़ा अधिकार और सत्ता का ताम-झाम होता है, जिससे वह हर किसी पर धौंस जमाता है और हाँ-में-हाँ मिलानेवालों की एक मंडली होती है, जो उसके अहंकार को बढ़ावा देती है। इसी प्रकार यदि किसी ने ऐसे व्यक्ति को कोच बना लिया है, जो अपनी सत्ता से चीजों को करवा देता है तो वह एक कृपापात्र से अधिक नहीं है, जो अपने आपको किसी का अनुग्रहभाजन बना लेना चाहता है, जो अपनी ताकत से उसके आगे टुकड़े फेंक सकता है। इस प्रकार के संबंध बहुत अधिक तो प्रतीकात्मक हो सकते हैं और बहुत बुरे हुए तो परजीवी, लेकिन कोच और प्रशिक्षु जैसे संबंध बिल्कुल भी नहीं हो सकते हैं। इसका जीवनकाल भी सीमित होता है और समय के साथ ही यह अपनी मौत मर जाता है। पत्थरों से लदी नाव डूब ही जाती है।

कुछ अन्य प्रकार के छद्म कोच भी होते हैं। ऐसे लोग जो दावा करते हैं कि उनके पास सारे प्रश्नों का उत्तर है। वे किसी भी विषय पर पंडिताई कर सकते हैं। इससे पहले कि आप अपनी समस्या बताएँ, वे आप पर संभावित समाधानों

की बौछार करने लग जाते हैं, जिन्हें वे अतीत में सफलता से लागू कर चुके होते हैं। ऐसी कोई चुनौती नहीं, जिसे उन्होंने पार न किया हो और इसलिए यह उनका नैतिक दायित्व है कि वे इस ज्ञान का प्रसार करें। वे अनियंत्रित लोग होते हैं, जिनसे हर हाल में बचना चाहिए। वे और कुछ नहीं, बस अपना प्रचार करते हैं, दिन-रात कहते रहते हैं, "उस समय मैंने ऐसा किया था।" हमारी तरक्की उनके लिए महत्त्व नहीं रखती है। वे विरले ही हमें स्वयं अपने उत्तर की तलाश करने देते हैं। जिस पल हम अपने कोच को अधिकांश उत्तर देते देखते हैं या खुद से अधिक बोलते सुनते हैं, उसी पल जान बचाकर भागना चाहिए—वह नकली होता है।

गुरुवा तो घर घर फिरै, दीक्षा हमरी लेहु।
कै बूड़ौ के उबरौ, टका पर्दनी देहु॥

नकली गुरुओं की भरमार है, सब हमें अपना शिष्य बनाना चाहते हैं, उन्हें परवाह नहीं होती कि आप डूबें या उसके बाद तैरने लगें, उन्हें बस दान और उपहार से ही मतलब होता है।

बुरे कोच अपने आपको निर्लज्जता से आगे बढ़ाते हैं। उनके लिए कोचिंग दूसरों की मदद का जरिया नहीं, बल्कि कोच के तौर जाने का माध्यम होती है। व्यक्तिगत इच्छा होना मानव सुलभ है, लेकिन कुछ पेशेवर 'मंशा' नहीं पाल सकते। एक कोच किससे प्रेरित होता है, वह उतना ही महत्त्व रखता है, जितना यह कि वह कोच के तौर पर कितना कुशल है। कोई जब व्यक्तिगत स्तर पर योगदान करता है तो उसके लिए बुद्धिमान और कुशल होना पर्याप्त होता है। किंतु जब कोई दूसरों की मदद के धंधे में होता है, उनकी क्षमता का एहसास कराने में मदद करता है, तो मंशा बाधा बन जाती है। यदि कोच अनुपयुक्त रूप से अपने प्रशिक्षु की उपलब्धियों के माध्यम से अपनी प्रसिद्धि को बढ़ाने में अभिरुचि रखता है, तो यह पूरा संबंध ही मैला हो जाता है। एक अच्छे और एक बुरे कोच में उतना ही या उससे ज्यादा अंतर कौशल की बजाय इरादे से होता है।

एक बुरा कोच फेरी लगानेवाला होता है, अपनी रेहड़ी चलाता है, अपना सामान बेचने की कोशिश करता है। वह अधिक-से-अधिक लोगों को अपने संरक्षण में लेना चाहता है और उनकी बढ़ती संख्या का ही उसे गुमान रहता है तथा उससे अपने अहंकार का पोषण करता है। यह आजकल फेसबुक फ्रैंड्स की संख्या दिखाकर इतराने जैसा ही होता है या जब सामंती युग में सामंतों को इस बात का गुमान रहता था कि उनके पास कितने गुलाम हैं या वे कितने गाँवों

का मालिक हैं। बुरा कोच हमें खरीद लेना चाहता है, ताकि वह इस पर गुरूर कर सके। हमें उसकी जितनी जरूरत नहीं होती, उससे अधिक उसे हमारी होती है। बुरे कोच को परवाह नहीं होती कि हम डूबें या तैरें, सीखें, तरक्की और प्रगति करें या नहीं। उसकी दिलचस्पी सिर्फ अपने हित में होती है।

इसलिए ऐसे कोच से हम बचें, जो अपने आप में ही मगन रहता है और दिन-रात अपने अनुभवों और कारनामों, अपनी क्षमताओं और उपलब्धियों की माला जपता है, क्योंकि वह अपना हित साधनें में इतना मशगूल रहता है कि उसके पास हमारी सेवा के लिए समय नहीं होता।

कबीर वैद बुलाइया, पकरिके देखी बांहि।
वैद न बेदन जानसी, करक कलेजे मांहि॥

डॉक्टर कलाई पकड़कर नब्ज देखता है, हम यह कैसे पता करें कि उसके दिल में क्या गड़बड़ है।

एक अच्छा कोच सटीक होता है। वह जानता है कि समस्या कहाँ है। वह उसे हमारी समस्या नहीं मान लेता, जैसा वह कि सोचता है, बल्कि वास्तव में क्या समस्या है, यह जानने के लिए बेहिसाब समय और ध्यान लगाता है, वह हमारी समस्या पर उसका कथन नहीं, बल्कि हमारा कथन होता है।

हमारी कलाई पकड़कर नब्ज देखनेवाले डॉक्टर के विषय में कबीर कहते हैं, 'मेरी नब्ज से वह मेरे दर्द को कैसे जान सकता है, मेरा दर्द तो मेरे हृदय में है।'

इस प्रकार सही बात का पता लगाने, अकसर सामान्य नहीं, बल्कि सही जगहों पर देखने की कोच की क्षमता होती है, जो उसे अन्य सभी से अलग करती है। आम प्रश्नों से आम मुद्दे सामने आएँगे। अपेक्षित प्रश्नों से अपेक्षित उत्तर मिलेंगे। एक अच्छा कोच प्रत्यक्ष से आगे, सामान्य से परे, साधारण से दूर जा पाता है, जब वह पूछता है, क्या और कैसे? किसी मशहूर डॉक्टर की तरह कोच बोलने से ज्यादा पूछता है, कम-से-कम शुरुआत में तो ऐसा करता ही है। वास्तव में वे पूछने में जितने कुशल होते हैं, उतने ही अच्छे बताने में होते हैं। झोलाछाप कोच इसका ठीक उलट होगा।

ऐसा कोच जो समस्या की जड़ तक नहीं पहुँचता, वह गलत या अपर्याप्त इलाज सुझाएगा और प्रशिक्षु की समस्या का हल नहीं निकलेगा।

प्रमुख सबक

1. एक अच्छे कोच के गुण—निर्भय, निस्स्वार्थ, प्रत्यक्ष से परे जाना।
2. एक अच्छा कोच आपके ही तरीकों से आपको उत्तर तलाशने में मदद करता है, आपकी गलतियों से ही आपको उत्तर दिला देता है।
3. बॉस, गॉडफादर, नेता जरूरी नहीं कि बेहतर कोच बनें।
4. सारी बातें समान हों तो एक अच्छे और बुरे कोच में, एक बात अंतर करती है, इरादा।

□

अच्छा छात्र/शिक्षार्थी/प्रशिक्षु कैसे बनें?

कहानी : अंगद सिंह को उनके संगठन ने विकास के अनेक कार्यक्रमों में भेजा है। वे उनमें से हर एक में शामिल होने के अधिकार को अर्जित कर सके। बरसों से उनका प्रदर्शन शानदार रहा है। किसी विभाग का नेतृत्व करने की उनकी आकांक्षा और वर्तमान क्षेत्रीय भूमिका में उनका जैसा प्रदर्शन रहा है, उससे वे इस भूमिका के सच्चे दावेदार हैं। हालाँकि उनके सारे मैनेजर यह मानते हैं कि अपनी स्वप्निल भूमिका को सँभालने से पहले उन्हें थोड़ा सफर और तय करना है। वे जिन कार्यक्रमों में शामिल हुए, वे उनके अंदर ऐसी बातें पैदा नहीं कर सके, जैसा इरादा था; क्योंकि उनसे व्यवहार में जिस प्रकार के परिवर्तन की अपेक्षा थी, वह पूरी होती नहीं दिखती है। उनके चारों ओर व्यापार बदल रहा है, फिर भी वे आज तक अपने ही तरीके अपना रहे हैं। उनकी टीम की संरचना प्रोफाइल के मुताबिक बदल रही है, लेकिन उनका नेतृत्व करने की उनकी शैली में कोई बदलाव नहीं आया है। उनके साथ काम करनेवाले कोच बताते हैं कि उनकी सफलता ही भविष्य के लिए सबसे बड़ी समस्या है। अंगद की समस्या क्या हो सकती है? क्या कबीर मदद कर सकते हैं? अकसर इस बात को लेकर पछतावा होता है कि हम सीखने को तैयार रहते हैं, लेकिन कोई मार्गदर्शन और कोच करनेवाला नहीं होता है। लोगों से उनकी मध्यमता या सफलता न मिलने को लेकर पूछें तो आपको मानवता की शुरुआत से लेकर अब तक के सारे कारण बता दिए जाएँगे, लेकिन यह साधारण सी स्वीकारोक्ति सुनाई नहीं देगी कि 'मैंने भरपूर प्रयास नहीं किया था।' औसत कर्मचारी लगातार उस छलनेवाले गॉडफादर की तलाश में रहते हैं, जिनके पिछलग्गू वे बन सकें और कॉरपोरेट जगत् की सीढ़ियाँ चढ़ सकें। धारणा यह है कि यदि किसी को कोई ऐसा वरिष्ठ मिल जाता है, जो अपनी शरण में उसे लेना चाहता है, और

जो आपकी तरफदारी करे, लेकिन प्रतिभा नहीं, बल्कि सुविधा और संपर्क के कारण, तो उसका कॅरियर बन जाता है। दुर्भाग्य से कई बॉस और नेता ऐसे सिद्धांतों और छवि को दबाते नहीं। लेकिन 'सीजर की पत्नी को संदेह से परे होना ही चाहिए'। जब प्रमोशन, ईनाम, पहचान या अवसर को लेकर महत्त्वपूर्ण घड़ी आती है, तब जिस तरीके से फैसले लिये जाते हैं और उनमें कितनी पारदर्शिता है, इन बातों को लेकर उँगली उठने का मौका नहीं देना चाहिए। आधा कॉरपोरेट जगत् या उससे भी अधिक यह मानता है कि जब तक ऊपर से कोई आपको खींचता नहीं, तब तक ऊपर की राह आसान नहीं होती। इस मामले में लीडरशिप की जगह लैडरशिप ले लेता है। लेकिन इस अध्याय का विषय यह नहीं है कि नेताओं को क्या कुछ अनिवार्य रूप से करना चाहिए, बल्कि इस पर है कि हमें क्या करना चाहिए।

काश, जितना ध्यान और जितनी ऊर्जा यह पूछने पर खर्च हुई कि क्या हम सही शिक्षार्थी हैं, उतनी इस पर खर्च होती कि क्या हमारे पास सही शिक्षक या कोच है! इस पर विचार कीजिए, पुरानी बातें याद कीजिए और उन सारी बातचीत की गहराई में जाइए, जो कभी भी काम की जगह पर हुई हो और पता लगाइए कि हमने कितनी बार इस बात को स्वीकार किया है कि एक छात्र, प्रशिक्षु या शिक्षार्थी के रूप में हमारे बारे में कुछ है, जो सही नहीं है? इस बात की संभावना है कि ऐसी घटनाएँ न के बराबर होंगी।

अब इससे थोड़ा आगे जाकर कल्पना करें और अंदर झाँकें कि जब-जब हमें हमारे लीडर ने कोच के रूप में मदद करने में निराश किया है, क्या यह संभव था कि हमने भी एक शिक्षार्थी के रूप अपने आपको निराश किया हो? क्या यह भी संभव है कि हमारी किस्मत ऐसी न हो, जब हम उन महान् कोच से मिल पाएँ, जो हमें तराश कर उम्दा बना सकें तो हमने अपनी प्रवृत्ति, समर्पण और मनोदशा के कारण तराशे जाने का अवसर गँवा दिया है। एक अच्छे कोच को अच्छे शिक्षार्थी की जरूरत होती है।

हम ऐसे समय को याद करते हैं, जब हमारे पास अच्छा कोच नहीं था, लेकिन उस समय को भी याद करते हैं, जब हम अच्छे शिक्षार्थी नहीं थे? पूर्णता और उत्कृष्टता के लिए हमें भी अच्छा शिक्षार्थी होना चाहिए। अच्छा शिक्षार्थी होने का मतलब सिर्फ अंतर्निहित प्रतिभा से नहीं होता, बल्कि अंतर्निहित प्रवृत्ति से भी होता है। तो फिर अच्छा शिक्षार्थी कौन है?

निज मन सों नीचा किया, चरण कमल की ठौर।
कहैं कबीर गुरुदेव बिन, नजर न आवै और॥

विनम्र शिक्षार्थी वह है, जो अपने गुरु के प्रति समर्पित होता है, जो किसी और से भ्रमित नहीं होता है।

एक अच्छे शिक्षार्थी में दो गुण होते हैं। एक, उसे विनम्र होना चाहिए और दो, उसे अपने शिक्षक पर विश्वास होना चाहिए।

एक 'मैं सब जानता हूँ', कोच बुरा होता है, लेकिन एक 'मैं सब जानता हूँ', छात्र उससे भी बुरा होता है। एक अच्छे शिक्षार्थी का सबसे मौलिक गुण होता है, विनम्रता। ऐसा कहा जाता है कि दार्शनिक अरस्तू ने कहा था, "मैं, बस एक बात जानता हूँ कि मैं कुछ नहीं जानता।" विनम्रता के कारण शिक्षार्थी अपने 'न जानने' की स्थिति को जान पाता है। आधुनिक कर्मचारी निरंतर विस्तृत होते ज्ञान के भँवर में, एक सूचना के विस्फोट में फँसा है, फिर भी क्षमता में एक घोर और सर्वव्यापी कमी नजर आती है।

सफलता हमें पहले से भी कहाँ अधिक छलती है, गूढ़ और अनियंत्रित बातें दिमाग को सुन्न कर देनेवाली रफ्तार से दौड़ती रहती हैं। जैसे ही किसी को यह बताया जाता है कि चीजें उसके काबू में थीं, तो वह हैरान रह जाता है। नाश्ते में आप अस्पष्टता ग्रहण करते हैं, लंच में उतार-चढ़ाव और डिनर में अनिश्चितता। विपरीत परिस्थितियों में भी कर्मचारी से उम्मीद की जाती है कि वह समस्या को हल करे, उत्तर दे, स्पष्ट करे और निर्णय ले सके। आधुनिक कर्मचारी को अकेलापन सताता है। आश्चर्य नहीं कि उसके पास विनम्र होने के महत्त्व को स्वीकार करने के सिवाय दूसरा रास्ता नहीं है।

दुर्भाग्य से न तो शिक्षा के अधिकांश प्रतिष्ठानों में और न ही शैक्षणिक संस्थानों और घर में विनम्रता की शिक्षा दी जाती है। वे आपको मैं नहीं जानता हूँ, लेकिन पता करूँगा, कहना नहीं सिखाते। वे आपको अप्रत्याशित सफलता पर अपना दिमाग काबू में रखना नहीं सिखाते। वे यह भी नहीं सिखाते कि जब आप सही में सीखना चाहते हैं, तो पहले आपको यह मानना होगा कि आप नहीं जानते।

एक सच्चे शिक्षार्थी की विनम्रता अपने गुरु, अपने कोच पर केंद्रित होती है। वह अपने कोच के साथ खुले मन से बैठता है। शक करनेवाले कभी अच्छे शिक्षार्थी नहीं बन सकते, क्योंकि वे ऐसी किसी बात पर विश्वास नहीं करेंगे, जिन्हें कोच कहेगा, जबकि वे इतने भी भोले नहीं होते कि उन सारी बातों पर अपनी बुद्धि और

विवेक का इस्तेमाल किए बिना यकीन कर लें। किसी कोच के संरक्षण में एक अच्छे शिक्षार्थी से यह उम्मीद की जाती है कि उसमें निश्चित मात्रा में अनुपालन, निश्चित मात्रा में कर्मठता और निश्चित मात्रा में समर्पण हो। आपको 'जाने दो' और 'आने दो' की स्थिति में होना चाहिए। यदि कोई एक गुरु की शिक्षा से दूसरे गुरु की शिक्षा के बीच उछल-कूद करता रहेगा या किसी भी बात को लेकर उसमें इतनी सनक पैदा हो जाए कि वह हर बात को लेकर भ्रमित और दिखावा करने लगे, तो वह कभी नहीं सीख सकता है। किसी अनाड़ी का जीवन ऐसा ही होता है।

कोच किसी दवाई के जैसा होता है। वह कार्य करने और असर दिखाने में समय लेता है। उसकी शिक्षा समाती है, घुलती है, लागू की जाती है और इस प्रकार लागू किए जाने के अनुभव से आपके अंदर पत्थर की लकीर के समान उपदेश ग्रहण करने की बजाय अपना विवेक पैदा होता है। वह शिक्षार्थी जो अपने कोच के साथ पर्याप्त समय तक रहता है, वास्तविक अर्थ को समझने और शिक्षा के प्रभाव के पैदा होने के लिए अपने ज्ञान को जड़ें जमाने देता है, वही किसी कोच से सही मूल्य को प्राप्त कर पाता है।

आप इसकी गलत व्याख्या मत कीजिए। शिक्षा पर प्रश्न कीजिए, लेकिन उन्हें अच्छी तरह समझने और अपने भ्रम को दूर करने के लिए। यदि अनिवार्य हो तो उसे छोड़कर आगे बढ़ जाएँ, लेकिन न तो जल्दबाजी में और न ही बार-बार, बल्कि तब जब आपने इस कोच से सबकुछ प्राप्त कर लिया है।

अब इन दो गुणों के मुकाबले आधुनिक कर्मचारी को रखकर देखें। कई लोग अपने आपको ही इतना काबिल समझ लेते हैं कि न केवल उनका विनम्र होना कठिन होता है, बल्कि विनम्र होने को कमजोरी की निशानी भी मान लिया जाता है। हेकड़ी को अच्छा माना जाता है। अधिकांश लोग तरक्की और सफलता प्राप्त करने के साथ-साथ वास्तविकता से कट जाते हैं और भूल जाते हैं कि वे कौन हैं। इसलिए जब वे सीढ़ी के शीर्ष पर पहुँच जाते हैं, तब उनमें मैं-मेरा-मैं ही की भावना घर कर जाती है। हालाँकि फूड चेन के सबसे निचले स्तर का कर्मचारी गलती से यह मान बैठता है कि अकड़ उसकी सफलता का कारण है, जबकि यह उसका परिणाम होती है। इस प्रकार अकड़ का एक कुचक्र बन जाता है, जहाँ एक व्यक्ति की अकड़ दूसरे को देखकर बढ़ती है और जल्दी वे इसी का आदान-प्रदान करने लग जाते हैं। आधुनिक कर्मचारी में संभवत: विनम्रता की कमी ही सबसे बड़ा कारण है, जिसके चलते पीटर का सिद्धांत प्रतिपादित किया गया था, जिसके मुताबिक 'कर्मचारी अपनी अक्षमता के स्तर पर चलते चले जाते हैं।' जब अकड़ सारी शिक्षा के आड़े आ जाती है तो अक्षमता की शुरुआत हो जाती है।

कर्मचारी के लिए विनम्रता का अर्थ इनमें से कोई भी हो सकता है, 'मैं गलत था', 'मैं नहीं जानता', 'मुझे मदद चाहिए', 'वह मुझसे बेहतर है'—और इनमें से किसी एक को कहना सरल नहीं होता, न ही अच्छा शिक्षार्थी बनना आसान होता है।

तन मन दिया जु क्या हुआ, निज मन दिया न जाय।
कहै कबीर ता दास सों, कैसे मन पतियाय॥

मन को समर्पित किए बिना गुरु के प्रति समर्पण का दिखावा करनेवाला शिक्षार्थी कभी गुरु का स्नेह प्राप्त नहीं कर पाएगा।

एक सच्चा शिक्षार्थी अपना तन-मन समर्पित कर देता है। अपने आपको समर्पित करने का अर्थ है, किसी व्यक्ति या वस्तु के प्रति 'एक प्रतिज्ञा या वादा या एक दायित्व'। अकसर समर्पण शब्द का उपयोग सत्ता की खराब समझ और उसके महत्त्व से जोड़कर किया जाता है। हम जब किसी वस्तु या व्यक्ति के प्रति समर्पित होते हैं, तब हम कुछ भी हो जाए, उसे करने की प्रतिज्ञा करते हैं, हर संभव प्रयास करते हैं और बीच रास्ते में उसे नहीं छोड़ते। आप किसी उद्‌देश्य के प्रति स्वयं को समर्पित करते हैं और अकसर वह उद्‌देश्य उस व्यक्ति से बड़ा होता है। वह उद्‌देश्य हमसे अपेक्षा करता है कि हम प्रयास की मध्यमता को छोड़ें और अपने आपको उस सीमा से आगे ले जाकर प्रयास करें, जिसे हम 'सामान्य' मानते हैं।

हम सभी श्रेष्ठ कोच और अधिकतम शिक्षा की कामना करते हैं, लेकिन कम-से-कम प्रयास के साथ। एक अच्छा शिक्षार्थी उसी प्रकार अपने तन-मन को समर्पित कर देता है, जिस प्रकार वह किसी उद्‌देश्य के प्रति समर्पित हो। वह अनाड़ी नहीं होता, जिसका धन भटक जाए। वह अपनी शिक्षा पर सिर्फ बड़ी-बड़ी बातें नहीं करता है। वह दिन-रात एक करने से पीछे नहीं हटता या शिक्षा प्राप्त करने के सामान्य तरीकों से आगे जाने से नहीं हिचकता। आइंस्टाइन ने कहा, ''पागलपन में समान चीजें की जाती हैं, लेकिन परिणाम अलग-अलग होते हैं।'' यदि आप सामान्य से अधिक सीखना चाहते हैं, तो आपको सामान्य से अधिक करना होगा। सीखने की दिशा में पारंपरिक तरीके, पारंपरिक स्रोत और पारंपरिक सोच से हमें सिर्फ पारंपरिक स्तर की ही शिक्षा मिल सकती है।

यदि हमने किसी गुरु या कोच के साथ अनुबंध कर लिया है, जिससे हम शिक्षा ग्रहण करना चाहते हैं, तो हमें हाथ-पर-हाथ धरे नहीं बैठना होगा। हमें उसे दिखाना होगा कि हम उससे सीखने के प्रति समर्पित हैं। हमारा समर्पण हर हाल में उसे दिखना चाहिए, ताकि वह भी हमारी शिक्षा के सफर में अपना समर्पण दिखा सके। यह दुतरफा रास्ता है। हमें हर समय परीक्षा से गुजरना होगा और फिर कोच को भी

हमारे साथ परीक्षा देनी होगी। इस भोलेपन या सीख में पड़ने की जरूरत नहीं कि जो कुछ कोच कहे, उसे किसी ब्रह्मवाक्य के समान स्वीकार कर लें। उसकी शिक्षा को पूरी तरह समझने के लिए हम उस पर प्रश्न, उसकी चीर-फाड़, विश्लेषण और उसके साथ असहमति जताते हैं, लेकिन अपने और उसके बीच के शिक्षा के करार पर प्रश्न नहीं करते और शीघ्र तो बिल्कुल भी नहीं। कोच में हमें अपने पास जो कुछ है, उसे देने की इच्छा होनी चाहिए और सिर्फ हम ही उसके अंदर यह इच्छा पैदा कर सकते हैं। अच्छे शिक्षार्थी न सिर्फ संज्ञानात्मक स्तर पर, बल्कि भावनात्मक स्तर पर भी कोच के अंदर की श्रेष्ठ बातों को बाहर निकाल पाते हैं। कुछ छात्र शिक्षा प्राप्त करने की दिशा में इतना समर्पित होते हैं कि उनका कोच अभिभूत हो जाता है। ऐसा व्यक्ति कोच बनने के गुमान में नहीं जीता, बल्कि उसे विषय पर गर्व होता है। इस प्रकार का शिक्षार्थी अपने कोच की श्रेष्ठता को उभारता है।

चलिए, अपने काम के संदर्भ में एक प्रश्न करते हैं, क्या हमारे पास कोई कोच है ? क्या उससे सीखने के लिए हमने तन, मन और मस्तिष्क को समर्पित कर दिया है ? क्या वह हमारे समर्पण को महसूस करता है ? क्या वह भावनात्मक रूप से हमें अपना श्रेष्ठ देना चाहता है ? हम ऐसा क्या करें कि वह अपना श्रेष्ठ हमें देना चाहेगा ?

गुरु बेचारा क्या करें, हिरदा भया कठोर।
नौ नेजा पानी चढ़ा, पथर भीजी कोर॥

पत्थर-दिलवाले के लिए कोच क्या कर सकता है ? पत्थर पर छप्पन बार पानी गिराने से भी उसके मूल को गीला नहीं किया जा सकता है।

सीखनेवाले को सीखने के लिए हर हाल में तैयार रहना चाहिए। सीखने की इच्छा न हो तो एक महान् ज्ञानी भी नहीं सीख सकता है। सीखने की राह में अकसर बुद्धि ही सबसे बड़ी बाधा होती है। महान् कोच होने का कोई लाभ नहीं होता, यदि सीखनेवाला उसके सिखाने के सारे प्रयासों को रोक दे। सीखना परिवर्तन की एक प्रक्रिया है। सीखने का अर्थ है, किसी चीज को जाने देना—एक मौजूदा सोच, विद्यमान ज्ञान, चीजों को करने का मौजूद तरीका, एक वर्तमान प्रक्रिया, एक वर्तमान जानकारी, एक विद्यमान कौशल या आखिर में एक वर्तमान धारणा। मूल रूप से सीखना एक कष्टदाई प्रक्रिया है, क्योंकि यह हमें इस बात को स्वीकार करने को कहती है कि हम जिससे अब तक इतना प्रेम करते हैं, वह अब प्रासंगिक, सच्चा और प्रभावी नहीं है। इससे ठेस पहुँच सकती है, हम परेशान और चिंतित हो सकते हैं। इसलिए अकसर सीखना 'एक कदम आगे और दो कदम पीछे' चलने का एक आदर्श उदाहरण होता है। जिस क्षण नई शिक्षा यह संकेत देती है कि वर्तमान मानसिक

प्रतिमान को छोड़ना होगा, उसी पल चिंता के दैत्य हमें घेर लेते हैं। जो इस चरण में हार मान लेते हैं, वे कभी सीख नहीं पाते।

कबीर कहते हैं, बेचारा गुरु, कोच ऐसे मामले में क्या कर सकता है, जब सीखनेवाला बदलने को तैयार न हो! यदि सीखनेवाले ने अपने चारों ओर बाधाएँ खड़ी कर रखी हों, रुकावटें बना ली हों और संसार को लेकर अपने वर्तमान विचार से चिपका हो और उन्हें ही प्रिय और पवित्र मानता हो, तो चाहे कितनी ही सबक, सुझाव और शिक्षण क्यों न दिए जाएँ, वे उस तक नहीं पहुँच पाते। किसी पत्थर का मूल सूखा ही रहता है, चाहे आप उसपर कितने ही गैलन पानी क्यों न डाल दें।

आधुनिक व्यापार अराजकता और प्रवाह का उदाहरण बन गया है। बाहरी माहौल में परिवर्तन की दर पर बहुत कुछ लिखा गया है। व्यापारों को अपने आपको फिर से देखना और ढूँढ़ना होगा। इस परिवर्तन के केंद्र में कोई है तो वह कर्मचारी ही है। इससे पहले कि कर्मचारी उन व्यापारों को समझें, जिन्हें वे चलाते हैं, उन्हें अपने आपको फिर से ढूँढ़ना होगा और अपने अंदर नयापन लाना होगा।

हम जब व्यापारों के ठप पड़ने, परिवर्तन की प्रक्रिया से जूझने में अक्षम और अनिच्छुक पाते हैं, तो हमें चाहिए कि हम उन्हें न सिर्फ व्यापार की कहानियों की तरह, बल्कि व्यक्तियों की कहानियों के रूप में भी पढ़ें। कहीं बहुत ऊपर एक व्यक्ति या व्यक्तियों के समूह से परिवर्तन की अपेक्षा की गई थी, लेकिन वे नहीं बदले। सत्ता के सर्वोच्च पदों पर जो लोग बैठे थे और जिनके पास सीखने और ज्ञान के श्रेष्ठ स्रोत थे, वे न सिर्फ सीखने में विफल रहे, बल्कि वे सीखने के काबिल नहीं थे। पीटर सेंगे के शब्दों में कहें तो इसे 'लर्निंग डिसेबिलिटी' कहा जाता है। मैं एक बार फिर कहता हूँ कि इच्छा के अभाव या संसाधनों की कमी के कारण सीखने की समस्या नहीं खड़ी हुई, बल्कि क्षमता में कमी के कारण ऐसा हुआ। सबसे अच्छा, सबसे तेज और सबसे ख्याति प्राप्त व्यक्ति भी अपना दिल पत्थर का कर ले, तो चाहे कितना भी पानी उसपर डाल दें, वह उसे अपने दिल तक पहुँचने नहीं देगा।

वे लोग जो अभी निचले पायदान पर हैं, जो कॉरपोरेट ज़गत् की सीढ़ी चढ़ रहे हैं, उनके लिए शुरुआत करने से पहले यह जान लेना अच्छा होगा कि उनकी स्थिति कैसी है। क्या आप सीखने के प्रति समर्पित हैं? क्या आप अपने मौजूदा ज्ञान को छोड़ नए ज्ञान को आने देंगे? क्या आप कोच को मौका देंगे, एक अच्छा मौका? क्या आप उसके सुझावों पर ईमानदारी से प्रयास करेंगे, एकदम सच में तन-मन-आत्मा के साथ किया जानेवाला प्रयास? क्या आप उसके सुझावों के प्रति दार्शनिक ईमानदारी दिखाएँगे और उन्हें अनमने ढंग से नहीं, बल्कि पूरी तरह से लागू करेंगे,

क्योंकि आधा-अधूरा प्रयास शिक्षण की संभावना को समाप्त कर देता है।

पहिले दाका सिष भया, तन मन अरपा सीस।
पीछे दाता गुरु भये, नाम दिया बखसीस॥

सीखनेवाला पहला दाता होता है, जो मन, शरीर और आत्मा को सामने रख देता है, दूसरा दाता गुरु होता है, जो शिक्षा देता है।

शिक्षार्थी-कोच का संबंध अन्योन्याश्रयी होता है। कबीर के अधिकांश लेखों में गुरु या कोच उच्च स्थान पर रहता है और इस कारण कोई भी इसे असमान संबंध समझने की भूल कर सकता है। कबीर जब 'गुरु' शब्द का उपयोग करते हैं तो उनका मतलब ऐसे किसी से होता है, जो हमारी सहायता कर सके, जो सच्चे अर्थ में हमें अँधेरे से उजाले की ओर ले जा सके। गुरु किसी के लिए भी एक रूपक होता है, जो हमें भूल-भुलैया से रास्ता दिखाता है और इस कारण ही हमारा सम्मान अर्जित करता है।

अपने कोच के साथ आधुनिक कर्मचारी का संबंध पारस्परिक होना चाहिए, क्योंकि दोनों ही एक-दूसरे की सफलता में महत्त्वपूर्ण भूमिका निभाते हैं। शिक्षार्थी कोच के जितना ही महत्त्व रखता है। शिक्षार्थी इस संबंध के प्रति अपने आपको समर्पित कर देता है और इस समर्पण में वह कोच को अपने ऊपर काम करने देता है। यदि वह सनकी या शंका से भरा होगा या उसका समर्पण आधा-अधूरा होगा, तो शिक्षण संभव नहीं है। इस समर्पण के बिना सबसे अच्छा कोच भी विफल हो जाएगा। कोई घोड़े को पानी तक ले जा सकता है, लेकिन उसे पानी पीने पर मजबूर नहीं कर सकता। आधुनिक कर्मचारी बुद्धिमान होता है। वह समर्पण का ढोंग कर सकता है। वह दावा कर सकता है कि वह कोच और शिक्षण के प्रति समर्पित है, लेकिन अंदर से वह बस यह सब दिखावे के लिए ही कर रहा होता है।

वास्तव में यही आधुनिक कर्मचारी की आचार-भ्रष्टता है। अकसर वह बुझौव्वल खेलता रहता है। हर साल संगठनों के द्वारा कर्मचारियों में शिक्षण को बढ़ाने के दर्जनों कार्यक्रम किए जाते हैं, जिनमें पाठ्यक्रमों को स्पॉन्सर किए जाने से लेकर बड्डी (साथी) कार्यक्रम और आमने-सामने की कोचिंग और ट्रेनिंग प्रोग्राम में भागीदारी शामिल रहती है। हालाँकि ऐसा कोई तरीका नहीं, जिससे कोई शिक्षण की ओर कर्मचारी के प्रयास के समर्पण का अंदाजा लगा सके। इसलिए जब एक सच्चा शिक्षार्थी अपने कोच के प्रति सच में और पूरी तरह समर्पित हो जाता है, तब वह इस संबंध में पहला दाता बन जाता है।

इस प्रतिबद्धता को लेकर कोच आगे बढ़ता है। जब उसे शिक्षार्थी में विशुद्ध समर्पण का अनुभव होता है, तब उसका भी श्रेष्ठ प्रदर्शन सामने आता है। वह शिक्षार्थी को अपनी शरण में लेता है और एक शिष्य जन्म ले लेता है। एक सच्चा शिक्षार्थी एक सच्चे कोच को पूर्ण कर देता है। शिक्षार्थियों को यह बात मालूम होनी चाहिए। सभी कोच को भी यह कहीं अधिक मालूम होना चाहिए।

साहिब के दरबार में, कमी काहू की नाहि।
बंदा मौज न पावही, चुक चाकरी मांहि॥

कोच के पास देने को बहुत कुछ होता है, आपकी असंतुष्टि का कारण आप स्वयं हो सकते हैं।

इस खंड में मैं भड़काऊ रुख अपनाने से स्वयं को रोक नहीं पा रहा हूँ। यदि आप किसी औसत कॉरपोरेट कर्मचारी के जुटे रहने का और जिसे 'वाटर कूलर की गपशप' कहते हैं, उनका अध्ययन करें तो कोई भी यह मान सकता है कि असंतुष्टि और मोहभंग होने की प्रवृत्ति आधुनिक कर्मचारी में कहीं-न-कहीं रहती ही है। कोई भी यह पूछ सकता है कि ऐसा क्यों है, जबकि संगठन इतने सारे निवेश करते हैं, इसके बावजूद कर्मचारी निराशाजनक रूप से उदासीन रहते हैं। सुपरवाइजरों को एक के बाद दूसरी ट्रेनिंग पर भेजा जाता है, ताकि वे अपनी टीम के सदस्यों को जोश में रख सकें, लेकिन सब बेकार।

आखिर कैसे इतने लोग प्रशिक्षण और कोचिंग के कार्यक्रमों में शामिल होते हैं, इतने सारे बुद्धिमान प्रबंधकों के संरक्षण में रहते हैं, फिर भी सच्ची शिक्षा से अछूते रह जाते हैं? क्या इसमें कोच की गलती है, प्रशिक्षण कार्यक्रम गलत है या शायद कॉरपोरेट कर्मचारी में ही कमी होती है?

किसी कर्मचारी की अपनी स्थिति ही शिक्षा और ज्ञान की राह का रोड़ा बन जाती है। संदूक यदि भरा है या बंद है, तो कोई कुछ भी कर ले, शिक्षण संभव ही नहीं है। औपचारिक तथा अनौपचारिक संगठनों में हर तरफ पर्याप्त ज्ञान पसरा होता है। उसे ग्रहण करनेवाला किसी-न-किसी प्रकार उसे आत्मसात् कर ही लेता है। जो प्राप्त नहीं करना चाहता, वह उसे ग्रहण न करने के रास्ते निकाल लेता है। वह शिक्षण के आनंद से बचने के रचनात्मक तरीके ढूँढ़ लेता है और बिना अपवाद इसके लिए बाहरी कारणों को जिम्मेदार ठहराता है। इसके लिए जो कारण दिए जाएँगे, वे इस प्रकार होंगे, 'कोच अच्छा नहीं था', 'माहौल सही नहीं था', 'मैं व्यस्त था', 'यह अव्यावहारिक था', 'मुझे यह पसंद नहीं आया' इत्यादि।

काम की जगह पर शिक्षण शायद ही कभी संरचित होता है, कम-से-कम महत्त्वपूर्ण तो नहीं ही होते हैं। सच्चा शिक्षार्थी सदैव अनुभवों की तलाश में रहता है, जिनसे उसके सीखने की गति तेज हो और जो अकसर उसकी औपचारिक भूमिका के दायरे से बाहर का ज्ञान होता है। हमारे शिक्षण को आगे बढ़ाने की जिम्मेदारी संगठन से पहले खुद हमारी है। सदा ही यह अच्छा होता है कि कर्मचारी अपने शिक्षण और विकास को नियंत्रित करने की स्थिति में रहता है और यदि ऐसा नहीं है, तो निश्चित रूप से इस कमी के लिए वही जिम्मेदार है।

प्रमुख सबक

1. एक अच्छे शिक्षार्थी में दो गुण होते हैं—एक, उसे विनम्र होना चाहिए और दो, उसे अपने शिक्षक के साथ बने रहना चाहिए।
2. 'जाने दो' से 'आने दो'।
3. कोच किसी दवाई के जैसा होता है। वह क्रिया करने और असर दिखाने में समय लेता है।
4. कर्मचारी में विनम्रता का अर्थ इनमें से किसी को भी स्वीकार करना हो सकता है, 'मैं गलत था', 'मैं नहीं जानता', 'मुझे मदद चाहिए', 'वह मुझसे बेहतर है।'
5. एक सच्चा शिक्षार्थी अपना तन-मन समर्पित कर देता है। अपने आपको समर्पित करने का मतलब है, किसी व्यक्ति या वस्तु से 'प्रतिज्ञा या वादा या एक दायित्व।'
6. महान् बुद्धिवाले में भी सीखने की इच्छा न हो तो शिक्षण का कोई नतीजा नहीं निकलेगा। अकसर बुद्धि शिक्षण की सबसे बड़ी बाधा होती है।
7. शिक्षार्थी-कोच का संबंध अन्योन्याश्रयी होता है।

□

आलोचक को आमंत्रण

कहानी : 'अमरेंद्र चौहान सक्षम, तेज और प्रभावशाली है', ऐसा उसके बॉस, साथी और अधीनस्थ लोग अकसर कहते हैं और अमरेंद्र इससे सहमत है। 'अमरेंद्र चौहान प्रतिक्रिया नहीं सुनना चाहता,' वे ऐसा भी कहते हैं; लेकिन इस बात से अमरेंद्र सहमत नहीं होता है। अमरेंद्र स्मार्ट है और बीते कुछ वर्षों में उसने कई ट्रेनिंग प्रोग्राम अटेंड किए हैं, जिनके कारण वह अपनी बातें सही तरीके से रख लेता है। शब्दों का उसका चयन गजब का होता है और किसी भी चर्चा में वह आपको विश्वास दिला देगा कि वह आपको सुन रहा है, ताकि आप अपनी राय रख सकें या वह आपकी राय पर विचार कर रहा है। हालाँकि जिस किसी ने भी कुछ समय तक उसके साथ काम किया है, वह जानता है कि यह सब नाटक है। यह समझने में थोड़ा वक्त लगता है, लेकिन समय के साथ सब इस बात को ज़ान लेते हैं। वह अपनी राय और पक्ष को इतना यकीन के साथ सामने रखता है कि दूसरों का उत्साह फीका पड़ जाता है। इस कारण धीरे-धीरे उसकी टीम ने उसे सुझाव देना बंद कर दिया है। संगठन में कराए गए सारे सर्वे बताते हैं कि उसकी टीम चाहती है कि उनके विचारों को सम्मान मिले। ऐसा नहीं है कि अमरेंद्र को उसके सुपरवाइजरों ने इस बात से अवगत नहीं कराया है। लेकिन इसका कोई असर नहीं हुआ। अमरेंद्र के लिए कबीर क्या कर सकते हैं? मैंने इस किताब में पहले भी कई बार यह कहा है कि कॉरपोरेट जगत् पूरी तरह से तर्कसंगत ढाँचा नहीं है, कम-से-कम उतना तो नहीं ही, जितना यह दिखाता है। आखिरकार सारे आँकड़ों, तथ्यों, संख्या और किए गए विश्लेषण के बाद इसकी व्याख्या किए जाने, अर्थ निकाले जाने और निर्णय लेने की जरूरत पड़ती है। यह एक मानवीय प्रक्रिया है। यह एक ऐसा चरण है, जहाँ दो लोग आँकड़ों के एक ही सेट पर गौर करने के बाद अलग और एक-दूसरे के उलट

नतीजे निकाल सकते हैं। एक मत न हो पाने की इसी बुनियाद पर अधिकांश कॉरपोरेट में तकरार की इमारत खड़ी होती है। जब इस प्रकार के मतभेद पैदा हो जाते हैं, तब हमारे कुछ सहकर्मी हमारे पास आते हैं और बताते हैं कि वे हमारे दृष्टिकोण को लेकर और जिस प्रकार हमने उसे रखा, उसे लेकर क्या सोचते हैं। इस प्रकार की कुछ राय साझा किए जाने, अन्य प्रतिक्रिया के रूप में और आखिर में कुछ आलोचना के कठोर शब्दों के रूप में सामने आते हैं।

हमारे आसपास के लोग हम पर जितना गौर करते हैं, उतना स्वयं हम भी अपने आप पर नहीं कर पाते। इसका कारण उनके पास दूसरे का लाभ है। हम जब एक खास तरीके से व्यवहार करते हैं, चाहे वह अच्छा हो या बुरा, सौहार्दपूर्ण या रूखा, उत्साहजनक या निराशाजनक, साथ जुड़नेवाला या अलग होनेवाला, तो इन पर गौर किया जाता है। ऐसे अधिकांश लोग जो व्यवहार के इस इंद्रधनुष को देखते हैं, वे इनकी परवाह नहीं करते, क्योंकि उन्हें लगता है कि इससे उनका कोई लेना-देना नहीं है। कुछ एक हमारे पास आ सकते हैं और जो देखा, उसे बता सकते हैं कि हमारा व्यवहार कैसा था। भले ही यह चिकनी-चुपड़ी भाषा में हो, ताकि हम बुरा न मानें। लेकिन अगर कभी यह हुआ भी तो चंद लोग ही होंगे, जो हमें अपने अनुभव को सच-सच बताएँगे। यही लोग आलोचक होते हैं।

यहाँ बात स्पष्ट कर देना जरूरी है कि 'आलोचना' और 'प्रतिक्रिया' के अर्थ में अंतर होता है। अंग्रेजी भाषा में इन दोनों शब्दों के उपयोग में महीन अंतर है। आलोचना का जहाँ एक नकारात्मक भाव होता है, वहीं प्रतिक्रिया को सुधारपरक माना जाता है। कबीर की भाषा में 'निंदक' या 'निंदा' में इन दोनों शब्दों का सार है। इसलिए निम्नलिखित दोहे के क्रम में, मैं जब आलोचना शब्द का उपयोग करूँ, तो उसका अर्थ प्रतिक्रिया से भी लगाया जा सकता है।

ऐसे आलोचको पर आपकी क्या प्रतिक्रिया है ? यह लिप्त रहने से खारिज करने तक, नम्र सहिष्णुता से हिंसक इनकार तक, 'तुम अपने आपको समझते क्या हो' से लेकर 'तुम्हें ऐसा करने का अधिकार किसने दिया' तक जा सकता है। आलोचकों के साथ हम कितने सहज हैं और आलोचना की प्रक्रिया विभिन्न पहलुओं पर निर्भर करती है। यह शुरुआती वर्षों के अनुभव पर, अपने आत्म-सम्मान की शक्ति पर और इस प्रकार अपने गलत होने की संभावना को स्वीकार करने, अपूर्ण होने तथा इस कारण सुधार, दोष निवारण और विकास की जरूरत को स्वीकार करने पर निर्भर कर सकती है।

कॉरपोरेट प्रशिक्षण और विकास के खर्च का एक बड़ा हिस्सा प्रबंधकों और नेताओं को तैयार करने पर लगाया जाता है, ताकि उनमें प्रतिक्रिया के प्रति खुलापन हो। कथात्मक रूप से भी इस नतीजे पर पहुँचना सही होगा कि प्रतिक्रिया और आलोचना के प्रति खुलापन पदानुक्रम में वरिष्ठता के साथ व्युत्क्रमानुपाती रूप से सहसंबद्ध होता है। जड़ विचार, अड़ियल रुख और पहले की सफलता के कारण प्रबंधक और नेता इस बात की संभावना को स्वीकार ही नहीं करते कि वे गलत हो सकते हैं या यह कि उनके कारण टीम के सदस्यों और अधीनस्थों में नकारात्मक बातें फैल रही हैं।

व्यक्तिगत सुधार और विकास न सिर्फ देनेवाले के ज्ञान की गुणवत्ता पर, बल्कि प्राप्तकर्ता के खुलेपन पर भी निर्भर करता है। देनेवाले के लिए गुणवत्ता की जाँच हो सकती है, लेकिन प्राप्त करनेवाले के साथ इसे सुनिश्चित करना बहुत कठिन होता है।

निंदक नियरे राखिये, आँगन कुटी छवाय।
बिन पानी साबुन बिना, निरमल करै सुभाय॥

आलोचक की संगत में रहिए, जो पानी या साबुन के बिना भी आपको स्वच्छ कर देता है।

आलोचक आपको स्वच्छ करता है। क्या बेजोड़ रूपक है! अच्छे आलोचक में स्वच्छ करनेवाले गुण होते हैं। उसका काम हमें यह दिखाना है कि हम देख नहीं पा रहे हैं। वह हमारे अंदर की विशिष्टता पर खुश होता है और सबसे बुरी चीज को बेनकाब करता है। आप आलोचना कहें या प्रतिक्रिया, इसे आजकल प्रबंधन प्रशिक्षण देनेवालों के बीच एक उपहार कहा जाता है और यह सचमुच उपहार ही है।

इसलिए आलोचक हमें कैसे साफ करता है और कॉरपोरेट जगत् में सफाई का मतलब क्या है? काम के दौरान तकनीकी क्षमताएँ होती हैं और फिर पारस्परिक कौशल भी होते हैं। तकनीकी क्षमताएँ काम के विषय से ही संबंधित होती हैं, जैसे कोड लिखना, मशीन ठीक करना, बही-खाते का लेखा-जोखा रखना, जबकि पारस्परिक कौशल का संबंध इससे होता है कि हम उस काम को कैसे करते हैं, हम लोगों से कैसे जुड़ते हैं, हम वरिष्ठों, कनिष्ठों और साथियों से किस प्रकार बातचीत करते हैं, हम असहमति से किस प्रकार निपटते हैं, हम निर्णय की प्रक्रिया का हिस्सा किस प्रकार बनते हैं, हम दूसरों को कैसे

साथ लाते हैं। आलोचक की कमी निकालना और उसे मान लेना आसान होता है। इस बारे में कोई विवाद नहीं होता कि हम बेचना या कोड लिखना कितना जानते हैं या नहीं जानते हैं। हालाँकि दूसरे प्रकार की क्षमताओं में कमी और गड़बड़ी पर बहस की काफी गुंजाइश है।

वह व्यक्ति जिसे ऐसे कौशल की कमी के बारे में बताया जाता है, वह अकसर पलटकर हमारे तथ्यों या हमारे निष्कर्षों पर प्रश्न खड़ा करता है। व्यक्तिपरकता का एक तत्त्व हमेशा मौजूद रहता है, जिससे कि हम जब किसी वरिष्ठ नेता से कहते हैं कि उसके निर्णय लेने की प्रक्रिया से लोग तब भी दूर हट जाते हैं, जब उसके निर्णय सही रहते हैं, तब विवाद की गुंजाइश पैदा हो जाती है। सच्चाई यह है कि जब कोई बहुत करीब होता है, तो उसे धुँधला दिखाई देता है।

आलोचक हमें वह दिखाता है, जो हम नहीं देख पाते, क्योंकि हम उस काररवाई के बहुत करीब होते हैं। आलोचना से हम अपने उन कार्यों, शब्दों और सुर को देख पाते हैं, जिनका दूसरों पर प्रभाव पड़ता है। इससे हमें दूसरे लोगों से अपनी बातचीत के बाद की बातों का पता चलता है। यह हमें बताता है कि टीम की बैठक के बीच सतह के नीचे क्या चल रहा है, जिसमें हर कोई 'यस सर' कह देता है। आलोचक हमारे व्यक्तित्व के खुरदरे पहलुओं को घिसकर चिकना बना देता है, बशर्ते जो वह कहता है, हम उसकी ओर ध्यान दें। यह खुरदरे हिस्से बड़े दिखाई पड़ने पर और स्पष्ट हो सकते हैं, जो संभवतः हमें ज्ञात भी होते हैं। फिर भी उनका सही महत्त्व और सही सफाई तभी होती है, जब छोटे खुरदरे हिस्सों को मिला दिया जाता है। जिस प्रकार ब्यूटीशियन त्वचा के छिद्रों को साफ करती है, आँखों से दिखाई न पड़नेवाले ब्लैकहेड्स को भी निकाल देती है, उसी प्रकार आलोचक हमें उन छोटी-छोटी बातों से अवगत कराता है, जो परस्पर संबंधों के प्रभावी होने की बाधा बन जाते हैं और अनावश्यक गलतफहमियाँ पैदा करते हैं तथा दफ्तर में हमारा वह प्रभाव नहीं रहता, जैसा कि होना चाहिए। आलोचक विषैले तत्त्व को बाहर कर देता है और हमें बेहतर बनाता है।

कबीर हम से आलोचक की संगत करने को कहते हैं।

दुर्भाग्य से हम अकसर उनसे बचते हैं। सामान्य तौर पर हम अपनी सोच और काम करने के तरीके पर आपत्ति जतानेवालों के बारे में सोचकर ही असहज हो जाते हैं। हम उन लोगों के साथ निपटने में कठिनाई महसूस करते हैं, जो

खुलकर हम से असहमति जताते हैं। संभवतः वे हमें अच्छी तरह समझ लेते हैं, शायद वे हमारी सबसे गहरी कमजोरी को जान लेते हैं, हमारे व्यक्तित्व की दरारों को देख लेते हैं। हम शायद इस कारण उन्हें पसंद नहीं करते कि हम इस बात से ही नफरत करते हैं कि उन्होंने हमारी कमजोरी को इतनी अच्छी तरह कैसे समझ लिया। हम उनसे नफरत नहीं करते, हम उससे घृणा करते हैं, जो हमारे भीतर है, जिसे हम नहीं चाहते कि हमारे साथ हो, लेकिन वास्तविकता में वह मौजूद रहता है। इसलिए हम उस व्यक्ति की हिम्मत और मुखरता को नापसंद करने लगते हैं, जो हमें प्रतिक्रिया देता है, वह भी सच्ची और वास्तविक, बिना लाग-लपेट, बिना घुमाए-फिराए, एकदम सादे, बेबाक, कठोर और भेदनेवाली प्रतिक्रिया के रूप में।

मैं उन आलोचकों की बात नहीं कर रहा, जो मौका पाते ही प्रतिक्रिया देने लगते हैं, क्योंकि प्रतिक्रिया देना एक अंदर की बात होती है। मैं उनके बारे में बात नहीं कर रहा, जो आप से बदला लेने के लिए प्रतिक्रिया दे रहे हैं। आपको ऐसे लोगों से सतर्क रहना चाहिए।

मैं उन लोगों के बारे में बात कर रहा हूँ, जिनका आपको (या किसी अन्य को भी) प्रतिक्रिया देने में कोई हित नहीं होता है। वे ऐसे लोग हैं, जो बस अपने स्वाभाविक रूप में ही रहते हैं। उनकी अपनी राय होती है, जिसे रखने में संकोच नहीं करते। वे दिन को दिन और रात को रात कहने में नहीं हिचकते। एक प्रकार से वे बड़े कठोर होते हैं, लेकिन उनका इरादा नकारात्मक नहीं होता। उनका इरादा हमें चोट पहुँचाना नहीं, बल्कि सच बताने का होता है, फिर चाहे वह कितना ही कड़वा हो, उन्हें परवाह नहीं होती है। वे एकदम भावशून्य होते हैं। न कोई भावना, न गाली खाने का डर, न खुश करने की छल-कपट, न ही व्यंजना का सहारा, बस सरल प्रतिक्रिया। उनका इरादा शुद्ध होता है, तरीका भावशून्य। कबीर चाहते हैं कि इस प्रकार के लोग ही हमारे आस-पास हों।

जैसा कि केन ब्लैंकार्ड ने कहा है, "प्रतिक्रिया चैंपियनों का नाश्ता होती है।"

निंदक दूर न कीजिए, कीजै आदर मान।
निरमल तन मन सब करै, बकै आन ही आन॥

आलोचना करनेवाले को अपने आप से दूर मत कीजिए, उसका आदर कीजिए। वह जो बोलता है, उससे आपको स्वच्छ कर देता है।

जो तूं सेवक गुरुन का, निंदा की तज बान।
निंदक नियरै आय जब, कर आदर सनमान॥

यदि आप सच्चे अर्थों में शिक्षार्थी हैं, तो निंदा करने की प्रवृत्ति को छोड़ दीजिए, जब कोई आलोचक आपके पास आए तो उसका सम्मान कीजिए।

अकथनीय को बोल देने के माध्यम से सफाई की इसी भावना से आलोचक को भगाया या दूर नहीं किया जाना चाहिए। उसे हरगिज अनदेखा नहीं करना चाहिए, क्योंकि वह जो बोलता है, उसे हम सुनना नहीं चाहते या सुनने का साहस नहीं है। आलोचक को जो कहना है, उसके लिए उसका आदर करना चाहिए। आलोचक हमारी जो मदद कर रहा है, उसके लिए उसका सम्मान करना चाहिए। आलोचक को उसकी मुखरता के लिए पूरा आदर-सम्मान देना चाहिए।

किसी अमीबा की तरह ही कॉरपोरेट जगत् गतिशील है, जहाँ किसी जीवित जीव के समान संदर्भ बदलता रहता है। इस कारण क्षमताएँ और प्रवृत्तियाँ ऐसी हों, जो इस गतिशीलता को स्वीकार कर सकें, सदैव बदलनेवाले संदर्भ को जब-तब परिष्कृत किया जा सके। विरले ही शायद कभी कोई इस खेल में आगे रह पाता है। हम में से अधिकांश चौंकनेवाली स्थिति में ही रहते हैं। आलोचक और प्रतिक्रिया देनेवाला चौंकनेवाली स्थिति में हमारे साथ रहता है। वह हमें सच्चाई को दिखाता है, ताकि हम उसे देख सकें, जो इतना अच्छा नहीं है और इससे पहले कि हम अपनी खामियों की कीमत चुकाएँ, अपने आपको उसके अनुसार तैयार करें, बदलें और सुधार कर लें।

हम तकनीकी रूप से सक्षम मैनेजर को जानते हैं, जो लोगों के प्रति इतना असंवेदनशील होता है कि लोग उसके साथ काम नहीं करना चाहते। हम अस्थिर, हमेशा रुख बदलनेवाले, अनिर्णय की स्थिति में रहनेवाले नेताओं को भी जानते हैं, जो फैसला करने से बचते हैं। हम उस विषाक्त पतित को भी जानते हैं, जिसके अच्छे गुणों पर कभी-कभी होनेवाले विस्फोट के बाद बचे मलबे से परदा पड़ जाता है। हम पक्षपातपूर्ण अपनी बड़ाई में व्यस्त नेताओं को भी जानते हैं, जिन्हें इस प्रवृत्ति को बढ़ाने के लिए करीबी दायरे में हाँ-में-हाँ मिलानेवाले लोग चाहिए, और जो तमाम लोगों को बाहर कर देता है, जो चाटुकारिता की प्रतियोगिता में हिस्सा नहीं ले सकते हैं।

कोई भी यह सोचकर हैरान हो सकता है कि उसे इन खामियों के विषय में किसी ने प्रतिक्रिया क्यों नहीं दी है। यदि उनकी ऐसी खामियाँ दूर हो जातीं

तो कितने अच्छे, साथ काम करने के कितने उपयुक्त और प्रभावी तरीके हो जाते। शायद हाँ, शायद उन्होंने आलोचकों को बाहर का रास्ता दिखा दिया।

निंदक हमरा जानि मरो, जीवो आदि जुगादि।
कबीर सतगुरु पाइया, निंदक के परसादि॥

हे आलोचक, मरना मत, सदैव जीवित रहना। कबीर को आलोचक के उपहारों से ही मुक्ति मिलती है।

यह सामान्य प्रवृत्ति होती है कि जो अपने मन की बात हमें सच-सच बता देते हैं, हम उन से दूर रहते हैं; क्योंकि वे हमें असहज कर देते हैं। हम जिन लोगों के साथ रहते हैं, उनमें से किनके साथ सहज महसूस करते हैं, इस पर हम अपनी प्रतिक्रिया को भी देख लेते हैं। जो 'हाँ-में-हाँ मिलानेवाले' हैं या जो हमारी इच्छा के अनुसार अच्छी बातें कहते हैं या जो हमारी पोल नहीं खोलते, उनके साथ रहना आसान होता है। मैं इस हद तक जाकर कह सकता हूँ कि जीवन में इतने उतार-चढ़ाव आते हैं और हमारे अंदर अपनी मान्यता को पुष्ट किए जाने की ऐसी इच्छा होती है कि यदि सबसे अच्छे दोस्त और सहयोगी ऐसा सच बोलने लगें, जो हमारी बात को काटता हो तो हम उनसे भी बचने लगते हैं। मनुष्य प ुष्टि चाहता है, यह ऐसी प्रवृत्ति होती है, जिसकी पहचान कठिन होती है और उससे भी कठिन होता है, इसे दूर करना। आलोचक को आमंत्रण देना अवधारणा के रूप में तो बहुत आकर्षक है, लेकिन मौलिक रूप से व्यवहार में लाना अत्यंत कठिन होता है; क्योंकि यह मनुष्य की प्रकृति के एकदम मौलिक पहलू के खिलाफ जाने लगता है। किसका भेजा फिर गया है कि वह लोगों से असहमत होने, प्रश्न करने और अपने रुख एवं सोच की कमियाँ निकालने के लिए कहेगा? किसका माथा ठनक गया है कि वह चौराहे पर खड़ा होकर लोगों से पत्थर मारने को कहेगा, भले ही वह लाक्षणिक ही क्यों न हों? इसके लिए या तो आपको बहुत कठोर होना पड़ेगा या पूरी तरह से विकसित। इस प्रकार का मानसिक विकास आसानी से नहीं होता, कॉरपोरेट जगत् में न के बराबर, जहाँ जागरूकता के निर्माण को तात्कालिक व्यापारिक परिणामों से जोड़कर नहीं देखा जाता है। सिर्फ वही आलोचक को आमंत्रण देगा, जो अपनी क्षमता के विषय में पर्याप्त सुरक्षित होगा, उसकी सोच इतनी व्यापक होगी कि वह यह मान ले कि प्रतिक्रिया का मतलब उसकी क्षमता या योग्यता या मूल्य पर प्रश्न करना नहीं है। वह मन, हृदय और आत्मा के खुलेपन से प्रतिक्रिया

माँगता है, क्योंकि इससे उसके प्रयासों में सुधार आता है। वह परिणामों और तरीकों के लिहाज से बेहतर बनना चाहता है। यदि उसकी आलोचना की गई तो वह छोटा नहीं हो गया, ऐसा इस कारण; क्योंकि इससे उसके अंदर की गंदगी निकल गई, जिससे वह साफ होकर अपना ही एक बेहतर संस्करण बन गया।

इसलिए कबीर अपने अनंत ज्ञान से अपने आलोचक के लिए लंबे जीवन की कामना करते हैं और ऐसा करते हुए वे इस बात को स्वीकार करते हैं कि सत्य की खोज में उनका एक बड़ा योगदान है।

कबीर निंदक मर गया, अब क्या कहिए जाए।
ऐसा कोई न मिले, बीड़ा ले उठाए॥

आलोचक की मृत्य हो गई, अब क्या कहा जाए? ऐसा कोई नहीं बचा, जो मुझमें सुधार की जिम्मेदारी उठा सके।

आलोचक कितना बड़ा बोझ उठाता है! वह हमें बेहतर बनाने के दुष्कर कार्य की जिम्मेदारी उठाता है। परिवार और दोस्तों के दायरे के बाहर का कोई व्यक्ति हमें बेहतर बनाने में अभिरुचि क्यों लेगा? यह विरले ही होता है। इसलिए हमें वह मिल जाए, तो उसे अपनी किस्मत समझना चाहिए, उन्हें करीब रखना चाहिए और जाने नहीं देना चाहिए। एक अच्छा आलोचक मृत्यु के बाद भी हमें अपने जीवित रहने का महत्त्व बता जाता है। यह भी समझना मुश्किल नहीं कि जब आलोचक अपने काम में जुटा रहता है, आपको आगे बढ़ाता है, तीक्ष्ण बनाता है, आकार देता है, तब आप सच में उससे नफरत कर रहे होते हैं। मुझे शक है कि लोहे को अपने ऊपर हथौड़ा चलवाना और पत्थर को तराशा जाना अच्छा लगता होगा। ऊपर मैंने सुधार की जिस प्रक्रिया का वर्णन किया है, वह हमारे मन में शायद ही कभी आती है; क्योंकि हम पर यहाँ और अभी की बातें हावी रहती हैं और भेदने तथा काटनेवाली प्रतिक्रिया हमारे विवेक को जड़ कर देती है। इस पड़ाव पर बेहतर बनना प्राथमिकता नहीं होती है। प्रतिक्रिया का डंक इतना वास्तविक और करीब होता है कि हम समझ नहीं पाते कि भविष्य में इससे हमारी स्थिति बेहतर होगी। मनुष्य में इस बात की समझ कम ही होती है कि वे भविष्य में मिलनेवाली संतुष्टि और लाभ की प्रतीक्षा करें।

सुधार इस प्रक्रिया का मूल नहीं होता, बल्कि इस दौरान इसका एहसास और अनुभव होता है तथा इसका पता चलता है। प्रतिक्रिया के कारण बेहतर होने की प्रक्रिया की सच्चाई आगे चलकर सामने आती है। सिर्फ कुछ वर्षों बाद ही

आप यह समझ पाते हैं कि एक सच्चे आलोचक का हमारे ऊपर कितना गहरा प्रभाव पड़ा है। कुछ वर्षों बाद ही हम समझ पाते हैं कि हमारे बेहतर होने के सफर की शुरुआत दअसल में आलोचना के एक तीखे डंक से हुई थी, कुछ ऐसा, जिसके दौरान हम उससे नफरत करते थे। सुधार सिर्फ दीर्घदर्श में ही दिखता है। आलोचक का लाभ भी दीर्घदर्श में ही नजर आता है।

दोष पराया देखकर, चले हसंत हसंत।
अपना याद न आवई, जाका आदि न अंत॥

तुम दूसरों की कमियों पर हँसते हो और अपनी याद नहीं रखते, जिनकी कोई सीमा नहीं है।

सामान्य तौर पर कहें तो मनुष्यों में अपनी कमियों और ज्यादतियों के प्रति पक्षपातपूर्ण होने की आदत होती है। यह बात और अधिक स्पष्ट तथा कॉरपोरेट जगत् में कुछ हद तक सूक्ष्म हो जाती है। शैतान का स्वभाव ऐसा होता है कि कुतर्क, शब्दजाल और भाषा के उपयोग से नीयत को छिपाने में उसे महारत प्राप्त होती है। दूसरों में छोटी-से-छोटी कमी को देखने की उसकी पैनी नजर का मुकाबला बस उसकी अपनी गलतियों को देखने से इनकार करने से ही हो सकता है। किसी को भी बस संगठन में, जिसे वाटर कूलर के पास या गलियारे में होनेवाली गपशप कहते हैं, उस दौरान हमारी भाषा पर गौर करना है। क्या दूसरों की गलतियाँ निकालते समय उनमें असंतुलित रूप से संकीर्णता नहीं आ जाती है? हम जिस बेकार तौर-तरीके की शिकायत कर रहे होते हैं, क्या हम कभी उनमें अपने योगदान को स्वीकार करते हैं? अपनी खामोशी के पलों में कितनी बार हम यह स्वीकार करते हैं कि 'मैंने गड़बड़ कर दी' या 'मेरी गलती है' या 'मेरे अंदर कमी है?'

दूसरों की गलतियाँ निकालना और उन पर टिप्पणी करना न केवल आसान होता है, बल्कि उनके समाधान सुझा देना भी सरल होता है। अपने अंदर की कमी का पता लगाना और देखना न केवल कठिन होता है, बल्कि उनमें सुधार भी कठिन होता है। हमारे अंदर जो अनुचित है, उसकी कोई सीमा नहीं होती। दूसरों की कमी का मजा उठाने की बजाय यहीं से शुरुआत क्यों न करें।

आपन को न सराहिए, पर निंदिए नहि कोय।
चढ़ना लंबा धौहरा, न जानै क्या होय॥

अपनी प्रशंसा और दूसरों की आलोचना से पहले अपने व्यवहार को लेकर अपनी क्षमता का खयाल रखें।

हम अपनी प्रशंसा और दूसरों की आलोचना का फैसला सुनाने की जल्दबाजी में रहते हैं।

कबीर हमें कहते हैं कि हमें इस बात का ध्यान रखना चाहिए कि यह जल्दबाजी में न किया जाए, क्योंकि हमने उन परिस्थितियों का सामना नहीं किया होगा और इस कारण हमें यह पता नहीं होगा कि अगर हम उन हालातों में होते तो क्या करते।

चलिए, अब इसे कुछ चेतावनियों के साथ और अच्छी तरह समझते हैं। इसका अर्थ यह नहीं है कि जब कुछ गलत हो या दोषपूर्ण निर्णय हो, तब हम इस डर से आलोचना न करें कि कल हम कठघरे में खड़े कर दिए जाएँगे और हमने आज आगे बढ़कर आलोचना कर दी तो कल हमें भी उनका सामना करना पड़ सकता है। यह दोहा 'तुम मेरी पीठ खुजाओ, मैं तुम्हारी खुजाऊँगा' के संदर्भ में नहीं है।

यह दोहा हमसे प्रश्न करता है कि क्या दूसरे जब राह से भटक जाते हैं और हम उनकी आलोचना करते हैं, तब हम में सच्चाई और पारदर्शिता की राह पर चलने की क्षमता है। हमें अपने अतीत के आईने, झुकाव और व्यवहार संबंधी रुझानों को अपने सामने रखना चाहिए और कठोरता से प्रश्न पूछना चाहिए कि यदि उन्हीं परिस्थितियों में होते तो क्या उन उच्च पैमानों पर चलते, जो हमने दूसरों के लिए तय किए हैं। यह आत्ममंथन हमारी बातों में और अधिक नैतिक सच्चाई लाता है, जिसमें हम दूसरों से किसी पैमाने के अनुसार व्यवहार की उम्मीद करने की अपेक्षा अपने लिए व्यवहार के सर्वोच्च मानक तैयार करते हैं। हम अपनी ही कमियों और दोहरे मानदंडों का सामना करते हैं। दूसरों को आईना दिखाते समय हम अपने आपको भी वही आईना दिखाते हैं।

आज कॉरपोरेट जगत् में कई प्रबंधकों और नेताओं के सामने दोहरे मानदंडों के कारण विश्वसनीयता की कमी है। वे जो दूसरों के व्यवहार और आचरण से जैसी अपेक्षा रखते हैं और जैसा उनका अपना व्यवहार होता है, उसके बीच एक बड़ा अंतर होता है। वे दूसरों से समझदारी, विनम्रता, सुनने और प्रतिक्रिया के प्रति खुलापन, आदर देने, कठोरता से काम न करानेवाले व्यक्तित्व जैसी अनेक प्रकार की उम्मीद रखते हैं और फिर उनका अपना ही हर दिन का व्यवहार इन सारी बातों के विपरीत होता है। उनके नीचे की टीमें वह देखती हैं, जिसे उनके नेता नहीं देख पाते। काफी हद तक उनकी टीमें बोधगम्य और आपस में अच्छी तरह जुड़ी होती हैं और यह समझती हैं कि हम जो कहते हैं, वही

करते हैं या नहीं। जो दूसरों का सम्मान करते हैं, उनमें यह भावना स्वाभाविक रूप से रहती है। और ऐसे लोग, जिनके लिए इस प्रकार का विरोधाभास उनके स्वभाव का हिस्सा होता है, उन्हें यह एहसास हो जाता है कि उनके नेतृत्व की विश्वसनीयता अंदर से खोखली हो चुकी है, क्योंकि उनका व्यवहार दोषपूर्ण था, और जो वैसा नहीं था, जिसकी उम्मीद वे दूसरों से रखते थे।

निंदा कीजै आपनी, बंदन सतगुरु रूप।
औरन सों क्या काम है। देखो रंक न भूप॥

अपनी आलोचना करो और अपने गुरु की प्रशंसा करो। दूसरे मायने नहीं रखते, चाहे वह कोई राजा हो या रंक।

कबीर की परंपरा में अंदर झाँकने पर पूरा जोर रहता है। कबीर की सबसे निचली इकाई स्वयं व्यक्ति है। सारे बदलाव उसी व्यक्ति से निकलते हैं, जो अनेक दीये जलाने की क्षमता रखनेवाली सबसे छोटी इकाई होता है।

ऐसे लोगों को ढूँढ़ना मुश्किल नहीं, जो सफलता के प्रयास में संतुलन नहीं रख पाते हैं। यह वैसा ही है, जैसे जिस कॉरपोरेट जगत् में व्यक्ति अपने घर से अधिक समय बिताता है, वह अपने व्यवहारकर्ताओं से उसके निजी दायरे के विपरीत एक अलग प्रकार के व्यवहार के प्रतिमान की अपेक्षा रखता है। व्यक्तिगत दायरे में मेल-मिलाप, सामूहिक सोच, समानुभूति, समझ, उदारता, संबंधों में बिना किसी हित के निवेश आदि जैसे गुण अधिक महत्त्व रखते हैं और उन्हें अनुकरणीय तथा जीवन का अंग बनाने योग्य समझा जाता है।

हालाँकि जब बात कॉरपोरेट जगत् की आती है, तब इस प्रकार के गुणों को काफी हद तक एक बाधा और सैद्धांतिक रूप से बहुत बुरा माना जाता है। निजी पलों में आप देखते हैं कि मानवीय गुणों पर 'मार-काट' मचाकर आगे बढ़ने की प्रवृत्ति हावी हो जाती है। यह ऐसा लगता है, मानो काम की जगह पर मानवीयता की भारी कमी हो गई है। यह प्रश्न पूछा जाना चाहिए कि इतने वर्षों में काम की जगहों पर ऐसा क्या गलत हुआ कि हम इस विडंबनात्मक संकट की स्थिति तक पहुँच गए हैं, सबकी अपनी-अपनी सोच में जो स्वीकार्य और चाहे जाने योग्य है, उसे काम की जगह पर कारगर क्यों नहीं माना जाता है। जब तक यह विरोधाभास बना रहेगा, तब तक मानवीय आत्मा बँटी रहेगी और कर्मचारी नकाब लगाए रहेंगे, संगठनों की ओर से उन्हें व्यवहार करने का प्रशिक्षण देने पर लाखों डॉलर खर्च किए जाएँगे, लेकिन उनका कोई लाभ नहीं होगा।

यदि हम स्वयं अपनी आलोचना करें, तब क्या होगा? यदि हम काम की जगहों पर संबंधों के कारगर न होने, टीमों के खराब प्रदर्शन और खराब संस्कृति में अपनी भूमिका पर गौर करें तो क्या होगा? क्या होगा यदि हम उस दिन का इंतजार न करें, जब हर तरफ हर कोई किसी चमत्कार से ठीक उसी प्रकार व्यवहार करने लगे, जैसा हम चाहते हैं?

हम उस सौम्य सत्य को स्वीकार क्यों नहीं करते कि दूसरों के व्यवहार में परिवर्तन और उनके योगदान पर किसी का भी नियंत्रण नहीं हो सकता है? क्यों यह नहीं समझते कि कोई हमारे नहीं, बल्कि अपने कारणों से ही अपने अंदर परिवर्तना लाता है? क्यों यह नहीं मानते कि दूसरों के व्यवहार को जैसा हम चाहते हैं, वैसा बना पाने की हमारे अंदर बहुत तो बहुत एक सीमित क्षमता है, फिर चाहे वह हमारा बॉस हो या हमारी टीम के सदस्य? कुछ नेताओं में दूसरे व्यक्तियों के कार्यों और प्रेरणा पर अपनी ताकत को लेकर एक दिखावटी धारणा होती है, और देर-सवेर वह बुलबुला फूट जाता है। और जब अधिकांश बुलबुले की तरह उसके साथ भी ऐसा होता है, तब एक विषाक्त कचरा रह जाता है।

इसलिए कबीर हम से अपना ही आलोचक होने को कहते हैं और कहते हैं कि हम दूसरों की चिंता न करें, चाहे वे, 'राजा हो या रंक'।

कंचन को तजबो सहल, सहल त्रिया को नेह।
निंदा केरो त्यागबो, बड़ा कठिन है येह॥

सोना और प्रेम को त्याग देना सरल है, लेकिन आलोचना करने की प्रवृत्ति को छोड़ना सरल नहीं होता है।

ऐसे कुछ ही, बल्कि विरले ही लोग हैं, जो दूसरों की आलोचना की इस मौलिक मानवीय प्रवृत्ति को छोड़ पाते हैं। मैं यहाँ परियोजनाओं, कार्य और लोगों पर सार्थक प्रतिक्रिया की बात नहीं कर रहा हूँ। मैं दूसरों में गलती निकालने, छोटी-छोटी बात पर आलोचना करने और आम तौर पर पीठ पीछे बात करने की बुरी मानवीय प्रवृत्ति की बात कर रहा हूँ, जिसमें लोग दूसरों को बुरा बताते हैं। यह कितना सर्वव्यापी है, इसे समझने के लिए आपको बस हर दिन काम की जगहों पर गौर करना है और आप पाएँगे कि यह सर्वत्र है तथा इस बुराई ने जड़ें जमा रखी हैं। लोग विषयों और मुद्दों को बदल देते हैं, लेकिन आलोचना की आदत नहीं बदलती। यदि इसकी सर्वत्रता पर गौर करें

तो आपको यह मानने में देरी नहीं लगेगी कि दूसरों की आलोचना सामाजिक रूप से स्वीकार्य है और एक चलन बन गई है।

हमारे आस-पास ऐसे कम ही लोग हैं, जो इस तरह की प्रवृत्ति के बावजूद, इस चलन के बावजूद हमेशा आलोचना करते रहने के जाल में नहीं फँसते हैं। ये ऐसे अच्छे लोग होते हैं, जो हमारे आस-पास सकारात्मक ऊर्जा के स्थल होते हैं, ऐसे लोग जो सच का साथ कभी नहीं छोड़ते।

इस मानवीय प्रवृत्ति से लड़ना कितना कठिन है, इसे पहचानते हुए कबीर भी हमसे इसे छोड़ने का आह्वान करते हैं, क्योंकि अपने आप से लड़ी जानेवाली इस लड़ाई से हमारे उद्धार की संभावना है, जब मैनेजर, नेता और उन संगठनों में संस्कृति का निर्माण करने में हमारी एक भूमिका होती है, जहाँ हम काम करते हैं।

उन सारी बातों को लागू करने, अपनाने और स्वीकार करने के खिलाफ जो सबसे आम तौर पर दी जानेवाली दलील होती है, वह यह है कि 'असल जीवन अलग होता है।' यह कहकर कि असल जीवन अलग होता है, हम अपने औसत होने और कुछ बड़ा तथा बेहतर करने में अपनी जन्मजात क्षमता से ऊपर उठने में अपनी विवशता को स्वीकार करते हैं। असली दुनिया की चुनौतियों के आगे घुटने टेकने और जो सही है, उसका व्यवहार करने और उसे लागू करने की अक्षमता के लिए कारण बताना इसी बात की पुष्टि करता है कि शानदार टीमें और शानदार संगठन बनाने के कष्टदायी कार्य को करने के लायक नहीं हैं।

रॉब मैनुएल के शब्दों को याद करना सार्थक होगा, "नफरत करनेवालों से बचने की एक दलील होती है, लेकिन एक रणनीति के रूप में यह निहायत दोषपूर्ण है। आप जब प्रतिक्रिया से मुँह फेर लेते हैं, तब आप उसके फायदे और उसकी कमियों से भी हाथ धो बैठते हैं। यह वैसा ही है, जैसे कि उँगुली में दर्द हो और आप अपनी पूरी बाँह ही काट दें।"

प्रमुख सबक

1. सच्ची प्रतिक्रिया के प्रति हमारा रवैया जटिल होता है। इसका निर्माण हमारे शुरुआती वर्षों के अनुभवों, हमारे आत्मसम्मान की शक्ति और अपनी जागरूकता से होता है।
2. व्यक्तिगत सुधार और विकास न सिर्फ दाता की जानकारी की गुणवत्ता पर, बल्कि प्राप्तकर्ता के खुलेपन पर भी निर्भर करता है। आलोचक हमें स्वच्छ कर देता है। वह हमें वह दिखाता है, जिसे हम नहीं देख पाते। वह हमारे अंदर की सबसे बड़ी अच्छाई पर खुश होता है और सबसे बड़ी बुराई से परदा उठाता है।
3. व्यक्ति जब किसी के बहुत करीब होता है, तब उसे धुँधला दिखाई देता है। उस दृष्टि को साफ करने के लिए आलोचक की आवश्यकता होती है।
4. इसके लिए एक बहुत विकसित और सुरक्षित व्यक्ति चाहिए, जो प्रतिक्रिया माँग सके। कमाल इसी बात का है कि उस प्रतिक्रिया से वह और विकसित और सुरक्षित हो जाता है।

□

गुण

कहानी : श्याम बख्शी अब तक बहुत खुश थे। पैंतालीस की उम्र में वे एक प्रमुख एफ.एम.सी.जी. कंपनी के विशाल वितरण कार्य का नेतृत्व करते हैं। वे इंजीनियर और एम.बी.ए. हैं। शुरू से ही कुछ कर दिखानेवाले रहे हैं। अपनी कड़ी मेहनत से वे तेजी से आगे बढ़े, लंबे-लंबे दौरे किए और देर रात तक काम किया। वे तकनीकी रूप से शानदार और बातचीत में सुलझे हुए हैं। इसमें कोई हैरत नहीं कि वे अपने संगठन के युवा तुर्कों के क्लब का हिस्सा हैं और आनेवाले वर्षों में सी.ई.ओ. बन सकते हैं।

हालाँकि उनका जीवन जिस प्रकार चल रहा है, उसके कारण पिछले कुछ वर्षों से वे थकान महसूस कर रहे हैं। वे इस पर उँगली नहीं उठा सकते, लेकिन प्रमोशनों से पहले उन्हें जो खुशी मिला करती थी, वह अब ख़त्म होती जा रही थी। वार्षिक पुरस्कार के विजेता होने से उनका जोश जिस प्रकार बढ़ता था, अब वैसा नहीं है। अब वे अपने परिवार के साथ अच्छा समय बिताने की इच्छा रखते हैं। उनका मन करता है कि वे अपने सहयोगियों के साथ अधिक समय बिताएँ और उनके साथ इनसानों की तरह ही जुड़ें, लेकिन वे जानते हैं कि यह अब इतना आसान नहीं रह गया है। श्याम अब हर बात का पहले की तुलना में कहीं अधिक मतलब निकालने लगे हैं। उनकी चतुराई और सोच में तेजी अब भी है, लेकिन इस बात का एहसास उन्हें भी हो गया है कि दिन-ब-दिन उनका ध्यान सफलता से कहीं अधिक खुशी के विषय पर जा रहा है। हाल ही में जब वे डॉक्टर के पास गए तो उन्हें पता चला कि उन्हें ब्लड प्रेशर की शिकायत है, जो अपने शुरुआती स्टेज में है। इससे उनके अंदर की हलचल और तेज हुई है। उनकी समस्या क्या है और क्या कबीर इसे सुलझा सकते हैं?

जेरी मैग्वायर ने अपने ही नाम से हॉलीवुड की एक फिल्म बनाई, जिसने

कॉरपोरेट जगत् में 'लालच अच्छा होता है' के मंत्र को लोकप्रिय बना दिया। कॉरपोरेशनों के डी.एन.ए. में एक जबरदस्त आर्थिक पहलू शामिल रहता है, भले ही बड़े उद्देश्य, बुनियादी मूल्य, दृष्टि, सामाजिक चेतना और सामाजिक जिम्मेदारी जैसी बातों को लेकर अब आवाज उठने लगी है। इसके बावजूद रोजाना के कार्य और व्यवहार को निर्देशित करने में मुनाफा आज भी सबसे बड़ी प्रेरणा है। यह एकदम स्वाभाविक है कि यह डी.एन.ए. व्यक्तित्व और संगठन की सोच में दिखेगा और इस कारण टीमों और व्यक्तियों पर भी उसका असर होगा। व्यापार संगठनों का अधिकतमवाद की ओर प्रवृत्त होने के कारण एक विशेष प्रकार की वैश्विक सोच में तेजी आई है और उसे प्रोत्साहन मिला है। चलिए, इस अधिकतमवादिता को थोड़ा विस्तार से समझते हैं। यह वित्तीय अर्थ में सबकुछ में अधिक की इच्छा पर जोर है—बाजार की हिस्सेदारी में, मूल्यांकन में और मुनाफे में। अधिक के लिए उतावलेपन के कारण एक विशेष प्रकार की संगठनात्मक संस्कृति पैदा होती है, क्योंकि और अधिक की इच्छा का एक हिस्सा अनकहा रह जाता है, कहा नहीं जाता; लेकिन पूरी ताकत से मौजूद रहता है, और वह भी 'किसी भी कीमत पर।'

व्यक्तियों को अधिक काम करने के लिए उत्साहित किया जाता है। मशीनों को अधिक देर तक चलाया जाता है। उत्पादन अधिकतम किया जाना होता है। उत्पादन को बढ़ाना होता है। मुनाफा हर तिमाही में बढ़ना ही चाहिए। उत्पादकता में तेजी आने के संकेत दिखने चाहिए। बीसवीं सदी के अधिकांश हिस्से में संगठनों में इस प्रकार की सोच ने कर्मचारियों की एक ऐसी पीढ़ी को जन्म दिया है, जिनका मूलमंत्र अधिक की इच्छा रखना है। चूँकि संगठन अधिक चाहता है, इसलिए कर्मचारी भी वही चाहता है। चूँकि संगठन को यह किसी भी कीमत पर चाहिए, इसलिए कर्मचारी भी वही करता है। किसी भी कीमत पर अधिक के इसी प्रयास ने उसे प्रबंधन का, विश्लेषकों और बाजार का चहेता बना दिया है। फूड चेन के निचले सिरे पर यह 'अधिक' काम के घंटे को परिलक्षित करता है। भोजन श्रृंखला के निचले सिरे पर यह क्रूर महत्त्वाकांक्षा, बड़ी मछली द्वारा छोटी को खा जानेवाली कार्य-संस्कृति, किसी को नीचा दिखाना, श्रेय लेने की होड़, लगातार दूसरे का पीछा करते रहना; क्योंकि आपके पीछेवाला आपका पीछा कर रहा है, के रूप में दिखाई देती है। 'कर दिखाने' के नाम पर अशिष्ट और आक्रामक होना ठीक है। संगठन का यह अधिकतमवाद का दर्शन आखिरकार नीचे तक चला जाता है और एक खास तरह के व्यक्तिगत व्यवहार के रूप में दिखाई देता है।

पिछली सदी के अंत तक यह स्पष्ट था कि इस अधिकतमवादी दर्शन को

खुलकर लागू करने में कुछ गलती हुई थी। अमरीकी वित्तीय व्यवस्था के लगभग धराशायी हो जाने से भयंकर दिवालियापन पैदा हो गया था और वैश्विक आर्थिक मंदी का कारण इस अधिकतमवादी दर्शन के बुरी तरह से विफल होने को ही बताया गया। तेल के लिए ज्यादा खुदाई, प्राकृतिक संसाधनों के अधिक खनन तथा मीठे पानी के अधिक उपयोग के कारण नाजुक पृथ्वी खतरे में है। कीटनाशकों के अधिक उपयोग ने हमारी ओर से पैदा किए जा रहे अनाज की गुणवत्ता को बुरी तरह नुकसान पहुँचाया, जिसका स्वास्थ्य पर बेहद गंभीर असर पड़ा है। दवाओं के अधिक उपयोग से बैक्टीरिया और वायरसों के ऐसे किस्म पैदा हो रहे हैं, जिन पर दवाओं का भी असर नहीं होता। व्यवहार के स्तर पर इसका अर्थ है, काम और जीवन के बीच खराब संतुलन, तनाव का बढ़ता स्तर, लोगों के मुद्दों को लेकर उतावलापन और संगठनों में मानवीय ढाँचे को सामान्य क्षति। कारणों को साबित करना आसान नहीं होगा, फिर भी आम तौर पर सभी संगठन लगन, खुशी और कर्मचारी की संतुष्टि जैसे विषयों से निपट रहे हैं।

आम तौर पर होनेवाली चर्चा में भले ही इनका जिक्र न हो, लेकिन अध्ययन संबंधी चर्चा में हम अब अधिकतमवाद की बजाय अनुकूलन और स्थिरता जैसी अवधारणाओं के विषय में सुनने लगे हैं। ये दर्शन नए हैं और अभी तो उन पर सिर्फ जुबानी जमाखर्च हो रहे हैं; लेकिन संकेत स्पष्ट और पुष्ट हैं। संगठन और व्यक्तिगत स्तर पर अंधाधुंध लालच, बेहिसाब तौर पर अधिक की चाह अब जारी रखने योग्य नहीं रह गए हैं।

इससे आम कर्मचारी भ्रम में पड़ सकता है कि उसका रुख क्या होना चाहिए। दूसरी तरफ वह 'सबकुछ विजेता का होता है,' को प्राथमिकता मिलते देखता है, जहाँ अधिक ही बेहतर होता है, जहाँ इनाम और पहचान की प्रणालियों को अधिकतमवादी व्यवहार के लिए बढ़ावा दिया जाता है। दूसरी तरफ अनुकूलन पर चर्चा होती है। वास्तव में संतुष्ट होने, तृप्त होने, कम ही अधिक है जैसे गुणों पर जब कोई बात करता है, तो उसे लोग घूरकर देखते हैं। सीनियर यथार्थवादियों को पसंद नहीं करते और अगर आप उस पर अड़े रहो तो जल्दी ही आप पर सनकी या नास्तिक का ठप्पा लग सकता है।

कॉरपोरेट नेता 'अपना सर्वोत्तम देने के लिए तुम्हें आगे बढ़ा रहा हूँ,' के नाम पर अवास्तविक लक्ष्य मिलने और अवास्तविक समय सीमा तय करने को लेकर खुश होते हैं। नेताओं को उम्मीद है कि इंजन की ताकत क्या है और उसपर उतना ही बोझ डालते हैं, जितने बोझ के साथ मशीन चल सके। यदि वे प्रणाली को तेज,

जोर-शोर से तथा देर तक चलाना चाहते हैं, तो उन्हें नई उम्मीदों का बोझ लादने से पहले उस प्रणाली में जरूरी दमखम और क्षमता का निर्माण करना होगा। हालाँकि जिस पल कोई खड़ा होता है और उस जोर के औचित्य पर सवाल खड़ा करता है, चुनौती की सच्चाई पता लगाता है, उसी पल उसे अड़ंगा डालनेवाला या उससे भी बुरा टीम का सदस्य न होने या काम से भागनेवाले का ठप्पा लग सकता है। इस मुश्किल से बाहर निकलने का कोई रास्ता है ? क्या कबीर सहायता कर सकते हैं ?

साईं इतना दीजिए, जामे कुटुंब समाय।
मैं भी भूखा न रहूँ, साधु न भूखा जाय॥

भगवान्, मेरे विस्तृत परिवार के लिए पर्याप्त दीजिए, ताकि मैं भी भूखा न रहूँ, न ही मेरे अतिथि भूखे रह जाएँ।

इस दोहे की व्याख्या आज के संदर्भ में सही तरीके से की जानी चाहिए, नहीं तो इसे गलत समझ लिया जाएगा। यह न्यूनतमवाद को बढ़ा नहीं देता, न ही यह हमसे कहता है कि थोड़े में ही संतुष्ट हो जाएँ। यह मानवीय क्षमता के कम उपयोग की भी सिफारिश नहीं करता है।

आखिर कितने को पर्याप्त मान लिया जाए ? कोई लकीर कहाँ खींचें ? किस कीमत पर विकास स्वीकार्य है ? यदि जीवन विकल्पों का नाम है, तो हम कैसा विकल्प चुनना चाहते हैं ? और हम उन विकल्पों के लिए क्या कीमत अदा करने को तैयार हैं ?

संगठनात्मक पदानुक्रम की मौलिक प्रकृति पिरामिडनुमा होती है। इसका अर्थ है कि अगले स्तर पर सीटें कम होती चली जाती हैं। अगले स्तर तक जितने लोग पहुँचते हैं, उससे कहीं अधिक पीछे रह जाते हैं। किंतु जिस प्रकार इस होड़ को बनाया गया है, उससे कोई भी पीछे नहीं रहना चाहता है। कुछ अधिक का लालच लगभग एक लत के जैसा होता है और कॉरपोरेट कर्मचारी के लिए पीछे रह जाना सबसे बुरी चीज होती है या फिर वह ऐसा सोचता है। इसलिए चाहे यह बढ़िया प्रमोशन हो, वार्षिक तरक्की और वेतनवृद्धि या प्रभावी लोगों के समूह में शामिल होने की उत्कंठा, औसत कर्मचारी जी-तोड़ कोशिश करता है, दिन-रात एक कर देता है, हमेशा काम करता रहता है, हर समय दुनिया से जुड़ा रहता है, क्योंकि उसे हमेशा यही डर सताता रहता है कि वह कहीं पीछे न रह जाए। कई लोग अगले स्तर तक पहुँचने के लिए ही जीवन जीते हैं। कुछ ही पहुँच पाते हैं।

संगठनों ने इस पागलपन को अपनी प्रणाली में व्यवस्थित रूप से शामिल

करने की कला सीख ली है, जिससे कि किसी भी समय पूरी व्यवस्था के अंदर यह अंधी दौड़ जारी रहती है। यह उन लोगों को नीचा दिखाता है, जो इस पागलपन का हिस्सा बनने को तैयार नहीं होते। व्यवस्था का यह मानना है कि जब सब दौड़ेंगे, तब लाभ मिलेगा। शायद थोड़े समय बाद ही मिल जाए।

हालाँकि एक नई डील भी है। हम सब जानते हैं कि हम क्या कर सकते हैं और क्या नहीं। हमें अपनी क्षमता का अच्छा-खासा अंदाजा होता है। इच्छा और आकांक्षा ठीक है, लेकिन सच्चाई को स्वीकार करना भी महत्त्वपूर्ण होता है। हमें सच्चाई को भाग्यवाद या हार माननेवाली प्रवृत्ति समझने की भूल नहीं करनी चाहिए। यह हमें किसी भी तरह से कम मेहनत करने को नहीं कहता है। यह बस हमारी आकांक्षा को या तो हमारी क्षमता या आज हमारे अंगों में जितनी ताकत है, उसके मुताबिक ढालता है। फिर भी हम चाहें तो उस रास्ते पर चल सकते हैं, लेकिन हम कीमत को जान लेते हैं और यह भी कि आज नहीं तो कल हम उसे चुकाने को तैयार हैं या नहीं।

चलिए, हम कुछ ऐसी कीमतों पर चर्चा करते हैं, जो अंधाधुंध कॉरपोरेट आकांक्षा के कारण चुकानी पड़ती है। हम जिस काम को पसंद करते हैं, उसे मजे से करते हैं, जैसे कोड लिखना, कॉपी या जिंगल लिखना, स्टैंडअप ट्रेनिंग या फिर बिक्री। किंतु हम अधिक की इच्छा रखते हैं और ऐसा करने का एक ही रास्ता है कि हम अगले स्तर तक और फिर उसके अगले स्तर तक प्रमोट होते चले जाएँ, जिससे हमें पद और पैसा मिले, लेकिन यह हमें उन कामों से दूर ले जाता है, जिन्हें हम सच में पसंद करते हैं। क्या होगा, यदि हम प्रमोशन के लोभ को छोड़ दें और वही करते रहें, जो अच्छा लगाता है ? चलिए, एक और उदाहरण लेते हैं। आपको फिल्में देखना, लेख लिखना, यात्रा करना, एन.जी.ओ. के साथ काम करना पसंद है, लेकिन आप नौ घंटे से ज्यादा असीमित समयवाली नौकरी में फँसे हैं, और आपको यह एहसास होता है कि दिन-ब-दिन सुखी जीवन की आपकी रुचि मरती जा रही है। हम ज्यादा-से-ज्यादा वही करते चले जाते हैं, जिसे पसंद नहीं करते और जिसका सच में मजा लेते हैं, उसके लिए समय कम-से-कम होता जाता है। चलिए, अब तीसरा उदाहरण लेते हैं। हम पूरी ताकत लगा रहे हैं, देर तक काम कर रहे हैं, जिसका अर्थ है कि हमारे पास स्वास्थ्य और परिवार को देने के लिए समय नहीं है। जल्दी ही हम हर तकलीफ के लिए गोलियाँ खाने लगते हैं और बढ़ते बच्चों या जीवनसाथी के साथ भी रिश्ते बिगड़ चुके होते हैं। आखिर में कमरे के कोने में हम अकेले ही पड़े रह जाते हैं, यह मान लेते हैं कि हम खुशकिस्मत

थे कि वहाँ तक पहुँच गए, जिस मामले में कम-से-कम हमारे पास टूटे शरीर और बिखरे परिवार के सामने दिखाने के लिए कुछ तो है। उनके लिए तो यह और बड़ी त्रासदी होती है, जो वहाँ तक पहुँच भी नहीं पाते।

चलिए देखते हैं, इस पर कबीर का क्या कहना है। कबीर संयम के प्रतिपादक हैं। वे संतुलन में विश्वास रखते हैं। वे कहते हैं, हमें उतने की ही इच्छा रखनी चाहिए, जितने की हमें अपने लिए, परिवार और दोस्तों के लिए आवश्यकता है। यह भी स्पष्ट है कि पैसा, धन, भाग्य हमें एक हद तक ही आनंद दे सकते हैं, उस हद के बाद उनका प्रभाव नहीं रह जाता है। किसी उद्‌देश्य के लिए धन का संचय धन का अंबार खड़ा करने से अलग होता है। हालाँकि इससे भी कहीं अधिक आपको यह पता होना चाहिए कि इस प्रकार के धन के लिए आप क्या कीमत चुकाना चाहते हैं। यदि आपको एक सशक्त सामाजिक, व्यक्तिगत और स्वस्थ जीवन चाहिए, तो इस उद्‌देश्य के लिए आप कितना संयम रखना चाहते हैं? आखिरकार चालीस, साठ या अस्सी पर आप अपने आपको किस प्रकार देखते हैं—एकआयामी या बहुआयामी? वे कहते हैं, न जो शीर्ष पर होता है, वह अकेला ही होता है। अगर सहयोगी नहीं, तो कम-से-कम परिवार हमारे साथ हो, कम-से-कम हमारा स्वास्थ्य ठीक हो।

यह ज्ञान नया नहीं है। यह जीवन को फिर से हासिल करने का तेजी से बढ़ता आंदोलन है। विडंबना यह है कि धन का अंबार खड़ा करनेवालों के बच्चे ही जीने के इस अधिकतमवादी मॉडल को खारिज कर रहे हैं। इसका कारण संभवतः यह है कि उन्होंने इसकी सबसे भारी कीमत चुकाई है। यह युवा पीढ़ी ही है, जनरेशन वाई या जेड, जो पिछली पीढ़ियों की तुलना में जो अच्छा लगता है, उससे कहीं अधिक करने की ओर बढ़ रहा है। ऐसा लगता है कि वक्त आ गया है, जब दूसरे भी उनकी आवाज सुनें। खुश, अमीर और स्वस्थ रहना सबसे अच्छा होता है। खुश और अमीर रहने को जहाँ तरजीह दी जा सकती है, वहीं यदि दोनों संभव न हों, तो कम-से-कम हम खुश तो रही ही सकते हैं।

कबीर चिंता क्या करे, चिंता सों क्या होय।
चिंता तो हरि ही करे, चिंता करो न कोय॥

चिंता मत करो, क्योंकि चिंता करने से वैसे भी क्या हो जाता है? तुम अपनी चिंता मत करो, यह काम संसार को करने दो।

कॉरपोरेट जगत् हर प्रकार की चिंता और वेदना पैदा करता है। अनायास ही यदि

उदाहरण ढूँढ़े जाएँ तो हम देखेंगे कि कर्मचारियों के दिमागी स्वास्थ्य की हालत बहुत गड़बड़ है, लेकिन वे इसे स्वीकार करने की जहमत नहीं उठाते हैं। कहीं-न-कहीं यह भी विडंबना ही है। कर्मचारियों की अभिरुचि जगाने, संगठन के माहौल को बेहतर बनाने और उसे काम की सर्वोत्तम जगह बनाने पर विशाल संगठन बेहिसाब पैसा खर्च कर रहे हैं। फिर भी उसी संगठन में असुरक्षा का माहौल भी हो सकता है। यहाँ तक कि विकसित संगठन भी स्पर्धात्मक भावना, प्रतिभा और पशुओं की प्रवृत्ति के नाम पर जी रहे हैं। मार डालनेवाली भावना और उत्कृष्टता की भावना के बीच एक बेहद पतली रेखा होती है। पहली भावना भय को बढ़ाती देती है, दूसरी प्रदर्शन को।

कॉरपोरेट जगत् में एकदम सामान्य कर्मचारी को भी चिंता की व्यर्थता को समझ लेना चाहिए। खराब काम करनेवाले, सुस्त, काम से बचने वाले, मूर्ख और अक्षम को चिंता जरूर करनी चाहिए, क्योंकि आज नहीं तो कल उसे बाहर निकाला जा सकता है। दूसरों को किसी हाल में चिंता नहीं करनी चाहिए। सिर्फ अपनी क्षमता के दम पर आगे बढ़नेवाले और हजारों लोगों के रोल मॉडल बन चुके एक युवा सी.ई.ओ. से हाल ही में कॉरपोरेट जगत् में शामिल हुए एक युवक को यह प्रश्न पूछते सुना कि क्या वह आईक्यू और इक्यू को मानते हैं। उनका जवाब था कि वह एलक्यू, यानी लक कोशेंट (किस्मत भाग्यफल) पर विश्वास करते हैं, यानी वह भाग्यवान् थे कि सही समय पर सही जगह पर मौजूद थे। मुझे यह उत्तर किसी संत के द्वारा दिया गया लगता है, जैसे कबीर के जैसा कोई संत हो। अकसर जबरदस्त प्रतिभावान् व्यक्ति कठोर परिश्रम करने के बाद भी हाशिए पर रहता है और एकदम औसत प्रतिभावालों जितना भी आगे नहीं जा पाता है। कभी-कभी बड़े फैसले नुकसानदेह साबित होते हैं या कारगर नहीं होते, जबकि कभी-कभी सामान्य निर्णयों को लागू करने पर भी किस्मत पलट जाती है।

कभी-कभी हम एक बड़ी भूमिका, एक महान् नेता, एक मशहूर संगठन और विख्यात उद्योग में काम करने आते हैं और जैसे ही हम उसमें शामिल होते हैं या तो वह भूमिका समाप्त कर दी जाती है या वह नेता नहीं रहता या उस संगठन की मुश्किलें बढ़ने लगती हैं या उससे भी बुरा होता है, जब उस उद्योग में भी ऐसे बदलाव आते हैं, जिनकी व्याख्या नहीं की जा सकती है। हमारे भाग्य या हमारे दुर्भाग्य का कोई कारण नहीं हो सकता है। पूर्वी दर्शन में इसे किस्मत, प्रारब्ध या भाग्य कहते हैं। तर्कवादी इसे हँसी में उड़ा देते हैं।

कभी-कभी एक निर्णय या एक निर्णय करने की प्रक्रिया हमें अकल्पनीय लाभ दिला देती है, तो कभी-कभी यह हमें तबाह कर देती है। कुछ सालों तक हम

रॉकस्टार बने रहते हैं और कुछ सालों के दौरान एक औसत प्रतिभा। कभी-कभी उस संगठन, उस विभाग और उस बॉस को हमारी जरूरत होती है, क्योंकि हम ही वह काम कर सकते हैं या कोई और विकल्प नहीं होता तथा हमें उत्कृष्ट माना जाता है। अगले ही साल उनके पास एक विकल्प आ जाता है और अचानक हम औसत बन जाते हैं। है न हैरत की बात!

कबीर उन लोगों से कहते हैं कि चिंता मत करो, जिन्होंने अपने काम को पूरी ईमानदारी से किया है। चिंता हमें प्रताड़ित और हमारी ऊर्जा को कम करने तथा हमारे प्रयास को जकड़ने के सिवाय और कुछ नहीं करती। चिंता अपने ही खाद-पानी से बढ़ती जाती है और जल्दी ही हम हताशा की अँधेरी गलियों में पहुँच जाते हैं। कबीर कहते हैं, अपनी चिंता इस ब्रह्मांड को और जो धार्मिक हैं, उनके लिए भगवान् को करने दो।

कबीर के इस खंड को सभी प्रकार के धार्मिक व्यक्तियों से बड़ी आसानी से जोड़ा जा सकता है, लेकिन इसे विशुद्ध तर्कवादी शायद ही स्वीकार करेंगे। कभी-कभी विपरीत परिस्थिति जब हमें झकझोरती है या जब हम ऐसे झंझावात को झेल रहे होते हैं, जिसका हमें अंदाजा नहीं, तब विरोध करना सबसे अच्छा उपाय नहीं होता है। हम जिसका विरोध करते हैं, वह बना रहता है। प्रकृति को अपने हिसाब से चलने दो। अज्ञात शक्तियों को कार्य करने दो। धारा के साथ बहते चलो। देखो कि काले बादलों के बीच उम्मीद की एक किरण है क्या? और उसे अन्य की तुलना में कहीं अधिक महत्त्व दो।

अंततः चिंता हमारी ओर से कुछ घटनाओं और उनके संभावित परिणामों को बेहिसाब रूप से अधिक महत्त्व देने के कारण पैदा होती है, जबकि परिणाम उस प्रकार सामने आएँगे या नहीं, यह साफ नहीं होता। हालाँकि भविष्य के गर्भ में छिपे परिणाम इतने डरावने होते हैं कि उसे सोचकर आज की संभावना को भी लकवा मार जाता है। क्या होगा यदि हम इसे उलट-पुलट दें और ऐसा एक लाभ भी लिख डालें, जो इस परिवर्तन के बाद हमारे जीवन में आ सकता है? क्या होगा यदि हम एक लाभ को कुछ अधिक महत्त्व देने लग जाएँ? क्या इससे हमारी भावनाओं पर कोई फर्क पड़ेगा? क्या हम वर्तमान की तुलना में और अधिक नियंत्रण की स्थिति में आ जाएँगे?

चिंता गलत दृष्टिकोण के कारण पैदा होती है। याद रखिए, भविष्य की अपनी ही सोच होती है।

बहुत पसारा जनि करै, कर थोड़े की आस।
बहुत पसारा जिन किया, तेई गए निरास॥

कुछ लोग अधिक की इच्छा रखते हैं, आपको इच्छा पर संयम रखना चाहिए, जिन्हें बहुत अधिक प्यास लगती है, वे अतृप्त ही रह जाते हैं।

एक बुद्धिमान डॉक्टर से पूछा गया कि शारीरिक, मानसिक और आध्यात्मिक स्वास्थ्य अच्छो हो, इसके लिए क्या किया जाए। कुछ देर तक सोचने के बाद उसने कहा, "संयम।" हम एक नैतिक ढाँचे के साथ पले-बढ़े हैं, जिसमें कम-से-कम भारतीय उपमहाद्वीप में लालच को पाप माना जाता है। इसके साथ ही जिनके अंदर लालच होता है, उनके पास सभी प्रकार के भौतिक सुख होते हैं। औसत कर्मचारी भ्रम में पड़ जाता है कि जो नैतिक रूप से पढ़ाया जाता है और जो संगठन के स्तर पर पुरस्कृत किया जाता है, दोनों अलग-अलग व्यवहार हैं, कम-से-कम सामने से तो ऐसा ही लगता है।

कर्मचारी को कुछ सवाल अपने आप से भी पूछने चाहिए और आखिर में यह एक निजी प्रश्न होता है। कितना पर्याप्त होता है? मैं किसके पीछे भाग रहा हूँ—सफलता, संतुष्टि, ऐश्वर्य, ख्याति, धन, आनंद, उत्कृष्टता? उपरोक्त में से हर एक सिर्फ एक शब्द नहीं है, बल्कि ये काम के प्रति हमारी सोच को तय करेंगे। वे मेहनत-मशक्कत भरे दिन के बाद हमारी मनोदशा को तय करेंगे। वे विपरीत परिस्थिति, आलोचना, खराब प्रदर्शन, मूल्यांकन के प्रति हमारी प्रतिक्रिया, काम की जगह पर करवट बदले भाग्य के प्रति हमारी सोच, बहुत बड़े घाटे के प्रति हमारे दृष्टिकोण आदि को तय करेंगे।

अबाध क्रम के दोनों सिरों पर हमारा झुकाव भौतिक लाभ—पैसा, वेतन वृद्धि, बोनस, स्टॉक विकल्पों, पदों के प्रति या अदृश्य तत्त्वों, जैसे संतुष्टि, अर्थ, आनंद, ख्याति, ऐश्वर्य के प्रति हो सकता है। अकसर हम इन दोनों के बीच कहीं आते हैं। वे लोग जो दोनों में से किसी एक के करीब रहते हैं, उन्हें विद्रोही और जोखिम उठानेवाला कहा जाता है, लेकिन वे खुश भी रहते हैं; क्योंकि न केवल अपनी पसंद को लेकर निश्चित रहते हैं, बल्कि वे निर्णायक कदम भी उठाते हैं। वे खुले तौर पर महत्त्वाकांक्षी और पैसे बनानेवाले होते हैं, या खुलकर अपनी भावनाओं को अमल में लाते हैं। किसी भी तरीके से वे अपने व्यक्तित्व के साथ सहज रहते हैं। वे लोग जो इस अबाध क्रम के बीच में रहते हैं, वे जीवन को लेकर शिकायतें करते हैं। वे अकसर पैसे की अपनी जरूरत और अपने पसंद के काम के बीच फँस

जाते हैं। वे जब पद और प्रमोशन के पीछे भागते हैं तो आनंद फिसल जाता है। वे जब उसे करना चाहते हैं, जो जीवन को मायने देता है, तब वे उस पैसे को लेकर असुरक्षित हो जाते हैं, जो वे बनानेवाले होते हैं।

मँझधार में फँसे लोगों की मदद कबीर कर सकते हैं। जो एकदम दूसरे छोर पर हैं, उन्हें कबीर की जरूरत नहीं होती, सिवाय तब, जब उन्हें अपनी जिद की एक कीमत चुकानी पड़ती है। हदों तक जानेवाले ज्यादातर की हालत ऐसी ही होती है। वैसे भी बिना गँवाए कुछ नहीं मिलता। लेकिन जो बीच में रहते हैं, उन्हें यह नहीं भूलना चाहिए कि कबीर संयम को लेकर क्या कहते हैं। संयम का अर्थ है, अपने पास पर्याप्त चीजें रखना, लेकिन जमाखोरी नहीं करना। संयम का मतलब है, इतना हो, जिसका आनंद लिया जा सके। संयम का अर्थ जीवन के विभिन्न पहलुओं में संतुलन भी है। किसी एक पर असमान ध्यान और जोर से हमारा समय और अन्य से हमारा ध्यान दोनों का नुकसान होता है।

कबीर के कथनों में 'कम' का अर्थ अपने में ही प्रसन्न होना या एकदम औसत लक्ष्य रखना या अपना सर्वोत्तम देना नहीं है। इसका अर्थ है—संयम। इसका मतलब है कि जब हम संसार से कुछ कम की भी इच्छा न रखने से शुरुआत करते हैं, तो हम परिभाषा के मुताबिक असंतुष्ट ही रहेंगे। महत्त्वाकांक्षा न होना तबाही का कारण बनता है और चाँद की लालसा रखना दूसरे प्रकार की तबाही की वजह बन जाता है। यह विचार काफी सूक्ष्म है और कॉरपोरेट दायरे में इस पर विवाद भी हो सकता है, क्योंकि परिभाषा के मुताबिक कॉरपोरेटशन अधिकतमवादी होते हैं।

यह विचार महज न्यूनतम करने का नहीं है, बल्कि 'अधिकतम से कम कुछ भी नहीं' की चाह रखने के परिणामों को भी अनदेखा करने का है।

आसन मारे कह भयो, मरी न मन की आस।
तेली केरे बैल ज्यौ, घर ही कोस पचास॥

ध्यान, प्रार्थना और पूजा-पाठ से अधिक की इच्छा समाप्त नहीं होगी, जिस प्रकार तेल निकालने के लिए कोल्हू का बैल घूमता रहता है, आप भी गोल-गोल चक्कर लगाते रहेंगे।

निम्नलिखित कथनों पर विचार करें, 'यह सिर्फ इसी तरीके से होता है', 'हम दूसरे तरीके से नहीं करते हैं', 'हमने दूसरे तरीके भी आजमाए, लेकिन यही हमारे लिए सबसे अनुकूल है', 'यहाँ ऐसे काम नहीं होता', 'हमारे लोग इसे नहीं

मानेंगे', 'यह कारगर नहीं होगा', 'हमारे लोग बहुत बूढ़े/युवा, बहुत संकीर्ण/नई पहल करनेवाले, जोखिम के एकदम खिलाफ/जोखिम उठानेवाले हैं' इत्यादि। इस प्रकार की बातें संगठनों में एक खास तरीके से हो रही चीजों का संकेत देती हैं और परिवर्तन, सुधार या उन्हें बदलने के किसी भी प्रयास का कड़ा विरोध होता है। प्रत्येक प्रणाली कम या अधिक मात्रा में यही दरशाती है।

चीजों, लोगों, संस्कृति, प्रणालियों और प्रक्रियाओं को बदलने में संगठनों द्वारा पर्याप्त ऊर्जा खर्च की जाती है। हकीकत यह है कि आखिरकार यह सबसे निचले स्तर का समान विभाजक यानी व्यक्ति है, जो सारे परिवर्तनों को लाने के पीछे होता है, वही सुनिश्चित करता है कि परिवर्तन होना चाहिए। किंतु व्यक्ति विरले ही कभी बदलता है। वह जितना पुराना होता है, जितना सीनियर होता है, उतनी ही अधिक कठिनाई उसे सचमुच और गहराई तक बदलने में होती है। भले ही वह सोच-विचार, निर्णय की प्रक्रिया के मॉडल और दुनिया के प्रति दृष्टिकोण को लेकर सारी बातें सही कहता हो, लेकिन उसे संकट की स्थिति में डालें तो वह फौरन उसे उसी तरह हल करेगा जैसा कि वह हमेशा करता आया है। शेर विरले ही शिकार करना भूल जाए।

वह संगठन जो पारंपरिक, पुराने तरीकों से अपने ही 'अनोखे ढंग से चीजों को करने का तरीका' अपनाता है, वह भले ही लाखों घंटे और करोड़ों डॉलर लोगों को प्रशिक्षित करने में खर्च कर दे, लेकिन उसका कोई लाभ नहीं होता। वे घूम-फिरकर वहीं रह जाएँगे। पुराने लोगों को नई प्रक्रिया थमा दी जाए तो भी नतीजा पुराना ही आएगा। पुरानी सोच के साथ नई तकनीक का नतीजा पुराना ही होगा। पुराने हाथों में नए औजार से नतीजा पुराना ही निकलेगा। यह उसी बैल की तरह होगा, जिसे लेकर कोल्हू के बैलवाली कहावत है कि वह चक्कर काटते हुए भले ही पचास मील चला गया हो, लेकिन वह उसी स्थान पर रहता है, जहाँ से उसने शुरुआत की थी।

व्यक्ति को अपनी गलती को स्वीकार करना ही होगा। वह नई परियोजनाओं को पुराने तरीके से करता है। वह नई जिम्मेदारियों को पुरानी सोच और रवैए के साथ देखता है। वह व्यक्ति वास्तव में अपने आप से अलग नहीं जा पाता है। वह अपनी ही सबसे बड़ी बेड़ी और इस कारण सबसे बड़ा दुश्मन होता है। इस प्रकार का व्यक्ति चीजों को बरबाद कर सकता है और उसे इसके लिए अत्याचारी माहौल या अत्याचारी सुपरवाइजर की भी जरूरत नहीं। परंपरा को लेकर उसकी अपनी सोच-समझ ही तबाही के लिए पर्याप्त है।

उदर सामाता अन्न ले, तनहि समाता चीर।
अधिकहि संग्रह न करै, तिसका नाम फकीर॥

हमें बस पेट भर भोजन और तन ढकने के लिए कपड़े की ही जरूरत पड़ती है, बुद्धिमान वही है, जो जमाखोरी करने के लिए चीजों को जमा न करे।

संगठन बिना वजह अस्तित्व में नहीं आते। उनका एक संदर्भ होता है। सूक्ष्म रूप में एक संगठन समाज की तरह होता है। आसपास की संस्कृति एकदम भौतिकवादी तरीके से अधिकतमवादी होती है। हमारे पास जो चीजें होती हैं, वे हमारी सफलता, आत्मसम्मान और समाज में स्थिति का पैमाना होती हैं। कोई भी पीछे नहीं छूटना चाहता है। हम अपने साथियों से अधिक ही जुटाना चाहते हैं। दोनों ही रुकते हैं और पूछते हैं, हमें कितना और चाहिए या यह भी कि मैं कितना चाहता हूँ? हम वेतन, भत्ते और पद को लेकर उनकी तुलना साथियों को लेकर किए जाने से हम संतुष्ट या असंतुष्ट रहते हैं। जिस व्यक्ति का वेतन बीस प्रतिशत बढ़ा है, उसे दुःखी करने का सबसे अच्छा तरीका यह बताना है कि उसके सहयोगी का वेतन इक्कीस फीसदी बढ़ा है।

हमारे अंदर इच्छाएँ होनी चाहिए। इच्छाएँ प्रगति, तरक्की और विकास की हों, आनेवाले समय में पहले की तुलना में हम बेहतर पेशेवर बनें, इसकी इच्छा हो। कौशल प्राप्त करने और समय के साथ चलने की इच्छा होनी चाहिए। चलिए, हम आंतरिक रूप से परिपक्व बनने की इच्छा करें, जिससे कि भविष्य की चुनौतियों का मुकाबला कर सकें, न केवल तकनीकी बल्कि भावनात्मक रूप से भी एक सूझ-बूझ भरा नेता बनें। हम जितना आगे बढ़ चुके हैं, उसके अनुसार प्रमोशन, पद और पैसे की इच्छा करें। अंत में भावनात्मक और आध्यात्मिक सुख भी उतना ही महत्त्वपूर्ण है, जितना कि भौतिक समृद्धि। पहले को प्राप्त करने के लिए उसमें उतना ही निवेश करें, जितना कि आप दूसरे में करते हैं। हम कई तेज-तर्रार लोगों को जानते हैं, जिन्होंने पागल कर देनेवाली इस होड़ के चक्कर में स्वास्थ्य खराब कर लिया या रिश्ते बिगाड़ लिये। इसमें कोई आश्चर्य नहीं कि इस दौड़ को लेकर कहा जाता है कि चूहों की इस रेस के साथ मुश्किल यह है कि आप जीत भी गए तो भी चूहा ही रहेंगे।

अब एक बात सावधान करनेवाली। कबीर को असामाजिकता या आत्मतुष्टि को बढ़ावा देनेवाला कदापि नहीं समझा जाना चाहिए। ये ऐसे शब्द हैं, जिन्हें कॉरपोरेट पाप माना जाता है। कबीर सिर्फ संतुलन, अनुपात और संयम के महत्त्व को बताते हैं। आखिरकार व्यक्ति को एक ही जीवन मिलता है।

प्रमुख सबक

1. सफलता की क्या कीमत होती है और हम उसमें से कितना चुकाने को तैयार हैं ?
2. संयम और संतुलन में ही खुशी छिपी रहती है।
3. मार डालनेवाली भावना और उत्कृष्टता की भावना के बीच एक पतली सी रेखा होती है। पहली भय को बढ़ाती है, दूसरी प्रदर्शन को।
4. पुराने हाथों में नई प्रक्रिया के नतीजे पुराने ही होंगे।

□

अहंकार और आत्म-जागरूकता

कहानी : गौरव अभी-अभी एक नेतृत्व प्रोग्राम से वापस लौटा है, जहाँ एक 360 डिग्री रिपोर्ट उसके साथ साझा की गई। चूँकि रिपोर्ट की कई बातों ने गौरव को चौंका दिया है, इस कारण वह हैरान है। अपने बारे में जो उसकी राय है, वह उसे लेकर दूसरों की धारणा और अनुभव से अलग है। अपनी नजरों में उसके काम, तरीके और उसका व्यक्तित्व इससे एकदम अलग हैं कि दूसरे उसके बारे में क्या कहते हैं। आखिर क्या गड़बड़ है? इससे पहले कि हम अहंकार और जागरूकता को लेकर दुनिया के अस्पष्ट तर्क को समझें, चलिए, लंबी दूरी की दौड़ और मैराथन को समझते हैं। अगर आप उनमें नहीं, जिन्हें इनमें से किसी एक में हिस्सा लेना है, तो निम्नलिखित खंड शुरुआत करनेवालों के लिए एक अच्छा मार्गदर्शक हो सकता है। प्राथमिक स्तर पर लंबी दूरी तक दौड़ने का संबंध शारीरिक क्षमता से होता है। आपको कई महीने की ट्रेनिंग, खाना और उस शरीर को साधने के लिए अभ्यास की आवश्यकता होती है। आपके अंदर बस ऊर्जा ही नहीं चाहिए, जो थोड़ी दूर तक ले जा सके, बल्कि मांसपेशियों को, स्टेमिना, हाथ और पैरों को इस प्रकार बनाना होगा कि वे लंबी दूरी तक साथ दे सकें। हजारों लोग इस अग्निपरीक्षा से गुजरते हैं और शुरुआत करनेवाली लाइन पर खड़े होते हैं। पहले चौथाई हिस्से तक धावकों में ज्यादा अंतर नहीं पता चलता, क्योंकि सब-के-सब लगभग झुंड में दौड़ते रहते हैं। हर कोई तरोताजा और अभ्यस्त होता है। मध्य दूरी पर वे अलग-अलग होने लगते हैं। कुछ झुंड होते हैं, जो आगे बढ़ने लगते हैं और आप कुछ खास समूहों को देख पाते हैं, जिनमें समान गति और समय का अनुमान लगाकर दौड़नेवाले शामिल रहते हैं, जो टाइमिंग के लिहाज से दूसरे समूहों से मुकाबला करते हैं,

लेकिन उस समूह में हर एक किसी दूसरे को टक्कर दे रहा होता है। सूक्ष्म स्तर पर जहाँ हर झुंड आगेवाले झुंड को टक्कर दे रहा होता है, वहीं हर धावक यह अच्छी तरह जानता है कि जल्दी ही वे आपस में स्पर्धा कर रहे होंगे।

किंतु तब तक बस एक-चौथाई दूरी बच जाती है। तीसरे चौथाई के समाप्त होने पर वह प्रक्रिया फिर से होती है, जब नए झुंड दो-दो या तीन-तीन में टूटने लगते हैं।

चौथे चौथाई की शुरुआत में विजेताओं का पता लगने लग जाता है। कुछ एक एक-दूसरे से कुछ मीटर की दूरी पर रहते हैं और जमीन पर पड़े पैरों से यह अंदाजा नहीं लगाया जा सकता कि किसी भी धावक के मन में क्या चल रहा है। पैर दर्द करने लगते हैं, पसीना तेजी से निकलता है, दिल धक-धक करता रहता है, फेफड़े साँस लेने और छोड़ने के लिए फूलते-पिचकते रहते हैं, लेकिन गति बरकरार रहती है। यही वह चौथाई दूरी होती है, जो लड़कों में से मर्दों को अलग करती है।

सारी ट्रेनिंग, सारी तैयारी पीछे चली जाती है। यहाँ के बाद हर मील ताकत और स्टेमिना की नहीं, बल्कि इसकी परीक्षा होती है कि आपमें कितना दमखम है, आपके मन में क्या चल रहा है, अपने आप से आप क्या कह रहे हैं, आपका शरीर आपके विषय में और रेस के बारे में जो कुछ कह रहा है, उसे आप कितना समझ रहे हैं। इस दौरान आप विचित्र रूपकों में अपने आपसे बात कर रहे होते हैं। कदम-दर-कदम आप जान लेते हैं कि आप स्पर्धा के लिए नहीं, बल्कि उसे पूरा करने के लिए दौड़ रहे हैं। मीटर-दर-मीटर आप जान जाते हैं कि अगला व्यक्ति आपके जितना ही सक्षम और प्रशिक्षित है, लेकिन यह दूसरों की तुलना में आपकी बात नहीं है, बल्कि आपकी आप से ही तुलना की बात है।

मील-दर-मील आप अपनी सीमाओं को लाँघना चाहते हैं, मील-दर-मील आप जानते हैं कि अगर आपने इसे पूरा कर लिया, तो आप अपने आप में ही किसी से जीत जाएँगे, जो शारीरिक सीमा से भी परे है। आप जान लेते हैं कि इस चरण में आप कितने नाजुक और कमजोर हैं, कैसे आप शारीरिक रूप से अपने कगार पर पहुँच गए हैं। लेकिन आपके अंदर से एक आवाज आती है, जो कहती है कि लगे रहे, दौड़ते रहो, हार मत मानो, बस अगला कदम बढ़ाते चलो, क्योंकि इसे पूरा करने के पीछे वह छिपा है, जिसे मैं मुक्ति कहना चाहूँगा।

यहाँ तक कि सबसे घोर 'मैं' की घड़ी में भी, जिसके विषय में कितना कुछ कहा और किया गया है, यह एक व्यक्तिगत उपलब्धि है। धावक अपने साथ दौड़ रहे सारे धावकों से जुड़ा है और अपने आपको इतनी गंभीरता से नहीं लेता कि घमंडी और बेकार बन जाए। वह जानता है कि इस रेस में दौड़ना उसके लिए किस्मत की बात थी और उसे इस रेस का तथा साथ दौड़नेवालों के योगदान के लिए शुक्रगुजार होना चाहिए, क्योंकि इन सबके बिना यह जीत संभव नहीं होती।

कॉरपोरेट जगत् काफी हद तक लंबी दूरी की दौड़ के जैसा है। शिक्षा, अवसर, भाग्य से मिला ब्रेक आदि इस बात को लेकर फर्क लाते हैं कि हम पहली, दूसरी और तीसरी चौथाई में किस स्थान पर हैं। किंतु जब तक हम अपने चौथे चौथाई को शुरू करते हैं, और यहाँ मेरा मतलब कोने के केबिन तक की रेस से नहीं है, बल्कि छोटी रेस से भी है तो सिर्फ शिक्षा, अवसर और किस्मत से मिले ब्रेक ही फर्क नहीं लाते। कुछ बड़े पहलू भी हैं, जो प्रत्यक्ष रूप से या परदे के पीछे से काम करते रहते हैं।

इसमें हमारी अपनी छवि भी शामिल रहती है, हम दूसरों से कैसा संबंध रखते हैं। अपनी टीम के दूसरे सदस्यों के प्रति या जो हमारे साथ स्पर्धा में शामिल हैं, हमारा रवैया कैसा है? रेस जब चरम पर होती है, तब हमारे दिमाग में क्या चल रहा होता है, हमारी अपने मन से क्या बातचीत होती है? हम जब आखिरी लाइन के करीब होते हैं या जब हम किसी को उसे पार करते देखते हैं, तब हमारे मन में पहली क्या बात आती है? हम जीत और हार को कैसे लेते हैं, हम ईर्ष्या और द्वेष से कैसे निपटते हैं, हम उन लोगों से कैसा बरताव करते हैं, जो हमारे जैसे हैं और जो हमारे जैसे नहीं हैं? हम जो जानते हैं और जो नहीं जानते, उसे लेकर कैसा महसूस करते हैं? हम निराशा से कैसे निपटते हैं? जब कमरे में हर कोई विश्लेषणों के साथ एक पक्ष में खड़े होते हैं, तब हम फैसले कैसे लेते हैं और हमारे अंदर से एक आवाज आती है, जो कहती है कि उलटी राह पर चलो, जबकि हमारे पास उसके समर्थन में आँकड़े नहीं होते? हम प्रश्न कैसे पूछते हैं, कैसे प्रश्नों के उत्तर देते हैं, लोग हम से मिलकर कैसा महसूस करते हैं, हम लोगों से मिलकर कैसा महसूस करते हैं, हम मदद कैसे माँगते हैं और मदद कैसे देते हैं, हम दूसरों से कैसे जुड़ते हैं और कैसे दूसरे हमसे जुड़ते हैं और ऐसी ही तमाम बातें।

लंबी दूरी के मैराथन धावक की तरह ही कॉरपोरेट रेस पर नजर रखनेवाले हम से कहेंगे कि लंबी दूरी की सफलता को लेकर एक विचित्र बात है, जिसके लिए शिक्षा और किस्मत से मिले ब्रेक को कारण नहीं माना जा सकता है। निश्चित रूप से वे मदद करते हैं, लेकिन हमेशा नहीं और ऐसे सूत्रों का एक अहम अपवाद भी है, जिससे कि हम इन बातों से आगे जाकर सोचने पर मजबूर हो जाते हैं। एक हद के बाद नेतृत्व की सफलता इस पर निर्भर करती है कि हम खुद को कितनी अच्छी तरह जानते हैं।

स्वयं को, अपनी मंशाओं, अपनी बातचीत को तब अच्छी तरह जानना, जब हम स्वयं अपने गवाह होते हैं, जागरूकता कहा जाता है। हमें जब इन सबका पता नहीं होता और 'मैं' की हमारी भावना उस रेस से भी बड़ी हो जाती है, तब इसे अहंकार कहते हैं। मैं एक मनोवैज्ञानिक नहीं हूँ और इन शब्दों का इस्तेमाल लगभग बोलचाल के तौर पर ही करता हूँ। फिर भी इस शैतान को समझने और उस पर काबू पाने के लिए कबीर किसी निर्देश-पुस्तिका के ही समान हैं। वास्तव में इसे काबू करने की दिशा में समझना पहला कदम है।

इससे पहले कि मैं इस विषय पर कबीर के उद्गारों को सामने रखूँ, मुझे संगठनों में प्रचलित और महत्त्वपूर्ण होते जा रहे साधनों और मनोवैज्ञानिक प्रोफाइलों पर अपनी थोड़ी सी जानकारी रखने दीजिए। कॉरपोरेशनों में हमारा वर्णन करने, प्रोफाइल बनाने और एक ठप्पा लगाने के लिए वैज्ञानिक प्रश्नावलियों का उपयोग किया जाता है, दूसरों से हमारे संबंध कैसे हैं, दूसरों के संबंध हम से कैसे हैं, हम परिस्थितियों आदि के प्रति कैसी प्रतिक्रिया करते हैं। उनमें से कुछ बहुत अच्छे हैं और उनमें से अधिकांश के पास बरसों की रिसर्च है, भले ही उनमें से कुछ एकदम मूर्ख हों। इस प्रकार की जाँच की सफलता बताती है कि सामान्य तौर पर कर्मचारियों में और विशेष रूप से नेताओं में आत्म-जागरूकता की माप और इस कारण उसके विकास की जरूरत कॉरपोरेट जगत् में पूरी शिद्दत से महसूस की जा रही है।

धीरे-धीरे मध्यम से वरिष्ठ प्रबंधन की प्रोफाइल तैयार की जाती है और उन्हें उच्च स्तर की आत्म-जागरूकता तथा अहंकार छोड़ने का प्रशिक्षण दिया जाता है, क्योंकि कॉरपोरेशन यह बात समझ गए हैं कि सारे स्तरों पर क्षमता अब भेद करनेवाला तत्त्व नहीं है और उच्च स्तर पर तो बिल्कुल भी नहीं। हर दिन हर संगठन के किसी-न-किसी कोने में टीम के सदस्य अपना सर्वोत्तम नहीं

दे पाते, क्योंकि उनके मुताबिक लीडर के अंदर तकनीकी क्षमता के बावजूद कुछ गड़बड़ है, और हर दिन उसी संगठन के किसी कोने में कुछ नेता अपने साथियों में से किसी एक को बेहतर बताने की चर्चा कर रहे होते हैं, जिसका कारण ऐसे अप्रत्यक्ष पहलू होते हैं, जो तकनीकी क्षमता से आगे की बात होती है। जागरूकता ही वह क्षमता है।

अहंकार और आत्म-जागरूकता नेतृत्व के प्रभाव को इतने प्रकार से प्रभावित करते हैं कि संगठनों द्वारा उनका अंदाजा नहीं लगाया जा सकता है या उनकी माप नहीं की जा सकती है। अहंकारी और आत्म-जागरूकता की कमीवाला नेता टीमों और संगठनों की ताने-बाने को चुपचाप तार-तार करता है, एकदम अम्ल की तरह जो हमारी आँतों को नुकसान पहुँचाता है और हम देख नहीं पाते। इस कारण जब तक खराबी सामने आती है, तब तक बहुत देर हो चुकी होती है।

प्रबंधकों और नेताओं में अहंकार का मतलब होगा कि उनके 'मैं' की भावना सब की भावना से कहीं अधिक है। आप एक भी कॉरपोरेट गलियारा ऐसा नहीं पाएँगे, जहाँ टीम वर्क, लोगों के साथ मिलकर काम करने और टीम के हितों को व्यक्तिगत हितों से ऊपर रखने के उपदेश और उनके प्रति आभार न जताया जाता हो। वास्तव में आजकल तो यह शोर का रूप ले चुका है, जिससे कि हम एक निष्काम वक्तव्य देने पर विवश हो गए हैं—यह सब निस्संदेह तौर पर स्वयं से अधिक महत्त्व रखता है और हर साल पूरी दुनिया में यदि लाखों डॉलर बिना शक संगठनों में टीम की भावनावाली संस्कृति के प्रचार-प्रसार पर खर्च किए जाते हैं, तो या तो ये प्रोग्राम बेअसर हैं या विशुद्ध टीम वर्क उसी प्रकार एक आदर्शलोक की बात है, जिस प्रकार से कहें तो समाजवाद। यह अच्छी तरह जानते हुए भी आप अधिक समान समाज के लिए काम करते हैं कि प्रगति की मौलिक मानवीय आवश्यकता के कारण कुछ लोग दूसरों की तुलना में बेहतर स्थिति में होंगे। क्या यह संभव है कि टीम वर्क की धारणा पर भी ऐसी ही अवधारणात्मक रूप से असंभव स्थिति पैदा हो गई है? 'मैं' की वही भावना, जो प्रगति के कार्य को आगे बढ़ाती है, अहंकार के मूल में भी रहती है। इसलिए क्या इसका मतलब यह है कि व्यक्तिगत उत्कृष्टता सदैव सच्चे टीमवर्क को कमजोर करने की कीमत पर मिलेगी?

दूसरे स्तर पर क्या नेता अपनी धारणाओं, पूर्व धारणाओं और कार्यों के

स्रोत को जानते हैं? क्या उन्हें यह समझ आता है कि जो निर्णय एकदम निष्पक्ष, आँकड़ों पर आधारित, लेखा-जोखा और विश्लेषण के मुताबिक दिखता है, वह उनके पूर्वग्रहों से प्रभावित होने की आशंका रहती है, जबकि दूसरा निर्णय इस आशंका से दूर है? इनसान का ढोंग बेहद जटिल होता है और कॉरपोरेट जंगल में कुछ साल बिता लेने के बाद कोई भी निर्णय लेते समय अपनी सच्ची मंशा को छिपाना सीख लेता है। कुछ पक्षपात चित्त में इस प्रकार बैठ चुके होते हैं कि देखनेवाले को उसमें पक्षपात दिखता ही नहीं। इसी चरण में लीडर अपनी आत्म-जागरूकता के सबसे निचले स्तर पर होता है, एक गड्ढे में जिसे वह न सिर्फ अपने लिए, बल्कि उस टीम के लिए, जिसका वह प्रतिनिधित्व करता है और उस संगठन के लिए भी खोदता है, जिसके लिए वह काम करता है।

क्या कबीर मदद कर सकते हैं?

पढ़ी गुनी पाठक भये, समुझाया संसार।
आपन तो समुझै नहीं, वृथा गया अवतार॥

संसार को पढ़ाने और सिखाने का कोई लाभ नहीं होगा, अपने आपको न जानना जीवन बरबाद करने के समान है।

आधुनिक नेता सूचना के बोझवाले जमाने में जी रहे हैं। हम पूर्व के दशकों में जितने ज्ञान का सृजन देखते थे, उतना अब हर साल सामने आ रहा है। तकनीक के साथ जुड़ाव के कारण इसके साथ कदम-से-कदम मिलाकर चलना बेहद मुश्किल होता जा रहा है। पुराने समय में नेतृत्व के सामने हर समय नवीनतम चलन के संपर्क में रहने की चुनौती थी, आज यह चुनौती है कि चलनों से अभिभूत न हों। आज का समय समझदार नेता का है, अंतर करने में सक्षम नेता है, जो तब भी स्पष्ट निर्णय कर सके, जब उसके पास विकल्पों की भरमार हो।

आप पढ़ लें, साहित्य को छान लें, गलती कर बैठने की हद तक सलाह और शोध की सहायता लें, विश्लेषण करें, आँकड़े निकालें, नवीनतम एनालिटिक्स के प्रयोग से पता लगाएँ, इतिहास को खँगालें, बेहतरीन तरीके अपनाएँ और उनका अध्ययन कर लें। इन सभी से एक अच्छी शुरुआत हो सकती है। व्यवहारवादी मनोवैज्ञानिक हमें बताएँगे कि लोगों और परिस्थितियों के प्रति हमारी प्रतिक्रिया बीते समय के अनुभव पर आधारित होती है। सत्ता के साथ हमारा संबंध,

माता-पिता के साथ हमारे संबंध और बड़े होने के दौरान हमारे अनुभवों पर आधारित होते हैं। इनकार और निराशा के प्रति हमारी प्रतिक्रिया पुराने अनुभवों से तय होती है, नेतृत्व को लेकर हमारी धारणा पारिवारिक, सांस्कृतिक और सामाजिक संदर्भों से रूप लेती है। इस कारण नेताओं को अपनी प्रतिक्रियाओं, उत्तर और निर्णय के स्रोत की जानकारी अवश्य होनी चाहिए।

एक नेता चोटी के बी-स्कूल से पास होनेवालों की ही भरती करना चाहेगा, क्योंकि उसने वहीं पढ़ाई की है। इसे तार्किक निर्णय के रूप में सही ठहराया जा सकता है। दूसरी तरफ एक और नेता टॉप बिजनेस स्कूल के उम्मीदवार को अपने सहज ज्ञान से इस आधार पर खारिज कर दे कि वह बेहद महँगा है और इस कारण कि वह स्वयं कभी इतनी अच्छी जगह पर नहीं पढ़ा है, इसलिए उसके अंदर एक हीन भावना है। यही जागरूकता की कमी है।

पढ़ी गुनी ब्राह्मण भये, कीर्ति भई संसार।
वस्तू की तो समझ नहि, ज्युं खर चंदन भार॥

किताबों ने आपको विद्वान् बना दिया, ऐश्वर्य दिलाया, लेकिन ज्ञान नहीं दिया, आप उसी प्रकार अपने ज्ञान से अनभिज्ञ रहते हैं जैसे कि अपनी पीठ पर चंदन ढोनेवाला खच्चर।

सबकुछ की कीमत जानना, लेकिन उसका मोल न पहचानना नेतृत्व के साथ एक बड़ी त्रासदी है। कोई बहुत पढ़ा-लिखा हो सकता है, सबसे बुद्धिमान हो सकता है, सबसे मशहूर भी, लेकिन उन चीजों की पहचान भी होनी चाहिए, जो सच में महत्त्वपूर्ण और मूल्यवान् हैं।

इस क्षमता के चारों ओर कई गड्ढे हैं। पहला, हम उसे चुन सकते हैं, जो विषय के इर्द-गिर्द हो, न कि जो मध्य में हो। चूँकि आजकल मुद्दों के आस-पास अनेक प्रकार के परिवर्तनशील पहलू होते हैं, इस कारण ऐसे तत्त्वों को चुन लेने का जोखिम अकसर रहता है, जो महत्त्वपूर्ण हैं; लेकिन आवश्यक नहीं। भीड़ से आवश्यक वस्तु को ढूँढ़ना और विषय के मूल तक पहुँचना न कभी इतना महत्त्वपूर्ण था, न ही इतना कठिन, जितना कि अब है।

दूसरा, हम अपने ही पक्षपातों और पैमानों के प्रभाव में आ सकते हैं। हमारे चश्मे का रंग दुनिया के रंग को तय करता है। हमारी बात सच लगती है, जबकि दूसरों की बातें पक्षपात हो जाती हैं।

तीसरा, नेताओं की आँखों पर उनकी ही सफलता की पट्टी पड़ गई हो, कुछ ऐसा, जिसे मार्शल गोल्डस्थ ने 'सफलता का छलावा' कहा है। उनकी तरक्की, सफलता और ख्याति उन्हें अपराजेय होने की एक आभा तथा अपने रुख के सबसे उम्दा होने की धारणा पैदा करती है। वे जो कह दें, वही आखिरी शब्द हो जाता है। आखिरकार नेता बहुत कुछ जानते हों, पर लागू बहुत कम करते हैं। भले ही वे संज्ञानात्मक रूप से सारे सिद्धांतों को समझते हों, सारे 'यह करें' वाली बातें जानते हों, लेकिन करते वहीं हैं, जिसे वे एक सीमित तरीके से कर सकते हैं। वे उस पर अमल नहीं करते, जो उन्होंने सीखा है या इससे भी बुरा होता कि वे जो कहते हैं, उसे लागू नहीं करते।

चीजों को देखना, विचारों, दर्शनों के मूल्य को समझने की क्षमता अपनी स्वयंसिद्ध बातों और मानदंडों को छोड़कर फिर से छात्र बनने से पैदा होती है। यह 'न जानने' की उस दशा से आती है, जबकि हम काफी कुछ जानते हैं। यह इस बात को स्वीकार करने से पैदा होती है कि दूसरों के पास भी अगर अधिक नहीं तो मूल्यवान् विचारों और सुझावों को देने की क्षमता हो सकती है। यह विनम्रता से आती है, जो एक ऐसा गुण है, जो अच्छा नेता बनने से पहले एक अच्छा मनुष्य बनने से पैदा होता है।

एक लीडर के तौर पर हमारी ख्याति बेमानी है, यदि हम अपनी ही बाधाओं के कारण प्रत्यक्ष को भी देख नहीं पाते हैं। यह किसी खच्चर द्वारा अच्छी चीजों की बोरी को ढोने के जैसा है, जो उनके मूल्य को नहीं जान पाता है।

जब मैं था तब गुरु नहीं, अब गुरु है मैं नाहि।
कबीर नगरी एक में, दो राजा न समांहि॥

जब वहाँ मैं था, तब वहाँ कोई गुरु नहीं था। अब सिर्फ गुरु हैं, कोई मैं नहीं है। दोनों एक साथ नहीं रह सकते हैं।

किसी नई शिक्षा के लिए पुराने को छोड़ना पड़ता है। चलना सीखना है, तो रेंगने को भूलना होगा। मैं जब यह लिख रहा हूँ, तब दुनिया के दूरदराज के हिस्सों में संदेश भेजने का तरीका, टेलीग्राफ, अपनी अंतिम साँसें गिन रहा है, लेकिन इसका अर्थ यह होगा कि कुछ लोगों को एस.एम.एस. और इ-मेल भेजने की प्रक्रिया को सीखने के लिए टेलीग्राम को भूलना होगा।

कौशल तथा क्षमता को भौतिक रूप से लागू करने के भौतिक दायरे के बाहर

एक ऐसा व्यवहार संबंधी जगत् है, जिसमें मनुष्य की परस्पर बातचीत शामिल रहती है। वह बताता है कि हम दूसरे मनुष्यों से कैसा व्यवहार करते हैं, लोगों का नेतृत्व कैसे करते हैं, नेतृत्व के उन सिद्धांतों के लिए हमारी धारणाएँ क्या हैं, जिन्हें हम प्रिय मानते हैं और लागू करते हैं। यह नेतृत्व को लेकर हमारी परिभाषा पर सवाल खड़े करता है, यह हमारे उस दृष्टिकोण पर प्रश्न करता है कि एक नेता को हर हाल में क्या करना चाहिए और क्या नहीं। चलिए, कुछ सामान्य प्रभावों पर गौर करते हैं और देखते हैं कि वे कैसे हमारे विचारों को विकृत कर सकते हैं। सैन्य बलों की पारिवारिक पृष्ठभूमि में पालन-पोषण का प्रभाव इस प्रकार होता है कि अनुशासन, नियंत्रण, सत्ता के साथ संबंध, सार्वजनिक रूप से सत्ता पर सवाल उठाने की स्वीकार्यता आदि जैसे मुद्दों पर हमारा दृष्टिकोण बदल जाता है।

स्पष्ट रूप से धार्मिक माहौल में पले-बढ़े होने पर संगठित धर्म और कार्यस्थलों पर उसके स्थान को लेकर हमारे विचार प्रभावित हो सकते हैं। कृषि, सामंती प्रभाव सत्ता के साथ हमारे संबंधों को विकृत कर सकते हैं। मैं उन तमाम प्रभावों से जुड़ी परिस्थितियों की कल्पना करने का प्रयास नहीं कर रहा हूँ, जो पैदा होंगे, जिनमें सकारात्मक और नकारात्मक प्रभाव होगे और जो कार्यस्थलों पर अफरा-तफरी पैदा कर सकते हैं। मूल विषय यह नहीं है कि वक्त क्या करवट लेगा, बल्कि यह है कि क्या लीडर को रोजाना के कामकाज के दौरान इन प्रभावों का एहसास होगा। क्या वह जान लेगा कि कब उसका फैसला उसके पक्षपातों से प्रभावित था या अज्ञानता की कृपा से प्राप्त होनेवाले आनंद का लाभ उठा पाएगा?

किसी नेता के लिए सच्ची शिक्षा तब सामने आती है, जब वह जाने देता है। अब तक जो दुनिया के प्रति उसकी सोच का आधार था, उन्हें जाने देता है, अपने काम करने के मॉडल को जाने देता है, जो उसके संदर्भ का खाका था, उसकी मूल धारणा, सच्चाई को देखने का उसका तरीका था।

लीडरों को अनुभवों के अलावा कोच, गुरु और शिक्षक से शिक्षा प्राप्त होती है। हर दिन बतौर नेता हम परिस्थितियों, व्यापार और लोगों को लेकर निर्णय लेते हैं तथा उन निर्णयों को स्लो मोशन में लागू होता देखते हैं। स्रोत चाहे कोई भी हो, हम नई शिक्षा को तभी स्वरूप लेने दे सकते हैं, जब यह स्वीकार करने को तैयार हों कि पुराने ढाँचे में त्रुटियाँ थीं, वह अपूर्ण है, गलत है या

और कुछ नहीं तो उसका सीमित उपयोग है। हालाँकि मैनेजरों और लीडरों को अपने मौजूदा ढाँचे, मौजूदा निर्णय लेने के तरीके या वर्तमान कार्य के मॉडल को तब भी जारी रखते देखना असामान्य नहीं है, जबकि इस बात के पर्याप्त प्रमाण उपलब्ध रहते हैं कि या तो वे बिल्कुल भी काम नहीं कर रहे या सिर्फ कुछ हद तक काम कर रहे हैं। खराब आत्म-जागरूकता या अत्यधिक अहंकार के कारण नेता पैसे को बेकार के तौर-तरीकों पर खर्च करता रहेगा और इस गलतफहमी में रहेगा कि दिन फिर जाएँगे।

कबीर कहते हैं कि जब 'मैं' की भावना पूरी तरह हावी हो, तब मैं किसी भी शिक्षण को होने नहीं देता, किसी भी गुरु को अपनी भलाई नहीं करने देता। अब मैंने शिक्षा के नए स्रोत को स्वयं को प्रभावित करने दिया है, गुरु को अपने अंदर सुधार करने दिया है, तब मैं महसूस करता हूँ कि मेरे अंदर कोई अहंकार नहीं है।

इस दोहे की व्याख्या अनेक प्रकार से की जा सकती है और ऊपर मैंने उन्हीं में से सिर्फ एक तरीके से बताया है। मैं आप से कहूँगा कि आप अन्य तरीकों से भी इसकी व्याख्या करें।

कबीर जब हम गावते, तब जाना गुरु नांहि।
आब गुरु दिल में देखिए, गावन को कुछ नाहि॥

मैं जब उसका गुणगान कर रहा था, तब उसे नहीं जानता था, अब जब मैं उसे जान गया हूँ तो गाने के लिए कुछ भी नहीं है।

लीडरों को निर्णय की प्रक्रिया और व्यवहार के तरीकों की जानकारी देने के लिए संगठनों की ओर से आत्म-जागरूकता के निर्माण और सुधार पर लाखों डॉलर खर्च किए जाते हैं। अहंकार और आत्म-जागरूकता से जुड़ी बातें संज्ञानात्मक, तार्किक या वस्तुनिष्ठ नहीं हैं। यह सिर्फ चर्चाओं, सिद्धांत और विश्लेषण सामने रखकर नहीं बन सकती हैं, बल्कि इस दिशा में सच्ची प्रगति सिर्फ चिंतन, आत्ममंथन और मैं पर काम करने से ही संभव है। यह संदिग्ध रूप से ध्यान लगाने के करीब हो सकता है; लेकिन इसका तरीका यही है।

मैनेजरों और लीडरों को चिंतन पर समय देना चाहिए। सच कहें तो पर्याप्त समय देना चाहिए। इससे हम अपने बारे में जान पाते हैं। यह हमारे वास्तविक कारणों, हमारे सच्चे स्वार्थ, हमारी मंशा, हमारी बनावट को इस प्रकार हमें

बताता है कि हम न केवल यह जान लेते हैं कि हम कौन हैं, बल्कि यह भी कि हम जो हैं, वह क्यों हैं। कर्म से नहीं, बल्कि चिंतन से शिक्षा प्राप्त की जा सकती है। दुर्भाग्यवश चिंतन को आध्यात्मिक प्रक्रिया का हिस्सा मानकर संगठनों में न तो इसे बढ़ावा दिया जाता है, न ही अपनाया जाता है। किंतु एक निश्चित मात्रा में आध्यात्मिक रूप से संवेदनशील हुए बिना कोई भी अच्छा लीडर नहीं बन सकता है।

सिर्फ अहंकार और आत्म-जागरूकता के बारे में बात करने से उन्हें तैयार नहीं किया जा सकता है। चलिए, हम उनकी बजाय अपने आप से बात करना शुरू करें।

मैं लागा उस एक सों, एक भया सब माहिं।
सब मेरा मैं सबन का, तहाँ दुसरा नांहि॥

मैं जब व्यापक उद्देश्य के साथ एक हो जाता हूँ, तब मैं ही संपूर्ण हूँ, संपूर्ण मुझ में है।

कॉरपोरेशन तब काम करते हैं, जब अनेक व्यक्तिगत लक्ष्य एक होकर सामूहिक लक्ष्य बन जाते हैं। अकसर यह चुनौती होती है कि अनेक व्यक्तिगत विचारों को एक सामूहिक विचार में कैसे ढालें। किसी प्रणाली में पले-बढ़े लीडर चाहे कुछ भी कर लें, व्यक्तिगत प्रदर्शन करनेवाले ही होते हैं। व्यक्तियों के रूप में लाखों कमा लेने के बाद एक वक्त आता है, जब उन्हें कुछ हद तक आश्चर्य के साथ इस बात का एहसास होता है कि व्यक्तिगत रूप से वे एक भी काम नहीं कर सकते हैं। इस सच्चाई से समझौता करने के लिए एक जबरदस्त प्रयास और आत्म-जागरूकता के उच्च स्तर की आवश्यकता पड़ती है। कुछ कभी इससे उबर नहीं पाते और इससे समझौता नहीं कर पाते हैं। उनके मन में, सोच में, रवैए और कार्यान्वयन में वे अकेले खिलाड़ी बने रहते हैं, एक व्यक्तिगत योगदान करनेवाले ही रहते हैं। हैरत नहीं कि टीमों को साथ लाने की उनकी क्षमता संदिग्ध रहती है और हर कोई उन्हें अविश्वास से देखता है। आखिर उस उभरते सितारे को अचानक क्या हो गया, जो कुछ समय पहले तक अपने काम में इतना अच्छा था!

यह विचित्र परिस्थिति तब फिर से सामने आती है, जब पहली बार टीम मैनेजर की भूमिका निभानेवाला कार्यकारी प्रमुख बन जाता है, जहाँ उसकी

सफलता न सिर्फ उसकी टीम पर, बल्कि अन्य कार्यों के साथ संबंध पर भी निर्भर करती है। सिर्फ अपने कार्य और कार्यक्षेत्र की जानकारी होने के साथ ही बढ़े अहंकार, लेकिन कमजोर आत्म-जागरूकता से लैस होने के कारण वह अंतर-कार्यात्मक संरेखण में तबाही मचा देता है। टीम की बैठकों में वह अकसर मुद्दा उठाएगा कि कैसे फीडर विभाग ने अपना काम नहीं किया, जबकि चतुराई से इस बात से ध्यान हटा देगा कि वह ऐसा माहौल बनाने में विफल रहा, जिसमें इस प्रकार के अंतर-कार्यात्मक सौहार्द को बढ़ाया जा सकता था। चूँकि वह सदैव 'एक काम करनेवाला' था, जहाँ अन्य कार्य उसकी 'सेवा' के लिए प्रतिबद्ध थे, इस कारण 'योजक' के रूप में उसे कभी काम करने का मौका नहीं मिला था।

किंतु तब क्या होगा, जब लीडरों को यह एहसास हो जाए कि उद्देश्य की एकता का एक लक्ष्य है, जो मैं से कहीं बड़ा है। क्या हो, जब सामूहिक लक्ष्य को लेकर आत्म-जागरूकता का एक बढ़ा हुआ स्तर हो तथा विनम्र बनानेवाला एहसास कि हम सिर्फ उस चक्र में एक पुरजे के समान हैं? क्या हो, जब दरवाजे की कमानी को यह पता चल जाता है कि वह दरवाजा नहीं है, बल्कि उसका महत्त्व छिपे रहकर अपनी भूमिका दरवाजे को दरवाजा बनाए रखने के लिए निभाने में ही है? संगठनों को अकेले खिलाड़ियों से बड़ा खतरा रहता है, वे जो घोर अनियंत्रित व्यक्तिवादी लोग होते हैं।

कर्मचारी को इस बात का एहसास होना ही चाहिए कि वह किसी पहेली का एक हिस्सा भर है और इस हद तक महत्त्वहीन है कि वह अनकों में एक है तथा इस लिहाज से काफी हद तक महत्त्वपूर्ण है कि उसके योगदान के बिना वह पहेली सुलझाई नहीं जा सकती है। उसकी सफलता हर किसी की सफलता है और सबकी सफलता ही उसकी सफलता है। मार-काटकर आगे बढ़नेवाली इस दुनिया में जहाँ विजेता सबकुछ अपने साथ ले जाता है, वहाँ इस गुण का प्रतिपादन विरले ही किया जाता है और विकसित करना तो और भी विकट है।

ऐसे कर्मचारी जिनमें अपने महत्त्व और अपरिहार्यता की भावना कुछ ज्यादा ही होती है, वे जिस टीम में काम करते हैं, उसकी संरचना को तथा जिस संगठन का वे हिस्सा हैं, उसे कमजोर करते हैं। दुर्भाग्य से अनेक संगठन शुरुआत में इस उन्माद को पालते-पोसते हैं और तब तक ऐसा करते रहते हैं, जब यह एक राक्षस का रूप ले लेता है, जिसे वे काबू नहीं कर पाते हैं।

कबीर सोई सुरमा, मन सों माड़ै जुझ।
पाँचो इंद्री पकड़ि के, दूरि करै सब दूझ॥

हे कबीर, बहादुर वह है, जो अपने मन से लड़ता है, अपनी इंद्रियों को वश में रखकर अपनी दुविधा को दूर करता है।

हे कबीर, बहादुर वह है, जो पाँच इंद्रियों को वश में करता है, वह जो ऐसा नहीं कर पाता है, कभी भगवान् को प्राप्त नहीं कर सकेगा।

चलिए, मैं कुछ बातों को सामने रखता हूँ और जो आप पर लागू हों, उस पर सही का निशान लगा दीजिएगा। छोटी सी समस्या पर भी आप आपा खो बैठते हैं। आप लोगों की मंशा पर संदेह करते हैं। प्रश्नों को आलोचना समझने की गलती करते हैं। वफादारी को दक्षता से ऊपर रखा जाता है। आप वहाँ श्रेय नहीं देते, जहाँ देना चाहिए। आप सबके सामने आलोचना करते हैं। आप निजी हो जाते हैं। आपको लगता है कि फटकार के बाद मीठी बातों से चोट को दूर किया जा सकता है। आप अपना तनाव अपने नीचे काम कर रही टीम पर डाल देते हैं।

आप इनमें से अधिकांश को अपने लिये सही नहीं पा सकते हैं, लेकिन अपने बॉस या दूसरों पर यह आपको लागू होता दिख रहा होगा। अब अपने अधीनस्थों से पूछें कि क्या ऐसी बातें आप पर लागू होती हैं और अब यह जानकर हैरान रह जाएँगे कि अपने और दूसरों के विचारों में आपको अंतर मिलेगा। दूसरों ने अपने विचार आपसे बातचीत के आधार पर बनाए हैं और वही सच होता है।

कबीर आत्म-जागरूकता को दूसरा नाम देते हैं—साहसी। संभवत: यह कबीर का अनोखापन है कि वह उस व्यक्ति को शौर्य और वीरता से जोड़ते हैं, जिसमें आत्म-जागरूकता कूट-कूटकर भरी होती है। वे जानते हैं कि अपने ही मन की गहराई में जाने तथा दूसरों से बातचीत के बाद अपनी मंशाओं को लेकर सामने आई बातों को स्वीकार करने के लिए असीम साहस की आवश्यकता होती है। किसी व्यक्ति में इस बात को स्वीकार करने के लिए जबरदस्त भावनात्मक शक्ति होनी चाहिए कि वह जिस प्रकार दूसरों से पेश आता है, वह पूरी तरह से सही नहीं है।

हम गलत थे, इसे स्वीकार करने के लिए साहस चाहिए। यह मानने के

लिए साहस चाहिए कि हम नहीं जानते। जब दूसरों को उनके मुताबिक चलने देना अनिवार्य हो जाए तो उन्हें ऐसा करने देने के लिए साहस चाहिए। किसी चर्चा में अपने पक्ष का लगातार बचाव करने की बजाय उसे छोड़ने के लिए साहस की आवश्यकता पड़ती है।

कॉरपोरेट परिस्थितियों में यह ताकत अनेक कारणों से शायद ही दिखती है। पहला, कारोबार की दुनिया में इसे दूसरे दरजे की नरम बातचीत माना जाता है। दूसरा, प्रणाली में रोक और संतुलन की ऐसी कोई व्यवस्था नहीं, जिससे कर्मचारियों को उनकी तरक्की के दौरान फीडबैक दिया जा सके। वास्तव में यदि ऐसा किया भी जाता है, तो इस प्रकार की खामियों को छिपा लिया जाता है या अनदेखा कर दिया जाता है।

सिर राखै सिर जात है, सिर काटै सिर सोय।
जैसे बाती दिप की, कटि उजियारा होय॥

अहंकार से जीवन तबाह हो जाता है, इसे छोड़ने से जीवन बच जाता है। यह उसी प्रकार है, जिस प्रकार चिराग तभी रोशनी देता है, जब उसकी बाती को काटा-छाँटा जाता है।

यह कितना सही रूपक है! गहन चर्चा, बहस और असहमतियों के बीच जो कुछ होता है, उसे मैनेजर कभी-कभी भूल जाते हैं। अहंकार की भावना, यह कि मैं और सिर्फ मैं ही सारे उत्तर जानता हूँ या अन्य की तुलना में मेरा दृष्टिकोण तार्किक रूप से बेहतर है या मेरा विश्लेषणात्मक तरीका गुणवत्ता के लिहाज से बेहतर है, इस तरह की बातें अकसर काररवाई को विकृत कर देती हैं। हावी होनेवाले कर्मचारियों, मैनेजरों और लीडरों के कारण ऐसी परिस्थितियाँ उत्पन्न हो सकती हैं, जिनसे दूसरों के सामने अपनी बातों को रखना कठिन हो जाता है। कोई यह तर्क दे सकता है कि हर कर्मचारी की अपनी एक जिम्मेदारी होती है और उसे किसी भी समय बिना भय या पक्षपात के अपने विचारों को सामने रखना चाहिए, लेकिन यह भी उतना ही सही है कि यह जिम्मेदारी लीडर की होती है कि वह एक ऐसा माहौल तैयार करे, जिसमें हिचकनेवाले और कम बोलनेवाले भी अपने विचार व्यक्त कर सकें।

अहंकार के वशीभूत लोग दूसरों को अपनी बात रखने या उन पर चलने नहीं देते हैं। उसका खेल हमेशा अपना ही तरीका लादने का होता है। जल्दी

ही उसे अहम जानकारी, समय से पहले की चेतावनी, विवाद के संकेत मिलना बंद हो जाते हैं और फिर वह होता है, जिसे मुहावरों में बुरी खबर कहा जाता है। जल्दी ही वह नई सोच, नए दृष्टिकोण, विकल्पों, समानांतर सोच से वंचित हो जाता है, जिनसे विचार समृद्ध होते हैं और एक बेहतर रणनीति बनाई जा सकती है। जल्दी ही उसके पास संकीर्ण सोचवाले, हाँ-में-हाँ मिलानेवाले और एक ही पक्ष को देखनेवाले चमचे बच जाते हैं। जल्दी ही उसकी टीम अधीनस्थ और साथी समान रूप से बँधा, जकड़ा और घुटन के माहौल का एहसास करने लगते हैं। वे उसकी सफलता में योगदान करना और उसकी कामना करना छोड़ देते हैं। वे जल्दी ही न्यूनतम आवश्यक कार्य करने लगते हैं और उनका जोश बस इस कारण ठंडा पड़ जाता है, क्योंकि उसे बढ़ाया नहीं जाता है।

हालाँकि जो अपने उन्मादी अहंकार के वश में नहीं आते हैं, वे काररवाई में ताजगी, नई सोच और समृद्धि लाते हैं। वे दूसरों को अपनी बात रखने देते हैं और अपना पक्ष रखनेवालों का सम्मान करते हैं, फिर चाहे यह उनकी सोच के विपरीत ही क्यों न हो। दूसरे लोग हमारी सफलता के लिए इस कारण काम करते हैं, क्योंकि हम उन्हें अपने लिए काम करने देते हैं।

हम जब-जब चिराग की लौ को काटते-छाँटते हैं, तब-तब यह और भी अधिक रोशनी देने लगता है। हम जब भी अपने अहंकार को कम करते हैं, हमारी आत्मा की लौ तेज हो जाती है।

भीतर तो भेदा नहीं, बाहर कथै अनेक।
जो पै भीतर लखि परे, भीतर बाहिर एक॥

आप जो बाहर है, उसकी बात करते हैं, जो अंदर रहता है, उसपर विचार नहीं करते। यदि आप अपने अंदर से जुड़ जाएँ तो एकता (अंदर और बाहर की) स्थापित हो जाएगी।

आधुनिक संगठनों में ऐसे लोगों की भरमार है, जो सिद्धांत, एनालिटिक्स और मॉडलों की दुनिया को जानते हैं। सभी प्रकार के नेताओं को उपदेश और ज्ञान देते आम तौर पर देखा जाता है और फिर यह भी देखा जाता है कि कैसे वे ठीक उसे उलट कार्य करते हैं।

संगठनों में विचारों और सिद्धांतों के बीच तालमेल का इतना अभाव होता है कि आप सोच भी नहीं सकते। मैनेजर नवीनतम फैशन और चलन के मुताबिक

रुख बदल लेते हैं, लेकिन त्रासदी तो सच में तब होती है, जब वे अपनी मरजी के आधार पर बदल जाते हैं। पूरा संगठन इन विसंगतियों को देखता और उन्हें गाँठ बाँध लेता है। अपेक्षित उम्मीदों के साथ ही वाटर-कूलरों के अनेक पल इस बात के गवाह हैं कि सामान्य कर्मचारी प्रकाशित संगठनात्मक मूल्यों का मजाक किस तरह उड़ाते हैं। इस बात के अनेक प्रमाण मिलते हैं, जब इस प्रकार के मूल्यों का पालन नहीं होता या संगठन के विभिन्न स्तरों पर उन्हें लागू करने में खामियाँ दिखती हैं। यह भी असामान्य नहीं है कि व्यापक व्यवस्था में इन बातों को लेकर एक बेचैनी दिखती है। आप यह देखकर हैरान रह जाते हैं कि जिस गंभीर विषय पर शीर्ष प्रबंधन इतना समय और इतनी ऊर्जा खर्च करता है, उसके प्रति कर्मचारियों में इस प्रकार का अविश्वास है और इसे हँसी में उड़ा दिया जाता है। इसका कारण समझना कठिन नहीं, दरअसल वे इनका अनुभव नहीं करते हैं।

सोचना या कल्पना करना इतना कठिन नहीं है। संगठन को रोजाना चलाने के क्रम में, निचले स्तर के कर्मचारियों का नेतृत्व करनेवाले टीम लीडरों और कार्यकारी लीडरों द्वारा प्रचारित मूल्यों और प्रदर्शित व्यवहार में इतना अंतर नजर आता है कि इन मूल्यों का महत्त्व ही समाप्त हो जाता है। नेता जो कहें, उसे कर दिखाएँ, जो उपदेश दें, उसे लागू करें, जो दूसरों से करने को कहें, उसे स्वयं भी अपनाएँ तथा अपने शब्दों और कर्मों में एकरूपता पैदा करें। खराब आत्म-जागरूकतावाले लीडरों को तो पता भी नहीं चलता कि इस प्रकार का भी कोई अंतर होता है। वे अपने ही खेल से अनजान रहते हैं।

चलिए, अब नेतृत्व में इस प्रकार की 'गलती' के होने के कुछ आम उदाहरण लेते हैं और समझते हैं कि उनसे कैसे बचा जाए। यदि हम प्रतिभा का उपदेश देते हैं, तो यह सुनिश्चित करना होगा कि सिर्फ प्रतिभावानों को ही पुरस्कृत किया जाए। यदि हम खुलापन की वकालत करते हैं, तो अपनी टीम के सबसे जूनियर सदस्य की बात सुननी पड़ेगी न कि अपनी सत्ता के दम पर अपने ही विचारों को सामने रखें। यदि हम पारदर्शिता की बात करते हैं, तो इसे अपनी आदत के तौर पर शामिल करना होगा। अनेक लीडर शब्दों के जाल में या वाक्पटुता या ढोंग कर या इससे भी बुरा तब होता है, जब सफेद झूठ बोलकर अपने वास्तविक स्वभाव को छिपाते हैं। एक बार किसी टीम मीटिंग में एक लीडर ने यह कहते हुए शुरुआत की, "आप इस विकल्प पर

भी विचार कर सकते हैं" और बैठक के अंत में पूछा कि उसके सुझाव को कौन लागू करेगा? उसने तीस मिनट में अपने 'सुझाव' को एक 'आदेश' में बदल दिया। सोचिए कि उसकी टीम के सदस्यों के मन में कितना विरोधाभास और मतभेद उभरा होगा।

हरि गुन गावे हरषि के, हिरदय कपट न जाए।
आपण तो समझे नहीं, औरहि ज्ञान सुनाए॥

वह जो भगवान् के गुण गाता है, जबकि उसके हृदय में कपट है, वह अपने आपको नहीं जानता, लेकिन संसार को शिक्षा देता है।

एक के बाद एक अपने दोहे के माध्यम से कबीर विरोधाभास की चर्चा करते हैं। यदि आपका हृदय साफ नहीं तो धार्मिक होने का कोई लाभ नहीं है। यह छद्म धार्मिकता होती है।

यदि हम स्वयं मौलिक मानवीय गलतियों से उबर नहीं पाते तो संगठन के लीडर के रूप में गुणों, मूल्यों और सिद्धांतों की बात करने का कोई लाभ नहीं है। वह लीडर जो सत्ता का भूखा, चौकड़ी बनाकर रखनेवाला होता है, अकसर संगठनात्मक निर्माण के गुणों का उपदेश देता है। वह नेता जो लंदन के मौसम से भी तेजी से बदलता है, स्थिरता की बातें करता है। वह नेता जिसने साज़िश, राजनीति और सिफारिश से अपनी किस्मत चमकाई है, प्रतिभा को बढ़ावा देने की बात करता है। वह लीडर जो बिक्री के आँकड़ों को बढ़ाने या बुरी खबरों को पक्षपातपूर्ण ढंग से बताने में गुरेज नहीं करता है, वही पारदर्शिता की बातें करता है। वह नेता जिसने स्वतंत्र सोच रखनेवाले अधीनस्थों को महत्त्वहीन पद देकर किनारे कर दिया है या संगठन से ही बाहर कर दिया है, वही अभिव्यक्ति की स्वतंत्रता की बात करता है। इसका कोई लाभ नहीं। यह व्यर्थ है। सारे कर्मचारी इस विरोधाभास को अच्छी तरह समझ लेते हैं।

जो हंसा मोती चुगै, कांकर क्यु पतियाय।
कांकर माथा न नवै, मोती मिले तो खाए॥

हंस सिर्फ मोती चुगता है, पत्थर नहीं। वह जिसे मोती की आदत है, वह कभी पत्थर से समझौता नहीं करेगा।

हंसा बगुला एक सा, मानसरोवर माहिं।
बगा ढिंढोरे माछरी, हंसा मोती खाहिं॥

हंस और बगुला एक जैसे ही दिखते हैं। बगुला मछली पकड़ता है, जबकि हंस मोती।

सच्चे लीडर समझौता नहीं करते। वे झूठ नहीं बोलते। वे अपना स्तर नहीं घटाते। वे गलत तरीके नहीं अपनाते। वे कम से संतोष नहीं करते। जब कोई देख रहा होता है, तब वे नजरें नहीं चुराते। उस हंस की तरह, जो सिर्फ मोतियों को चुनता है; क्योंकि वही उसका प्रारब्ध है, वह इस कारण पत्थर से समझौता नहीं कर लेता, क्योंकि वही उपलब्ध हैं।

संकट के समय साहसी और डरपोक की पहचान होती है। नेतृत्व का अर्थ है, वह जो एक नेता संकट के समय करता है। इसे अनेक प्रकार से कहा जा सकता है। निम्नलिखित कहानी इसे सबसे अच्छी तरह बताती है। एक बार एक राजगीर ने दीवार पर बड़ी ऊँची जगह पर एक डिजाइन बनाई और जब उसमें खामी दिखी तो उसे दुरुस्त करने में व्यस्त था। उसके सहायक ने कहा कि उसे सुधारने की जरूरत नहीं, क्योंकि वह दीवार पर इतनी ऊँचाई पर है कि देखनेवालों की नजर नहीं पड़ेगी। "देखेगा कौन?" सहायक ने कहा। राजगीर ने जवाब दिया, "मैं देखूँगा।" चाहे कोई न भी देख रहा हो, तब भी हंस पत्थर नहीं चुगेगा।

संगठनों में एक उपहार नीति, एक खुलासा करने की नीति और हितों के टकराव की नीति होती है। फिर अचानक यह पता चलता है कि उनके जीवनसाथियों और रिश्तेदारों के कारोबारी हित हैं, जो स्पष्ट रूप से हितों के टकराव के अंतर्गत आते हैं। हर किसी को इस सुविधाजनक व्यवस्था की जानकारी होती है, लेकिन कुछ भी किया नहीं जा सकता; क्योंकि तकनीकी रूप से सबकुछ ठीक है। लीडरों को यह अवश्य समझ लेना चाहिए कि इस प्रकार की चालाकी से बचने की बात कर्मचारियों को बेवकूफ नहीं बना सकती है। यह उनमें अपनी ही चाल चलने का हौसला बढ़ाती है।

दो दमदार लीडरों के बीच क्षमता से भले ही अंतर किया जा सकता है, लेकिन यह अंतर सोच और मौलिक संरचना का भी हो सकता है। वह जिसमें नेतृत्व के गुण हैं, महज इस कारण समझौता नहीं करता, क्योंकि समझौता हो

सकता है, वह इस कारण गलती नहीं करता; क्योंकि गलती पकड़ी जा सकती है और इस कारण गलत काम नहीं करता; क्योंकि गलत काम को पकड़ा जा सकता है। उसे इस बात का एहसास होता है कि बात एक मैच की नहीं, पूरे खेल की है। खेल-भावना इसी से बनी होती है और इसी से नेतृत्व का भी निर्माण होता है। बिल्कुल यही बात जिम्मेदार अभिभावकों को तब भी सिग्नल तोड़ने से रोकती है, जब कोई वाहन नजर नहीं आ रहा होता है।

फिर एक मुश्किल में डालनेवाली पहेली भी है, जब उसे एक ऐसी नीति का समर्थन करना पड़ता है, जिसे उसका मन स्वीकार नहीं करता या फिर वह नौकरी छोड़ दे। जब उसके सामने निहायत नाकाबिल के साथ काम करने या इस्तीफा देने की स्थिति उत्पन्न हो जाती है। जब उसके सामने अपने विचार को व्यक्त करने और गलती निकालनेवाला कहे जाने या चुप रहने तथा 'बंदरों के झुंड' को मनमानी करने देने का विकल्प होता है, वह क्या करेगा? क्या वह पत्थर और मछली चुग लेगा या वह मोती या कुछ भी नहीं के विकल्प को चुनेगा?

मेरा किया न कछु भया, तेरा कीया होय।
तूं करता सबकुछ करै, करता और न कोय॥

ऐसा कुछ नहीं है, जिसे सिर्फ मैंने किया है, असली करनेवाले तो आप हैं। आपके ही माध्यम से सारे काम होते हैं।

आत्म-जागरूक लीडर जानते हैं कि वे अकेले कुछ भी हासिल नहीं कर सकते हैं। सिर्फ बेकार और घमंडी ही ऐसा मानते हैं कि वे चीजों को नियंत्रित करते हैं। विनम्रता नेतृत्व का मूल गुण होता है। विनम्रता सिर्फ सच्ची आत्म-जागरूकता से सामने आती है। वे एक प्रकार से एक ही सिक्के के दो पहलू हैं। सच्चे लीडर यह जानते हैं कि जितनी उनकी टीम अच्छी है, वे उतने ही अच्छे हैं और वे इस बात को सचमुच और गहराई से समझते हैं। वे जानते हैं कि मशीन के सबसे छोटे 'पिन' ने भी उस मशीन के सुचारू रूप से काम करने में महत्त्वपूर्ण भूमिका निभाई है। सबसे महत्त्वपूर्ण यह है कि परिणाम के प्रति उनमें अपने योगदान को लेकर घमंड नहीं होता है।

पुरस्कार समारोहों और समापन समारोहों में ऐसा अकसर देखा जाता है कि कुछ लीडर खड़े होकर अपनी टीमों को धन्यवाद देते हैं, जबकि वहाँ मौजूद हर एक को यह जानकारी होती है कि उस लीडर के मुँह से निकला

एक भी शब्द सच्चा नहीं है। वह अपनी निजी उपलब्धि से अभिभूत है और इस अहंकार से चूर है कि वह है, जिसने सफलता को सुनिश्चित किया। दूसरे तो बस इत्तेफाक से उससे जुड़ गए। बुरी खबर यह है कि उसकी टीम भी स्पष्ट रूप से समझती है कि वह फिजूल की बातें कर रहा है और हर किसी को दिखाने के लिए धन्यवाद दे रहा है, जबकि हकीकत में वह मानता है कि सबकुछ उसी ने किया है। इन बेकार की बातों से उसकी टीम में खीज और अलगाव और बढ़ जाता है। सच्ची विनम्रता का एहसास उसे लक्षित किए गए व्यक्ति के अंदर तक हो जाता है। उसका ढोंग नहीं किया जा सकता है।

सच्ची विनम्रता लगभग उस दार्शनिक और आध्यात्मिक अनुभूति से पैदा होती है कि बतौर लीडर यह हमारा सौभाग्य है कि हम टीमों को लीड कर रहे हैं, यह कि लीडर के नाते हमारे पास ऐसे लोग हैं, जो हमें अपना सर्वोत्तम देते हैं, यह कि लीडर के तौर पर हमें इस बात का शुक्रगुजार होना चाहिए कि हमारी टीमें अपने जीवन के महत्त्वपूर्ण हिस्से को भगवान् जाने किन-किन परिस्थितियों में रहकर भी हमारे लिए देते हैं। सच्ची विनम्रता ब्रहांड की प्रकृति और उसमें अपनी स्थिति को समझने से आती है।

ग्रेनेड में विस्फोट तब होता है, जब हानिरहित पिन को निकाला जाता है। कार का पहिया तब बाहर आता है, जब हानिरहित नट गिर जाता है। यदि प्रिंटर अपना काम न करे तो हमारी रिपोर्ट बेकार हो जाएगी। अगर टेक्नीशियन ने प्रोजेक्टर सही नहीं किया तो हमारी प्रेजेंटेशन खराब हो जाएगी और हम यह समझ लेते हैं कि ब्रह्मांड के केंद्र में हम ही बैठे हैं।

कबीर कहते हैं, जब सभी अपना काम करते हैं, सारे हिस्से किसी से जुड़कर संगीत की रचना करते हैं, तभी चीजें सही होती हैं।

प्रमुख सबक

1. जागरूकता का अर्थ है कि हम स्वयं अपनी मंशा, अपनी बातचीत और धारणाओं, अपनी प्रतिक्रियाओं, विचारों और निर्णयों को जानें, जब हम अपने गवाह खुद होते हैं।
2. कुछ पक्षपात तो हमारे चित्त में इतने गहरे होते हैं कि देखनेवाले को लगता है कि यह पक्षपात नहीं है, यह सामान्य अवस्था है, सच्चाई है और वह इसकी रक्षा करता है।
3. लीडरों में सच्ची शिक्षा तब संभव होती है, जब वह जाने देता है, अब तक जो दुनिया के प्रति उसकी सोच का आधार था, उन्हें जाने देता है, अपने काम करने के मॉडल को जाने देता है, जो उसके संदर्भ का खाका था, उसकी मूल धारणा, सच्चाई को देखने का उसका तरीका था और इस कारण सच्चाई को समझ पाता है।
4. इससे अवधारणाओं को समझने में सहायता मिलती है, लेकिन सच्ची प्रगति सिर्फ चिंतन, आत्ममंथन और मैं के 'साथ' तथा मैं 'पर' काम करने से ही संभव है। अहंकार और आत्म-जागरूकता पर सिर्फ चर्चा करने से यह संभव नहीं होता। चलिए, हम उन पर बात करना बंद करें और अपने आप से अपने विषय में बात करना शुरू करें।
5. अपने विषय में जागरूक होना 'साहसी' होना है, क्योंकि अपने मन की गहराई में जाने, अपनी मंशा को स्वीकार करने, अपने खुरदरे पक्ष को मानने तथा अपनी खामियों को कबूल करने के लिए असीम साहस की जरूरत होती है।
6. दूसरे हमारी सफलता के लिए काम करते हैं, क्योंकि हम उन्हें अपने लिए काम करने देते हैं।
7. नेतृत्व वह है, जो संकट के समय लीडर करते हैं।
8. सच्ची विनम्रता लगभग उस दार्शनिक और आध्यात्मक अनुभूति से पैदा होती है कि बतौर लीडर यह हमारा सौभाग्य है कि हम टीमों को लीड कर रहे हैं। सच्ची विनम्रता ब्रह्मांड की प्रकृति और उसमें अपनी स्थिति को समझने से आती है।

□

विचार की समग्रता और स्थिरता

कहानी : अनिल मल्होत्रा को अपने व्यवसाय में खराब नतीजे मिल रहे हैं और संतुष्टि स्कोर एवं कारोबार जिसके लिए वह उत्तरदायी हैं, अपना मार्केट शेयर खो रहा है। वह तकनीकी रूप से समर्थ हैं। लेकिन हाल ही में परिवेश में कई परिवर्तन हुए, जिसने उनके कारोबार को प्रभावित किया। हालाँकि स्थिति गंभीर नहीं कही जा सकती। इसका यह मतलब है कि टीम को स्पष्ट होना चाहिए कि वे क्या प्राप्त करना चाहते हैं, क्योंकि ग्राहकों की आवश्यकताएँ विकसित हो रही हैं। सर्वेक्षण में खुले छोर वाले प्रश्न सुझाव देते हैं कि टीम निर्देशों की स्पष्टता और स्थायित्व की खोज में है। विलंबित कार्य-समय एक अन्य मुद्दा है, जो उन्हें चुनौती दे रहा है। अनिल ने यह पता लगाने के लिए मदद माँगी है कि वास्तव में क्या गड़बड़ी हो रही है।

औसत कर्मचारी को एक ऐसे प्रबंधक से अधिक कुछ नहीं थकाता है, जो एक चीज और अगली चीज के बीच झूलता रहता है। एक कर्मचारी की प्रभावशीलता को एक ऐसे पर्यवेक्षक से अधिक कोई संकट में नहीं डालता है, जो अपने ही विचार को नहीं जानता है या जिसके पास एक दार्शनिक केंद्रबिंदु नहीं होता है। एक औसत कर्मचारी अपने पर्यवेक्षक से प्रतिक्रियाओं, विचारधारा और सिद्धांतों की संभाव्यता चाहता है, एक प्रकार की स्थिरता और पैटर्न चाहता है कि वास्तव में उसका पर्यवेक्षक उससे क्या चाहता है। यह विस्तृत स्पष्टता कर्मचारी को आश्वासन और दिशा दोनों प्रदान करती है। इसके बिना वह दिशाहीनता में खो जाता है; वह नहीं जानता कि भगवान् के नाम पर बॉस क्या चाहता है! इस बीमारी की गंभीरता को जानने के लिए टीम के सदस्यों का एक यादृच्छिक सर्वेक्षण करने की जरूरत होती है।

पतिबरता को सुख घना जाके पति है एक।
मन मैली व्यभिचारिनी, ताके खसम अनेक॥
वफादार बहुतायत में खुशी मनाता है, विश्वासघाती मन तो पापों का जाल है।

चलिए कबीर द्वारा प्रयुक्त रूपक से आगे बढ़ते हैं, क्योंकि यह एक जेंडर-पूर्वग्रह होने के रूप में गलत समझा जा सकता है। मुझे यकीन है, उनकी वफादारी की संकल्पना जेंडर-न्यूट्रल थी, भले ही उन्होंने अपने दोहे में स्त्रीलिंग का चुनाव किया हो। कबीर का वास्तव में मतलब है कि जो किसी एक के प्रति वफादार है, वह दुनिया भर की खुशी मनाता है और जिसके पास कई पति/पत्नियाँ (एक जेंडर-न्यूट्रल संकल्पना) हों, वह न केवल एक भ्रष्ट दिमाग है, बल्कि वह अप्रसन्नता भी लाता है।

आइए, देखते हैं कि क्या इस रूपक के पीछे के विचार का कॉरपोरेट संदर्भ में काम आ सकता है। प्रबंधकों से दृढ विश्वास प्रदर्शित करने और निर्णायक कारवाई करने की अपेक्षा होती है। विलंब करनेवाला प्रबंधक, जो कारवाई करने में संकोच करता है या लक्ष्य तय करने में बहुत समय लगाता है, लेकिन निर्णय नहीं लेता है, या वह जो एक स्थिति से दूसरी और भी बदतर स्थिति में झूलता रहता है, वह कार्यस्थल का अभिशाप है। उसके अनिर्णय की स्थिति संगठन को कई मायनों में भारी नुकसान पहुँचाती है। इससे बहुमूल्य समय बरबाद होता है, कर्मचारी भ्रमित होते हैं, और इस स्थिति में यह समझना मुश्किल होता है कि औसत रणनीति महान् निष्पादन के साथ कहीं अधिक बेहतर है, बजाय महान् रणनीति और कमजोर निष्पादन के।

प्रबंधक से न केवल समस्याओं को हल करने और दिशा देने की अपेक्षा की जाती है, बल्कि उसे स्पष्ट होना चाहिए कि वह क्या चाहता है; उसे साफ शब्दों में अभिव्यक्त करना चाहिए कि क्यों चुना गया कार्य उचित है, यह टीम के मन में विवरण को स्पष्ट करता है। जब कर्मचारियों को यकीन होता है कि उनके लीडर के मन में क्या चल रहा है, और वे उस कारवाई की भव्य डिजाइन को जानते हों, जिसे वे करने जा रहे हैं, तो वे सशक्त महसूस करते हैं। सबकुछ केवल अस्पष्टता को बढ़ावा देनेवाली दुनिया में स्पष्टता एक बड़ी संपत्ति है।

औसत कार्यस्थल में इतना दोहराव, अत्यधिक काम, दोबारा काम हो रहा है जो बिना ध्यान और जवाबदेही के चला जाता है। उपाख्यान रूप में औसत कर्मचारी आपको बता देगा कि वे उस बॉस से इतनी नफरत नहीं करते हैं, जो उनसे लंबे

समय तक काम कराता है, बल्कि उस बॉस से अधिक नफरत करते हैं, जो हर बार उनके काम को बदलता रहता है। वे बहुत ही सावधानी से यह भी आपको बता देंगे कि ऐसा इसलिए नहीं होता है, क्योंकि काम में संशोधन की जरूरत होती है, बल्कि इसलिए कि बॉस स्पष्ट नहीं थे कि वास्तव में वह करना क्या चाहते थे।

एक अन्य तरह की बरबादी वहाँ होती है, जहाँ प्रबंधक के पास पहले से कोई प्रबंधन सिद्धांत नहीं है और ऐसी बरबादी अनुपात में लगभग आपराधिक होती है। वे आज एक चीज का प्रचार करेंगे और कल अगली चीज का। यह 'सुविधा का प्रबंधन' कहलाता है। कभी वह हमसे कार्य में संक्षिप्त होना चाहते हैं, अन्य समय विस्तृत होने की अपेक्षा करते हैं, लेकिन तब जब हम काम करके सौंप चुके होते हैं। लोगों के कार्यों में, पदोन्नति, विकास, प्रतिभा-प्रबंधन, समीक्षा प्रक्रियाओं, टीम संचालन पर उनके विचारों में कोई साम्य नहीं होता। वह सुविधानुसार एक मामले से दूसरे पर झूलते रहते हैं, और बहुत जल्द ही यह सभी के सामने स्पष्ट हो जाता है। हम हताशा में अपने बाल खींचते हैं, निराशा में हाथ उठाते हैं और पूछते हैं, "सर, आप वास्तव में कहाँ खड़े हैं?" और शायद जवाब होता है अपने दो पैरों पर भी नहीं!

पतिबरता पति को भजै, पतिभज घर विश्वास।
आन दिसा चितवै नही, सदा पीव की आस॥

वफादार अपने विश्वास में दृढ होता है, किसी एक के लिए अपनी इच्छा में डगमगाता नहीं है।

एकरूपता का विचार इस दोहे के केंद्रीय भाव में भी रहता है। संगठनात्मक संदर्भ में प्रासंगिक एक और तत्त्व रणनीति, योजना, लक्ष्यों, मिशन या विजन की समय के साथ एकरूपता है। अनेक लीडर उस बात से संतुष्ट नहीं होते, जिससे कि वे कुछ दिन पहले या बदतर स्थिति में, कल ही संतुष्ट थे। हर सुबह कर्मचारी इस बात से डरा रहता है कि नई सनक क्या है, लीडर की आज की नवीनतम यात्रा क्या है। प्रबंधक यह भूलते हुए या अनदेखी करते हुए अपने अभी तक के सभी कामों को अमान्य ठहराता है कि पिछले दिन ही उसने क्या कहा और क्या निर्देश दिया था, और इस तरह भ्रम और निराशा फैलाता है। यह कल्पना करना कठिन नहीं है कि ऐसी टीमें क्या प्रगति करेंगी। यह साल ऐसी अपरिपक्व पहलों से भरा पड़ा होगा, जो बहुत धूमधाम से शुरू किए गए थे, लेकिन उन्हें तार्किक परिणति तक नहीं पहुँचाया गया।

एक विचार, योजना और रणनीति के लिए निष्ठा रखना, फलने-फूलने के समय तक सहनशील बने रहने के बारे में भी है। आज आम का बीज बोने और कल फल के बारे में पूछने का कोई मतलब नहीं है। प्रकृति उस तरह काम नहीं करती है, और न ही संगठन करते हैं। इस तरह की अस्थिरताएँ हम जितनी कल्पना कर सकते हैं, उससे कहीं अधिक व्याप्त हैं!

ढोल दमामा बाजिया, शब्द सुना सब कोय।
जो सर देखी सति भगै, दोउ कुल हांसी होय॥

ड्रम और शोर सुनकर यदि आप अपना काम छोड़ देते हैं, तो आप हँसी के पात्र बन जाएँगे।

यहाँ कबीर का रूपक सति है, जो एक निंदनीय और अब प्रतिबंधित प्रथा है। हालाँकि, हमें उस बात को समझना चाहिए, जो वे कहना चाह रहे हैं—और उन्होंने यह बात तब कही, जब वह एक स्वीकार्य सामाजिक प्रथा थी। वे कहते हैं कि जब एक प्रयोजन से मंच सेट कर दिया जाता है और तब आप पीछे हट जाते हैं या आपके पैर ठंडे पड़ जाते हैं, तो यह आपकी प्रतिष्ठा में सेंध का कारण बन जाता है और आलोचना का कारण बनता है। कबीर का जोर सच्चाई का क्षण आने पर अपने कर्तव्य का निर्वहन करने पर है। जब सच्चाई के ऐसे कई क्षणों को एक साथ देखा जाता है, कुछ और मूलभूत यानी प्रतिष्ठा बन जाता है।

कॉरपोरेट जगत् किसी की सोच से कहीं ज्यादा कनेक्टेड होता है। प्रतिष्ठा बहुत जल्दी फैलती है। किसी नए लीडर के कंपनी में आने से पहले उसके बारे में बातें आ जाती हैं, भले ही उसकी वरिष्ठता कितनी भी हो। मैं इसे प्रतिष्ठा कहता हूँ, जो अत्यधिक कनेक्टेड दुनिया में किसी भी अन्य चीज से ज्यादा रफ्तार से यात्रा करती है और बहुत देर तक टिकी रहती है। जब हमारे बारे में विचार एक संगठन से दूसरे को प्रेषित होते हैं, वहाँ वर्तनी-जाँच, स्पष्टीकरण और दूसरी पारी की कोई सुविधा नहीं होती है। एक भूमिका या एक संगठन में एक लंबे कार्यकाल के अंत में लोग वास्तव में उन भूमिकाओं को याद नहीं रखते, जो हमने निभाई थीं या हमने जो कारवाइयाँ की थीं या जो बातें हमने कही थीं। लोगों को केवल वह याद रहता है, जो हमने उन्हें महसूस कराया होता है। लोग केवल वह याद रखते हैं, जैसा नेतृत्व हमने दिया और हमारे नेतृत्व के बारे में उन्होंने कैसा महसूस किया। लोगों को जो याद रह जाता है, उसे मैं प्रतिष्ठा कहता हूँ।

हमने क्या किया है, लोग भूल जाते हैं और केवल प्रतिष्ठा ही बची रह जाती

है। उन्हें केवल वह याद रह जाता है, जो हमने उन्हें पेशेवर तरीके से या भावनात्मक तरीके से महसूस कराया। हमने क्या उनकी बात सुनी, क्या उनकी आकांक्षाओं, आशंकाओं, निराशाओं और चिंताओं पर ध्यान दिया या हम सदैव अधिकारी के ऊँचे घोड़े पर सवार बने रहे। क्या हमने उनकी उपयोगिता को बढ़ाया, क्या हमारी अंत:क्रियाओं के साथ उन्होंने उत्साहित महसूस किया?

मैं कार्यस्थल पर इस अनवरत दुविधा के बारे में सुनता हूँ कि या तो हम अच्छे हो सकते हैं या प्रभावी हो सकते हैं; हम या तो लोगों के प्रति अच्छे हो सकते हैं या उनसे काम करवा सकते हैं। निश्चित रूप से एक लीडर के रूप में हमारा काम उनसे काम लेना है और कैसे भी करवाना है। कौशल परिणामों का पीछा करते हुए सीमा पार करने में नहीं है। पूछने के लिए बड़ा सवाल यह है कि क्या मानव गरिमा को लक्ष्यों के पीछे बलिदान किया जाना है, विशेष रूप से व्यापार की अत्यंत गतिशील दुनिया में, जहाँ भाग्य साप्ताहिक आधार पर बदलता रहता है। लोगों को उनके आत्मसम्मान की कीमत पर आगे नहीं बढ़ाना चाहिए। आवाज को कम रखना और फिर भी अपने आप को व्यक्त करना, संभव है। इन भावनाओं को व्यक्त करने का आसान तरीका है, आवाज उठाना, व्यक्तिगत होना, नाम बुलाना और विशेषणों का प्रयोग करना और ये सब आक्रामक और परिणामोन्मुख होने के नाम पर होता है।

फिर भी अच्छे लीडर जानते हैं, कितना भी मुश्किल क्यों न हो, उनके लिए प्रभावी होना और फिर भी टीम की मानवीय गरिमा बनाए रखना संभव है, जिसे वे अपना सर्वश्रेष्ठ देने के लिए प्रेरित कर रहे हैं। इसलिए हम बड़ा प्रश्न पूछते हैं—जब कुछ अच्छा नहीं हो रहा है, कुछ बुरी खबर आ गई है या एक कार्य पूरा नहीं किया गया है तो कोई लीडर क्या करता है?

नेतृत्व का मतलब निर्णयों को लेने से होता है और निर्णय लेने का मतलब कई विकल्पों में से एक विकल्प चुनना होता है। प्रबंधकीय निर्णय के सभी क्षेत्रों में, लीडर के पास कई विकल्प होते हैं और कभी-कभी ये विकल्प वास्तव में बहुत बराबरी के होते हैं। निर्णय का आधार क्या है—क्या यह तार्किक, तर्कसंगत, पक्षपात रहित, निष्पक्ष, धारणाओं और पूर्वग्रही भावनाओं से शुद्ध है? लोग उन मुश्किल क्षणों को देखते हैं और याद रखते हैं कि लीडर क्या विकल्प चुनते हैं, हालाँकि लीडर विकल्प नहीं भी चुन सकते हैं। एक समय की अवधि के बाद, निर्णय लेने के हर कार्यक्रम के अंत में, संगठन के लोग, हालाँकि सटीक फैसले नहीं याद करते हुए लेकिन केवल एक ही बात याद रखते हैं—उन सभी निर्णयों

का योग एक व्यक्ति के रूप में उस लीडर के बारे में क्या बताता है—और उन सभी चीजों का योग प्रतिष्ठा है।

यदि एक से अधिक-से-अधिक मामलों में हम मानवीय गरिमा को बनाए रखते हैं, तो हमारी प्रतिष्ठा एक अच्छा लीडर होने की होती है; बजाय इसके अगर हम लोगों पर चिल्लाते हैं और उन्हें नीचे खींचते हैं, तो हमारी प्रतिष्ठा दबंग की होती है। अगर हम लोगों को उनकी जगह, हवा, पानी और धूप नहीं लेने देते हैं, तो हमारी प्रतिष्ठा जेलर की होती है; अगर हम लोगों का श्रेय, ऊर्जा और प्रेरणा छीन लेते हैं, तो हमारी प्रतिष्ठा परजीवी होने की होती है; अगर हम छोटी से छोटी उत्तेजना में भड़क जाते हैं और वास्तविक कारणों के लिए सहानुभूति का प्रदर्शन नहीं करते हैं, तो हमारी प्रतिष्ठा किसी ज्वालामुखी की तरह होती है। हमें तानाशाह, बेवकूफ, पागल, साही, कटु, आदि लेबल किया जा सकता है—सब इस बात पर निर्भर करता है कि हमने लोगों, भावनाओं और स्थितियों के साथ कैसा बरताव किया है।

सती डिगै तो नीच घर सूर डिगे तो कूर।
सती डिगै तो सिखरते गिरि भय चकनाचूर॥

जब एक सती विचलित होती है, तो वह एक नीच घर में जन्म लेती है; साहसी विचलित होता है, तो एक कुत्ते के रूप में पुनर्जन्म लेता है,

जो साधु विचलित होता है, वह कृपा से गिर जाता है, टुकड़ों में बिखर जाता है।

लीडर की परख उसकी सच्चाई के क्षणों में होती है।

इससे कोई फर्क नहीं पड़ता कि पदानुक्रम में हम कितने ऊँचे हैं अथवा कितनी बड़ी या छोटी स्थिति हमारे सामने खड़ी है—तथ्य यह है कि हम देखे जा रहे हैं। यहाँ तक कि जब हम सोचते हैं कि कोई हमें देख नहीं रहा है, तब भी कोई देख रहा होता है। एक अवधि के बाद जब लोग हमें पर्याप्त बार देख चुके होते हैं, तो हमारी प्रतिष्ठा स्थिर हो चुकी होती है। बुरी खबर यह है कि कोई भी हमारे बारे में किसी निष्कर्ष पर पहुँचने से पहले हमसे पूछने नहीं जा रहा है।

सत्य के उन क्षणों के दौरान, विशेष रूप से जब विषय ही निराशाजनक हो, तब हम फिसलन या विचलन वहन नहीं कर सकते। हमारे स्वयं के लाभ के लिए, हमारे भविष्य के लिए, विकास और पदोन्नति, जो किसी प्रकार की अवधारणात्मक प्रतिष्ठा से इतने नाजुक रूप से जुड़े हुए हैं, हम विचलित होना वहन नहीं कर

सकते हैं। कुछ इस तरह के विचलन हुए नहीं कि हमारी प्रतिष्ठा धूल-मिट्टी में मिल जाती है। इन विचलनों को महा-विस्फोट अखंडता मामलों वाले होने की आवश्यकता नहीं है, जो आंतरिक रूप से काले और सफेद होते हैं और आसानी से जाने जाते हैं। तनी-रस्सी पर घूमना सूक्ष्म परिस्थितियों में होता है। हम कैसे तय करते हैं, किसे बढ़ावा देना है? हम कैसे किसी टीम की विफलता की जवाबदेही निश्चित करने का निर्णय लेते हैं? हम कैसे सूक्ष्म रूप से टीम सदस्यों की प्रशंसा, आलोचना, बढ़ाकर या कम आँकते हैं? हम किसके साथ सहज हैं और उस सहजता के आधार पर किस हद तक हम टीम के सदस्यों को स्वतंत्रता की अनुमति देते हैं? क्या हम सभी के गैर-प्रदर्शन को मापने के लिए एक ही मानक का प्रयोग करते हैं या हमारे पास कई मानक हैं? हम कैसे अधीनस्थों के सामने कंपनी के पैसे खर्च करते हैं? यह सूची कभी न खत्म होनेवाली है, लेकिन मुझे यकीन है कि आपको आशय समझ आ गया होगा। कभी विश्वास करने की भयंकर गलती मत कीजिए कि हमको कोई नहीं देख रहा है। कोई-न-कोई है, जो हमें हमेशा देख रहा है! यदि आप अभाग्यशाली हैं, तो ऐसा एक ही विचलन आपकी प्रतिष्ठा को नष्ट कर देगा। अगर आप भाग्यशाली हैं, तो आपको अपना खेल खराब करने के लिए कुछ मौके मिलते हैं।

याद रखें कबीर का इस पर क्या कहना है—जब मुनि विचलित हो जाता है, उसके पास निम्न जन्म की सांत्वना नहीं होती है, मुनि टुकड़ों में टूट जाता है।

जो लीडर विचलित होता है, वह भी ऐसे ही भाग्य को प्राप्त होता है।

साधू सती औ सूरमा, कबहूँ न फेरे पीठ।
तीनों निकसी बाहुरै, तिनका मुख नहि दीठ॥

साधु, सती और बहादुर पीछे नहीं हटते हैं; और अगर वे ऐसा करते हैं, उन्हें सम्मान नहीं देना चाहिए।

साधू सती औ सूरमा, इन पटतर कोय नाहिं।
अगम पंथ को पग धरै, गिरि तो कहाँ समाहि॥

साधू, सती और निडर की किसी से तुलना नहीं हो सकती है, वे कड़े रास्ते पर चलते हैं; उन्हें गिरने पर कहीं जाने का रास्ता नहीं होता है।

ये तीनों उलटे बुरे, साधू सती औ सूर।
जग में हांसी होयगी, मुख पर रहे न नूर॥

साधू, सती और निडर को गलती नहीं करना चाहिए, क्योंकि वे मजाक का पात्र बनेंगे और अपनी महत्ता खो देंगे।

ये कुछ भूमिकाओं से संबंधित गुण हैं। प्रबंधकों और लीडरों से संबंधित गुण भी होते हैं, जिससे कि उनके टीम-सदस्य, सहकर्मी, अधीनस्थ और पर्यवेक्षक उनके साथ जुड़े होते हैं। उनमें से एक है—गंभीरता और दृढता कर्तव्य की राह पर रहने, क्या सही और उचित है का गुण।

मुश्किल क्षणों में, जटिल क्षणों में, मुश्किल फैसलों में, जहाँ दो सही विकल्पों के बीच अंतर करना है, मुश्किल स्थितियों में जब स्थान पर बने रहने की आवश्यकता हो, तब लीडर को डगमगाना नहीं चाहिए, और अगर वह ऐसा करता है, तो उसे अपनी प्रतिष्ठा में खरोंच के लिए तैयार रहना चाहिए।

किसी संगठन में लीडरों से शिष्टाचार, निष्पक्षता, पूर्वग्रह के किसी भी निशान या किसी भी तरह के मकसद से रहित निर्णय लेने में सूझबूझ से काम लेने के उच्चतम मानकों को बनाए रखने की आशा की जाती है। निर्णय लेने, लोगों और परिस्थितियों के साथ व्यवहार करने के इस तरह के उच्च मानकों के माध्यम से, वे संगठनों में एक संरचना बनाते हैं, जहाँ सभी प्रकार के लोग अपनी पसंद को पाकर आते हैं और अपना सर्वोत्तम देते हैं। इस तरह के साफ व्यवहार के माध्यम से, और जब ऐसा माहौल बन जाता है, तो परिणाम-प्रदर्शन होता है। एक तरह से संगठनात्मक प्रदर्शन संरचना का परिणाम है, जो बनाई गई है। इस सूक्ष्म संरचना को संस्कृति कहा जाता है और इस संस्कृति का आधार उपरोक्त चर्चित नेतृत्व प्रतिष्ठा है।

कड़ी है धारा राम की, काचा टिकै न कोय।
सिर सौपै सीधा लड़ै, सूरा कहिये सोय॥

सच्चाई का पथ मुश्किल है, नौसिखिए के लिए नहीं है। जो झुकता है, वह न्यायसंगत रूप से लड़ता है, वास्तव में बहादुर कहा जाता है।

चूँकि बहुत कुछ उन परिणामों पर निर्भर करता है, जिनसे आधुनिक व्यापार निगमों का निर्माण होता है, इसलिए यह असाधारण नहीं है कि नेकनीयत प्रबंधकों और लीडरों का शॉर्टकट के लालच, और राजनीतिक साँठगाँठ में आना असामान्य

नहीं है, और यदि और कुछ नहीं, तो उनके पास उनका भूमिकाओं और पदों का अशोभनीय आचरण तो दिखता ही है। वे जितने उच्च होते हैं, उतना ही परिष्कृत उनका दिखावा होता है। आत्म-संरक्षण, आत्महित, आत्म-उन्नति और आत्म-पदोन्नति के आग्रहों को मान लेना, यह केवल मानवीय है। हो सकता है, ये मूलभूत मानव प्रवृत्तियाँ हों और किसी को लोगों के पास इनके होने पर आलोचनात्मक नहीं होना चाहिए। लेकिन फिर, दुर्भाग्य से ऐसे लोग लीडर भी हैं। अगर वे हैं, और हम सभी जानते हैं कि हर संगठन में उनके जैसा एक झुंड है, तो हम भ्रष्टाचार का वही जोखिम उठाते हैं, जो अपने बच्चों के लिए ऐसे शिक्षक रखने पर हम उठाते।

कॉरपोरेट गलियारों में नवागंतुक युवक इस तरह के प्रबंधकों और लीडरों की ओर न केवल दिशा, बल्कि अनजाने में मेंटरशिप और अनुकरणीय भूमिका के लिए भी देखते हैं। अगर वे रोजाना किसी भी कीमत पर आत्म-संरक्षण या बड़ा लाभ कमाने के लिए गंदी राजनीति या संगठनात्मक हितों की कीमत पर परिष्कृत व्यक्तिगत हमले देखते हैं तो न केवल एक कमजोर टीम, बल्कि एक कमजोर संगठन का भी गठन हो रहा होता है। प्रबंधकों की एक रोगग्रस्त पीढ़ी आगे बढ़ाई जा रही है, एक ऐसी पीढ़ी जो गलत बातें, गलत गुण और गलत व्यवहार सीख रही है।

भगवान् न करे उपरोक्त उल्लिखित व्यवहार एक पीढ़ी के लोगों के लिए फलदायक हो और कुछ लोग ऐसे संदिग्ध साधनों का उपयोग करके शीर्ष तक पहुँचते हैं तो आनेवाली पीढ़ी लंबे समय के लिए दूषित हो जाती है। ठीक उस बच्चे की तरह जो प्रारंभिक जीवन में गलत शिक्षक मिलने के कारण जीवन भर के लिए बिगड़ चुका होता है।

लीडरों को इस जिम्मेदारी की महत्ता को समझना चाहिए, जिसे वे वहन कर रहे होते हैं। लीडर अपने संगठन को उसके व्यापारिक लक्ष्यों की ओर ले जाता है, लेकिन वह उन मूल्यों के संरक्षक के रूप में भी काम करता है, जिन्हें वह अगली पीढ़ी को दे रहा है। कोई आश्चर्य नहीं कि नेतृत्व इतनी जिमेदारी का काम होता है।

कबीर कहते हैं, सच्चाई का मार्ग नौसिखिए के लिए नहीं है—वास्तव में, नेतृत्व भी नौसिखियों के लिए नहीं होता।

महत्त्वपूर्ण पाठ

1. प्रबंधकों से प्रतिबद्धता का प्रदर्शन और निर्णायक काररवाई करने की आशा की जाती है।
2. अनिर्णय की स्थिति कई मायनों में संगठन का नुकसान करती है। यह कीमती समय बरबाद करती है, कर्मचारियों को भ्रमित करती है और इस बात को समझने में असमर्थ रहती है कि एक औसत रणनीति महान् निष्पादन के साथ कहीं बेहतर है बजाय कि खराब निष्पादन के साथ महान् रणनीति।
3. बाजार में स्पष्टता एक बड़ी संपत्ति है, जहाँ बाकी सबकुछ केवल अस्पष्टता बढ़ाता है।
4. कई लीडर अपने निर्णय के साथ धैर्यवान नहीं होते।
5. लोग केवल यह याद रखते हैं कि आपने उन्हें कैसा महसूस कराया। वे केवल याद रखते हैं, आपने उन्हें कैसे नेतृत्व किया और आपके नेतृत्व के बारे में उन्होंने कैसा अनुभव किया। इस अवशेष को प्रतिष्ठा कहा जाता है।
6. नेतृत्व निर्णय तर्क, विवेक, निष्पक्षता पर आधारित होना चाहिए, निष्पक्ष और धारणाओं एवं पूर्वग्रही विचारों से शुद्ध होना चाहिए।
7. अधीनस्थ अपने नेतृत्व के निर्णयों को देखते हैं और लीडरों द्वारा चुने गए विकल्पों को याद रखते हैं।
8. लीडर हमेशा निगाह में रहते हैं, यहाँ तक कि जब वे सोचते हैं कि उन्हें कोई नहीं देख रहा, तब भी उन्हें लोग देख रहे होते हैं।

□

कार्यस्थल पर विवेक

कबीर सबसे अच्छी तरह से उनके रूपकों के द्वारा समझे जाते हैं। उन्होंने उन रूपकों का उपयोग किया, जो उनके समय के दौरान प्रचलन में थे, और इसलिए हमें उन्हें हूबहू नहीं लेना चाहिए। अगर हम इस समय की भावना के अनुसार उनमें से कुछ रूपकों की व्याख्या करने लगते हैं और विशेष रूप से कॉरपोरेट जगत् के संदर्भ में, जो इस काम का केंद्र है, तो हर मामले में कबीर का जादू बढ़ जाएगा। अगर उनके रूपकों में से कुछ आज के समय में राजनीतिक रूप से गलत मालूम पड़ते हैं, तो मैं आपको रूपक से परे देखने और उनके गहरे अर्थ के साथ जुड़ने के लिए प्रोत्साहित करता हूँ।

(क) श्रेय हड़पना

पर नारी का राचना, ज्यू लहसुन की खान।
कोने बैठे खाइए, परगट होय निदान॥

दूसरे की स्त्री की अभिलाषा करना लहसुन खाने के समान है; अगर आप एक कोने में भी खाते हैं, तब भी महक फैल जाती है।

पर नारी पैनी छुरी, विरला बांचै कोय।
कबहू छेड़ि न देखिए, हंसि हंसि खावे रोय॥

दूसरे की स्त्री पैनी छुरी है, विरले ही आप सकुशल बचेंगे; कभी उस पर फिदा मत हो; आप हँसी और आँसू में बरबाद हो जाएँगे।

श्रेय हड़पने की प्रवृत्ति कॉरपोरेट जगत् में बड़े पैमाने पर है। एक व्यक्ति का अन्य व्यक्ति के काम का श्रेय हड़पने की कोशिश करना या एक टीम का अन्य

टीम का श्रेय हड़पने की कोशिश करना, भले ही उनमें से हर एक ने श्रम का फल पाने के लिए कठिन परिश्रम किया हो, ऐसे दृष्टांत दिखना असामान्य नहीं है। यह और अधिक दुखद हो जाता है, जब हड़पनेवाला एक पर्यवेक्षक, बॉस या लीडर श्रेष्ठता या शक्ति की एक स्थिति में है। श्रेय विक्रय उजागर हो सकता है, जब पूरी परियोजना उसके स्वयं के नाम पर पारित की जा सकती है, लेकिन अधिकतर मामलों में यह सूक्ष्म और इसलिए अधिक खतरनाक है। श्रेय विक्रय कभी-कभी सार्वजनिक हो सकता है, लेकिन यह आम तौर पर प्रच्छन्न, आमतौर पर असली कर्मचारी की पीठ के पीछे और अधिकतर उन लोगों की उपस्थिति में किया जाता है, जो महत्त्वपूर्ण पदों पर होते हैं।

श्रेय हड़पनेवाला यह भूल जाता है कि यह सब बहुत लंबे समय तक नहीं चल सकता। उसकी युक्तियाँ सबको पता चल जाती हैं और चर्चा का विषय बन जाती हैं। केवल अपनी टीम द्वारा किए गए काम के बल पर सफल होनेवाला और टीम को श्रेय देनेवाला प्रबंधक छिपा नहीं रह पाता और उसकी पहचान उसके इसी स्वभाव के कारण होने लगती है। वह कुछ लोगों के सामने बहुत अच्छा काम करने की छवि बना सकता है, लेकिन ज्यादातर लोग उसकी असलियत पहचानने लगते हैं। लहसुन की गंध को छिपाना कठिन होता है। हम यह भी जानते हैं कि समय का लंबा हाथ लोकसिद्ध कानून के लंबे हाथ की तुलना में काफी लंबा होता है। जल्दी या बाद में बुलबुला फटता ही है और सच्चाई का पता चल जाता है। श्रेय हड़पने की खुशी अल्पजीवी होती है। कोई लाभों के लिए हँसी का आनंद ले सकता है, जो बहुत ही कम समय में प्रदान करता है, लेकिन यह अंत में आँसू ही देता है जो लाभों की तुलना में कहीं अधिक होते हैं।

श्रेय हड़पनेवाला खोखला साबित हो जाता हैं और जितने लंबे समय के लिए उसने अन्य लोगों के श्रेयों के बल पर सफलता प्राप्त की है, उतना ही निम्न और अधिक शर्मनाक उसका पतन होता है। उसे बिल्कुल उस समय ठोकर लगती है, जब वह एक चीज खो देता है, जो कॉरपोरेट जगत् में कभी नहीं खोनी चाहिए और वह चीज है—विश्वसनीयता।

श्रेय हड़पने के नाम पर एक अंतिम शब्द श्रेय हड़प करनेवाले की पहचान करने की शुरुआत करने के लिए उच्च जागरूकता और नैतिक ईमानदारीवाले इनसान की आवश्यकता होती है। मौलिक मानवीय आवश्यकता जाने जाने और स्वीकृति में है और इसलिए यह मानव वृत्ति श्रेय साझा करने की नैतिक आवश्यकता के

खिलाफ खड़ी की जाती है। इसमें पहला अंतर्निहित है और दूसरे को विकसित किया जाना है।

जैसाकि हैरी ट्रूमैन कहते हैं, ''अगर आपको इसकी परवाह नहीं है कि श्रेय किसे मिल रहा है, तो आपका काम पूरा कर पाना आश्चर्यजनक है।''

जो कुछ किया सो तुम किया, मैं कुछ किया नांहि।
कहूँ कही जो मैं किया, तुम ही थे मुझ मांहि॥

जो कुछ भी हासिल हुआ, तुमने किया—मैंने नहीं; अगर मैं कहूँ कि मैंने ही किया, तब भी मुझमे तुम्हीं थे।

कबीर न केवल समस्या की व्याख्या प्रदान करते हैं, बल्कि केवल हमें एक नैतिक कठिनाई की संभावना की चेतावनी देते हैं, वे एक समाधान भी प्रस्तुत करते हैं। इस प्रकार कॉरपोरेट जगत् के अशांत जल में हमारा मार्गदर्शन क्या होना चाहिए, जो श्रेय हड़पने की प्रवृत्ति रोकने के लिए एक बाँध का काम करे।

जब मेहनत का फल बाँटने की बारी आती है तो हमारे कामों को निर्देशित करनेवाली सोच अपने आपको सामूहिकता में पूरी तरह से मिला देनेवाली होनी चाहिए। काम की जिम्मेदारी स्वयं के साथ शुरू हो सकती है, लेकिन श्रेय का आनंद पूरे समूह के साथ लेना चाहिए।

जो भी किसी समूह के एक साथ आने पर प्राप्त किया जाता है, वह समूह से संबंधित होता है; हालाँकि कुछ लोगों ने अन्य लोगों की तुलना में थोड़ी बड़ी भूमिका निभाई हो सकती है। अकसर टीमों में छोटे कर्मचारियों, सूचना तंत्र प्रबंधन, सहयोगी कर्मचारियों, अस्थायी कर्मचारियों को ज्यादा श्रेय नहीं दिया जाता है। हालाँकि, ये लोग विशाल मशीनों को तेल लगाने और मशीनी पुर्जों को चलायमान रखने में समान रूप से महत्त्वपूर्ण भूमिका निभाते हैं। भले ही उनका योगदान बहुत आकर्षक न हो, लेकिन अगर उन्होंने परदे के पीछे से ही सही, अपना योगदान न किया होता, तो बहुत संभव है कि लक्ष्य हासिल न हो पाता।

हम अपना सर्वोत्तम देने के लिए एक-दूसरे को प्रभावित करते हैं। क्या हमने कभी सोचा है कि कभी-कभी एक व्यक्ति कार्यस्थल पर जादू पैदा करने में सक्षम होता है और जैसे ही उसकी टीम बदलती है, उसके काम में से चमत्कार गायब हो जाता है ? हमारे आस-पास के टीम के सदस्य हमारा सर्वश्रेष्ठ देने की क्षमता को प्रभावित करते हैं—कुछ समूह एक दूसरे को महान् ऊँचाइयाँ छूने के लिए प्रेरित करते हैं और काम की ऐसी गुणवत्ता उत्पन्न करते हैं, जो पारिस्थितिकी तंत्र के लिए

अज्ञात होता है, क्योंकि हर एक अपनी-अपनी तरह से प्रेरणादायक होता है। स्वयं को प्रेरित करते हुए, टीम में प्रत्येक व्यक्ति अन्य व्यक्तियों को भी प्रेरित करता है। दूसरी ओर, ऐसी भी टीमें होती हैं, जहाँ प्रत्येक सदस्य केवल रख-रखाव के स्तर का काम ही कर रहा हो सकता है और यह संस्कृति केवल औसत परिणाम पैदा करती है। प्रत्येक व्यक्ति का दूसरे पर प्रभाव सबसे अच्छे रूप में औसत होता है। ऐसे में अगर व्यक्ति निजी स्तर पर उत्कृष्टता तक पहुँचता है, तो भी समूह की भूमिका को कम करके कभी आँका नहीं जाना चाहिए, भले ही यह स्पष्ट और अभिव्यक्त न हो। महान् साधक यह पहचानते हैं और एक-दूसरे को श्रेय देने में संकोच नहीं करते हैं।

(ख) चीजों की अल्पकालिक प्रकृति

हम जाए तो भी मुआ, हम भी चालनहार।
हमरे पीछे पूंगरा, तिन भी बाँधा भार॥

हमारे निर्माता जा चुके हैं, इसलिए हमें भी जाना होगा, हमारी अगली पंक्ति के लोग भी बोरिया-बिस्तर बाँधकर तैयार हो रहे हैं।

साथी हमरे चलि गए, हम भी चालनहार।
कागद में बाकी रही, ताते लागी बार॥

हमारे साथी जा चुके हैं, इसलिए हमें भी जाना होगा, थोड़ा-बहुत कुछ करना बाकी रह गया है; बस इसीलिए देरी हो रही है।

अगर राजनेताओं को छोड़ दें, तो मेरे विचार में कॉरपोरेट वाले ही खुद को सबसे गंभीरता से लेते हैं। प्रबंधक और लीडर अपने आसपास जो भव्यता की आभा का निर्माण करते हैं, वह अगर दुखद नहीं होती तो लगभग हास्यास्पद होती है। भारत के कुछ भागों में, यहाँ तक कि कारॅपोरेट जगत् में सामंती मानसिकता के अवशेष अब भी प्रत्यक्ष हैं। टीम लीडर अपने क्षेत्रों में ईश्वर की तरह होते हैं। वे अपने टीम के सदस्यों से एक प्रकार की दासता की आशा करते हैं, जो इसके छलावरण के प्रयास के बावजूद अतीत में जमींदारों द्वारा अपेक्षित दासता से कम नहीं होती। वे उनके खिताब, उनके पदनाम, उनके भौगोलिक क्षेत्र तथा उन्हें रिपोर्ट करनेवालों की संख्या को जिस गंभीरता के साथ लेते हैं, वह सामंती प्रथाओं या प्राचीन समय का परिदृश्य पैदा करता है। अंत में, अगर कोई इसमें एक सहज वृत्ति के रूप में शक्ति

की बदसूरत भूमिका को डालता है, तो चीजें सच में गंदी हो सकती हैं। लीडर में शक्ति की आवश्यकता कई मायनों में प्रकट होती है, जैसे सभी नियंत्रण को अपने हाथ में रखने, केंद्रीकृत निर्णय लेने, असंतोष और वैकल्पिक विचार दृष्टियों के प्रति असहिष्णुता, बदले की भावना से राजनीति और इसी तरह की अन्य चीजें।

और फिर कुछ लोग बौद्धिक प्रकार के होते हैं, जो अपनी अपराजेयता और अपरिहार्यता में अपने विश्वास से अपने आपको महत्त्वपूर्ण मान लेते हैं। उनके हिसाब से, उनकी तरह कोई और विभाग, प्रकार्य और संगठन नहीं चला सकता है। इस पूरी बात में यह बात अनकही छिपी होती है कि क्या उन्हें चले जाना चाहिए, और इसमें उनके दिमाग में यही रहता है कि अगर वे संगठन छोड़कर नहीं जा रहे हैं तो सिस्टम पर एक एहसान कर रहे हैं, और अनकहा है कि क्या उन्हें जाने के लिए फैसला करना चाहिए, और स्पष्ट रूप से उनके दिमाग में है कि अगर वे छोड़कर नहीं जा रहे तो सिस्टम पर एक एहसान कर रहे हैं, क्योंकि अगर वे गए तो सबकुछ धराशायी हो जाएगा। स्वयं का यह जोरदार भाव उनकी टीम को उनके स्व का विस्तार बनाता है, जिसका वे नेतृत्व करते हैं और कोई भी अलग रास्ता लेने का प्रयास निंदनीय माना जाएगा। यह इस तरह के उत्साह और परिष्कार के साथ प्रदर्शित किया जाता है कि कोई गलती खोजने में कठिनाई महसूस करेगा—शायद यही इसे अधिक खतरनाक बना देता है।

कॉरपोरेट वाले जिस अत्यधिक महत्त्व की भावना में विश्वास करते हैं, उसके बावजूद सच्चाई यह है कि जीवन की भाँति, संगठनात्मक कार्यावधियाँ अल्पकालिक, अस्थायी, अनित्य और अस्थिर हैं। जैसा मार्क ट्वेन कहते हैं, जीवन के साथ दिक्कत यह है कि यह जारी रहता है।

किसी एक व्यक्ति के अलग हो जाने से कुछ समय के लिए कुछ हलचल भले ही हो, लेकिन इससे कोई विभाग, प्रकार्य या संगठन कभी ढहता नहीं। निष्ठा की कसमें खानेवाले और चापलूसी के तरीकों से अपनी खुद की छवि को आगे बढ़ानेवाले भी आगे बढ़ते हैं तथा नए रोल मॉडल ढूँढ़ लेते हैं। जिन अधीनस्थों को स्वीकार करने और सम्मान देने की वरिष्ठ परवाह तक नहीं करते थे, वही अधीनस्थ तेजी से आगे बढ़ जाते हैं। ऐसे पुरुष और महिलाएँ उपरोक्त दो दोहों में कबीर को याद करेंगे तो अच्छा काम कर सकेंगे।

जिन्होंने हमें जन्म दिया, जा चुके हैं, और हम भी अपने रास्ते पर हैं। जो हमारे पीछे हैं, हमारे नाते-रिश्तेदारों ने भी, अपना बोरिया-बिस्तर समेटना शुरू कर दिया है।

जो हमारे पूर्ववर्ती लीडर और प्रबंधक थे, वे जा चुके हैं और भुलाए जा चुके हैं या याद किए भी जाते हैं तो अधिकतर अपनी गलतियों और आदेशों के लिए। उनकी टीम के सदस्यों ने उनके बिना जीना, उनके बिना जीवन का आनंद लेना, उनके बिना सीखना और आगे बढ़ना सीख लिया है। जब हम अपना काम करके जा चुके होंगे, तब वे भी ऐसा करना ही सीख लेंगे। व्यवस्था आगे बढ़ चुकी है और उनके बिना फल-फूल रही है, और वैसे ही यह हमारे बिना बिना भी फलेगी-फूलेगी। अगली पीढ़ी हर जगह दायित्व लेने के लिए तैयार हो रही है और जब वे एक बार अपनी भूमिका निभाते हैं, तो वे भी आगे बढ़ेंगे। यह कामना ही की जा सकती है कि चारों ओर नश्वरता का भारी साक्ष्य होने पर, कॉरपोरेट वाले स्वयं को थोड़ा कम गंभीरता से लें।

हाड़ जले लकड़ी जले, जले जलावन हार।
कौतिकहारा भी जले, कासों करूँ पुकार॥

हड्डी जलती है, लकड़ी जलती है, जो चिता को जलाता है, वह भी जलता है। यह सब देखनेवाला भी जलता है, किसकी मुझे बात करनी चाहिए!

आए हैं तो जाएँगे, राजा रंक फकीर।
एक सिंघासन चढ़ि चले, एक बाँधे जात जंजीर॥

जो आए हैं, एक दिन उन्हें जाना होगा, चाहे वे राजा हों या रंक या फकीर। कुछ गद्दी पर चढ़कर जाएँगे और कुछ बेड़ियों में जकड़े हुए।

कबीर ने मौत का जश्न मनाया। वे डरे नहीं, क्योंकि उन्होंने इसकी निश्चितता को समझा। इसलिए एक बहुत ही व्यावहारिक स्तर पर उन्होंने हमें समय, अवसर और स्वयं जीवन को सम्मान देने के लिए समझाया है। (उस विषय के आसपास के दोहे कहीं और हैं।) कबीर जीवन और मृत्यु की सार्वभौमिकता की तीव्रता से अवगत हैं और चीजों में आवश्यक द्वंद्व के बारे में लाक्षणिक रूप से बोलते हैं, वृद्धि और गिरावट, निर्धनता और धन, खुशी और दु:ख, उत्सव और शोक, आदि। यह कबीर की इस दार्शनिक जागरूकता की प्राप्ति है, और कबीर के माध्यम से हमारे लिए यह सांसारिकता में उलझने की बजाय जीवन के सार का उत्सव मनाने के लिए हमें तैयार करेगी। ऐसी दार्शनिक स्पष्टता की आवश्यकता कॉरपोरेट वालों के लिए इससे ज्यादा और कभी नहीं थी।

संगठनों में किस्मत की चक्रीय प्रकृति यदि मौलिक नहीं है, तो बड़े पैमाने पर फैली है। हालाँकि, ऐसा लगता नहीं है कि यह स्थायित्व और नियंत्रण के भ्रमों को पैदा करने से कॉरपोरेट वालों को रोक पाती है। राजनीति और पीठ पीछे व्यवहार इस विश्वास के साथ किए जाते हैं कि वे हमेशा के लिए खेल को प्रभावित करनेवाली वस्तुओं को अपने फायदे के लिए नियंत्रित करेंगे। जल्दी ही इस तरह के खेल खिलाड़ियों का उपभोग कर लेते हैं। खेल खेलनेवाला जल जाता है, जो इसे बाहर से समर्थन करता है, वह भी जल जाता है और जो मानता है कि दर्शक होने के नाते वह बच जाएगा, उसे शर्मिंदगी से पता चलता है कि यह दर्शक को भी जला देती है। यह केवल वक्त की बात है।

महत्त्वपूर्ण शक्ति-केंद्र रातो रात किनारे लगा दिए जाते हैं और बदल जाते हैं। विभिन्न खिलाड़ी सतर्कता, दर्शन, व्यापार मॉडल या बाजारों में एक परिवर्तन के साथ शक्तिशाली बन जाते हैं। प्रकार्यों के महत्त्व उद्योग के जीवन-चक्र में परिवर्तन के साथ बढ़ते और घटते हैं। प्रकार्य प्रमुख का भाग्य सी.ई.ओ. बदलने के साथ बदलता है। जब बोर्ड कड़ाई से पेश आता है, तो सी.ई.ओ. व्यापक या मौन हो जाते हैं; और बोर्ड समय के अनुसार अपनी धुन बदल लेता है। स्थायी कुछ भी नहीं है!

मेरा यह प्रस्ताव कि हम कॉरपोरेट जगत् में नश्वरता और चक्रीयता की आवश्यक प्रकृति को स्वीकार करना सीखें, हमारे कॅरियर के बारे में भाग्यवादी होने या और हमारी महत्त्वाकांक्षाओं के लक्ष्य में हताश और शक्तिहीन होने के लिए नहीं है, बल्कि थोड़ा और अधिक हमारी परिस्थितियों के प्रति जागरूक और आसपास के लोगों के प्रति संवेदनशील होने के लिए है। आखिरकार, यह दावा किस काम का है कि प्रबंधन पूरी तरह से लोगों के बारे में है और फिर उनके साथ असंवेदनशील तरीके और अपने पद एवं शक्ति के पूर्ण स्थायित्व की भावना के साथ व्यवहार करने का क्या मतलब है। यकीनन, भव्यता का जोरदार भाव और अपराजेयता का भव्य विचार व्यक्तियों, टीमों और संगठनों के पतन के लिए एकदम सही तत्त्व है।

(ग) कार्यस्थल में संतुष्टि

रूखा-सूखा खाय के, ठंडा पानी पीव।
देखि पराई चूपड़ी, मत ललचावै जीव॥

जो कुछ भी तुम्हारे पास है, उसे खाओ और ठंडा पानी पियो; दूसरों की घी चुपड़ी रोटी देखकर लालच मत करो।

आधी औ रूखी भली, सारी सोग संताप।
जो चाहेगा चूपड़ी, बहुत करेगा पाप॥

आधी सूखी रोटी बेहतर है; अधिक की खोज दुःख का कारण बनती है। जो मक्खन लगी रोटी के पीछे भागता है, वह कई पाप करेगा।

कबीर साईं मुझको, सूखी रोटी देय।
चूपड़ी माँगत मैं डरूँ, मत रूखी छिन लेय॥

हे भगवान्, मैं केवल सूखी रोटी का एक टुकड़ा चाहता हूँ, क्योंकि मुझे डर है, अगर मैं मक्खन लगी रोटी के लिए पूछता हूँ, तो मैं सूखी रोटी भी गँवा सकता हूँ।

कार्यालयों के गलियारों में इसकी वजह से बहुत दुःख है कि दूसरे क्या पाते हैं—उनकी वेतन वृद्धि, पदोन्नति और मान्यता, यही सब चिंता के विषय हैं। यदि हमें यह पता नहीं होता कि दूसरों को क्या मिला, तो हमारी पीड़ा बहुत हद तक कम हो जाएगी।

कबीर की संतुष्टि की धारणा हमारे अपने अभावों से दुःखी होने के बजाय दूसरों से तुलना न करने के बारे में है। 'हमारे पास क्या है' की तुलना 'दूसरों के पास क्या है' से करना दुःख का संपूर्ण नुस्खा है। अगर हमें असंतुष्ट होना है तो हमें अपने-अपने काम से होना चाहिए, अपने पास मौजूद प्रतिभा के इस्तेमाल से होना चाहिए, अपनी असीम क्षमता में बाधक बंधनों से मुक्त होने की हमारी अक्षमता से होना चाहिए।

दूसरों के पास क्या है आम तौर पर एक परिणाम है तो हम दूसरो की मेहनत से कमाई मक्खन-रोटियाँ देखकर क्या विलाप कर रहे हैं। दूसरों ने क्या अर्जित किया है, इससे तुलना नहीं करनी चाहिए। हमारा अधिकार इससे तुलना करना होना चाहिए कि दूसरों ने इसे अर्जित करने के लिए क्या किया था।

जैसे ही किसी को यह पता चल जाता है कि दूसरे व्यक्ति को जो मिला है, उसके लिए उसने क्या-क्या किया है और क्या कीमत चुकाई है। ये हमारे लिए अदृश्य होता है। वह कीमत कुछ भी हो सकती है, जो हम चुका नहीं सकते या चुकाने के इच्छुक नहीं हो सकते हैं और इसलिए जिस क्षण हम उस कीमत के बारे

में जान जाते हैं, परिणाम विशेष रूप से कम आकर्षक हो सकता है। महत्त्वाकांक्षा का अंधा लक्ष्य अकसर त्याग की माँग करता है और अंत में यह समझौते तक ले आता है। हम जो चाहते हैं उसके लिए क्या कीमत अदा करने के इच्छुक हैं? स्वास्थ्य, मन की शांति, रिश्ते, विश्वसनीयता—प्यारी जगह व्यक्तिगत, बहुत ही व्यक्तिगत है।

अंत में, कॉरपोरेट भाग्य हमारी उम्मीद से परे कहीं अधिक अप्रत्याशित है। किस्मत चेतावनी के बिना बदल जाती है और अचानक से किसी के पास जो था और दिया हुआ माना जाता था, वह कीमती हो जाता है, क्योंकि वह अब वहाँ नहीं होता। चलिए, हम उसका आनंद लेना सीखें, जो हमारे पास है, भले ही हम और अधिक की चाह में देर रात तक काम कर रहे हों। जैसा लोग कहते हैं, ''खेल के अंत में राजा और मोहरा वापस एक ही बॉक्स में जाते हैं।''

(घ) बोलने से पहले सोचिए

कबीर देखि परखि ले, परखी के मुँह खोल।
साधु असाधु जानि ले, सुनि सुनि मुख का बोल॥

विचार और अवलोकन के बाद अपना दृष्टिकोण बनाइए और फिर राय दीजिए; यह बोलना ही है जिसके द्वारा बुद्धिमान और मूर्ख अपनी असलियत उजागर करते हैं।

कबीर की परंपरा वह है, जो मौखिक शब्द के जादू पर बहुत जोर देती है। उनके समय में और शायद आज भी, एक आदमी का मूल्य उसके द्वारा बोले गए शब्दों से ही मापा जाता है। उसके चरित्र की गहराई या उसके मूल्य की क्षुद्रता का पता उसकी बातों से ही चलता है। यह किसी को भी स्पष्ट होना चाहिए, जो कार्यालयों के गलियारों में चला है कि लोग क्या बोलते थे, कैसे बोलते थे और उनका बोलना वह सबसे बड़ा कारक था, जिसने उनकी प्रतिष्ठा को निर्धारित किया।

कबीर कहते हैं कि हमें विचारों को प्रस्तुत करने में जल्दबाजी नहीं करनी चाहिए, विशेष रूप से तब, जब हम किसी टीम या संगठन में नए शामिल होते हैं। हर जगह का एक इतिहास होता है और एक नवागंतुक के लिए 'जगह की गंध' के पीछे के इतिहास और परिस्थितियों को समझे बिना जल्दी ही सुझाव या राय की पेशकश करना आसान लेकिन मूर्खतापूर्ण होता है। अधिकतर मामलों में मूर्ख और बुद्धिमान केवल अपने बोलने के माध्यम से स्वयं को प्रकट करते हैं। हमें अपने

दृष्टिकोण को पेश करने से पहले एक प्रणाली या एक स्थिति को समझने के लिए उचित समय और प्रयास लगाना चाहिए।

कार्यस्थल का माहौल हमें एक विचारवान व्यक्ति के रूप में देखे जाने के लिए दबाव डालता है। खासतौर पर मजबूत विचारों वाले व्यक्ति के रूप में सामने आने का दबाव होता है, जो कि हमें या तो निरर्थक बातें बोलने या बोलने की खातिर के लिए बोलने की तरफ ले जाता है। यह किसी पुरुष या स्त्री की प्रतिष्ठा की हमारी इच्छा के लिए कुछ भी अच्छा नहीं करता है। अगर केवल पर्याप्त ध्यान और समय समझने और पहचानने में खर्च किया जाता है, मत की पेशकश ज्ञानपूर्ण के रूप में चिह्नित किए जाने लायक होगी। जैसा कि इस प्रसिद्ध उद्धरण में इसे अच्छी तरह से कहा गया है, ''मुँह खोलना और सारे संदेह दूर कर देने की तुलना में अपना मुँह बंद रखना और बेवकूफ दिखने का जोखिम लेना बेहतर होता है।''

कबीर देखि परखि ले, परखि के मुखा बुलाय।
जैसी अंतर होयगी, मुख निकसैगी आय॥

विचार और अवलोकन के बाद अपना दृष्टिकोण बनाइए और फिर मतों को खोजिए; शब्द केवल वही प्रकट करेंगे, जो आपके अंदर हैं।

पिछले दोहे में, किसी मूर्ख या बुद्धिमान व्यक्ति अपने बोल के माध्यम से खुद को प्रकट करने की बात कही गई है, वहीं इसमें कबीर उनसे सावधान रहने का परामर्श देते हैं, जिनसे हम सलाह माँगते हैं। अगर हम किसी मूर्ख से राय लेते हैं तो यह संभव नहीं है कि वह हमें ज्ञानपूर्ण विचारों से चकाचौंध कर देगा। ''जो भी उसके अंतर्निहित होगा, वही तो प्रकट होगा।''

पहिले शब्द पिछानिए, पीछे कीजै मोल।
पारख परखे रतन को, शब्द का मोल न तोल॥

पहले, वक्ता के शब्दों को समझने की कोशिश कीजिए, तभी उन पर निर्णय दीजिए। पत्थरों को तौला और मापा जा सकता है, शब्दों को नहीं।

प्रबंधन साहित्य और निकास साक्षात्कार बड़ी भारी मात्रा में मौजूद हैं, जो बताते हैं कि प्रबंधक विचारों का सम्मान, विचारों को जानने और आमतौर पर भागीदारी की तलाश नहीं करते हैं। सुने जाने की आवश्यकता और सुने जाने की प्रक्रिया में सम्मानित किया जाना एक मूलभूत मानवीय जरूरत है। खासकर तब, जब हम शिक्षित

और मुखर जनसमूह के रूप में काम करते हैं, जैसा कि कारॅपोरेट जगत् में होता है।

हालाँकि, मनुष्य स्वाभाविक रूप से आलोचनात्मक भी है, और कभी-कभी महत्त्वहीन प्रमाण पर, और अधिकतर अकारण भी वह ऐसा होता है। समय के साथ, टीम के सदस्यों के पास योग्य मत होने या नहीं होने के रूप में चिह्नित कर देना, यह आश्चर्य की बात नहीं है। अगर हम वह भूमिका जोड़ दें, जो प्रबंधक के खुद के पूर्वग्रह और मत निभाते हैं कि किसमें वह बुद्धिमान तर्क, विचार या सुझाव होने की क्षमता मानता है और किसमें नहीं, तो ये गंभीर और तीव्र हो सकता है। समय के साथ, जो पीछे छोड़ दिया गया है, जिसे अपने को व्यक्त करने के लिए एयरटाइम नहीं दिया जाता है या जिसके मतों को यथोचित रूप से सम्मान नहीं मिलता और चर्चा के लिए विचार नहीं किया जाता, वह अलग हो जाता है और मुरझा जाता है। इस प्रक्रिया में हम एक महत्त्वपूर्ण अभिदाता के अप्रयुक्त होने या अल्पप्रयुक्त होने का जोखिम उठाते हैं। सुने जाने का अवसर प्रतिभा के पूर्वग्रह या पूर्वकल्पित विचारों के बिना सुने जाना एक कर्मचारी का मूलभूत अधिकार है, लेकिन हमारे स्वीकार करने की तुलना में कहीं अधिक उपेक्षित किया जाता है।

कबीर हमें लोगों और उनके मूल्य का निर्णय करने से पहले उनको सुनने के लिए कहते हैं। पत्थर का मूल्य देखकर, ध्यान से देखकर या एक भौतिक पैमाने पर तौलकर सुनिश्चित करना आसान है, लेकिन एक इनसान का मूल्य पता लगाने के लिए हमें उसे पूरा सुनना चाहिए। उसे पूरी तरह से सुने जाने का अपरिहार्य अधिकार होना चाहिए।

प्रबंधकों और लीडरों के रूप में हम कम-से-कम इतने देनदार तो होते ही हैं।

हीरा तहाँ न खोलिए, जहं खोटी है हाट।
कसि करि बांधो गांठरी, उठि करि चालो बाट॥

बनावट के बाजार में हीरा मत दिखाइए; इसे वापिस थैले में डाल लीजिए और अपने रास्ते चलिए।

अंत में, कबीर बहुत व्यावहारिक और वास्तविक भी होते हैं। उनकी सलाह है कि मूर्खों की संगत में एक भी विवेकवान शब्द कभी मत बोलिए। खरीदार नकली हो तो आपके विचारों और मतों का मूल्य हीरा भी होने पर उन्हें वह सम्मान और पहचान नहीं मिलेगी, जिसके वे हकदार हैं। नीम-हकीमों और नकली व्यापारियों का बाजार शुद्धता की कीमत पहचानने में कभी सक्षम नहीं होगा।

यहाँ तक कि अगर वे उसका मूल्य जान गए, तो इससे उनके मन में डर ही पैदा होगा, और वे आपको शायद दूर ही करेंगे, क्योंकि उनके अंदर असुरक्षा की भावना होती है।

व्यवहारवादी कबीर आपको अपना सामान बाँध लेने और आगे बढ़ने की सलाह देते हैं।

साकट का मुख बिंब है, निकसत वचन भुवंग।
ताकी औषधि मौन है, विष नहिं व्यापै अंग॥

मूल्यहीन व्यक्ति का मुख साँप के समान है, जो केवल जहर उगलेगा; इसका इलाज केवल चुप्पी है।

कबीर की व्यावहारिकता कॉरपोरेट जगत् में अनुकरणीय है। गलत लड़ाइयों को चुनने के कई मामले ऐसे होते हैं, जो हमें विचलित करते हैं और जल्द ही हमारी ऊर्जा को नष्ट कर देते हैं। मुझे यकीन है कि हम विषाक्त टीम सदस्यों, लड़ाकू लीडरों और सदस्यों को जानते हैं, जो किसी भी तरह से नकारात्मक काम का माहौल बनाते हैं, हालाँकि वे अन्यथा सक्षम हो सकते हैं। उनसे निपटने का सबसे अच्छा तरीका उनकी अनदेखी करना हो सकता है। उनके साथ तर्क करना हमें और अधिक झंझट में ले जाएगा और इस सब के अंत में, भले ही हम किसी भी तरह से तर्क से जीत लें, लेकिन उसके बाद भी एक कड़वाहट बची रहती है।

अँधेरे को हाथी ज्यों, सब कहु को ज्ञान।
अपनी-अपनी कहत है, काको धरिए ध्यान॥

अँधेरे कमरे में हाथी का किसी को ज्ञान नहीं; आप किसे सुनें, जब सबके अपने-अपने मत हैं।

अंधे मिलि हाथी छुआ, अपने अपने ज्ञान।
अपनी-अपनी सब कहें, किसको दीजे का॥

अंधों ने हाथी को छुआ, और सभी ने अपना-अपना ज्ञान प्रस्तुत किया। हर किसी के पास अपनी अलग राय है, तो आप किसका विश्वास करें।

छह अंधे और हाथी की प्राचीन भारतीय कहावत को कबीर के संदर्भ में खोजने के बच्चों के समान आकर्षण में मैंने ये दो दोहे चुने हैं। मैंने अपने पूरे वयस्क जीवन में इसे एक कहानी के रूप में पढ़ा था, कविता के रूप में कभी नहीं पढ़ा। मुझे यकीन है कि मुझे दोहे का सार समझाने की जरूरत नहीं है!

चोर भरोसें साहु के, लाया वस्तु चोराय।
पहिले बाँधों साहु को, चोर आप बंधि जाय॥

अपने संरक्षक के द्वारा प्रोत्साहित किए जाने पर चोर ने चोरी की, उसने क्या किया; पहले संरक्षक को पकड़िए, चोर अपने आप पकड़ा जाएगा।

संगठन में होनेवाली राजनीति हकीकत है। कोई चाहकर भी इसे दूर नहीं कर सकता। जहाँ कहीं भी लोगों का समूह निकटता में काम करता है, वहाँ गुट, साजिश, समूह और अड्डे बनते ही हैं। उनके साथ सुविधाजनक महसूस करना स्वाभाविक है, जो हमारे अपने जैसे हैं या जिनके हित हमारे समान होते हैं।

हालाँकि अड्डों की धारणा कभी-कभी भद्दा रूप धारण कर लेती है। टीम के सदस्यों को सही प्रदर्शन न करने या लापरवाही करने के स्पष्ट प्रमाणों के बावजूद अछूता छोड़ दिया जाना, असामान्य नहीं है। इस तरह के मामलों में कॉरपोरेट जंगल का अघोषित कानून है कि वह व्यक्ति 'सीमाओं से परे' है, जो किसी ऐसे लाभार्थी द्वारा अच्छी तरह से संरक्षित है, जिसके पास ऐसा करने के लिए पर्याप्त शक्तियाँ हैं!

जब कोई इस ज्ञान में उन्मत्त और आत्मसंतुष्ट हो जाता है कि उसका कुछ नहीं बिगड़ेगा, तब लापरवाही के काम बढ़ने लगते हैं। ऐसे काम बढ़ते जाएँगे और कार्यालय का दुरुपयोग अधिक-से-अधिक खुलकर होने लगेगा। इससे अंदर-ही-अंदर अंसतोष होगा, निष्पक्षता की भावना से समझौता होगा, लेकिन यह किसी को नहीं पता होता है कि इस मुद्दे को हल कैसे किया जाए।

उसी प्रकार जब ईमानदारी के उल्लंघन के आसपास के मुद्दों का पर्दाफाश होता है, विशेष रूप से जहाँ बड़ी टीमें शामिल होती हैं, तो आमतौर पर सुधार सबसे नीचे से शुरू होता है। सबसे कमजोर और इसलिए सबसे नगण्य परत को आघात सहन करने को मिलता है। अंत में, गैर-प्रदर्शन के मामलों में भी, फिर से सबसे नीचे की परत सूली पर चढ़ती है। लोग कहते ही हैं कि टोंटी हमेशा बोतल के शीर्ष पर होती है। कबीर कहते हैं, संरक्षक को पकड़िए। उस व्यक्ति को पकड़िए, जो कार्य का प्रभारी है, जिसके पास चीजों को बदलने की शक्ति है, लेकिन ऐसे क्षरण होने की अनुमति दे रहा है। लापरवाही के सभी कृत्यों के लिए जवाबदेह टीम के बीच से सबसे वरिष्ठतम को पकड़िए, क्योंकि यह नहीं माना जा सकता है कि अधिकतर मामलों में ये अन्याय उसकी जानकारी और इच्छा के बिना अकल्पनीय है, कम-से-कम अधिकांश मामलों में कि अन्याय उसकी जानकारी और मौन या किसी अन्य तरह की स्वीकृति के बिना हो रहा होगा।

(ङ) समय, विलंब और जो हमारे पास है, उसका सम्मान

भक्ति निसानी मुक्ति की, संत चढ़े सब धाय।
जिन-जिन मन आलस किया, जनम जनम पछिताय॥

समर्पण निर्वाण से पहले आता है, संत इस पथ पर जाते हैं; आलसी कई जन्म पश्चात्ताप में बिताते हैं।

लूटि सकै तो लूट ले, राम नाम की लूट।
फिर पाछे पछिताहुगे, प्राण जाहिंगे छूट॥

अगर आप पकड़ सकते हैं, तो उसकी दानशीलता को पकड़िए, जो ढेर सारा है, या फिर आप केवल पश्चात्ताप करते रहेंगे और एक दिन मर जाएँगे।

समय पर काररवाई करने का विषय कबीर को ठीक वैसे ही प्रिय है, जैसे यह सभी कॉरपोरेट वालों को होना चाहिए। वे सभी मनुष्यों के परम उद्देश्य मोक्ष का उपयोग कार्य के एक रूपक के रूप में करते हैं, जबकि ऐसा करना अब भी बुद्धिमान और उपयोगी है। वे चेताते हैं कि जब उचित और उपयुक्त समय बीत जाएगा तो आलसी और टालने वालों के पास पछताने के सिवा कुछ नहीं बचेगा।

विलंब कक्ष-धारक का जहर है। मुझे यकीन है कि जिन्होंने विलंब के विषय पर शोध किया है, उन्होंने इस बात के विभिन्न कारण पाए होंगे कि हर समय इसके खतरों के बारे में पता होने के बावजूद मनुष्य विलंब क्यों करते हैं। हम आखिरी तक महत्त्वपूर्ण निर्णयों को रोके रखते हैं। तत्काल निर्णय महत्त्वपूर्ण को अस्वीकार करता है और जल्दी ही तत्काल हमारे जीवन पर राज करता है। बड़ी चट्टानों को छोटे कंकड़ के रोमांच के लिए अनदेखा कर दिया जाता है। छोटी और तुच्छ चीजें बड़ी और विकट चीजों को फिरौती पर रखती हैं। उपरोक्त सभी एक ही बात कहने के विभिन्न तरीके हैं।

मैं मानने लगा हूँ कि महान् और सफल लोगों के पास किसी अन्य की तुलना में समय पर कार्य करने की क्षमता अधिक होती है। अच्छी खबर है कि यह परिवर्तनीय है, सहज प्रतिभा और विशिष्टता के विपरीत,जो मूलरूप में विशिष्ट और इसलिए अपरिवर्तनीय है। हालाँकि, क्या करना है, कब करना है, यह कार्यान्वयन की क्षमता के लिए प्रतिभा, संसाधन या विशिष्टता की आवश्यकता नहीं होती है। इसे केवल प्रयोग की आवश्यकता होती है।

काल करे सो आज कर, आज करे सो अब्ब।
पल में परलय होयगी, बहुरि करेगा कब्ब॥

जो कल करना है आज कर लें, जिसे आज करना है, उसे अभी कर लें। एक ही पल में प्रलय सारे अवसरों को दूर कर सकती है।

कबीर ने समय और अपने जीवन का सम्मान किया। उन्होंने महसूस किया कि ये ऐसे उपहार हैं, जो बेकार नहीं जाने चाहिए। हमारे समय और इस जीवन का उपयोग हमारी क्षमता का एहसास और लक्ष्य की खोज करने के लिए उन्होंने हमें एक के बाद एक कई दोहों में कहा है।

योजना प्राथमिक प्रबंधन में पढ़ाया जानेवाला एक महत्त्वपूर्ण प्रबंधकीय काम है। फिर भी जब प्रतिपुष्टि का समय आता है, तो योजना का अभाव शायद सबसे आम प्रतिक्रिया होती है, जो प्रबंधक अपने अधीनस्थों को देते हैं। योजना की धारणा स्तर के साथ बदल सकती है—प्रकार्य प्रमुख की योजना की परिभाषा एक अग्रपंक्ति प्रबंधक से अलग हो सकती है, लेकिन यह तथ्य है कि बुरी योजना और समय प्रबंधन सभी निष्पादन विफलताओं के केंद्र में अवस्थित होते हैं। यह क्षमता अब भी बहुत आम नहीं है कि जिससे यह जाना जाता है कि परिणाम के लिए क्या महत्त्वपूर्ण है, इसलिए इसे अभी करना चाहिए, और आगे बढ़ने के लिए अनुशासन, और समय से बहुत पहले काम निपटाना चाहिए।

हमें क्रिस्टोफर पार्कर को याद रखना चाहिए, जिसने कहा, 'विलंब एक क्रेडिट कार्ड की तरह है : जब तक बिल नहीं मिलता, तब तक इसमें बहुत मजा है।'

रात गँवाई सोए कर, दिवस गँवायो खाय।
हीरा जनम अमोल था, कौड़ी बदले जाय॥

रात सोकर गुजारी, दिन खाते-पीते बेकार गया; हीरे की तरह अनमोल जीवन के साथ, कौड़ियों के मूल्य की तरह बरताव किया।

समय के लिए सम्मान का एक प्राकृतिक वाग्विस्तार (एक्सट्रपलेशन)—इस जीवन के प्रति सम्मान है। एक बहुत ही दार्शनिक स्तर पर प्रत्येक जीवन का एक उद्देश्य होना चाहिए, क्योंकि यह अद्वितीय और बहुमूल्य है। हालाँकि, इस उद्देश्य के लिए खोज शायद ही कभी आवश्यक गंभीरता के साथ शुरू की जाती है। चारों ओर देखिए, आप पाएँगे कि सार्थक रहना वास्तव में मानक नहीं है। केवल खुशी और दिमाग-सुन्न सामान्यता की चाह आम है। उद्देश्य एक ऐसा शब्द है, जिसे

ठीक से समझा ही नहीं गया। गहन सोच को लगातार या तो दार्शनिक खोज के रूप में माना जाने लगा है या प्राचीन या विलक्षण की खोज के रूप में।

हालाँकि, जीवन में अर्थ की कमी अजीब तरीकों में प्रकट हो रही है—अधेड़-उम्र का संक्रमण काल, किशोरावस्था संकट, अलगाव, युवा अपराध, एक खाली और उदास कार्यबल। बहुत सारे लोग अपने काम के अलावा 'कुछ और' करना चाहते हैं। अगर अधिकतर लोग महसूस करते हैं कि वे वर्तमान में जो कर रहे हैं, इसके अलावा अन्य कुछ करना बेहतर होगा, तो वहाँ संगठनात्मक कार्यबल जिस तरह से संरचित और प्रबंधित किया जाता है, उसके साथ कुछ भयंकर रूप से गलत हो रहा है।

अगर हम ऐसा कुछ कर रहे हैं, जो हमारे लिए खुशी का कारण नहीं है, भले ही यह केवल 'सोना और खाना' नहीं हो, पर यह उद्देश्यहीन जीवन के लिए उतना ही किसी रूपक के रूप में है, जितना यह आलस्य को इंगित करता है। यह वास्तव में जीवन बरबाद करना और आलस्य करने जैसा है। यह इसलिए है, क्योंकि कोई जीवन खुशी या अर्थ के बिना खर्च हो रहा है, तो यह केवल छुटकारा, मोहभंग और निराशा पैदा करेगा। यह ऐसा है जैसे कि हीरे जैसा जीवन चंद पैसों के लिए बेचा जा रहा हो।

साँस-साँस पर नाम ले, वृथा साँस मति खोय।
ना जाने इस साँस को, आवन होय न होय॥

उसे अपनी हर साँस में याद करें, एक भी साँस बरबाद न करें; क्योंकि ये नहीं पता कि ये साँस रहेगी भी या नहीं।

कॉरपोरेट वालों में यह मानने की प्रवृत्ति अधिक दिखाई देती है कि अच्छा समय हमेशा बना रहेगा। भूमिका, पदनाम, शक्ति और महत्त्व को स्थायी मान लिया जाता है। कैबिन-वालों की अकड़ देखने योग्य होती है। कई लोग दूसरे के साथ ऐसी लापरवाही और अहंकार के साथ पेश आते हैं, जो यह स्पष्ट करता है कि वे या तो भाग्य के स्थायित्व की धारणा के नशे में हैं या जैसे हम आमतौर पर इसे कहते है, 'सफलता उसके दिमाग पर चढ़ गई है।' गर्व और घमंड तो चचेरे भाई हैं।

जैसा हम जानते हैं, मुख्य कार्यकारी अधिकारियों (सी.ई.ओ.) पर हर दिन अभियोग लगते हैं, बोर्डों को हर महीने बरखास्त कर दिया जाता है, शीर्ष प्रबंधन में फेर-बदल मानक है, विभागीय प्रमुखों के जीवन की अवधि तेजी से कम होती जा रही, मध्यम प्रबंधकों को आमतौर पर बीच में ठूँस दिया जाता है और वे अपने क्षय की ओर अपने आप जाने लगते हैं और तब भी कई कैबिन वाले और तेजी से क्यूबिकल वाले भी इस गलत विश्वास, सत्ता और अपरिहार्यता की फाँस में

आत्मसंतुष्ट रहते हैं। वास्तविकता यह है कि यह सबसे उत्तम रूप में अस्थायी है और बुरी से बुरी अवस्था में क्षणिक है।

हम अपनी किस्मत का थोड़ा और सम्मान करें। हम उस पर गर्व करें, जो हमने हासिल किया है, लेकिन यह पहचानने के लिए पर्याप्त विनम्र भी हों कि हम आज जहाँ है, वहाँ होने में कई लोगों ने भूमिका अदा की है। हमारी वर्तमान स्थिति, हमारी अपनी होने के बावजूद कई गुमनाम नायकों की कर्जदार है। उनमें से हर एक को उनकी उस भूमिका के लिए पहचानें और याद रखें, जो उन्होंने हमारी सफलता में निभाई है।

दु:ख में सुमिरन सब करै, सुख में करै न कोय।
जो सुख में सुमिरन करै, दु:ख काहे को होय॥

हर कोई उसे दु:ख के समय में याद करता है, सुख में नहीं; यदि उसे सुख के समय में याद किया जाए, तो कोई दु:ख होगा ही नहीं।

कबीर के जिन दोहों की हमने इस पुस्तक में चर्चा की है, उनमें से यह दोहा काफी प्रसिद्ध है। दोहे की सबसे आम व्याख्या, जाहिर है, आध्यात्मिक अर्थ में है, जो हमें हमारे अच्छे समय में भगवान् को याद करने के लिए प्रेरित करती है बजाय कि जब हम दु:ख में होते हैं।

इसे मैं कॉरपोरेट अंदाज में समझाता हूँ। हम अपने कॉरपोरेट भाग्य का सही मूल्य नहीं समझते हैं। जब सबकुछ अच्छा चल रहा होता है तो अच्छा समय, सफलता और शक्ति के मादक मिश्रण खराब खुमार (हैंगओवर) दे सकते हैं। यह कई प्रकार का होता है। सफलता के नशे में चूर व्यक्ति अपने मित्रों और सहकर्मियों के साथ बुरा बरताव शुरू कर सकता है। अहंकार अकसर टकराव की ओर ले जाता है। सफलता उसे सीखने में निवेश करके हमेशा समय से आगे होने की उसकी जरूरत के लिए अंधा कर सकती है। अच्छा समय सौहार्दपूर्ण संबंधों को बनाए रखने के लिए उसे अनजान बना सकता है और उसका नेटवर्क बिगड़ना शुरू हो सकता है। जब सब अच्छा चल रहा हो तो इसमें से कुछ भी आवश्यक नहीं होता। दरअसल, अच्छा समय इन कई कमियों को छिपा देता है।

जब यह सबकुछ मुश्किल हो जाता है तब उपरोक्त सभी के लिए किसी तीव्र इच्छा का अहसास होता है—मित्रों और सहयोगियों के होने की जरूरत होती है, अत्याधुनिक क्षमता और एक मजबूत नेटवर्क की होने की जरूरत होती है। जब तक हम यह एहसास करते हैं, तब तक बहुत देर हो चुकी होती है। वॉरेन बुफे की बात मुझे बहुत पसंद है, जिसमें इस बात का सार प्रस्तुत किया

गया है—"केवल ज्वार-भाटा चले जाने के बाद ही पता चलता है कि कौन लोग नंगे तैर रहे थे।"

कबीर कहते हैं, अगर हमने वह सब किया होता, जो अच्छे समय में किया जाना चाहिए था, तो शायद कोई बुरा समय आता ही नहीं। चलिए, हम सही चीजें तब करें, जब हमें उनकी आवश्यकता नहीं है, ताकि जब हमें आवश्यकता हो, तो वह हमारे पास हों।

एक ही बार परखिए, ना बा बारंबार।
बालू तौहू किरकिरी, जो छाने सौ बार॥

एक ही बार मूल्यांकन करिए, बार-बार नहीं; बालू किरकिरा ही रहता है, चाहे आप इसे सौ बार छानिए।

प्रतिभा पहचानने की क्षमता एक प्रमुख प्रबंधकीय और नेतृत्वकारी विशेषता है। शिक्षा का स्तर बढ़ने के बावजूद दुनिया एक विकट प्रतिभा की कमी से पीड़ित लगती है। दर्जनों स्तरों पर छान-बीन करने और सही काम के लिए सही व्यक्ति को चुनने का काम, केवल कौशल और ज्ञान के आकलन की तुलना में अधिक समझदारी की अपेक्षा करता है। यहाँ तक कि सबसे चतुर चयनकर्ता मानें या न मानें, वे कहीं अधिक बार गलत साबित हो जाते हैं। इन कारणों की थाह लेना मुश्किल नहीं है। शुरुआत करने के लिए, मनोभाव को मापना आसान नहीं है। दूसरा, साक्षात्कार के दौरान प्रदर्शित व्यवहार उम्मीदवार का प्रामाणिक व्यवहार नहीं हो सकता है। तीसरा, निष्पादन हेतु किसी की क्षमता का अधिक मूल्यांकन करना मानक है।

जब हम एक मौजूदा टीम के सदस्य के साथ काम कर रहे हों, तब भी ऐसे मामले होते हैं, जब कोई व्यक्ति कई अवसरों, प्रतिक्रिया और सुधारों के बावजूद किसी कार्य या गुणवत्ता पर खरा नहीं उतरता है। समझदारी यही है कि हमें बहुत जल्दी ही लोगों पर सबकुछ नहीं छोड़ देना चाहिए और विकास की उनकी यात्रा के माध्यम से उन पर पकड़ रखना चाहिए। हालाँकि, लीडरों को गप्पी लक्षणों को भी समझना चाहिए और देखना चाहिए कि संबंधित व्यक्ति काम करने लायक है या नहीं। ऐसी स्थिति में किसी बदलाव के लिए लंबे समय से प्रतीक्षा बहुत जल्दी छोड़ देने के समान ही हानिकारक है। हमें खराब चीज पर बार-बार पैसा बरबाद नहीं करना चाहिए।

भूमिका और कार्य में बढ़ाने के लिए पर्याप्त संख्या में अवसर देने के बाद भी अगर प्रगति नहीं हो रही है तो यह स्थिति समझने के लिए अच्छे लीडर के पास पर्याप्त कुशलता होनी चाहिए। इस स्थिति में निर्णय लेने की क्षमता के लिए

विवेक और साहस की आवश्यकता है। कबीर कहते हैं, भले ही आप रेत कई बार छानें, पर वह रहेगा रेत ही।

हीरा का कछु न घटा, घटा जु बेचनहार।
जनम गँवायो आपनो, अंधे पसू गँवार॥

बेचने से हीरा का कुछ नुकसान नहीं होता। नुकसान तो अंधे और अज्ञानी का होता है, जिसने यह अवसर गँवा दिया है।

रंक कनक चुनता फिरे वस्तु आई हाथ।
ताका मरम न जानिया, ले देखाया हाट॥

रंक बालू चुनता है और कुछ बहुमूल्य वस्तु पा जाता है। इसके मूल्य से अनजान वह इसे बहुत सस्ते दामों में बेच आता है।

संगठन में यह पहचान करने की क्षमता तो अहम है ही कि क्या ठीक काम नहीं कर रहा है, लेकिन इससे भी ज्यादा महत्त्वपूर्ण प्रतिभा खोजने की क्षमता है। अच्छी प्रतिभा गँवाने से हुआ नुकसान बुरी प्रतिभा को बनाए रखकर किए गए नुकसान की तुलना में दस गुना अधिक होता है। अच्छी प्रतिभा के जाने देने के पीछे कई कारण हो सकते हैं और उनमें से कुछ खुद लीडर को पसंद नहीं हो सकते हैं। अच्छी प्रतिभा को सँभालकर रखना चाहिए। उसकी जरूरतों पर संगठनात्मक ढाँचे की सीमाओं के अंदर विशेष ध्यान भी देना चाहिए। अच्छी प्रतिभा को अपनी विशिष्टता का प्रयोग करने के लिए समय की आवश्यकता होती है और बहुत ज्यादा हस्तक्षेप इसकी प्रतिभा को दबा सकता है। उससे संवाद की भी आवश्यकता होती है, जो बहुत ज्यादा फीडबैक, बहुत ज्यादा सुधार या मार्गदर्शन के रूप में न हो, बल्कि एक समकक्ष व्यक्ति के रूप में संवाद की शक्ल में हो।

हीरा बेचे जाने पर उसका मूल्य कम नहीं हो जाता है। वास्तव में उसे जितनी अधिक बार बेचा जाता है, उसका मूल्य उतना ही अधिक बढ़ता जाता है। नुकसान तो बेचनेवाले का ही होता है, जिसके पास से वह बहुमूल्य चीज निकल जाती है। इसी तरह से अगर किसी के पास से अच्छी प्रतिभा चली जाती है, तो नुकसान लीडर का ही होता है।

जिस प्रतिभा की अच्छी परख नहीं होती, उसे अगर भाग्य से अच्छी प्रतिभा मिल भी जाए, तो वह उसकी कदर नहीं कर पाता और न ही वह यह जान पाता है कि उसे क्या मिला है। प्रतिभा को रोके रखने की उसकी असमर्थता और उसे जाने देना उसके खुद के काम करने की क्षमता को तत्काल या आगे चलकर

प्रभावित करता है। खुद को भेड़ों से घिरा रखकर अपने को शक्तिशाली महसूस करते रहनेवाला शेर शिकार करने और जंगल पर राज करने की अपनी क्षमता खो ही देगा। जंगल शेर के झुंडों से डरता है, क्योंकि उस झुंड में एक से बढ़कर एक शिकार करनेवाले होते हैं।

मुख्य पाठ

1. श्रेय हड़पने वालों की पहचान जल्द ही हो जाती है और वे नकार दिए जाते हैं।
2. श्रेय हड़पने वाला जितनी ज्यादा ऊँचाई पर जाता है, उतना ही वह अपनी विश्वसनीयता का नुकसान करता है और उसका शर्मनाक पतन होता है।
3. यकीनन, महानता का जोरदार भाव और अपराजेयता की भव्य धारणाएँ व्यक्तियों, दलों और संगठनों के पतन के लिए एकदम उचित तत्त्व हैं।
4. जो लोग सफलता के लिए शॉर्टकट का चयन करते हैं, उन्हें एहसास हो जाता है कि वह शॉर्टकट वास्तव में उनके पतन का शॉर्टकट था।
5. अपनी लड़ाई अच्छी तरह से चुनें। ऐसी लड़ाई जीतने का कोई मतलब नहीं, जो पहली जगह में लड़ने के लायक ही नहीं हो।
6. समय का सम्मान एक प्राकृतिक वाग्विस्तार (एक्सट्रपलेशन)—इस जीवन के प्रति सम्मान है।
7. खुशी और अर्थ के बिना काम केवल मुक्ति, मोहभंग और निराशा पैदा करेगा।
8. अपरिहार्यता की गलत धारणा, टीमों की वाहवाही और उनके कमजोर मानवीकरण के केंद्र में होती है।
9. जब सब अच्छा हो रहा हो तो अच्छे समय, सफलता और शक्ति का मादक मिश्रण खराब खुमार (हैंगओवर) दे सकता है।
10. अच्छी प्रतिभा को अधिक संवाद की आवश्यकता होती है, जो केवल फीडबैक से कुछ अधिक होना चाहिए।

□

जीवन का ज्ञान

कहानी : जहाँगीर का एक शानदार व्यावसायिक जीवन था। उसने छोटी शुरुआत की, लेकिन केवल कड़ी मेहनत और लगन के बल पर अपने संगठन में ऊँचाई पर पहुँचा। उम्र के चालीसवें वर्ष में अब वह एक प्रकार्य (फंक्शन) का संचालन करता है। उसकी कंपनी, साथी और अधीनस्थ उसे प्यार करते हैं। पिछले कुछ वर्षों से वह ध्यान दे रहा है कि उसे कार्यस्थल पर विभिन्न मुद्दों से निपटने में मुश्किलें आ रही हैं। मीटिंग में टकराव उसे बेतरह परेशान कर रहे हैं। उसे लगता है कि उसकी टीम के कई सदस्य जो पहले खुश और व्यस्त थे, अब प्रभावी और खुश नहीं हैं। वह जानता है कि उनमें से कुछ व्यक्तिगत समस्याओं से गुजर रहे हैं, लेकिन वह पक्के तौर पर नहीं जानता है कि उसे उनके व्यक्तिगत जीवन में दाखिल होना चाहिए या नहीं। उसे व्यक्तिगत और व्यावसायिक, दोनों जीवनों को हमेशा से अलग रखना सिखाया गया है। जहाँगीर को यह भी महसूस हो रहा है कि पिछली कुछ तिमाहियों से कर्मचारी मीटिंगें तनावपूर्ण हो रही हैं। संभव है कि तनावपूर्ण माहौल का सामान्य मंदी और कंपनी के टारगेट पूरे नहीं होने से कुछ लेना-देना हो, लेकिन इस तरह का खुला अंतर-कार्यात्मक (इंटर-फंक्शनल) आरोप लगाने का खेल उसके लिए बिल्कुल नया है। यह एक खुशहाल संगठन था, जहाँ उसका उत्तरोत्तर विकास हुआ था।

तो जहाँगीर को कबीर क्या पेश कर सकते हैं?

यहाँ एक पेच है, जिससे हमें परेशानी होना स्वाभाविक है। कम-से-कम निजी तौर पर कॉरपोरेट दुनिया के बारे में यह कहा जाता है कि यह नतीजों के बारे में कुत्ते का कुत्ता बैरी, क्रूर और आसक्त है। आम धारणा यह भी है कि यह इस हद तक कोमल भावनाओं जैसे संवेदना, सहानुभूति, समझ और करुणा रहित होता है कि ये विकास में बाधाएँ माने जाते हैं। यह समझ कॉरपोरेट ऑफिसों के

गलियारों में दूर-दराज तक और कर्मचारियों के डी.एन.ए. के आखिरी तंतु में इस कदर पहुँच गई है कि इसने व्यवहारवादी सोच को बदलना शुरू कर दिया है। परिणाम अभिमुखता और परिणामों के लिए सहज प्रवृत्ति के नाम पर प्रबंधक यह चित्रित करना पसंद करते हैं कि वे बकवास-रहित, भावनाहीन लीडर हैं और ऐसे किसी भी कारण से असहमत हैं, जो परिणाम में कमी के लिए दिया जा सकता है।

अब ऐसा किसी का मानना नहीं है कि हमें उन लोगों के प्रति सहानुभूतिपूर्ण होना चाहिए, जो काम से जी चुराते हैं, अपना सबसे बेहतर नहीं देते हैं, अधिकतम प्रयास नहीं करते हैं, मुद्दों को हल करने की कोशिश नहीं करते हैं और खुद को आगे बढ़ाते हैं। लेकिन कभी-कभी ऐसा भी तो हो सकता है कि कर्मचारी विभिन्न बाहरी कारकों की वजह से परिणाम न दे पाए या यह भी हो सकता है कि लक्ष्य खुद अतार्किक रूप से अधिक हो।

परिणामों के साथ आसक्ति और विशेषकर 'अभी मुझे परिणाम दिखाओ' पैटर्न एक ऐसी स्थिति पर पहुँच गया है, जहाँ इसने निर्णय लेने की क्षमता और समझ को धूमिल कर दिया है। कोई लीडर सहानुभूति रखनेवाला दिखना नहीं चाहता है, नहीं तो वह अपनी टीम और साथ ही अपने लीडरों के उपहास का पात्र बन सकता है। वह स्वाभाविक रूप से परिणाम अभिमुखता और कुछ कर दिखाने की क्षमता से रहित माना जा सकता है, इसलिए कार्यस्थल असंवेदनशीलता के लिए एक अंधी दौड़ की तरह होता है।

यह अलगाव चिंताजनक रूप धारण कर लेता है, जब हम पाते हैं कि अपनी निजी जिंदगी में वही व्यक्ति न केवल सहानुभूति जैसे गुणों को वांछनीय और अमल के योग्य पाता है, बल्कि वह यह भी जानता है कि इसकी कोई भी कमी उसके रिश्तों को अवश्य खराब कर देगी। तो यहाँ एक आदमी है, जिसे घर पर सहानुभूतिपूर्ण होने की आवश्यकता है; लेकिन ऐसा काम पर जरूरी नहीं है। उसे घर पर संवेदनशील होने की आवश्यकता है, लेकिन ऐसा काम पर जरूरी नहीं है।

कोई आश्चर्य नहीं कि संलग्नता और कार्यक्षमता बढ़ाने की निर्धारित योजनाओं के बावजूद काम कम होने का नाम नहीं लेता, बल्कि सांगठनिक परेशानियाँ नए-नए रूप में बाहर आती हैं। मुख्य शक्तियों (movers and shakers) को पहले कंपनी को मानवतावादी बनाना है, इससे पहले कि वे कुछ और करें, उन्हें एक वांछनीय इनसान और एक वांछनीय प्रबंधक में अनुरूपता लाने की आवश्यकता है।

जा दिन ते जिव जनमिया, कबहूँ न पाया सूख।
डालै डालै मैं फिरा, पातै पातै दूख॥

जिस दिन वह पैदा हुआ, उसने सुख अनुभव नहीं किया। वह डाल-डाल घूमता है, हर पत्ते में दुःख है।

जाके आगे एक कहूँ, सो कहबे एकबीस।
एक एक ते दाझिया, कहाँ ते काढ़ू बीस॥

जिससे मैंने एक दुःख कहा, उसने 21 दुःखों को व्यक्त किया। जब वह उनमें से एक में जलता है, 20 दुःखों से उसे मैं कैसे बचाऊँ?

इसे यहाँ साझा करने का उद्‌देश्य विशेष रूप से औसत कर्मचारी को दुःखी, विषाद-ग्रस्त या हताश चित्रित करना नहीं है। यह मात्र यह उजागर करने के लिए है कि कंपनियों को ऐसी जगहें होने की आवश्यकता नहीं है, जो भावशून्य और अमानुषिक हो और जहाँ हम भावनाहीन रोबोट की भाँति काम करने आते हैं। कंपनियों को परिणाम अभिमुखता को ऊपर दिखाने के लिए हमारी मानवता को कम करके आँकने की आवश्यकता नहीं है। कंपनियों को काम, भाषण और निहितार्थ के माध्यम से यह बढ़ावा देने की आवश्यकता नहीं है कि वे लोग, जो काम करने आते हैं, काम करने के लिए महज एक औजार हैं, जैसे पहिए में दांता और उन्हें केवल लगातार आसानी से चलनेवाली अवस्था में बने रहने की जरूरत है।

मुख्य शक्तियों (movers & shakers) को इसकी पहचान होना जरूरी है कि इनसानों को विशेष समस्याएँ होंगी, यहाँ तक कि कभी-कभी काम से असंबंधित, यहाँ तक कि कई बार जिसे प्रबंधक हल नहीं कर सकते हैं या कि हल करना अपेक्षित नहीं है। लीडरों को कम-से-कम ऐसी समस्याओं के प्रति सहानुभूतिपूर्ण होने के अधिकार के साथ निहित किया जाना चाहिए, जो व्यक्ति के मनोबल, उत्पादकता और ख़ुशी की सामान्य अवस्था को प्रभावित करती हैं। लीडर को तब कम-से-कम व्यक्तिगत समस्याओं के प्रति हमदर्दी रखने की अपेक्षा की जानी चाहिए, जब वह कार्यस्थल को मानवीय बनाना चाहता हो। मुझे लगता है, यह विचार कि व्यक्तिगत समस्याएँ सांगठनिक समस्याएँ नहीं हैं, इस तथ्य से दूर ले जाता है कि अगर प्रबंधक और संगठन ऐसी समस्या की अनदेखी करते हैं, क्योंकि यह उनके कार्यक्षेत्र से बाहर की चीज है और इसलिए उनसे समाधान की आशा नहीं की जाती है, तो भी समस्या और कर्मचारी पर से इसका प्रभाव दूर नहीं हो जाएगा। यहाँ मैं यह तर्क नहीं देना चाहता हूँ कि प्रबंधक या संगठन को समस्या का हल करना चाहिए, लेकिन केवल यह कि उन्हें इसके प्रति सहानुभूतिपूर्ण होना चाहिए, केवल यह कि समस्या के प्रति और कर्मचारी के अपना बेहतर देने की

क्षमता पर इसके प्रभाव के प्रति वे संवेदनशील रहें। अंततः केवल कर्मचारी से ही इसे हल करने की अपेक्षा की जाती है, केवल कर्मचारी को ही इसे हल करना चाहिए, लेकिन एक समझदार प्रबंधक और ऐसे संगठन, जो चेतन रूप से ऐसे समझदार प्रबंधकों को बढ़ावा देते और विकसित करते हैं, वे समस्या के दौरान कर्मचारी को मदद करने में बहुत सफल होते हैं।

ऐसे कर्मचारी जो अपनी समस्याओं के दौरान कार्यस्थल पर सहानुभूति पाते हैं, बढ़ी हुई संलग्नता, निष्ठा और प्रतिबद्धता के साथ काम करेंगे, जो संरचित पुरस्कार और सम्मान या मुआवजा और अनुबंध कार्यक्रम की कोई भी मात्रा कभी उत्पन्न करने में सक्षम नहीं हो पाएगी।

ऐसी वाणी बोलिए, मन का आपा खोय।
औरन को सीतल करै, आपहु सीतल होय॥

ऐसी वाणी बोलिए, जो आपके मन को शांत करती है, जो दूसरों को शांत करती है और आपको शांत करती है।

जिभ्या जिन बस में करी, तिन बस कियो जहान
नाहिं तो औंगुन ऊपजे, काहि सब संत सुजान

जिसने अपनी भाषा को नियंत्रित कर लिया, उसने संसार को नियंत्रित कर लिया है। अगर नहीं, इससे तुच्छ परिणाम निकलते हैं, जैसा कि ज्ञानी बताते हैं।

कॉरपोरेट के रोजमर्रा के काम, भाषा, बातचीत, संवाद, परस्पर प्रभाव डालने से संबंधित होते हैं। भाषा, संवाद की उत्प्रेरक होने के कारण अंतःक्रिया की गुणवत्ता को निर्धारित करती है। कभी-कभी भाषा के गलत चयन के कारण बहुत समय बरबाद हो जाता है। व्यक्तियों और टीमों के बीच दैनिक अंतःक्रिया भाषा के इस्तेमाल पर निर्भर करते हुए या तो अर्थपूर्ण परिणामों को जन्म देती है या निष्क्रियता को पैदा करती है।

कुछ लीडर सक्षम होने पर भी रूखे, कर्कश और झगड़ालू होते हैं, जो समय के साथ टीमों में मनोबल, प्रेरणा और काम को हतोत्साहित करते हैं। परस्पर-संबद्ध सहक्रियाएँ अकसर खराब संप्रेषण की दुर्घटनाएँ होती हैं। समझदारी भरी सलाह है कि 'कठोर भाषा और निम्न तर्क की बजाय नम्र भाषा, लेकिन गंभीर तर्क का उपयोग किया जाए।'

लीडर कैसे बात और संवाद करते हैं, यह पहली चीज होती है, जिस पर ध्यान जाता है। टीम की बैठकें, परस्पर-संबद्ध कार्यक्रम और अंत में संगठनात्मक कार्यक्रम

प्रबंधकों और लीडरों द्वारा प्रयुक्त भाषा पर निर्भर करते हैं। इसलिए हमें संप्रेषण के हमारे वाहन यानी भाषा के नियंत्रण में होना चाहिए। भाषा सौहार्दपूर्ण, नपी-तुली और उचित होनी चाहिए। कुछ ऐसी, जो व्याख्या, अर्थ-स्थानांतरित, संवाद स्थापित करने का काम करती है; लेकिन इसे सीमा पार नहीं करना चाहिए और इसे अपमान, उत्तेजित करने या रिश्तों के टूटने का कारण नहीं बनना चाहिए। अकसर भाषा के अनुचित चयन के प्रभाव को यहाँ तक कि महसूस या निरावरण करने का प्रयास किया जाता है, लेकिन तब तक वास्तव में बहुत देर हो चुकी होती है। निम्न भाषा दूसरों को चिढ़ाती है, आप और आपके इरादों के बारे में गलत मत बनाती है। यहाँ तक कि यह आपके सहयोगी ग्रुपों को आपका समर्थन करने से दूर करती है। यह सब उस वक्त बड़ी बात नहीं मालूम हो सकती है, लेकिन मुश्किल स्थितियों के दौरान जब आपको सहयोगियों की आवश्यकता होती है, आपको एहसास होता है कि आपने उन्हें उस दिन खो दिया था, जब आपने अपनी जीभ का नियंत्रण खो दिया था।

आया एक ही देश ते, उतरा एक ही घाट।
बिच में दुविधा हो गई, हो गए बारह बाट॥

सभी एक जगह से आए और एक ही स्थल पर उतरे, इसके बाद भ्रम हुआ और हर एक ने अपना रास्ता लिया।

फेर पड़ा नहि अंग में, नहि इंद्रियन के मांहि।
फेर पड़ा कछु बूझ में, सो निरूवारै नांहि॥

अंगों में कोई अंतर नहीं है, न तो चेतनाओं में, फर्क सिर्फ धारणा में है।

कबीर आदू एक है, कहन सुनन कूं दोय।
जल से पाला होत है, पाला से जल होय॥

मूल एक ही है, अंतर धारणा में है; पानी और बर्फ की आवश्यक प्रकृति समान है।

उपरोक्त तीन दोहे चीजों की आवश्यक एकता के बारे में बात करते हैं। यह इंगित करते हैं कि चीजों की प्रकृति या अंगों या इंद्रियों में अंतर नहीं है, लेकिन विचारों की बहुलता से अंतर उभर आता है। प्रत्येक व्यक्ति जीवन में एक समान चीजें चाहता है—सुख, शांति, खुशी, सफलता; प्रत्येक के उनको खोजने के तौर-तरीके अलग-अलग होते हैं।

कॉरपोरेट दुनिया एक ही लक्ष्य को प्राप्त करने के लिए कई लोगों को एक साथ ला रही है, हर एक-दूसरे से उतने ही अलग हैं, जितना चाक से पनीर। संगठनों

में जटिलता माँग करती है कि विशिष्ट प्रकार्यों (फंक्शन) को पूरा करने के लिए विभिन्न विभागों को बनाया जाए, जिनमें से प्रत्येक विभाग इस सामूहिक लक्ष्य की पूर्ति के लिए साधन है। हालाँकि समय के साथ प्रत्येक विभाग और प्रकार्य (फंक्शन) अपना खुद का एक जीवन प्राप्त कर लेता है और यह असामान्य नहीं है कि कार्यात्मक उद्‌देश्य ही उनकी काररवाइयों का केंद्र बन जाते हैं। आखिरी उद्‌देश्य अंतिम-ग्राहक से प्रकार्य (फंक्शन) की दूरी के गुण के आधार पर या तो भुला दिया जाता है या बहुत प्रभावकारी नहीं माना जाता है।

परस्पर-संबद्ध बैठकें, कॉरपोरेट के सबसे सामान्य दृश्य हैं। प्रत्येक प्रकार्य अपने योगदान को दूसरों की तुलना में अधिक विशाल और महत्त्वपूर्ण दिखाने की चाह में अन्य प्रकार्यों को पछाड़ने की कोशिश करता है। 'सफलता के कई पिता हैं और विफलता का कोई नहीं।' विफल परियोजनाएँ दोष मढ़ने के लिए पागल भीड़ की ओर देखती हैं और आम तौर पर मूल्य शृंखला में आखिरी प्रकार्य, सहायक प्रकार्य (सपोर्ट फंक्शन) को, जो मुख्य प्रकार्य को समर्थन करता है, दोष अपने कंधे पर ही लेना पड़ता है। प्रत्येक उद्योग के अपने मुख्य प्रकार्य हैं—तो इंजीनियरिंग कंपनियाँ डिजाइन टीमों को हावी होते देखेंगी, वितरण कंपनियाँ विक्रय प्रकार्य को हावी होते देखेंगी, विज्ञापन उद्योग रचनात्मक विभाग को हावी होते देखेगा। इन प्रभावी प्रकार्यों का उस तरीके से व्यवहार करते देखे जाना असामान्य नहीं है, जिसे मैं 'अधिकार सिंड्रोम' कहता हूँ। वहाँ केंद्रीयता की एक दहशत है। पदाधिकारी आमतौर पर निरंकुश और कठोर व्यवहार प्रदर्शित करते हैं, सभी 'सहायता प्रकार्य 'की खोज में होते हैं। यह सच है कि अपना काम करवाने के लिए उन्हें सभी सहायता प्रकार्यों के योगदान की आवश्यकता होती है; वे अन्य प्रकार्यों को उनका काम अच्छी तरह से और समय पर करने के लिए प्रेरित करने में उचित हैं, ताकि मुख्य प्रकार्य अंतिम ग्राहकों तक सेवा या उत्पाद पहुँचा सके। हालाँकि रेखाएँ धुँधली हो जाती हैं, क्योंकि 'प्रकार्यात्मक अहंकार', 'व्यक्तिगत अहंकार' के जितना ही हानिकारक है। यह सहायता प्रकार्यों को अलगाव की स्थिति तक पहुँचाता है, क्योंकि उनको लगने लगता है कि सफलता का श्रेय हमेशा मुख्य प्रकार्य को मिलेगा, विफलता उनपर थोपी जाएगी। यहाँ तक कि प्रकार्यों के अनुभवी प्रमुख भी इस जाल में फँस जाते हैं। उत्तरजीविता के लिए संघर्ष विवेक पर हावी हो जाता है। यह भूलना आसान है कि सभी प्रकार्य और सभी सदस्य एक ही ग्राहक को सेवा देने और एक ही सफलता प्राप्त करने के लिए अस्तित्व रखते हैं, यह महज आकस्मिक है कि वे अलग-अलग समूहों में वर्गीकृत हैं।

प्रकार्य-स्तर बहुलता विभागीय टकराव पैदा करती है, व्यक्तिगत-स्तर के मतभेद व्यक्तित्व टकराव का कारण बनते हैं। प्रत्येक व्यक्ति का चीजों को देखने का अपना तरीका है और वह इसलिए स्थितियों, डेटा और समस्याओं की व्याख्या अपने ढंग से करता है। धारणा की बहुलता, जो वास्तव में एक टीम की शक्ति होनी चाहिए, सबसे बड़ी समस्या बनकर उभरती है, जिसे लीडरों को हल करना पड़ता है और टीमों को सुलझाना पड़ता है। अधिक समय और ऊर्जा मुख्य समस्या को सुलझाने की तुलना में दृष्टिकोण की बहुलता से उभरकर आनेवाले टकराव को सुलझाने में खर्च हो जाती है। अगर केवल बातचीत, चर्चा और वार्त्तालाप करते समय हम पहचान लें कि हर कोई जो वहाँ मेज पर मौजूद है, वहाँ केवल मुख्य समस्या को हल करने के लिए है, लेकिन उस समस्या को अपने नजरिए से देखता है तो समस्या के सुलह और समाधान का काम आसान हो जाएगा।

अगर हम केवल चीजों का एक एकीकृत दृष्टिकोण ले सकें तो काम करना आसान और मजेदार होगा, लेकिन निश्चित रूप से यह करना इतना आसान नहीं है; क्योंकि हम कॉरपोरेट भूल-भुलैया के घुमावों और मोड़ों में उलझकर रह जाते हैं।

खाला नाला हीम जल सो फिर पानी होय।
जो पानी मोती भया, सो फिर नीर न होय॥

सभी स्रोतों का पानी अभी भी पानी है, यहाँ तक कि बर्फ पानी बनने के लिए पिघलता है लेकिन वह बूँद, जो एक मोती बन गया है, फिर कभी पानी नहीं बनता है।

जो जाकै गुन जानता, सो ताको गुन लेत।
कोयल आमहि खात है, काग लिम्बोरी लेत॥

एक व्यक्ति वही उपभोग करता है, जो उसका स्वभाव है और इसकी निहित प्रकृति ग्रहण करता है; कोयल आम खाती है और कौवा नीम खाता है। (नीम = अजराक्टस इंडिकस)

हम जो उपभोग करते हैं, वही बन जाते हैं और हम वह उपभोग करते हैं, जो हम हैं। अराजनैतिक व्यक्ति अराजनैतिक के साथ घूमता है। सक्षम लोग अन्य सक्षम लोगों के साथ घूमते हैं। गपशप फैलानेवाले अन्य गपशप फैलानेवालों का साथ पाते हैं। पीठ-पीछे बात करनेवाले अपनी प्रकृति के लोगों को ढूँढ़ते हैं। समान प्रवृत्ति के व्यक्ति एक साथ रहते हैं। टीम के सदस्य जो केवल अच्छा काम करने में रुचि रखते हैं, वे अपना समय काम के बारे में और इसे बेहतर बनाने के तरीकों

पर चर्चा करने में खर्च करते हैं। वे अद्यतन रहने के नाम पर परदे के पीछे क्या हो रहा है, जानने में आसक्त नहीं होते हैं। वे केवल जानना चाहते हैं कि कैसे वे अपने आउटपुट को बेहतर बनाएँ। उनकी चर्चाएँ विचारों, नए विकासों और नई योजनाओं के बारे में होती हैं। कोई आश्चर्य नहीं कि वे जल्दी ही अपने साथियों की तुलना में कंपनी के लिए महत्त्वपूर्ण हो जाते हैं। जो वे होते हैं, वही उपभोग करते हैं और जो वे उपभोग करते हैं, वही वे होते हैं।

क्यूबिकलवालों के तौर पर हमें जानना चाहिए, हमारा स्वभाव क्या है और हम क्या उपभोग करते हैं। हम वही बन गए हैं, जो वर्षों से हमने सेवन किया है और अगर हम भविष्य में कुछ अलग बनना चाहते हैं, तो हमें अपने उपभोग को बदलना होगा—शारीरिक, भावनात्मक और बौद्धिक स्तरों पर।

कहता हूँ कहि जात हूँ, कहा जु मान हमारा।
जाका गला तुम काटि हो, सो फिर काटि तुम्हारा॥

मैं यह कह रहा हूँ, यदि तुम ध्यान से सुनते हो, जिसका तुम गला काटते हो, वहे तुम्हारा गला काटेगा।

कॉरपोरेट जगत् में अस्तित्व सहज-वृत्ति लोगों से घटिया काम कराती है, हालाँकि यह काम बहुत सूक्ष्मता से होता है। शिक्षित और समझदार लोगों से कोई भी पीठ में छुरा भोंकना, श्रेय हड़पना, निंदा करना, पीठ-पीछे सौदेबाजी, साजिश, गुटबाजी करना, ओल्ड-बॉय नेटवर्क घेराबंदी और इस तरह की तमाम चीजों की कोई उम्मीद नहीं करता। हालाँकि अनुभव हमें कुछ और ही बताता है और वह यह कि वास्तव में इस तरह की चीजें शिक्षा, विकास और वरिष्ठता बढ़ने पर ही सबसे ज्यादा होती हैं।

कॉरपोरेट वाले कबीर के अनुमोदित इस साधारण ज्ञान को याद करें तो बेहतर कर सकते हैं कि वह व्यक्ति जिसके साथ गलत तरीके से पेश आया जाता है, जिसे दरकिनार किया जाता है और जिसके साथ अनुचित व्यवहार किया जाता है; तो यह सब झेलनेवाला मौका पड़ते ही यही सब करके बदला लेता है। इस मानव प्रवृत्ति को समझना कठिन नहीं है, लेकिन फिर भी हम केवल इस प्रकार की कपटपूर्ण रणनीति का उपयोग करके कॉरपोरेट सीढ़ी चढ़ते जाते हैं और सोचते हैं कि ये ज्वार-भाटा कभी वापस नहीं आएगा।

महत्त्वपूर्ण पाठ

1. कर्मचारियों को काम से संबंधित कई समस्याएँ हो सकती हैं, जो उनकी फल-साधना को प्रभावित कर सकती हैं। हमदर्द बनें और पता करने का प्रयास करें।
2. कर्मचारियों के साथ सच्ची और लंबे समय तक की संलग्नता कर्मचारी के जीवन में वास्तविक रुचि लेने से बनती है।
3. भाषा अंत:क्रिया की गुणवत्ता को निर्धारित करती है।
4. परिप्रेक्ष्य की प्रकार्य-स्तर बहुलता विभागीय टकराव का कारण बनती है, व्यक्ति-स्तर के मतभेद व्यक्तित्व टकराव पैदा करते हैं, चीजों का एक एकीकृत दृष्टिकोण लें।
5. उत्तरजीविता के लिए सहज-वृत्ति कभी-कभी हमसे गलत चीजें करवाती है, गलत निर्णय करवाती है। उत्तरजीविता के लिए अपनी खुद की सहज-वृत्ति के प्रति सचेत रहें।

□

उत्तरचिंतन

कॉरपोरेट में व्यक्ति को कई दुविधाओं का सामना करना पड़ता है। व्यक्ति से एक तरफ संकल्पनाओं और सिद्धांतों की अमूर्त दुनिया को समझने और दूसरी तरफ असली दुनिया में परिणाम देते रहना अपेक्षित है। फिर वहाँ कोई अल्प-विराम नहीं होता है; व्यक्ति को चलती गाड़ी का टायर बदलना पड़ता है और तर्क, विवेक और निष्पक्षता की माँग चाहे, जितनी मजबूत हो, तथ्य यह है कि निर्णय लेनेवाले इनसान ही होते हैं और वे मानवीय कमजोरी के सभी तरीकों से प्रभावित होते हैं।

यह मादक मनगढ़ंत कहानी कभी-कभी जबरदस्त हो सकती है। किसी को इससे निपटने के लिए केवल ज्ञान और विशेषज्ञता से भी अधिक कुछ चाहिए होता है। इसके लिए विवेक की जरूरत होती है। कबीर ऐसे ही ज्ञान का स्रोत हैं। ऐसे और भी अनेक हो सकते हैं।

मैं आशा करता हूँ कि कबीर का यह अध्ययन कोलाहल और अस्पष्टता के समय में एक स्थिरक की तरह या वास्तव में ज्ञान के अन्य स्रोतों की खोज में एक प्रस्थान बिंदु की तरह काम करेगा। अगर यह अध्ययन पाठकों के प्रश्नों का उत्तर देने में फेल हो जाता है तो कमी लेखक की प्रस्तुति में ही है, स्रोत में नहीं। कबीर खुद हमेशा आलोचना के प्रति उदार थे। उन्होंने मनभेद के बिना असहमत होने के अधिकार की भावना को प्रस्तुत किया।

अंत में इस किताब का मकसद एक बुनियादी प्रश्न का जवाब खोजना था और वह प्रश्न था—क्या कार्यस्थल का मानवीयकरण संभव है, वह भी तब जब मार्केट शेयर के लिए लड़ाई क्रूरता के साथ लड़ी जाती है ?

कबीर ने काफी हद तक इस विरोधाभास को सुलझाने में मेरी मदद की। मुझे आशा है, वह इसी तरह मेरे पाठकों तक भी पहुँचेंगे।

कबीर का आशीर्वाद सबके साथ है।

□□□